주역周易, 시중時中 리더십으로 읽다

역학총서 14
주역周易, 시중時中 리더십으로 읽다
Zhouyi, Read as a Shizhong Leadership

지은이 이희영
펴낸이 오정혜
펴낸곳 예문서원

편집 유미희
인쇄 및 제책 주) 상지사 P&B

초판 1쇄 2023년 9월 11일

출판등록 1993년 1월 7일(제2023-000015호)
주소 서울시 동대문구 왕산로 239, 101동 935호(청량리동)
전화 925-5914 | 팩스 929-2285
전자우편 yemoonsw@empas.com

ISBN 978-89-7646-484-2 93150

YEMOONSEOWON 101-935, 239 Wangsan-ro, Dongdaemun-Gu, Seoul, KOREA 02489
Tel) 02-925-5914 | Fax) 02-929-2285

값 36,000원

역학총서 14

주역周易, 시중時中 리더십으로 읽다

이희영 지음

예문서원

머리말

『주역』을 관통하고 있는 핵심 개념 중에서 빼놓을 수 없는 것이 바로 '시중時中'이다. 이와 관련하여 청나라의 경학자인 혜동惠棟은 "『역』의 도는 심오하다! 한마디로 말하면 '시중'이다"[1]라고 말한다. 이처럼 시중은 『주역』이 함축하고 있는 심오하고도 핵심적인 지혜이다.

시중이란 '만물이 그 처한 상황狀況에 따라 합당合當함을 얻는 것'을 말한다. 글로는 이렇듯 한 문장으로 표현할 수 있지만, 이것을 막상 실천하려고 들면 그렇게 간단하지가 않다. 먼저 상황을 인식하는 것이 그렇다. 지금 내가 또는 우리 조직이 처하고 있는 상황이 어떠한지 정확하게 파악한다는 것은 사실상 불가능한 일에 가깝다. 왜냐하면 우리는 기본적으로 시간과 정보의 한계 속에서 살아가기 때문이다. 상황을 어느 정도 파악했다 하더라도 그 상황 속에서 어떻게 행동하고 대처하는 것이 합당한 것인지를 판단하는 일 또한 난제가 아닐 수 없다. 행동하고 대처한다는 것은 많은 경우에 상대가 있다는 것을 전제로 한다. 나는 상황에 맞게 말하고 행동한다고 하지만 상대방이 내 의도와는 다르게 받아들일 여지는 얼마든지 있다. 기업의 경우에도 경쟁업체의 마케팅 전략에 대응해서 새로운 마케팅 전략을 시장에 선보였지만 소비자들의 반응이 기대와 달리 시큰둥할 때가 있다. 이처럼 상황에 합당하게 대처한다는

---

1) 嚴靈峯, 『無求備齋: 易經集成』 第119冊, 惠棟, 「易尙時中說」, 『易漢學』 卷7(臺北: 成文書局, 1976), 177쪽.

것은 생각만큼 쉬운 일이 아니다.

시중을 실천하는 것이 어렵고도 어려운 일이라는 것은 유학사에서 시중을 제대로 실천했다고 일컬어지는 사람은 공자孔子가 유일하다는 사실에서도 알 수 있다. 맹자孟子는 일찍이 공자를 '성지시자聖之時者'라고 일컬으면서 공자만이 시중을 제대로 실천한 성인聖人이라고 말한다. 다시 말해, 성인으로서의 공자를 말하면서 '시중'이라는 실천적 개념 혹은 경지를 통하여 정의하고 있다는 사실은 그것이 유가철학에서 지니는 중요성과 가치가 어느 정도인지를 충분히 가늠해 볼 수 있게 한다. 공자의 시중은 곧 '시중 리더십'이다.

시중은 『주역』을 관통하고 있는 핵심 개념일 뿐만 아니라, 유가사상 전반을 조망해 보았을 때도 역시 그 중심적인 위치에 놓여 있는 개념이다. 그것은 유가의 여러 경전에서 시중과 관련된 언급이 보이고 있다는 점에서 확인할 수 있다. 예를 들어, 『서경書經』에 나오는 윤집궐중允執厥中[2], 『서경』, 『논어論語』, 『맹자孟子』의 권도(權)[3], 『중용中庸』의 시중時中과 치중화致中和[4], 『순자荀子』의

---

2) '진실로 그 중용의 도를 붙잡는다'는 뜻이다.(『書經』, 「大禹謨」, "人心惟危, 道心惟微, 惟精惟一, 允執厥中.")

3) '일의 경중을 헤아려 중을 잡는 저울질', 즉 '상황에 맞게 융통성을 발휘하는 것'을 말한다.(『書經』, 「周書 · 呂刑」, "上刑適輕下服, 下刑適重上服, 輕重諸罰有權, 刑罰世輕世重, 惟齊非齊, 有倫有要."; 『論語』, 「微子」, "逸民, 伯夷叔齊虞仲夷逸朱張柳下惠小連. 子曰, 不降其志, 不辱其身, 伯夷叔齊與, 謂柳下惠小連, 降志辱身矣. 言中倫, 行中慮, 其斯而已矣. 謂虞仲夷逸, 隱居放言, 身中淸, 廢中權, 我則異於是, 無可無不可."; 『孟子』, 「離婁上」, 제17장, "男女授受不親, 禮也. 嫂溺, 援之以手者, 權也.")

응변곡당應變曲當과 여시천사與時遷徙[5] 등은 모두 시중이라는 말을 그대로 사용하고 있거나 의미상 시중을 나타내고 있는 말들이다. 그 이외에도 유가의 경전에서는 다양한 사례들을 통해 시중의 중요성과 필요성에 대해 언급하고 있다. 이렇듯 『주역』을 포함한 여러 유가 경전에서 시중의 중요성을 말하고 있지만, 『주역』의 시중과 여타 유가 경전에서의 시중 간에는 커다란 차이가 있다. 그것은 바로 『주역』을 제외한 다른 유가 경전에서 언급되고 있는 시중은 어떤 체계 속에서 다양한 상황과 사례를 통하여 일관성 있게 논의되고 있는 것이 아니라는 점이다. 그에 비해 『주역』은 64괘 384효라는 일정한 체계 안에서 음양의 변역을 통해 풍부한 사례를 만들어 내고, 그 사례들 각각에 있어서의 시중을 논하고 있다. 따라서 일정한 체계와 다양한 상황 속에서 언급되는 『주역』의 시중은 국가 통치나 기업 경영에 있어 그 활용 가능성이 더 높다고 할 수 있다. 최고통치자나 최고경영자의 가장 중요한 역할은 의사결정이며,

---

4) '중과 화에 도달하는 것'을 가리킨다. 여기에서 '중'은 희노애락이 아직 발동하지 않은 것이고, 이 세상의 가장 큰 근본을 나타내며, 진리의 체로서 性命을 말한다. '화'는 이 세상에 두루 통하는 도이고, 성명이 구체적인 상황에서 발현되는 것이며, 용을 말한다. 종합하면 '치중화'는 진리의 체로서의 중을 그 상황의 도리에 맞게 실행하는 인간의 행동을 말한다.(『中庸』 제1장, "喜怒哀樂之未發, 謂之中, 發而皆中節, 謂之和, 中也者, 天下之大本也, 和也者, 天下之達道也. 致中和, 天地位焉. 萬物育焉.")

5) 응변곡당은 '변화에 대응하는 모든 것이 합당하다'는 뜻이고, 여시천사는 '상황에 맞게 행동한다'는 의미이다.(『荀子』, 「儒效」, 제12장, "其言有類, 其行有禮, 其擧事無悔, 其持險應變曲當, 與時遷徙, 與世偃仰, 千擧萬變, 其道一也, 是大儒之稽也.")

의사결정이란 어떤 상황 하에서 그에 가장 합당한 선택을 하는 것이다. 이처럼 상황에 합당한 선택을 통한 행동은 바로 '시중 리더십'이며, 그것을 가장 잘 보여 주는 것이 『주역』이다.

본서는 이러한 점에 입각하여 『주역』을 시중 리더십이라는 측면에서 분석하였다. 『주역』을 시중 리더십 측면에서 분석함에 있어서는 유가철학적儒家哲學的인 방법과 아울러 사회인지이론이나 리더십이론과 같은 사회과학적社會科學的인 연구와 개념 또한 활용하였다. 『주역』을 해석함에 있어서는 기본적으로 이전해경以傳解經과 의리주역義理周易의 관점에 의거하였으며, 필요에 따라서는 이경해경以經解經과 상수주역象數周易의 관점 또한 적용하였다.

이 책이 나오기까지 많은 분들의 도움이 있었다. 특히 지도교수이신 정병석 박사님의 지도와 조언은 이 책의 뼈대를 구성하는 데 큰 도움이 되었다. 깊은 감사를 드린다. 또한 어려운 출판 사정에도 불구하고 출간을 허락해 주신 예문서원의 오정혜 사장님을 비롯한 편집부 여러분께도 깊은 감사를 드린다. 끝으로 늘 묵묵히 지켜보면서 응원해 준 가족들에게도 고마움을 전한다.

2023년 가을 불무재不無齋에서

저자 씀

차례_ 주역周易, 시중時中 리더십으로 읽다

제1장
『주역』의 근원 탐구

중국 한자의 발전 과정을 거슬러 올라가다 보면 만나게 되는 문자가 바로 갑골문甲骨文이다. 다시 말해 우리는 갑골문에서 한자의 원초적인 모습을 만나게 된다. 그런데 갑골문에서 우리가 또 주목하게 되는 것은 그 대부분이 점을 친 내용으로 되어 있다는 것이다. 갑골문의 절대다수가 점을 친 내용, 즉 복사卜辭이다. 따라서 이 갑골문 복사는 원래 점을 친 내용을 기록한 책인 『주역』과 자연스럽게 연결된다. 그러므로 우리는 갑골문 복사에서 『주역』의 원시적이고도 근원적인 모습을 살펴볼 수 있다.

1. 갑골문의 발견과 분류

1) 갑골문의 발견

갑골문은 1899년 왕의영王懿榮이 최초로 발견하여 감정鑑定·수장收藏한 것으로 알려져 있다. 갑골문의 최초 출토지는 하남성河南城 안양시安陽市 은허殷墟 소둔촌小屯村이며, 이곳에서 출토된 갑골문은 상왕조商王朝 후기(B.C.14세기~B.C.11세기)의 유물이다. 근래에는 산서성山西省·섬서성陝西省·북경北京 등 서주西周의 유적지 중에서도 유자有字 갑골이 출토되었으며, 1899년 이후 지금까지

총 15만 편 정도의 갑골문 자료가 출토되었다.[1)]

2) 갑골문의 분류

갑골甲骨이라고 할 때의 '갑甲'은 거북이의 껍질(龜甲)을 말하는데, 대부분 배껍질(腹甲)을 사용했으며 간혹 등껍질(背甲)을 사용하기도 하였다. 이처럼 복갑을 주로 사용한 것은 거북의 등껍질이 둥글고 볼록 올라와 있어서 조문兆紋을 만들거나 복사卜辭를 각사刻辭하기에 불편했기 때문으로 보인다. 한편 '골骨'은 짐승의 뼈(獸骨)를 말하는데, 주로 소의 견갑골肩胛骨을 말하며, 일부 기사문자記事文字에는 소의 두개골, 사슴의 두개골, 사람의 두개골 혹은 호랑이 뼈를 사용하기도 하였다.[2)]

이러한 귀갑이나 수골에 기록된 문자는 크게 복사문자卜辭文字와 기사문자記事文字로 나누어진다. 복사문자는 점을 친 내용을 기록한 것이고, 기사문자는 그 이외의 내용을 기록한 것이다. 갑골문의 절대다수가 복사문자이다.[3)]

2. 갑골문 복사의 용어와 문례文例

갑골문을 이해하기 위해 기본적으로 알아야 할 기본 용어들을 살펴보면 다음과 같다.

---

1) 王宇信, 이재석 역, 『갑골학통론』(동문선, 2004), 25~29쪽 참조.
2) 王宇信, 이재석 역, 『갑골학통론』(동문선, 2004), 138쪽 참조.
3) 황준연, 『실사구시로 읽는 주역』(서광사, 2009), 29쪽 참조.

1) 갑골의 정반正反·좌우左右·내외內外·상하上下

거북의 배껍질(腹甲) 아랫부분의 비교적 고르고 매끈한 부분을 정면正面이라고 부르는데, 이곳이 바로 점을 친 후 복조卜兆를 나타내는 면이다. 그 뒷면은 복갑의 속인데, 표면이 비교적 거칠고, 한 꺼풀 벗겨 내어 갈고 하였지만 여전히 정면처럼 고르지 못하다. 찬鑽·작灼·착鑿은 이 반면反面에 하는 것이다.[4]

찬鑽은 거북 복갑의 뒷면에 그 중앙선을 축으로 삼아 대칭의 형태로 구멍을 내되 완전히 관통하여 뚫지는 않는 것이다. 작灼은 복갑을 불에 굽는 것이다. 착鑿은 찬한 것의 옆에 다시 작은 홈을 내는 것을 말한다. 상대商代 초기의 복갑 중에는 대부분 '찬'과 '작'의 흔적이 남아 있다. 그런데 상대 후기의 유적인 은허의 복갑 중에는 '찬' 이외에 '착'이라는 기술이 겸해서 사용되고 있다. 이렇게 작은 홈을 파는 이유는 불에 구울 때 복조의 방향을 더욱 좋게 조절하기 위한 것이다.[5]

소의 견갑골은 비교적 고르고 매끈한 면이 정면이 되고, 그 뒷면은 톱으로 등뼈와 같은 돌기를 제거하였기 때문에 뼈의 결이 거칠며 매끄럽지 못하다. 찬·작·착은 대부분 반면에다 한다.[6]

귀갑의 정면은 [그림 1-1]에서 보는 것처럼 중간의 중앙, 즉 '천리로千里路'를 경계로 해서 좌와 우의 두 부분으로 나뉜다. 오른쪽 부분은 우귀갑, 왼쪽 부분은 좌귀갑이다. 귀갑은 아홉 조각의 갑둔甲盾으로 구성되는데, 즉 1) 귀중갑, 2) 귀우수갑, 3) 귀좌수갑, 4) 귀우전갑, 5) 귀좌전갑, 6) 귀우후갑, 7) 귀좌후갑, 8) 귀우미갑, 9) 귀좌미갑 등이다.

---

4) 王宇信, 이재석 역, 『갑골학통론』(동문선, 2004), 165~166쪽 참조.
5) 정병석, 『점에서 철학으로』(동과서, 2014), 56~59쪽 참조.
6) 「小屯南地甲骨的鑽鑿形態」, 『小屯南地甲骨』 下冊 제3분책(中華書局, 1983), 1521쪽.

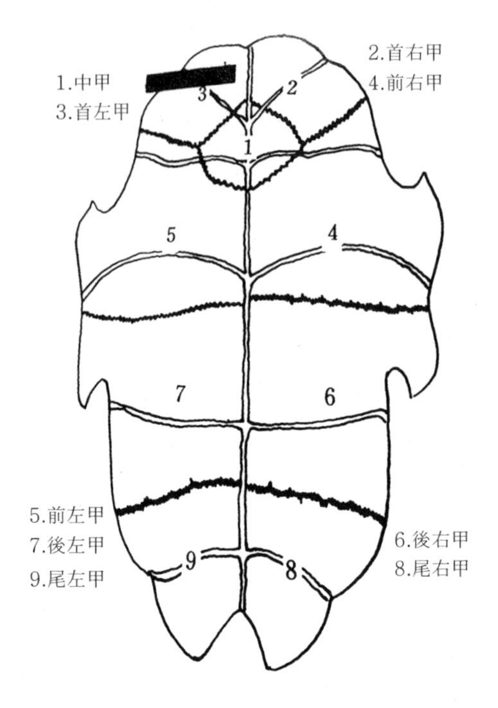

[그림 1-1] 귀갑의 구분과 명칭
자료: 王宇信, 이재석 역, 『갑골학통론』(동문선, 2004), 624쪽.

귀갑 중에서 가장자리 근처는 '외'가 되고, 중간의 천리로 근처는 '내'가 된다. 머리에 가까운 부분은 '상'이 되고, 꼬리에 가까운 부분은 '하'가 된다. 좌귀갑의 복조는 오른쪽을 향하고, 우귀갑의 복조는 왼쪽을 향한다.[7]

2) 조문兆紋

찬착한 거북껍질을 가열하여 구우면 앞면에 터지고 갈라진 흔적이 나타나

7) 王宇信, 이재석 역, 『갑골학통론』(동문선, 2004), 166쪽 참조.

[그림 1-2] 조문의 구성
자료: 정병석, 『점에서 철학으로』(동과서, 2014), 63쪽.

게 되는데 이것이 바로 귀조龜兆이다. 그리고 이러한 귀조의 모양을 조문兆紋 또는 조상兆象이라고 한다. 조문은 조간兆幹과 조지兆枝로 나누어지는데 그 모습은 점친다는 의미의 '복卜'자의 모습을 하고 있다. 조간을 종조縱兆 또는 묵墨이라고도 하고, 조지를 횡조橫兆 또는 탁坼이라고도 부른다. 동작빈董作賓은 조지, 즉 탁을 머리(首), 몸통(身), 발(足) 세 부분으로 나눈다.([그림 1-2]) 여기에서 조兆란 앞서서 나타나는 일종의 조짐을 의미한다. 이른바 점복은 이 '조짐'을 살펴서 점을 치는 행위이다. 길흉을 정하는 객관적인 근거는 조간에 대한 조지의 형태 변화를 통해 결정된다.8)

3) 조서兆序

상나라 사람들은 복문卜問을 하기 위해 한 차례씩 거북을 불로 지질 때마다 거북의 복갑 정면의 조문 위쪽에다 점복 횟수를 기록해 놓았다. 왜냐하면 한 가지 일을 정면에서 복문한 후에, 다시 반면에서 이 일을 동일하게 물어야 하는 경우가 왕왕 있어서 귀갑의 서로 대칭된 부위에 이 점복 횟수도 새겨

8) 정병석, 『점에서 철학으로』(동과서, 2014), 62~63쪽 참조.

놓아야 하기 때문이다. 이러한 점복 횟수를 표시한 숫자가 바로 '조서'이다.

일반적으로 귀우갑龜牛甲의 조서는 조지의 좌상방에 새긴다. 이와 반대로 반면에서 복문한 조서는 조지의 우상방에 새긴다. 다시 말해서 귀갑 위에서 조서는 복사와 마찬가지로 좌우로 서로 대립되어 있다. 우견갑골牛肩胛骨의 조서도 조지의 위쪽에 새긴다. 좌견갑골左肩胛骨의 조서는 왼쪽으로 향한 조지의 상부에 새기고, 우견갑골右肩胛骨의 조서는 오른쪽으로 향한 조지의 상부에 새긴다.[9]

4) 조기兆記

어떤 학자는 조기를 조사兆辭라고도 부르는데, 이는 복조에 관한 정황을 기록한 것이다. 조기는 '×고告'·'길吉'·'불현명不玄冥'·'자용玆用' 등을 포괄한다.[10]

갑골 조지의 위쪽에는 항상 조서가 기록되어 있다. 그리고 조지의 아래쪽과 조서가 대응되는 곳에는 항상 '일고一告'·'이고二告'·'삼고三告'·'소고小告' 등이 기록되어 있는데, 그 함의는 자세히 알 수가 없다.[11]

조 옆에는 또 '길吉'·'대길大吉'·'홍길弘吉' 등이 기록되기도 한다.[12]

조 옆에는 또 '자용玆用'·'자불용玆不用'·'자무용玆毋用' 등이 기록되기도 한다. 또는 '자어玆御'로 기록되기도 하는데, 여기에서 '어'는 바로 '용用'이다. '용'은 '시행하다'라는 의미이며, 점친 바에 따라서 시행한다는 것을 말한다.[13]

---

9) 王宇信, 이재석 역, 『갑골학통론』(동문선, 2004), 167쪽.
10) 王宇信, 이재석 역, 『갑골학통론』(동문선, 2004), 169쪽.
11) 胡厚宣, 「甲骨學緒論」, 『甲骨學商史論叢』 2집 下冊.
12) 王宇信, 이재석 역, 『갑골학통론』(동문선, 2004), 169쪽.
13) 胡厚宣, 「甲骨學緒論」, 『甲骨學商史論叢』 2집 下冊; 胡厚宣, 「釋玆御玆用」, 『史語所集刊』 8본 4분(1940).

'불현명'은 모호하지 않다는 의미로서 조상兆象이 뚜렷하게 기록되었다는 것이다.14)

5) 복사卜辭

갑골문에서 절대다수를 차지하고 있는 것은 복사인데, 복사는 정인貞人이 거북을 불로 지져서 점을 명한 후에 갑골에 새겨 놓은 것으로 점친 내용과 관계가 있다. 하나의 완벽한 복사는 서사敍辭 · 명사命辭 · 점사占辭 · 험사驗辭 등 네 개 부분을 포괄하고 있다.15)

'서사'는 전사前辭 또는 술사述辭라고도 하며, 점복한 시간과 정인의 성명을 나타낸다.

'명사'는 정사貞辭라고도 하며, 점복에서 물은 내용을 기록한 것이다.

'점사'는 상왕商王이 조문을 보고 내린 성패 · 길흉의 판단이다.

'험사'는 결과의 맞고 틀린 것을 기록한 징험의 말이다. 즉 복문卜問한 뒤에 점친 일의 결과가 나오기를 기다려서 다시 복인卜人에 의해 유관한 복사 뒤에 보충하여 계각契刻한 것이다.16)

예를 들어 『갑골문합집甲骨文合集』 36975의 내용은 다음과 같다.17)

> 기사일에 왕이 점을 쳤다. 올해 상나라가 풍년이 들지를 물었다. 왕이 조문을 보고 길하다고 해석하였다. 동쪽 땅에도 풍년이 들고, 남쪽 땅에도 풍년

---

14) 楊向奎, 「釋下玄冥」, 『歷史研究』 1955(1).

15) 王宇信, 이재석 역, 『갑골학통론』(동문선, 2004), 170쪽.

16) 王宇信, 이재석 역, 『갑골학통론』(동문선, 2004), 158 · 170쪽; 정병석, 「주역의 원류와 귀복」, 『동양철학연구』 제31집(2002), 176쪽; 정병석, 『점에서 철학으로』(동과서, 2014), 47 · 83~84쪽 참조.

17) 정병석, 『점에서 철학으로』(동과서, 2014), 48쪽 참조.

이 들고, 서쪽 땅에도 풍년이 들고, 북쪽 땅에도 풍년이 들 것이다.[18]

복사 중에서 "기사일에 왕이 점을 쳤다"가 서사이다. "올해 상나라가 풍년이 들지를 물었다"는 거북에게 풍년 유무를 묻는 명사이다. "왕이 조문을 보고 길하다고 해석하였다. 동쪽 땅에도 풍년이 들고, 남쪽 땅에도 풍년이 들고, 서쪽 땅에도 풍년이 들고, 북쪽 땅에도 풍년이 들 것이다"는 왕이 조문을 본 후에 풍년이 들 것이라고 예측한 점사이다. 그리고 예문에는 없으나 점사 다음에는 예측한 일이 실제로 일어났는지 여부를 기록한 험사가 오게 된다.

은허복사에서 형식을 완벽하게 갖춘 각사刻辭는 별로 많지 않으며, 대다수는 험사가 없다. 어떤 것들은 점사와 험사의 두 부분이 생략되기도 한다. 더욱이 전사마저도 생략된 채 명사만이 새겨져 있기도 하다. 그렇지만 역시 전사와 정사를 갖추고 있는 것이 가장 일반적이다.[19]

3. 갑골문 복사와 『주역』의 관련성

1) 갑골문 복사와 『주역』 괘 · 효사의 비교

여영량余永梁은 갑골학자로서 갑골과 『주역』의 관계를 밝혀내는 데 주력하였다. 그는 「『주역』 괘사와 효사의 시대 및 그 작자」(易卦爻辭的時代及其作者)라는 글을 남겼다.[20] 이 글에 따르면, 『주역』은 원래 거북점(귀복)에서 출발하였고,

18) 己巳, 王卜. 貞今歲商受年. 王占曰吉. 東土受年, 南土受年, 西土受年, 北土受年.
19) 胡厚宣, 「甲骨學緒論」, 『甲骨學商史論叢』 2집 下冊 참조.
20) 余永梁, 「易卦爻辭的時代及其作者」, 『中央研究院 曆史語言研究所 集刊』 제1본 제1분(1928).

괘사와 효사는 상왕조 시대의 갑골복사와 그 문구가 서로 닮았다.[21] 다시 말해, 『주역』의 괘 · 효사는 갑골문 복사를 계승한 것이고, 그 둘은 모두 점을 친 결과를 기록해 놓은 것이다. 이제 갑골문 복사와 『주역』 괘 · 효사의 유사점을 여영량과 황준연의 연구를 통해 구체적으로 살펴본다.

(1) 구절의 비교

복사: 庚辰卜大貞來丁酉 其口于大室 口于西鄉
『주역』: 屯其膏 小貞吉 大貞凶 (水雷屯卦 九五爻辭)
효사의 구절이 복사의 구절과 용법이 닮았다.

복사: 戊寅子卜有它 戊寅卜亡它 또는 辛酉卜口貞 今日王步于牽亡它
『주역』: 有孚 比之 无咎 有孚盈缶 終來有它 吉 (水地比卦 初六爻辭)
효사의 "有孚盈缶" 이하의 구절이 복사의 구절과 용법이 닮았다.

복사: 其獲 其獲 또는 其雨 또는 甲子……母啓其雨 弗每其雨
『주역』: 休否 大人吉 其亡其亡 繫于苞桑 (天地否卦 九五爻辭)
효사의 "其亡其亡" 이하의 구절이 복사의 구절과 용법이 닮았다.

복사: 逐鹿獲
『주역』: 良馬逐 利艱貞 日閑輿衛 利有攸往 (山天大畜卦 九三爻辭)
효사의 "良馬逐"과 복사의 "逐鹿獲"의 구조가 유사하다.

복사: 己未卜 其剛羊于西南 또는 貞寮于西南
『주역』: 蹇 利西南 不利東北 利見大人 貞吉 (水山蹇卦 卦辭)
괘사의 "利西南. 不利東北"의 구절이 복사의 구조와 유사하다.

---

21) 황준연, 『실사구시로 읽는 주역』(서광사, 2009), 28쪽 참조.

복사: 戊戌王卜貞田䨓亡? 또는 王囚曰吉 獲狼一

『주역』: 田獲三狐 得黃矢 貞吉 (雷水解卦 九二爻辭)

효사의 구절이 복사의 구조와 유사하다.

복사: 庚寅卜在給 貞王田往來亡

『주역』: 井 改邑不改井 无喪无得 往來井井 汔至 亦未繘井 羸其甁 凶 (水風井卦 卦辭)

괘사의 "无喪无得 往來井井"이 복사의 구조와 유사하다.

복사: 癸子王卜貞旬亡畎 王占曰大吉

『주역』: 鼎玉鉉 大吉 无不利 (火風鼎卦 上九爻辭)

효사의 구절이 복사의 구조와 유사하다.

복사: 貞我旅吉

『주역』: 旅 小亨 旅貞吉 (火山旅卦 卦辭)

괘사의 구절 "旅貞吉"이 복사의 구조와 아주 유사하다.

복사: □亥卜師□ 大曲其喪

『주역』: 旅焚其次 喪其童僕 貞厲 (火山旅卦 九三爻辭)

효사의 구절이 복사의 구조와 유사하다.

복사: 癸卯卜出 貞旬亡畎 또는 貞不允出 또는 貞不出 또는 癸未子卜貞我不吉出

『주역』: 不出戶庭 无咎 (水澤節卦 初九爻辭)

효사의 구절이 복사의 구조와 유사하다.

복사: 癸卯卜出 貞旬亡畎 또는 貞不允出 또는 貞不出 또는 癸未子卜貞我不吉出

『주역』: 不出門庭 凶 (水澤節卦 九二爻辭)

효사의 구절이 복사의 구조와 유사하다.

복사: 戊寅子卜有它 戊寅卜亡它 또는 辛酉卜口貞 今日王步于牽亡它
『주역』: 虞吉 有它不燕 (風澤中孚卦 初九爻辭)
효사의 구절이 복사의 구조와 유사하다.

이처럼 복사의 구절과 『주역』 괘효사의 구절을 비교해 보면 그 구절과 용법, 그리고 구조에 있어서 유사한 점이 많이 발견되고 있다.

(2) 단어의 비교

복사: 利, 不利
『주역』: 利, 无不利, 无攸利

복사: 吉, 大吉, 弘吉
『주역』: 吉, 大吉

복사: 有它
『주역』: 有它, 亡它

복사: 弗悔
『주역』: 无悔

복사: 得弗, 亡得
『주역』: 有得, 無得

복사: 若, 弗若
『주역』: 若, 如, 不如

복사와 『주역』 괘효사에 사용된 단어를 비교해 보면 같거나 유사한 단어들이 많이 사용되고 있음을 알 수 있다.

(3) 관상계사觀象繫辭의 기원

귀복점에서 징조의 상을 살피는 문제와 그것에 대한 판단과 해석이라는 문제는 후대 『주역』의 관상의 문제와 자연스럽게 연결된다. 이러한 관점에 의하면 『주역』의 「괘사전」에서 말하고 있는 상징부호체계에 대한 언어문자를 통한 해석의 형식 혹은 방식, 즉 이른바 '관상계사'의 기원은 「설괘전」 성립 이전의 귀복점과 깊은 관련이 있다고 할 수 있다.22)

(4) 기타 복사와 『주역』 괘·효사의 유사점

먼저 『주역』의 괘효가 아래에서부터 위로 올라가는 순서는 갑골 각사刻辭의 순서와 일치한다. 그리고 효사가 육단六段으로 되어 있고 복사 또한 육구六句로 되어 있는 것도 동일하다. 이 외에 통행본 『주역』에서 길흉을 단정하는 사구辭句들과 갑골의 복사를 서로 비교해 보면 여러 곳에서 유사점을 찾을 수 있다. 예를 들면 갑골문 중의 '정貞'자는 '복문卜問한다'는 뜻을 가지고 있는데, 통행본 『주역』의 '정'자 역시 이런 뜻을 가지고 있다. 또한 통행본 『주역』에 있는 괘사가 갑골문 중에서 발견되는 경우도 있다. 예를 들면 건괘의 '원형이정元亨利貞'이라는 유명한 구절 역시 복사에 이미 보인다. 이러한 점에서 『주역』의 육효 및 괘·효사가 갑골의 복사를 모방하거나 거기에 연원을 두고 있다고 말할 수 있는 것이다.23)

이처럼 갑골문 복사와 『주역』 괘·효사를 비교해 보면 여러 측면에서 같거

---

22) 정병석, 『점에서 철학으로』(동과서, 2014), 85쪽 참조.

23) 鄭萬耕, 『易學源流』(심양출판사, 1997), 8쪽; 정병석, 『점에서 철학으로』(동과서, 2014), 85~86쪽 참조.

나 유사한 부분이 있음을 알 수 있다. 따라서 지금 통행되고 있는 『주역』의 괘·효사는 갑골문 복사에 그 뿌리를 두고 있다고 해도 지나친 말은 아닐 것이다. 이제 귀복龜卜 → 서점筮占 → 『역경易經』 → 『역전易傳』이라는 과정을 거쳐 『주역』이 단순한 점서에서 심오한 철학서로 변모하는 과정을 살펴보기로 한다.

2) 귀복龜卜(卜辭)에서 서점筮占(筮辭)으로

오늘날의 통행본 『주역』은 귀복 → 서점 → 『역경』 → 『역전』이라는 발전 과정을 거쳐 형성된 것이다. 또한 역학사의 관점으로 말하면 역학의 발전 단계는 5단계로 나눌 수 있다. 즉 거북점을 행한 귀복역학, 『주역』 형성 이전의 시초점蓍草占을 행한 점서역학, 『역전』 이전의 『역경』의 단계, 『역전』 형성 이후의 철학적 해석의 단계, 그리고 20세기 이후의 현대역학의 단계로 나눌 수 있다.[24)]

『주역』의 발생적 기원은 인간의 운명을 주재하는 어떤 초월적 존재의 의지를 묻기 위해 점을 치고 희생을 바치는 귀복점龜卜占에서 출발하였다. 거북이나 동물의 뼈 위에 나타난 자연적 성문成紋을 점치는 사람의 다분히 주관적인 판단에 의지하여 해석하던 귀복점은 이후 수의 연산과 유비적인 논리를 통하여 점을 치는 서점으로 대체된다. 이것은 점치는 방법과 해석의 고정화·규칙화가 점차적으로 진행되면서 가능하게 된 것이다.[25)]

다시 말해 『주역』의 점을 묻는 방법인 시초법은 상대商代의 귀복법을 좇아서 변모한 것이다. 은허 출토 갑골문의 80%는 동물의 뼈이고, 거북의 껍질은

24) 정병석, 『점에서 철학으로』(동과서, 2014), 14·107쪽.
25) 정병석, 『점에서 철학으로』(동과서, 2014), 31쪽.

20% 정도라고 한다. 현실적으로 거북을 구하기가 쉽지 않았기 때문이라는 이야기인데, 이 때문에 서주西周시대에 들어서면 거북점 대신 구하기 쉬운 시초를 활용하였다. 또한 상대는 수렵 및 목축이 주류를 이룬 사회이고, 서주 시대는 목축사회에서 농업사회로 전환하는 시기였다. 이와 같은 문명의 전환기에 『주역』이 서주의 복무卜巫 관료(지식인)의 손에서 탄생하였다는 것이다.[26)]

귀복은 주나라 때에도 여전히 남아 있었고 더욱 정밀한 체계로 발전하면서 일정한 부분에서는 오히려 주도적인 위치를 점하고 있었던 것으로 보인다. 예를 들어 『주례周禮』에 다음과 같은 말이 있다. "대체로 나라의 큰일은 먼저 서점을 치고 난 뒤에 귀복으로 문점한다."[27)] 주나라 사람들은 귀복점이 서점이나 다른 어떤 점보다도 영험한 것으로 생각한 것 같다. 또한 시초점은 간단했고, 거북점을 치고자 귀갑을 구하는 일은 쉽지 않았기 때문이기도 했다. 이처럼 역사적으로도 이런 귀복이 행해진 것은 5,000년 이전에 이미 시작된 것으로 추정되는 반면에, 서점은 시기적으로 더 늦게 출현하고 있다.[28)]

또한 상이한 조상兆象에 대한 주사繇辭의 창작은 주사의 양을 무한정으로 증가시킨다. 이런 주사의 무한정한 증가라는 상황은 귀복점의 시행을 매우 골치 아프고 복잡하게 만들어 버린다. 이런 식의 복잡한 점법에 대해 반발하면서 보다 '간이화된 점법'을 지향하는 경향이 출현하는 것은 어쩌면 매우 자연스러운 현상이라고 할 수 있다. 이런 문제에 대해 "서법은 바로 복잡한 점법을 대신하기 위해서 출현한 것"[29)]이라고 말하는 입장은 상당한 설득력을 가지고

---

26) 황준연, 『실사구시로 읽는 주역』(서광사, 2009), 28쪽 참조.
27) 『周禮』, 「春官宗伯下」, "凡國之大事, 先筮而後卜."
28) 정병석, 「주역의 원류와 귀복」, 『동양철학연구』 제31집(2002), 187쪽; 정병석, 『점에서 철학으로』(동과서, 2014), 46쪽 참조.
29) 余永梁, 「易卦爻辭的時代及其作者」, 『中央硏究院 曆史語言硏究所 集刊』 제1본 제1분(1928), 150쪽.

있는 것으로 보인다. 여기에서 '간이화'라는 말의 의미는 단순한 절차적 과정의 축약이나 생략을 의미하는 것이 아니라, 합리적인 규칙과 법칙적인 절차적 과정의 발견을 통하여 점을 보다 합리적·효율적으로 조작하고 운용하는 것을 말한다.[30]

귀복에서 서점으로의 이행은 하나의 획기적인 발전 과정이라고 할 수 있다. 이것은 주로 춘추시기의 한간韓簡이 말하는 귀상龜象에서 서수筮數로의 과정이라고 할 수 있다.[31]

> 거북을 이용하는 것은 상으로 나타나고, 시초로 치는 서의 점은 수로 나타난다. 물이 생겨난 후에 상이 있고, 상이 있고 난 후에 크고 많아지고, 크고 많아진 후에 수가 있다.[32]

한간은 상과 수를 통하여 귀와 서를 구별하는데, 이것은 점복이 근거하는 사물을 가지고 나누어 말하는 것이다. 즉 귀복은 조상兆象을 보고 길흉을 정하고, 서점은 수에 근거하여 길흉을 판단한다.

귀상과 서수 이 둘을 비교하면 몇 가지 측면에서 다른 점을 발견할 수 있다. 그 중 먼저 이야기할 수 있는 것은 거북을 불에 구워 얻은 조상은 약간의 인위적인 가공이 부가되었다 하더라도 기본적으로는 자연적으로 생긴 무늬이다. 그러나 정해진 순서에 따라 연산하여 얻은 점서의 괘상은 인위적인 추산에 근거하여 나온 것이다. 말하자면 서점에서 관찰하여 얻은 것은 숫자이고, 귀복점에서 관찰한 것은 어디까지나 갑골이 불에 구워진 후에 출현한 자연적 조상이다. 거북의 조상이 형성된 후에는 그것을 인위적인 과정을 통하여 조작하거

30) 정병석, 『점에서 철학으로』(동과서, 2014), 93~94쪽 참조.
31) 정병석, 『점에서 철학으로』(동과서, 2014), 95쪽.
32) 『春秋左傳』, 僖公 15年, "龜, 象也, 筮, 數也. 物生而後有象, 象而後有滋, 滋而後有數."

나 다르게 변경하지 않고, 복인은 오직 그 조문에만 근거하여 길흉을 판단하였다. 그러나 괘상의 형성 후에는 괘상에 대한 여러 가지의 분석과 논리적인 연산을 통하여 길흉을 판단하였다. 이런 점서의 괘상을 조상과 비교해 보면 인간의 추상적인 사유와 길흉을 묻는 과정에서 인위적인 요소가 훨씬 더 많이 개입되어 있음을 알 수 있다. 이런 관점에서 귀복에서 서점으로 이행한 과정은 하나의 발전 혹은 진보라고 간주할 수 있다.[33]

3) 서점에서 『역경』으로

우리가 분명히 짚고 넘어가야 할 것은 중국 고대의 귀복이 가지고 있는 중요한 특징 중의 하나가 바로 일방적인 신의 계시나 명령을 얻는 방식과는 분명히 구별되는 점이 있다는 사실이다. 그것은 바로 인간의 주체적 해석의 가능성과 주동적 참여의 길을 분명히 열어 놓고 있기 때문이다. 이른바 인간 자신의 주체적 해석의 가능성과 주동적 참여라는 것으로, 바로 '관물취상觀物取象'이다. 이런 귀복의 조상兆象에 대한 해석 과정은 「계사전繫辭傳」의 "상을 보고 말을 붙이고 길흉을 밝힌다"[34]는 말로 설명할 수 있다. 이 말은 『주역』을 이해하는 데 있어서 가장 중요한 관점인데, 이것은 바로 귀복의 조상 해석에서 그 기원을 두고 있음을 알 수 있다.[35]

동일한 조상에 대해 각기 다른 해석을 하는 경우는 복사의 기록들에서 자주 발견할 수 있다. 은허의 복사들 중에서 자주 보이는 것으로, 하나의 골판 위에 서로 정반대의 정문을 좌우 대칭으로 새겨 넣은 것이 있다. 즉

---

33) 정병석, 『점에서 철학으로』(동과서, 2014), 96~97쪽 참조.

34) 『周易』, 「繫辭上傳」, 제2장, "聖人設卦觀象繫辭焉而明吉凶."

35) 정병석, 「주역의 원류와 귀복」, 『동양철학연구』 제31집(2002), 190쪽; 정병석, 『점에서 철학으로』(동과서, 2014), 66~67쪽 참조.

'좌우대정左右對貞'의 방식으로 하나의 같은 사항에 대해 각기 반대의 입장에서 복문卜問하는 경우이다. 이러한 복사를 대정각사對貞刻辭라고 말한다. 이런 정반대의 정문貞文이 의미하는 것은 절대적인 신의神意 혹은 계시보다는 인간의 독자적인 사유 가능성이라는 측면이 부각된다는 점이다. 즉 이는 점친 결과가 오직 하나로 정해져 있는 것이 아니라 다른 해석 역시 얼마든지 가능함을 말해 주는 것이다.[36)]

이것은 대자연의 물리적 현상 자체를 다분히 신비적으로 해석하던 단계에서 벗어나 인간의 자각적 이성을 통한 해석으로 넘어가는 과도기적 단계에 해당하는 것이라고 할 수 있다. 이런 과도기적 단계에 해당하는 것으로는 점복을 통한 왕권의 신성화 혹은 절대화라는 문제를 예로 들 수 있다. 은나라 시기의 왕들은 그들의 왕권을 절대화하는 데 점복을 유효적절하게 이용하고 있다. 당시의 왕들은 드러난 조상을 상당 부분 임의적으로, 자기의 의도에 맞게 해석하고 있다. 귀복을 진행하는 사람이 누구인가를 막론하고 모든 점복의 길흉에 대한 최후의 판단은 왕에 의해 결정되었던 것으로 보인다. 이 단계에 있어서 점복은 이미 단순한 신의 뜻에 대한 해석이 아니라, 매우 세속화된 일종의 정치적 해석이라고 하여도 틀린 말은 아닐 것이다. 점복에 대한 이런 해석의 단계는 실제로 천명이나 천도에 대한 해석의 과정과 일치한다. 구체적으로 말하면 종교적 단계에서 정치적 단계로, 다시 도덕적인 해석으로 넘어가는 과정과 거의 일치한다.[37)]

『주역』의 원류에 해당하는 귀복점은 그것이 『주역』의 발생적 기원이라는 역사적 사실뿐만 아니라, 귀복점 자체에 이미 다양한 철학적인 해석을 가능하

36) 정병석, 『점에서 철학으로』(동과서), 67~70쪽 참조.
37) 정병석, 「주역의 원류와 귀복」, 『동양철학연구』 제31집(2002), 191쪽; 정병석, 『점에서 철학으로』(동과서, 2014), 70~71쪽.

게 하는 여러 가지 요소가 내재되어 있다는 점에 주목하여 볼 필요가 있다. 실제로 점의 재료로 선택한 거북은 그 자체로 이미 우주적 모형을 상징하고 있다. 후대 『주역』의 철학적 출발점이 괘효의 상징체계에 대한 해석에 있었던 것처럼, 귀복점에 있어서도 역시 조상이라는 특수한 상징체계에 대한 해석이 핵심적인 문제로 나타난다.

귀복점을 원시인의 미신적인 행위로 간주하여 그것이 어떠한 철학적인 내용도 전혀 가지고 있지 않다고 보는 것이 일반적이다. 그러나 위의 논의들을 통하여 우리는 거북점 속에서도 철학적인 것으로 해석될 수 있는 잠재적인 근거들을 발견할 수 있다. 거북을 점복물로 이용하는 의도 속에는 이미 중국의 전통적인 우주의 모형과 시간적 영원성, 천지인 삼재에 대한 원형적 사유가 들어 있다. 아울러 대정각사 속에서 대립하면서도 상호 대응하는 성격이나 물과 불의 결합이라는 점법을 통하여 이미 음양 이론으로 전개될 수 있는 사유의 단초들을 가지고 있음을 발견할 수 있다.[38]

20세기에 들어온 이후 실증주의적 사조의 영향으로 괘효상의 형성이라는 문제는 고고학이나 민족학적인 자료들의 연구를 통하여 여러 가지 새로운 학설들을 출현시켰다. 그중 비교적 영향력이 있는 것은 '고문자설高文字說'·'귀복조문설龜卜兆紋說'·'서수설筮數說' 등이다.[39]

'고문자설'은 『역위易緯·건곤착도乾坤鑿度』에서 시작된다. 여기에서는 "☰은 고문의 천天으로 지금의 건괘乾卦이고, ☷은 고문의 지地로 지금의 곤괘坤卦이며, ☴은 고문의 풍風으로 지금의 손괘巽卦이다. ☶은 고대의 산山으로 지금의 간괘艮卦이고, ☵은 고문의 수水로 지금의 감괘坎卦이며, ☲은 고문의 화火로 지금의 이괘離卦이다. ☳은 고문의 뇌雷로 지금의 진괘震卦이고, ☱은 고문의

38) 정병석, 『점에서 철학으로』(동과서, 2014), 71~72쪽 참조.
39) 정병석, 『점에서 철학으로』(동과서, 2014), 166~167쪽 참조.

택澤으로 지금의 태괘泰卦이다"라고 하는데, 『역위』의 이 설은 어디에 근거하는지 알 수 없지만 아마도 「설괘전」의 영향을 받은 것으로 보인다. 역학사에서 송대의 양만리楊萬裏와 명대의 황종염黃宗炎은 모두 이 설에 따른다. 근세에 이 설을 이어받은 사람으로는 유사배劉師培, 양계초梁啓超, 곽말약郭沫若 등이 있다.[40]

'귀복조문설'을 가장 먼저 말한 사람은 여영량이다. 그는 "괘효는 조兆를 모방했다"[41]고 말하고, 풍우란 역시 『중국철학사신편』에서 "8괘는 귀복에서 발전되어 온 것이다. 8괘는 바로 조문을 모방한 것이다. 8괘와 64괘는 바로 표준화된 조문이다"[42]라고 하였다.

'서수설'은 괘효의 기원을 괘卦와 수數의 관계라는 측면에서 본다. 『역전』에서는 대연지수와 설시揲蓍하여 성괘成卦하는 문제에 대해 말한다. 즉 괘효의 형성은 바로 서수筮數에서 나왔다는 말이다. 1980년대에 출현한 숫자괘數字卦의 해독에 따라서 '서수설'의 문제는 더욱 중요하게 부각된다.

괘효상의 기원에 대한 관점이 완전하게 해결된 것은 아니다. 그러나 숫자괘의 출현으로 보면 괘효상의 기원은 마땅히 수와 관련이 있고 수의 탄생은 분명히 서와 관련이 있다. 서筮로부터 수數에 이르고 수로부터 괘卦에 이른다는 관점이 정확할 것으로 보인다.[43]

고대에 복인卜人이 복을 행할 경우 분명히 복사卜事의 기록이 있었고 서인筮人이 서를 행할 때는 서사筮事의 기록이 있었을 것이다. 이처럼 점을 통하여 묻고 싶었던 문제들에 대한 점사의 내용들을 각각 서서筮書의 64괘 괘효 아래에 기록했을 가능성이 있고 이런 것이 바로 괘효사의 발생 근원이 되었을 가능성이

40) 楊慶中, 『周易經傳硏究』(北京: 商務印書館, 2005), 3쪽 참조.
41) 余永梁, 「易卦爻辭的時代與作者」, 『古史辨』 제3책(上海: 上海古籍出版社, 1982), 149쪽.
42) 馮友蘭, 『中國哲學史新編』 I(北京: 人民出版社, 1998), 84쪽.
43) 정병석, 『점에서 철학으로』(동과서, 2014), 167~168쪽 참조.

크다. 이런 기록이 바로 괘효사의 출현을 의미하는 것은 아니지만, 이런 복사의 기록과 서사의 기록이 괘효사의 발생적 기원 중의 하나인 것은 사실이다.

최초의 『역』은 문자가 없었고 또 텍스트의 형태를 이룬 것도 없었다. 64괘가 형태를 갖춘 중개물이라는 것 이외에 그 해석은 입과 귀로 전달하는 것일 뿐이었는데, 이 시기가 바로 『역』의 구전 시기라고 할 수 있다. 문자가 비교적 성숙한 후에 괘획은 문자와 서로 배합하면서 『역』의 진정한 본문이 된다. 이런 본문을 『역』이라고 통칭하고 그 문자를 괘효사라고 말한다. 이로부터 역학은 64괘에 대한 문자적 해석으로 진보한다.

이처럼 괘효사는 어떤 성인의 독립적 창작에서 나온 것이 아니라, 이미 있었던 서사筮辭나 역사적 사실 등을 가공 · 정리 · 편찬하여 이루어진 것으로 보는 것이 대체적인 관점이다.[44]

4) 『역경』에서 『역전』으로

『역경』은 대략 은주殷周시기에 형성되었고, 『역전』은 전국戰國 후기에 형성되었다는 것이 일반적 관점이다. 『역경』에서 『역전』으로의 역사적 발전 과정은 약 700~800여 년 정도 되는데, 이는 선진先秦철학사의 시기와 거의 일치한다. 또 이러한 역사적 발전 과정은 인류의 철학적 추상 사유가 점점 높아져 가는 과정과도 일치한다.[45]

『주역』이 가진 가장 현저한 특성 중의 하나인 괘상의 상징체계와 괘효사의 상징언어야말로 『역경』에서 『역전』으로의 발전에 결정적인 역할을 하고 있다고 할 수 있다. 『역경』에서 다양한 철학적 해석 지평이 전개된 『역전』으로

---

44) 정병석, 『점에서 철학으로』(동과서, 2014), 192~194쪽 참조.
45) 정병석, 『점에서 철학으로』(동과서, 2014), 241쪽.

의 발전을 가능하게 만든 사유 방식 혹은 해석의 방향을 한마디로 요약하여 말하면 「계사전」의 "그 상을 살펴보고 그 말이 가진 의미를 음미한다"(觀其象而玩其辭)는 말로 정리할 수 있을 것이다.

'상'으로서의 『주역』 괘효상과 괘효사에 대한 무한한 연상과 연역이라는 해석을 통하여 천하의 모든 문제와 연결시킬 수 있게 되는 것이다. 이것은 바로 「계사전」의 "이끌어 펴서 종류에 따라 확장하면 천하의 가능한 일을 다 할 수 있다"(引而伸之, 觸類而長之, 天下之能事畢矣)는 말에 해당한다. "이끌어 펴서"(引而伸之)라는 말은 「계사전」 하편의 "괘에 근거하여 그것을 각각 포개니"(引而重之)의 뜻과 같은 것으로 팔괘를 중첩하거나 연신하여 계속적으로 의미를 확대한다는 말이다.

'상'은 대체로 세 단계 혹은 삼층의 구조를 가지고 있다고 말한다. 그 순서나 단계는 물상物象에서 괘상卦象으로, 거기서 다시 취상取象으로 발전한다. 물상은 괘가 상징하고 있는 만사만물의 '상'을 말하고, 8괘와 64괘는 괘상에 속한다. 그리고 취상은 상징이나 유비의 뜻을 가지고 있다. 즉 취상은 괘상을 본받음의 준칙으로 삼아 해석하고 행동하는 것을 말한다.

팔괘 취상은 더 이상 점서의 과정을 필요로 하지 않고 또 서법의 규정을 준수할 필요도 없다. 그것은 직접적으로 세 개의 '—'과 '--'의 부호로 구성된 8괘가 인간의 길흉화복을 묻는 점서의 형식적 도구에 머무르지 않고, 또 단순히 신령의 계시에만 의거하여 문점하는 단계에 머물지 않고, 취상이라는 '상'이 나타내는 관계와 상징의 응용을 통하여 철학적 · 문화적인 방면에서 주체적 · 창조적인 해석을 할 수 있게 하는 여지를 제공하고 있다.

『주역』을 철학적 역학으로 전환시키는 데 있어서 기여한 최초의 철학적 관점은 다름 아닌 음양을 상징하는 '—'과 '--'의 두 획이다. 이 기본적인 두 획을 기초로 삼아 8괘를 만들고, 또 이 8괘를 중첩하여 64괘로 만들고 괘효사를 편정編定한 후 『주역』의 상징체계는 철학적 면모를 본격적으로 드러내게 된다.

특히 「설괘전」은 『주역』 괘상의 형식적 체계에 대하여 본격적인 철학적 해석을 가하고 있다. 「설괘전」은 8괘의 괘가 가지고 있는 상징적인 의미를 통하여 『주역』에 대한 철학적 해석을 시도하고, 8괘가 가지고 있는 괘덕을 통하여 하나의 철학적 체계를 확립하고 있다. 즉 「설괘전」은 8괘 취상을 통하여 우주자연계의 변화의 법칙과 인간사의 변화를 해석하는 철학적 경향을 보여 주고 있다. 그러므로 천지 만사만물의 표상인 8괘는 이미 우주 변화의 상징이자 모형체계이고 또한 우주의 현상에 대한 해석체계로 전환된다. 「설괘전」은 8괘의 취상과 해석을 통하여 우주자연의 현상에 대한 해석체계와 세계도식의 문제를 제기하고 있다.[46]

지금까지 『주역』의 근원과 그 발전 과정을 살펴보았다. 『주역』의 근원은 갑골문에서 그 단초를 찾을 수 있다. 갑골문의 절대다수가 점을 친 내용, 즉 복사卜辭이다. 따라서 이 갑골문 복사는 원래 점을 친 내용을 기록한 책인 『주역』과 자연스럽게 연결된다. 다시 말해 『주역』의 원초적인 모습을 우리는 갑골문 복사에서 찾아볼 수 있다. 이 귀복(복사)이 그 뒤 서점(서사)으로 발전하고, 이 서사가 은주시대에 이르러 표준화되어 『역경』으로 자리 잡게 된다. 그리고 전국시대 말에 이르러 『역경』의 해설서인 『역전』이 등장하게 됨으로써, 오늘날의 통행본 『주역』이 형성된 것이다. 또한 역학사의 관점으로 말하면 역학의 발전 단계는 5단계로 구분된다. 즉 거북점을 행한 귀복역학, 『주역』 형성 이전의 시초점蓍草占을 행한 점서역학, 『역전』 이전의 『역경』의 단계, 『역전』 형성 이후의 철학적 해석의 단계, 그리고 20세기 이후의 현대역학의 단계로 나눌 수 있다.

---

46) 정병석, 『점에서 철학으로』(동과서, 2014), 252~278쪽 참조.

제2장
『주역』의 기본 성격

1. 변역變易

1) 역

한대漢代의 정현鄭玄은 '역易'의 의미와 관련하여 다음과 같이 말한다.

> 역이라는 이름에는 하나의 말에 세 가지 의미를 포함한다. 이간易簡이 그 하나이고, 변역變易이 그 두 번째이며, 불역不易이 세 번째이다.[1)]

먼저 이간易簡은 쉽고 간명하다는 뜻이다. 「계사전」에 따르면, '역'은 번잡성 속에서 간명성과 평이성을 본다. 변역變易은 변화와 전환을 뜻한다. 간명하고 항상된 것이 '역' 속의 상象과 공식公式이지만, 상과 공식은 오로지 어떤 특정한 종류의 사물만 대입할 수 있는 것이 아닌 까닭에, '역'은 또한 고정적인 표준을 세울 수 없고 오직 적절한 경우로 변화할 뿐이다. 불역不易은 불변성을 뜻한다. '역'은 변동 속에서 항상성을 본다.[2)] 이를 달리 설명하면, 이간이란, 하늘과 땅이 서로 영향을 미쳐 만물을 생성케 하는 이법理法은 실로 단순하며,

---

1) 鄭玄, 『易贊』; 林忠軍, 손흥철 · 임해순 옮김, 『정현의 주역』(예문서원, 2021), 127~128쪽 참조.
2) 馮友蘭, 『中國哲學史新編』 II(北京: 人民出版社, 1986), 334쪽 참조.

그래서 알기 쉽고 따르기 쉽다는 뜻이다. 변역이란, 천지간의 현상, 인간사회의 모든 사행事行은 끊임없이 변화한다는 뜻이다. 그리고 불역이란, 이런 중에도 결코 변하지 않는 줄기가 있으니, 예컨대 하늘은 높고 땅은 낮으며, 해와 달이 갈마들어 밝히고, 부모는 자애를 베풀고 자식은 그를 받들어 모시는 것과 같다는 것이다.[3] 역의 이러한 세 가지 뜻을 통칭하여 역삼의易三義라고 하며, 그 구체적인 내용은 「계사전繫辭傳」을 통해 살펴볼 수 있다.

> 하늘은 높아서 존귀하고 땅은 낮아서 비천하니, 건과 곤의 자리가 정해진다. 높고 낮음이 이로써 배열되니, 귀한 것과 천한 것이 자리를 잡는다. 움직이고 멈추는 것에 일정한 법칙이 있으니, 강한 것과 부드러운 것이 구분된다. 만물은 그 성향에 따라 같은 종류끼리 모이고, 무리를 지어 구분되니, 여기에서 길하고 흉한 것이 생겨난다. 하늘에 걸려 있는 것은 상이 되고, 땅에 있는 것은 형체가 되니, 여기에서 변과 화가 나타난다.[4]

> 그러므로 강한 것과 부드러운 것이 서로 마찰하며, 팔괘가 서로 움직인다. 우레와 번개로 고무시키며, 바람과 비로 적신다. 해와 달이 운행하여, 한 번 추웠다 한 번 더웠다 한다. 건의 도가 남성이 되고, 곤의 도가 여성이 된다. 건은 큰 시작을 주관하고, 곤은 만물을 이루어 낸다.[5]

---

3) 『한국민족문화대백과사전』, 한국학중앙연구원.
http://encykorea.aks.ac.kr/Contents/Item/E0053344.

4) 『周易』, 「繫辭上傳」, 제1장, "天尊地卑, 乾坤定矣. 卑高以陳, 貴賤位矣. 動靜有常, 剛柔斷矣. 方以類聚, 物以羣分, 吉凶生矣. 在天成象, 在地成形, 變化見矣." 『周易』의 원문은 朱熹의 『周易本義』를 기준으로 하였으며, 원문의 발음은 『周易諺解』 宣祖本을 따랐다. 그리고 원문에 대한 해석은 정병석 역주, 『주역』 상 · 하(을유출판사, 2014 · 2015)를 주로 참고하였으며, 그 외에 이기동 역해, 『주역강설』 상 · 하(성균관대학교출판부, 1997), 김석진, 『대산주역강의』 1 · 2 · 3(한길사, 1999), 성백효 역주, 『주역전의』 상 · 하(전통문화연구회, 2001) 등을 참고하였다.

5) 『周易』, 「繫辭上傳」, 제1장, "是故, 剛柔相摩, 八卦相盪. 鼓之以雷霆, 潤之以風雨. 日月運行, 一寒一署. 乾道成男, 坤道成女. 乾知大始, 坤作成物."

건은 쉬운 방식을 통하여 주관하는 작용을 하고, 곤은 간단한 방식으로 이루는 역할을 한다. 쉬우면 알기 쉽고, 간단하면 따르기 쉽다. 알기 쉬우면 친숙해지고, 따르기 쉬우면 공을 이룰 수 있다. 친숙함이 있으면 오래 유지될 수 있고, 이룬 공이 있으면 커질 수 있다. 오래 유지할 수 있다는 것은 어진 이의 덕이고, 커질 수 있다는 것은 어진 이의 사업이다. 쉽고 간단해서 천하의 이치를 파악하게 되니, 천하의 이치를 파악하게 되면, 그 적합한 곳에 자리를 잡게 된다.[6]

위의 인용문에서 첫째 예문은 불역을, 둘째 예문은 변역을, 셋째 예문은 이간을 설명하고 있다. 여기에서 불역은 만물이 변화한다는 사실 그 자체가 절대로 불변함, 즉 변화의 항상성을 의미하며,[7] 변역을 가능케 하는 근거가 된다.[8] 그리고 불역과 변역은 체용體用 관계이며, 불역의 체와 변역의 용은 본질적으로 구별되는 별도의 것이 아닌 체용불이體用不二의 관계이다.[9] 그리고 이때의 체는 '무체无體'를 체로 삼는 것이며, 또 '무체의 체'에 어떠한 집착도 하지 않는 것이다.[10] 이와 관련하여 「계사전」에서는 "천지의 신비한 운행변화는 고정된 방식이나 방향이 없고, 역도의 운행 또한 고정된 형체나 형식이 없다"[11]라고 말한다. 따라서 불역이 아니면 변역이 없지만, 동시에 변역이 없이는 불역을 볼 수 없는 것이다.[12]

---

6) 『周易』, 「繫辭上傳」, 제1장, "乾以易知, 坤以簡能. 易則易知, 簡則易從. 易知則有親, 易從則有功. 有親則可久, 有功則可大. 可久則賢人之德, 可大則賢人之業. 易簡而天下之理得矣, 天下之理得而成位乎其中矣."
7) 이시우, 「변역의 도와 우환의식의 관계 고찰」, 『동서철학연구』 제66호(한국동서철학회, 2012), 96쪽 참조.
8) 이선경, 「선진유가에 있어서의 시중의 문제」, 『동양철학연구』 제55집(동양철학연구회, 2008), 312쪽.
9) 이선경, 「선진유가에 있어서의 시중의 문제」, 『동양철학연구』 제55집(동양철학연구회, 2008), 313~314쪽 참조.
10) 高悔民, 『先秦易學史』(臺北: 自行出版, 民國 79年), 292~293쪽.
11) 『周易』, 「繫辭上傳」, 제4장, "神无方而易无體."

체로 말미암아 작용을 이루는 것은 불역이면서 변역인 것이고, 작용하는 현장에서 체를 인식하는 것은 변역에서 불역을 보는 것이다.[13]

변역은 일음일양一陰一陽으로 드러나는 도의 작용이며,[14] 음양대대陰陽對待에 의한 균형과 조화이다.[15] 또한 건곤 음양의 상호작용을 통하여 얻는 생명살림의 활동이다.[16] 이간은 인간의 도를 의미하며, 건곤 음양의 도를 인간의 입장에서 해석하는 것이다. 건과 곤의 덕성은 이지易知와 간능簡能이다. 「계사전」에서는 이지와 간능을 현인賢人의 덕德과 업業으로 설명하며, 이러한 이간의 반영으로써 덕·업을 성취하면 천하의 이치를 얻을 수 있다고 설명한다.

시중時中은 이러한 불역, 변역, 이간이 혼연하게 하나가 된 행동이다. 그런데, 그것이 하나의 행동인 이상 그것이 드러나는 현장은 변역變易의 세계 속이다.[17] 다시 말해 『주역』의 시중은 변화變化를 전제로 하며, 그 변화 속에서 진면목을 드러낸다.

2) 변화

"변화變化에 대한 인식, 여기에서부터 철학적 사유가 시작된다"[18]는 말이

---

12) 이선경, 「선진유가에 있어서의 시중의 문제」, 『동양철학연구』 제55집(동양철학연구회, 2008), 314쪽 참조.

13) 熊十力, 『讀經示要』(臺北: 廣文書局, 1972), 54~55쪽, "由體成用, 是不易而變易, 卽用識體, 是於變易而見不易."

14) 이선경, 「선진유가에 있어서의 시중의 문제」, 『동양철학연구』 제55집(동양철학연구회, 2008), 319쪽.

15) 이시우, 「변역의 도와 우환의식의 관계 고찰」, 『동서철학연구』 제66호(한국동서철학회, 2012), 95쪽 참조.

16) 이선경, 「선진유가에 있어서의 시중의 문제」, 『동양철학연구』 제55집(동양철학연구회, 2008), 320쪽.

17) 이선경, 「선진유가에 있어서의 시중의 문제」, 『동양철학연구』 제55집(동양철학연구회, 2008), 329쪽 참조.

있다. 『주역周易』은 바로 이러한 변화를 말하는 책(*Book of Changes*)이다. 그렇지만 『역경易經』에는 변화라는 말이 나오지 않으며, 『역전易傳』에 이르러 비로소 변화에 대한 언급이 등장하고 있다. 따라서 변화의 중요성에 대한 인식은 『역전』이 저술된 시기에 정립된 것임을 알 수 있다. 다시 말해 『주역』은 『역전』이 성립됨으로써 비로소 철학서哲學書로서의 면모를 갖게 되었다고 할 수 있다. 『역전』에서 말하는 변화의 모습을 구체적으로 살펴보면 다음과 같다.

(1) 변화의 주체와 인과관계

먼저 『주역』에 나타나 있는 변화에 대한 정의定義부터 살펴본다. 『주역』에서는 변화에 대해 "한 번 닫고 한 번 여는 것"[19] 또는 "바꾸어 적절하게 마름질하는 것"[20]이라고 말한다. 다시 말해 변화란 음과 양, 건과 곤, 하늘과 땅이 서로 교류하고 통일하는 것을 말한다. 또한 변화란 음양이 서로 전환하면서 제약하고 서로 대립하면서 통일하는 것을 말한다.

① 변화의 주체

이러한 변화를 가능하게 하는 주체主體는 무엇인가? 『주역』에서는 변화의 주체로 건도乾道, 강유剛柔, 괘효卦爻, 천지天地, 사계절四季節, 인간人間 등을 언급하고 있다.

먼저 건괘乾卦 「단전彖傳」에서는 "건도가 변화하여 성명性命을 바르게 한다"[21]고 말한다. 건도가 변화의 주체라는 것이다. 건도는 천도天道, 즉 자연의

---

18) 최영진, 「『주역』―주역의 도와 음양대대의 원리」(네이버 지식백과).

19) 『周易』, 「繫辭上傳」, 제11장, "一闔一闢謂之變."

20) 『周易』, 「繫辭上傳」, 제12장, "化而裁之謂之變."

21) 『周易』, 乾卦 「彖傳」, "乾道變化, 各正性命."

운행 법칙을 말한다. 성명性命은 만물이 부여받은 본성本性과 하늘이 부여한 명命을 말한다.

「계사상전繫辭上傳」과 「계사하전繫辭下傳」에서는 "강과 유가 갈마들어 무궁한 변화가 생긴다"[22]고 한다. 따라서 강과 유가 변화의 주체임을 알 수 있다.

「계사상전」에서는 "괘효의 변화가 나아감과 물러남의 상징"[23]이고, "효사를 통해 효의 변화를 알 수 있다"[24]고 함으로써 괘와 효가 변화의 주체임을 밝히고 있다.

곤괘坤卦 「문언전文言傳」에서는 "천지가 변화하면 초목이 번성한다"[25]고 한다. 「계사상전」에서는 "천지가 변화하니 성인이 이것을 본받는다"[26]고 하고, "하늘의 상象과 땅의 형체形體에서 변화가 나타난다"[27]고 말한다. 이러한 문장을 통해 천지가 변화의 주체임을 알 수 있다.

항괘恒卦 「단전」에서는 "사계절이 변화하여 오랫동안 이룰 수 있다"[28]고 하고, 비괘 「단전」에서는 "천문天文을 보아 사계절의 변화를 관찰한다"[29]고 한다. 따라서 이때 변화의 주체는 사계절이다.

「계사상전」에서는 "견주어 헤아린 다음에 말하고, 따져본 다음에 움직이니, 견주고 따져서 그 변화를 이룬다"[30]고 한다. 여기에서 견주고 따지는 주체는 인간이고, 그로 인한 변화의 주체도 인간이다. 다시 말해, 인간은 견주어

---

22) 『周易』, 「繫辭上傳」, 제2장, "剛柔相推而生變化."; 「繫辭下傳」, 제1장, "剛柔相推, 變在其中矣."
23) 『周易』, 「繫辭上傳」, 제2장, "變化者, 進退之象也."
24) 『周易』, 「繫辭上傳」, 제3장, "爻者, 言乎變者也."
25) 『周易』, 坤卦 「文言傳」, "天地變化, 草木蕃."
26) 『周易』, 「繫辭上傳」, 제11장, "天地變化, 聖人效之."
27) 『周易』, 「繫辭上傳」, 제1장, "在天成象, 在地成形, 變化見矣."
28) 『周易』, 恒卦 「彖傳」, "四時變化而能久成."
29) 『周易』, 賁卦 「彖傳」, "觀乎天文, 以察時變."
30) 『周易』, 「繫辭上傳」, 제8장, "擬之而後言, 議之而後動, 擬議以成其變化."

헤아린 다음에 말의 변화를 추구하고, 따져본 다음에 행동의 변화를 도모한다.

이처럼 변화의 주체로 거론된 것들 중에서 건도, 강유, 괘효는 추상적抽象的이고 관념적觀念的인 것이라면, 천지, 사계절, 인간은 구체적具體的이고 현실적現實的인 것이다. 건도, 강유, 괘효가 천지와 인간의 특성을 추상화抽象化한 것이라고 보면, 결국 현실세계 속에서 변화를 주도하는 세력은 천지와 인간, 즉 삼재三才라고 할 수 있다.

② 변화의 인과관계

변화를 가져오는 원인原因과 그 변화로 인한 결과結果를 『주역』을 통해 살펴보면 다음과 같다.

먼저 「계사하전」에서는 변화의 원인으로 궁함을 들고 있다. 궁색窮塞함에 이르러서는 변화를 모색하지 않을 수 없다. 그러한 변화 속에서 해결책이 나오고, 오래 지속될 수 있는 토대가 만들어진다.[31]

「계사상전」에서는 "강과 유가 갈마들어 무궁한 변화가 생긴다"[32]고 한다. 음과 양, 낮과 밤이 교대하는 가운데 끝없는 변화가 일어나는 것이다.

「설괘전說卦傳」에서는 "산과 못의 기운이 통한 뒤에라야 변화할 수 있어서 만물을 다 이룬다"[33]고 한다. 만물을 구성하는 기본 요소들의 기운이 교류한 뒤에 변화가 일어나며, 그러한 변화를 통해 만물이 생성된다는 것이다. 여기에서 산과 못은 만물의 대명사라고 할 수 있다. 산은 간괘艮卦로서 양을 상징하며, 못은 태괘兌卦로서 음을 상징한다. 그리고 만물을 추상하면 결국 음과 양이 남게 된다. 따라서 음과 양이라는 두 기운이 교류함으로써 변화가 일어나고

---

31) 『周易』, 「繫辭下傳」, 제2장, "易, 窮則變, 變則通, 通則久."
32) 『周易』, 「繫辭上傳」, 제2장, "剛柔相推而生變化."
33) 『周易』, 「說卦傳」, 제6장, "山澤通氣然後, 能變化, 旣成萬物也."

만물이 생성되는 것이다. 좀 더 부연하면, 우주의 기본적인 구성 요소이면서 그 운행의 주체가 되는 것은 바로 음과 양이라는 두 기운이다.[34] 그러므로 만물의 생장소멸生長消滅 또한 이런 기의 이합집산離合集散에 의해 이루어진다고 할 수 있다.[35]

「계사상전」에서는 "견주어 헤아린 다음에 말하고, 따져본 다음에 움직이니, 견주고 따져서 그 변화를 이룬다"[36]고 함으로써, 인간의 견주고 따져보는 행위가 변화를 가져온다고 말한다.

이처럼 『주역』은 변화의 원인으로 궁함, 강유의 갈마듦, 음양이라는 두 기운의 통함, 인간의 견주고 따짐 등을 제시한다.

변화의 결과와 관련하여 먼저 「계사하전」에서는 궁색함을 해소하기 위해 변화를 모색하면, 소통疏通의 길이 열리게 되고, 한번 소통이 되면 오래 지속될 수 있다고 말한다.[37]

건도, 사계절, 천지 등 자연의 운행 법칙이 변화하면 성명性命이 바르게 되고, 그러한 변화가 그침이 없이 오랫동안 이루어지면, 초목이 번성하게 된다. 그리고 성인은 이러한 자연의 변화를 본받아서 인간을 교화한다.

> 건도가 변화하여 각각 성명을 바르게 한다.[38]

> 사계절이 변화하여 오랫동안 이룰 수 있다.[39]

---

34) 윤상철, 「역경의 천인합일관 연구」(성균관대학교대학원 박사학위논문, 2014), 66쪽 참조.
35) 『周易』, 「繫辭上傳」, 제4장, "精氣爲物, 游魂爲變."
36) 『周易』, 「繫辭上傳」, 제8장, "擬之而後言, 議之而後動, 擬議以成其變化."
37) 『周易』, 「繫辭下傳」, 제2장, "易, 窮則變, 變則通, 通則久."
38) 『周易』, 乾卦 「彖傳」, "乾道變化, 各正性命."
39) 『周易』, 恒卦 「彖傳」, "四時變化而能久成."

천지가 변화하면 초목이 번성한다.[40]

천지가 변화하니 성인이 이것을 본받는다.[41]

「설괘전說卦傳」에서는 "산과 못의 기운이 통한 뒤에라야 변화할 수 있어서 만물을 다 이룬다"[42]고 한다. 만물을 구성하는 기본 요소, 즉 음양의 교류를 통해 변화가 일어나고, 그러한 변화를 통해 만물이 생성된다는 것이다.

음양의 변화에 따라 행동하면 상서로움이 있게 되고, 괘효는 그 변하고 움직이는 것을 통해 이로움의 방책에 대해 말하며, 그러한 변화에 적절하게 대응함에 따라서 공功과 업적業績이 나타난다.

변화하고 말하고 행동하는 가운데 길한 일에는 상서로움이 있다.[43]

변하고 움직이는 것은 이로움으로써 말한다.[44]

공과 업적은 변하는 데서 나타난다.[45]

이처럼 『주역』은 변화로 인한 결과로 소통, 성명을 바르게 함, 오래 이룸, 초목이 번성함, 본받음, 만물을 이룸, 상서로움, 이로움, 공과 업적 등을 들고 있다.

---

40) 『周易』, 坤卦「文言傳」, "天地變化, 草木蕃."
41) 『周易』, 「說卦傳」, 제6장, "天地變化, 聖人效之."
42) 『周易』, 「說卦傳」, 제6장, "山澤通氣然後, 能變化, 旣成萬物也."
43) 『周易』, 「繫辭下傳」, 제12장, "變化云爲, 吉事有祥."
44) 『周易』, 「繫辭下傳」, 제12장, "變動以利言."
45) 『周易』, 「繫辭下傳」, 제1장, "功業見乎變."

③ 변화의 쓰임새

『주역』은 변화의 쓰임새에 대해 다음과 같이 말한다.

> 『주역』에는 성인이 사용하는 네 가지 도가 갖추어져 있다. 『주역』을 토대로 말을 하는 사람은 괘사와 효사를 숭상하고, 『주역』을 토대로 행동하는 사람은 그 변화를 숭상하고, 『주역』을 토대로 기물을 만드는 사람은 괘상과 효상을 중시하고, 『주역』을 토대로 점서를 행하는 사람은 그 점치는 기능을 숭상한다.[46]

> 군자는 평소에 편안하게 거처할 때는 괘효의 상징을 살펴보고 그 말이 가진 의미를 음미하며, 어떤 일이 있어 움직일 때는 괘효의 변하는 것을 관찰하여 길흉의 점단을 음미한다.[47]

인간은 행동할 때 변화를 숭상한다. 변화를 살펴서 자신의 행동을 결정한다는 것이다. 구체적으로, 괘와 효의 변화하는 모습을 관찰한 뒤, 길흉吉凶을 나타내는 점단사占斷辭를 음미하고, 그 결과에 따라 행동을 결정한다. 따라서 인간이 『주역』을 참고해서 어떤 행동을 할 때에는, 괘효의 변화 관찰 → 길흉의 점단사 음미 → 행동 결정의 단계를 거치게 된다.

(2) 음양의 변화원리

앞에서 변화를 주도하는 세력은 결국 천지와 인간임을 알 수 있었다. 천지와 인간은 더 근원적으로 올라가 추상抽象하면 음양이 된다. 다시 말해 이

---

46) 『周易』, 「繫辭上傳」, 제10장, "易有聖人之道四焉. 以言者尙其辭, 以動者尙其變, 以制器者尙其象, 以卜筮者尙其占."

47) 『周易』, 「繫辭上傳」, 제2장, "君子居則觀其象而玩其辭, 動則觀其變而玩其占."

우주를 구성하고 운행하는 주체는 음양이라는 두 기운이다. 이처럼 역도易道는 음과 양이 갈마들며 순환하는 원리에 입각해 있다. 낮과 밤이 갈마들어 하루가 되고, 사계절이 순환하여 일 년이 이루어지듯이, 음과 양이 번갈아 변화하며 유전流轉하는 것이 역경철학易經哲學의 원리를 이루고 있는 것이다.[48]

이러한 음양의 변화원리는 곧 '음양대대陰陽對待'의 원리를 말한다. 이와 관련하여 최영진은 다음과 같이 말한다. 첫째, 대대라는 관계는 상반적相反的인 타자他者를 적대적인 관계로 보는 것이 아니라 자신의 존재성을 확보하기 위한 필수적 전제로서 요구하는 관계이다. 둘째, 음양의 상반적 또는 상호모순적相互矛盾的 관계를 상호배척적 관계로 보는 것이 아니라 상호성취의 관계, 더 나아가 추동력推動力의 근거로 본다는 점이다. 이것이 이른바 상반상성相反相成의 논리이다. 셋째, 대대 관계에 있는 양자는 대대 관계에 있다는 그 자체로서 균형과 조화를 이루고 있는 것으로 규정하려는 경향이 강하다.[49]

이제 『주역』을 통해 음양의 변화원리, 즉 음양대대의 원리가 어떻게 작동하는지를 구체적으로 살펴본다.

① 음양의 대대對待와 순환循環

앞에서 살펴보았듯이, 음과 양은 상반되는 성질을 가지고 있지만 그렇기 때문에 서로가 갖지 못한 점을 보완해 주면서 더 나은 방향으로 나아가기 위해 교류하고 감응感應하는 그런 관계 속에 있다. 다시 말해, 음양은 상호 대립적이면서도 상호 보완적인 대대의 성격을 갖고 만물을 생성하고 화육化育

48) 윤상철, 「역경의 천인합일관 연구」(성균관대학교대학원 박사학위논문, 2014), 81쪽 참조.
49) 최영진, 「역학사상의 철학적 연구」(성균관대학교대학원 박사학위논문, 1989), 35~36쪽 참조.

한다.[50] 『주역』은 이러한 음양을 최고의 유개념類槪念으로 삼아 만사만물을 분류하고 있다. 그리고 음양의 대대가 우주 운행의 근본 원리이자 만물의 생성 원리라고 주창한다. 이런 『주역』의 성격과 관련하여 장자莊子와 정이程頤는 다음과 같이 말한다.

> 『주역』은 음양의 변화를 서술한 것이다.[51]

> 도는 한 번은 음하고 한 번은 양하는 것이다. 움직임과 고요함에는 끝이 없고, 음과 양에는 시작이라는 것이 없으니, 도를 알지 못하는 사람이라면 누가 이를 알 수 있겠는가? 움직임과 고요함이 서로 원인이 되어서 변화를 이루는 것이다.[52]

장자와 정이가 갈파한 것처럼, 『주역』은 음양의 변화를 서술하고 있으며, 음양의 갈마듦을 통해 변화가 일어난다고 말한다. 다시 말해 음양이라는 관점을 통해 세상을 바라보며 설명하고 있다.

이와 관련하여 「설괘전說卦傳」에서는 천지인의 음양 관계를 음과 양, 강과 유, 인과 의라는 대등한 쌍개념들의 조화 관계로 설명하고 있다.[53] 그리고 「계사상전」에서는 음과 양이 갈마드는 것을 역의 도라고 말하여, 음양의 교대가 『주역』이 주창하는 근본 법칙임을 밝히고 있다. 또한 「계사하전」에서도 해와 달, 추위와 더위의 갈마듦을 통해 하루의 낮과 밤, 일 년의 사계절이

50) 윤상철, 「역경의 천인합일관 연구」(성균관대학교대학원 박사학위논문, 2014), 65쪽.
51) 『莊子』, 「天下」, 제3장, "易以道陰陽."
52) 『程氏經說』, 卷一, 易說, 卦辭, "道者, 一陰一陽也. 動靜无端, 陰陽无始, 非知道者, 孰能識之? 動靜相因而成變化."
53) 임채우, 「주역 음양 관계론의 정합성 문제: 음양대대와 부양억음의 논리적 상충 문제를 중심으로」, 『동서철학연구』 제72호(한국동서철학회, 2014), 47쪽.

교대하고 순환하는 것 또한 음양의 갈마듦에 그 까닭이 있음을 말하고 있다.

> 옛날 성인이 역을 지은 것은 장차 성명性命의 이치를 따르고자 한 것이다. 이 때문에 하늘의 도를 세워 음과 양이라 하고, 땅의 도를 세워 유柔와 강剛이라 하고, 사람의 도를 세워 인仁과 의義라 한다.[54]

> 한 번 음하고 한 번 양하는 것을 도라고 말하니, 이것을 이어받는 것이 선善이고, 이를 이룬 것이 성性이다.[55]

> 해가 가면 달이 오고, 달이 가면 해가 와서, 해와 달이 갈마들어 밝음이 생긴다. 추위가 가면 더위가 오고, 더위가 가면 추위가 와서, 추위와 더위가 갈마들어 한해가 이루어진다. 가는 것은 굽히는 것이고, 오는 것은 펴는 것이니, 굽히고 폄이 서로 교감하여 이로움이 생긴다.[56]

우주변화의 근원인 음양의 동정動靜은 강과 유로 체현體現된다.[57] 이러한 강과 유가 갈마들어 무궁한 변화가 일어난다. 그리고 강과 유의 변화와 소통은 상황의 필요에 따라 일어난다.

> 움직이고 멈추는 것에 일정한 법칙이 있으니, 양의 강과 음의 유가 분명하게 구분된다.[58]

---

54) 『周易』, 「說卦傳」, 제3장, "昔者聖人之作易也, 將以順性命之理. 是以立天之道曰陰與陽, 立地之道曰柔與剛, 立人之道曰仁與義."
55) 『周易』, 「繫辭上傳」, 제5장, "一陰一陽之謂道, 繼之者善也, 成之者性也."
56) 『周易』, 「繫辭下傳」, 제5장, "日往則月來, 月往則日來, 日月相推而明生焉. 寒往則暑來, 暑往則寒來, 寒暑相推而歲成焉. 往者屈也, 來者信也, 屈信相感而利生焉."
57) 윤상철, 「역경의 천인합일관 연구」(성균관대학교대학원 박사학위논문, 2014), 73쪽.
58) 『周易』, 「繫辭上傳」, 제1장, "動靜有常, 剛柔斷矣."

강과 유는 근본을 세우는 것이고, 변화와 소통은 때에 따르는 것이다.[59]

강과 유가 갈마들어 무궁한 변화를 낳는다.[60]

변하는 것과 화하는 것은 나아감과 물러남의 상징이고, 강효와 유효는 낮과 밤의 상징이니, 육효六爻가 변동하는 것은 천지인 삼극三極의 도리이다.[61]

이처럼 상호 대립적이면서도 상호 보완적인 음양의 대대와 순환에 의해 변화와 소통이 이루어지고 만물이 생성되고 화육된다.

② 천지의 감응

음양이 현실세계 속에서 구체적으로 드러난 것이 천지이다.[62] 『주역』은 이러한 천지의 도리를 준칙準則으로 삼는다. 따라서 만물이 본받아야 할 모범적인 모습으로는 하늘과 땅보다 더한 것이 없다. 하늘의 형상과 땅의 형체를 통해 변과 화를 가늠할 수 있다. 천지의 영허소식盈虛消息, 즉 차고 비고 줄어들고 불어나는 그러한 변화는 때와 더불어 일어난다.

『주역』을 지은 것은 천지의 도리를 준칙으로 삼았는데, 이 때문에 천지간의 모든 도리를 남김없이 포함하여 조리 있게 짜고 있다.[63]

하늘과 땅이 자리를 베풀면 『주역』의 도리가 그 가운데에서 행해지니, 이루

---

59) 『周易』, 「繫辭下傳」, 제1장, "剛柔者, 立本者也, 變通者, 趣時者也."
60) 『周易』, 「繫辭上傳」, 제2장, "剛柔相推而生變化."
61) 『周易』, 「繫辭上傳」, 제2장, "變化者, 進退之象也, 剛柔者, 晝夜之象也, 六爻之動, 三極之道也."
62) 윤상철, 「역경의 천인합일관 연구」(성균관대학교대학원 박사학위논문, 2014), 82쪽 참조.
63) 『周易』, 「繫辭上傳」, 제4장, "易, 與天地準, 故能彌綸天地之道."

어진 본성을 간직하고 간직하는 것이 도와 의에 들어가는 문이다.[64]

본받을 만한 상으로는 하늘과 땅보다 더 큰 것이 없고, 변화하고 소통하는 것으로는 사계절보다 더 큰 것이 없다.[65]

하늘에 걸려 있는 것은 상이 되고, 땅에 있는 것은 형체가 되니, 여기에서 변과 화가 나타난다.[66]

해가 중천에 있으면 기울고, 달이 차면 줄어드니, 천지의 차고 비는 것도 때와 더불어 줄어들고 불어난다.[67]

이러한 천지가 있고 난 뒤에, 그리고 이러한 천지가 감응하고 교감함으로써 비로소 만물이 생겨난다. 천지가 바로 만물의 본원本源인 것이다. 천지는 만물을 생겨나게 할 뿐만 아니라 또한 만물을 기르고 번성하게 한다. 천지의 조화와 상응은 『주역』이 제시하고 있는 존재 생성의 기본 관점인 것이다.[68]

천지가 있고 난 뒤에 만물이 생겨난다.[69]

천지가 감응하여 만물이 화생化生한다.[70]

---

64) 『周易』, 「繫辭上傳」, 제7장, "天地設位而易行乎其中矣, 成性存存道義之門."
65) 『周易』, 「繫辭上傳」, 제11장, "法象莫大乎天地, 變通莫大乎四時."
66) 『周易』, 「繫辭上傳」, 제1장, "在天成象, 在地成形, 變化見矣."
67) 『周易』, 豐卦 「彖傳」, "日中則昃, 月盈則食, 天地盈虛, 與時消息."
68) 최정묵, 「주역적 관점의 자연과 인간」, 『철학논총』 제51집 제1권(새한철학회, 2008), 309쪽.
69) 『周易』, 「序卦傳」, "有天地然後, 萬物生焉."
70) 『周易』, 咸卦 「彖傳」, "天地感而萬物化生."

> 천지의 기운이 서로 얽혀 교감함에 만물이 변화를 일으켜 두텁게 엉키고, 남녀가 정기를 합침에 만물이 변화를 일으켜 생겨난다.[71]

> 천지가 만물을 기른다.[72]

> 천지가 변화하면 초목이 번성하고, 천지가 막히면 어진 사람이 숨는다.[73]

> 천지가 풀려서 우레가 치고 비가 온다. 우레가 치고 비가 오니, 수많은 과목과 초목의 껍질이 모두 열려서 터진다.[74]

천지는 기본적으로 상반된 특성을 지니고 있다. 천지를 닮은 남녀나 만물 또한 마찬가지이다. 이처럼 때로는 어긋나지만 궁극적으로 하고자 하는 일과 뜻은 다르지 않다. 음양이 대대하고 상반상성하는 그 원리에서 천지가 벗어나지 않기 때문이다.

> 천지가 어긋나도 그 일은 같고, 남녀가 어긋나도 그 뜻은 통하며, 만물이 어긋나도 그 일은 비슷하다.[75]

『주역』은 건괘乾卦와 곤괘坤卦로부터 시작되고, 나머지 62괘가 모두 이 두 괘의 변화에서 생겨난 것이므로, 건괘와 곤괘를 『주역』의 문門이라고 말한다. 건은 양의 성질을 대변하고, 곤은 음의 성질을 대변한다. 건괘와 곤괘가 성립됨에 따라 음과 양의 덕이 어울려 강과 유라는 괘의 성격이 정해진다. 이로써

---

71) 『周易』, 「繫辭下傳」, 제5장, "天地絪緼, 萬物化醇, 男女構精, 萬物化生."
72) 『周易』, 頤卦 「象傳」, "天地養萬物."
73) 『周易』, 坤卦 六四 「文言傳」, "天地變化, 草木蕃, 天地閉, 賢人隱."
74) 『周易』, 解卦 「象傳」, "天地解而雷雨作. 雷雨作而百果草木皆甲拆."
75) 『周易』, 睽卦 「象傳」, "天地睽而其事同也, 男女睽而其志通也, 萬物睽而其事類也."

천지만물의 변화와 생명현상을 드러낼 수 있고, 신명神明의 숨어 있는 작용과 이치에도 통달하게 된다.

> 건과 곤은 『주역』의 문인가? 건은 양의 물건이고, 곤은 음의 물건이다. 음과 양이 덕을 합해서, 강유가 형체를 갖게 된다. 이로써 천지의 일을 체현하고, 신명의 덕에 통달한다.[76]

> 건곤은 역의 근본 바탕이 아닌가? 건곤이 (상하) 배열을 이루면 (천지의 변화인) 역이 그 가운데에 성립되니 건곤이 없어지면 역을 볼 수 없고, 역을 볼 수 없으면 건곤의 작용도 거의 그치게 될 것이다.[77]

천지를 추상한 것이 건곤이다. 건은 만물을 시작하게 하고, 강건함으로 하늘을 통괄하며, 만물을 성장시켜 형체를 갖추도록 한다. 또한 자연 운행의 변화를 통해 만물이 각각 그 본성을 간직하도록 한다. 곤은 만물을 생겨나게 하고 유순함으로 하늘의 뜻을 이어받으며, 두터움으로 만물을 싣고 포용력으로 만물을 형통하게 한다. 건은 쉬운 방식으로 주관하고, 곤은 간단한 방식으로 이룬다. 건은 고요할 때는 한결같고 움직일 때는 곧아서 큰 것을 낳으며, 곤은 고요할 때는 닫혀 있고 움직일 때는 열려서 넓음이 생긴다. 넓음과 큼은 하늘과 땅보다 더한 것이 없고, 변화하고 소통하는 모습은 사계절보다 더 뚜렷한 것이 없으며, 음과 양의 변화하는 법칙은 해와 달의 교대에서 가장 분명하게 드러나니, 이 쉽고 간략함의 원리야말로 최고의 덕이라고 할 수 있다. 문을 닫는 것을 곤이라 하고, 문을 여는 것을 건이라 하니, 변화는 이러한

76) 『周易』, 「繫辭下傳」, 제6장, "乾坤其易之門耶? 乾陽物也, 坤陰物也. 陰陽合德而剛柔有體. 以體天地之撰, 以通神明之德."

77) 『周易』, 「繫辭上傳」, 제12장, "乾坤其易之縕邪? 乾坤成列而易立乎其中矣, 乾坤毁則无以見易, 易不可見則乾坤或幾乎息矣."

건과 곤의 닫힘과 열림 속에서 일어난다.

위대하다, 건의 원이여! 만물이 이것을 바탕으로 하여 시작하니, 이에 하늘을 통괄한다. 구름이 움직여 비가 내리니 만물이 형체를 갖춘다.…… 건도가 변화하여 각각 성명을 바르게 한다.[78)]

지극하다, 곤의 원이여! 만물이 이것을 바탕으로 하여 생겨나니, 이에 유순하게 하늘의 뜻을 이어받는다. 곤이 두터움으로 만물을 싣고 있는 것은 그 덕이 하늘의 끝없는 덕에 합치한다. 땅의 포용력이 넓고 커서 만물이 다 형통하다.[79)]

건은 쉬운 방식을 통하여 주관하는 작용을 하고, 곤은 간단한 방식으로 이루는 기능을 한다.[80)]

건의 도가 남성이 되고 곤의 도가 여성이 되니, 건은 큰 시작을 주관하고 곤은 만물을 이루어 내는 일을 맡는다.[81)]

무릇 건은 굳세니 사람들에게 평이함으로써 보여 주고, 곤은 순하니 사람들에게 간략함으로써 보여 준다.[82)]

건은 천하의 지극히 굳센 것이니, 덕행이 항상 쉬움으로써 험한 것을 안다. 곤은 천하의 지극히 유순한 것이니, 덕행이 항상 간략함으로써 막힌 것을

---

78) 『周易』, 乾卦 「彖傳」, "大哉, 乾元! 萬物資始, 乃統天. 雲行雨施, 品物流形.……乾道變化, 各正性命."

79) 『周易』, 坤卦 「彖傳」, "至哉, 坤元! 萬物資生, 乃順承天. 坤厚載物, 德合无疆. 含弘光大, 品物咸亨."

80) 『周易』, 「繫辭上傳」, 제1장, "乾以易知, 坤以簡能."

81) 『周易』, 「繫辭上傳」, 제1장, "乾道成男, 坤道成女, 乾知大始, 坤作成物."

82) 『周易』, 「繫辭下傳」, 제1장, "夫乾確然, 示人易矣, 夫坤隤然, 示人簡矣."

안다.[83]

건은 고요할 때는 한결같고 움직일 때는 곧으니 그리하여 큰 것을 낳는다. 곤은 고요할 때는 닫혀 있고 움직일 때는 열리니 그리하여 넓음이 생긴다. 넓음과 큼은 하늘과 땅에 짝하고, 변화와 소통은 사계절에 짝하며, 음과 양의 변화하는 법칙은 해와 달에 짝하고, 쉽고 간략함의 좋은 원리는 지고의 덕에 짝한다.[84]

문을 닫는 것을 곤이라 하고, 문을 여는 것을 건이라 한다. 한 번 닫고 한 번 여는 것을 변화라 이르고, 가고 오는 것이 다하지 않음을 소통이라 이른다.[85]

이처럼 건은 자강불식自彊不息하며 만물을 낳고, 곤은 건의 운행에 따라 후덕재물厚德載物하면서 만물을 기르는 덕이 있으므로, 서로 덕을 합해서 만물의 부모父母가 되고 근간根幹이 될 수 있다. 또한 건곤이 없으면 우주宇宙가 존재하지 못하고, 우주가 존재하지 못하면 건곤도 존재하지 못한다. 건곤은 우주의 큰 틀이면서 동시에 우주의 부모가 되는 것이다.[86]

③ 변화: 생명의 창조과정

『주역』은 변화를 생명의 창조과정으로 보고, 변화의 질서 그 자체를 '도道'로 규정한다. 『주역』의 도는 바로 자연의 변화법칙을 말한다.[87] 음양, 천지,

---

83) 『周易』, 「繫辭下傳」, 제12장, "夫乾, 天下之至健也, 德行恒易以知險. 夫坤, 天下之至順也, 德行恒簡以知阻."

84) 『周易』, 「繫辭上傳」, 제6장, "夫乾, 其靜也專, 其動也直, 是以大生焉. 夫坤, 其靜也翕, 其動也闢, 是以廣生焉. 廣大配天地, 變通配四時, 陰陽之義配日月, 易簡之善配至德."

85) 『周易』, 「繫辭上傳」, 제11장, "闔戶謂之坤, 闢戶謂之乾. 一闔一闢謂之變, 往來不窮, 謂之通."

86) 윤상철, 「역경의 천인합일관 연구」(성균관대학교대학원 박사학위논문, 2014), 85쪽.

강유, 그리고 건곤이라는 각각 상대되는 두 기운이 교대하고 순환하며, 교감하고 감응하는 가운데 우주만물은 낳고 낳는 생명의 창조과정을 거듭한다.

하늘과 땅의 덕은 만사만물萬事萬物을 생성하는 원천源泉이자 역량力量이다. 생명현상이 발현하는 데 있어 하늘의 덕성德性은 그 본바탕이 되고 이에 따라 땅의 덕성은 그 기반을 이루는 것이다. 전자를 모든 존재의 시초始初라고 말한다면, 후자는 모든 존재의 완성完成이라고 할 수 있다.[88]

> 낳고 낳는 것을 역이라고 한다.[89]
>
> 천지의 큰 덕을 낳는 것이라고 말한다.[90]
>
> 한 번 음하고 한 번 양하는 것을 도라고 말한다.[91]

'역'은 천지, 즉 우주만물의 자연을 철학의 본체本體로 삼는 사상적 패러다임의 전환을 이루어 냈다. 또 그 천지는 변화를 본질로 삼고, 그 변화는 음양과 강유의 원리로 파악되고 있다. 이러한 변화의 도는 궁극적으로는 우주만물의 생명현상을 포착해 내고 있다.[92]

---

87) 최영진, 「『주역』—『주역』의 도와 음양대대의 원리」(네이버 지식백과).
88) 김연재, 「변화의 세계에 대한 주역의 조망과 창조적 소통」, 『유교사상문화연구』 제54집(한국유교학회, 2013), 85~86쪽 참조.
89) 『周易』, 「繫辭上傳」, 제5장, "生生之謂易."
90) 『周易』, 「繫辭下傳」, 제1장, "天地之大德曰生."
91) 『周易』, 「繫辭上傳」, 제5장, "一陰一陽之謂道."
92) 윤상철, 「역경의 천인합일관 연구」(성균관대학교대학원 박사학위논문, 2014), 101쪽.

3) 변통

『주역』은 만사만물의 부단한 변화를 말할 뿐만 아니라 그 변화 속에서 인간이 어떻게 대처해야 하는지에 대해서도 말하고 있다. 그것은 바로 변통變通이다. 변통의 기본 개념에 대해 「계사전」은 다음과 같이 말한다.

> 한 번 닫히고 한 번 열리는 것을 변이라 하고, 가고 오는 것이 다함이 없는 것을 통이라 한다.[93]

"한 번 닫히고 한 번 열리는 것"은 문을 닫는 곤의 작용과 문을 여는 건의 작용이 상호 교류하거나 통일되는 것을 의미하고, "가고 오는 것이 다함이 없는 것"은 한 번 가고 한 번 오는 변화와 발전이 끝이 없음을 말한다.[94] "한 번 닫히고 한 번 열리는" 변함은 시간의 성격을 지니는 반면, "가고 오는 것이 다함이 없는" 통함은 공간의 성격을 지닌다. 따라서 세계에 대한 인간의 인식은 변함과 통함의 관계 속에서 시공간적時空間的 연속 구조로 표현될 수 있는 것이다.[95]

또한 「계사전」에서는 다음과 같이 말한다.

> 바꾸어 적절하게 마름질하는 것을 변이라 하고, 미루어 행하는 것을 통이라 한다.[96]

---

93) 『周易』, 「繫辭上傳」, 제11장, "一闔一闢, 謂之變, 往來不窮, 謂之通."
94) 정병석 역주, 『주역』 하(을유문화사, 2015), 582쪽 참조.
95) 김연재, 「변화의 세계에 대한 주역의 조망과 창조적 소통」, 『유교사상문화연구』 제54집(한국유교학회, 2013), 85쪽 참조.
96) 『周易』, 「繫辭上傳」, 제12장, "化而裁之, 謂之變, 推而行之, 謂之通."

"바꾸어 적절하게 마름질하는 것"은 음양이 교감화육交感化育하는 가운데 도에 따라서 적절하게 마름질하는 것[97]을 말하고, "미루어 행하는 것"은 음양의 전환을 미루어 행하는 것을 뜻한다.[98]

이처럼 변통은 변과 통이라는 두 낱말이 결합된 것이며, 이는 곧 변화와 소통을 말한다.[99] 즉, 변통이라는 말에는 변화와 소통의 이중적 본령本領이 담겨 있다. 변화는 특정의 상황 혹은 단계로 전환되는 것을 가리키며, 소통은 대립이나 상충과 같은 막힘이 없이 서로 왕래할 수 있음을 가리킨다.[100] 변통의 양상은 인간사회의 현상들을 포함한 모든 자연계의 현실적 모습이다. 그것은 내용상 모든 존재의 양적量的인 측면과 질적質的인 측면을 담고 있다. 사물 혹은 사태는 어떠한 경우이든지 간에 점차적으로 진행되면서 양적인 측면에서 정점에 다다르면 어느 정도의 규제 혹은 통제를 통해 질적인 측면으로 거듭 나아가야 한다.[101]

2. 시時

1) 『주역』에 있어서 '시'의 의미

'시時'는 '중中'과 더불어 『주역』을 관통하는 핵심적인 개념이다. 그렇지만

97) 정병석 역주, 『주역』 하(을유문화사, 2015), 599쪽 참조.
98) 정병석 역주, 『주역』 하(을유문화사, 2015), 599쪽 참조.
99) 곽신환, 「주역의 변통과 개혁사상」, 『유교사상연구』 제29집(한국유교학회, 2007), 127쪽 참조.
100) 김연재, 「주역의 생태역학과 그 생명의식」, 『아태연구』 제18권 제3호(경희대학교아태지역연구원, 2011), 28쪽.
101) 呂紹綱, 『周易闡微』(吉林: 吉林大學, 1990), 96쪽.

『역경』에는 귀매괘歸妹卦 구사九四에 '유시有時'라는 표현이 단 한 차례 보일 뿐이다. 그에 비해 『역전』에서는 '시'와 관련된 표현이 「단전彖傳」에 삼십여 차례 등장하고 있고 「상전象傳」, 「문언전文言傳」, 「계사전繫辭傳」, 「잡괘전雜卦傳」 등에도 이십여 차례 언급되고 있다.(〈표 2-1〉)

〈표 2-1〉 『주역』에 있어서 '시'의 의미(1)

출전	표현	빈도	괘효, 장	의미(비고)
易經(1)	有時	1	歸妹 九四	적절한 때
彖傳(34)	時中	1	蒙	상황
	時成	1	乾	사계절의 순서
	時乘	1	乾	사계절의 순서
	時行	2	大有, 艮	천시, 상황
	四時	5	豫, 觀, 恒, 革, 節	계절
	時義	5	豫, 隨, 遯, 姤, 旅	상황(12시괘)
	隨時	1	隨	상황
	時變	1	賁	사계절
	時	4	頤, 大過, 解, 革	상황(12시괘)
	時用	3	坎, 睽, 蹇	상황(12시괘)
	與時行	2	遯, 小過	상황
	有時	2	損(2)	적절한 때
	與時偕行	2	損, 益	상황
	時升	1	升	상황
	時止	1	艮	상황
	失其時	1	艮	상황
	與時消息	1	豊	천시
象傳(6)	時發	1	坤 六三	상황
	對時	1	无妄	천시
	時舍	1	井 初六	시운
	明時	1	革	사계절의 변화
	失時	1	節 九二	상황
	時	1	旣濟 九五	적절한 때

출전	표현	빈도	괘효, 장	의미(비고)
文言傳(10)	及時	1	乾 九四	상황
	時舍	1	乾	상황
	與時偕行	1	乾	사계절
	與時偕極	1	乾	시운
	時乘	1	乾	사계절의 순서
	時	2	乾 九三	상황
	四時	1	乾	사계절
	天時	1	乾	자연의 규칙
	時行	1	坤	상황
繫辭傳(6)	四時	3	上 6, 9, 11장	사계절
	趣時	1	下 1장	상황
	待時	1	下 5장	상황
	時	1	下 9장	상황
雜卦傳(1)	時	1	大畜	시운

이러한 '시'의 의미와 관련하여 김승혜는 『역전』에 나오는 '시'의 의미를 세 가지로 분류하고 있다. 첫째, 사시四時에 빗대어 역사의 변화를 설명할 경우에는 시가 변화와 순환의 때를 가리킨다. 혁괘革卦나 절괘節卦의 「단전」에서 쓰이는 시의 의미가 여기에 해당한다. 둘째, 천시天時를 가리킨다. 곤괘의 「문언전」이나 대유괘大有卦, 돈괘遯卦, 간괘의 「단전」에서 쓰이는 시가 이 경우이다. 셋째, 때를 알고 행하는 성인의 지혜를 가리킨다. 몽괘蒙卦 「단전」에서 시중이라고 언급한 것이 그 예이다.[102]

김승혜의 분류를 염두에 두면서 『주역』에 나오는 '시'의 의미를 살펴본 결과, 본 연구자는 '시'의 의미를 ① 적절한 때, ② 천시(자연규칙, 계절), ③ 시운時運, ④ 상황 등 네 가지로 분류할 수 있었다.(〈표 2-1〉, 〈표 2-2〉) 이러한 네 가지 의미 중에서 본 연구의 주제인 시중 리더십과 관련하여 주목되는 것은 바로 '상황'을 의미하는 '시'이다.

102) 김승혜, 『유교의 시중과 그리스도교의 식별』(성바오로딸, 2005), 120쪽 참조.

〈표 2-2〉『주역』에 있어서 '시'의 의미(2)

의미	표현
적절한 때	有時, 時
천시(자연규칙, 계절)	時成, 時乘, 時行, 四時, 時變, 對時, 明時, 與時偕行, 天時
시운	時舍, 與時偕極, 時
상황	時中, 時義, 隨時, 時, 時用, 與時行, 與時偕行, 時升, 時止, 失其時, 時發, 失時, 及時, 時舍, 時行, 趣時, 待時

2) '상황'을 의미하는 '시'

「단전」에서 '시'를 강조하는 괘로는 12시괘가 있으며, 이 12시괘의 '시'는 모두 '상황狀況'을 의미하고 있다.(〈표 2-1〉) 따라서 먼저 12시괘를 살펴본 뒤, '상황'을 의미하는 '시'를 포함하는 나머지 내용들도 살펴보기로 한다.

(1) 12시괘

12시괘는 시時, 시의時義, 시용時用을 강조하는 괘로 나누어진다.

① 시를 강조하는 괘

시時를 강조하는 괘로는 이頤·대과大過·해解·혁革괘가 있다. 먼저 이괘頤卦「단전」에서는 천지가 만물을 기르고 성인이 현명한 인재를 길러서 만민이 혜택을 누리도록 함에 있어서는 상황에 맞게 하는 것이 중요하다고 말한다. 그리고 만물이나 현명한 인재가 스스로 능력을 키울 수 있도록 도와주는 것 또한 필요하다.

이頤는 바르게 해야 길하다는 것은 기르는 것이 올바르면 길하다는 것이다.

길러 주는 것을 보는 것은 그 기르는 바를 관찰하는 것이다. 스스로 입안을 채울 음식을 구하는 것은 스스로 기르는 것을 살피는 것이다. 천지가 만물을 기르면, 성인이 현인을 길러서 만민에게 미친다. 이괘의 상황에 맞게 함이 크다.[103]

대과괘大過卦 「단전」에서는 어려운 시기에는 조금은 지나친 점이 있더라도 과감하게 행동하는 것이 필요하다고 말한다. 이것이 바로 상황에 맞게 하는 것이다. 과감하게 하더라도 중도中道를 지키니 형통하다.

대과大過는 큰 것이 지나침이다. 마룻대가 휘는 것은 근본과 말단이 약하기 때문이다. 강이 과하게 많아도 중에 있고, 공손과 기쁨으로 행한다. 가는 바가 있으면 이로워 형통하다. 대과괘의 상황에 맞게 함이 크다.[104]

해괘解卦 「단전」에서는 위험하고 어려울 때는 일단 중도를 지키며 기다리는 것이 필요하다고 말한다. 하지만 그 어려움이 해소될 수 있는 가능성이 보이면 신속하게 해결책을 마련해서 노력하여야 한다. 겨우내 얼어붙었던 천지가 풀리면 만물이 소생蘇生하는 봄이 오게 마련이다. 어떤 위험이나 어려움도 상황에 맞게 대처함으로써 해소될 수 있는 것이다.

해解는 위험하여서 움직이니, 움직여서 위험을 벗어나는 것이 해이다. 해는 서남으로 가면 이롭다는 것은 가서 무리를 얻는다는 것이다. 돌아옴이 길하다는 것은 이에 중을 얻는 것이다. 갈 바가 있으면 일찍 가면 길하다는 것

103) 『周易』, 頤卦 「彖傳」, "頤貞吉, 養正則吉也. 觀頤, 觀其所養也. 自求口實, 觀其自養也. 天地養萬物, 聖人, 養賢以及萬民. 頤之時大矣哉."

104) 『周易』, 大過卦 「彖傳」, "大過, 大者過也. 棟橈, 本末弱也. 剛過而中, 巽而說行. 利有攸往, 乃亨. 大過之時大矣哉."

> 은 가서 공이 있음이다. 천지가 풀려서 우레가 치고 비가 온다. 우레가 치고 비가 오니 수많은 과목과 초목의 껍질이 모두 열려서 터진다. 해괘의 상황에 맞게 함이 크다.[105]

혁괘革卦「단전」에서는 개혁改革은 그 상황과 여건이 무르익었을 때 해야 한다고 말한다. 또한 개혁은 천도에 순응하고 사람들의 뜻에 부응하여 이루어져야 한다.

> 혁革은 물과 불이 서로 없애며, 두 여자가 같은 집에 동거하나, 그 뜻을 서로 얻지 못함이 혁이다. 날이 이미 되어야 믿을 것이라는 것은, 고쳐서 믿게 된다는 것이다. 밝음의 덕을 가지고 기뻐하여 바름으로써 크게 형통하다. 고쳐서 마땅하게 함에 그 뉘우침이 없어질 것이다. 천지가 변하여 사시가 이루어지며, 탕湯과 무武가 혁명을 하여 하늘에 따르고 사람에게 응한다. 혁괘의 상황에 맞게 함이 크다.[106]

이처럼 이頤·대과大過·해解·혁革괘에서는 기르는 상황, 어려운 상황, 위험한 상황, 그리고 개혁해야 하는 상황에 처하여 그에 합당하게 하는 것에 대해 말한다.

② 시의를 강조하는 괘

시의時義를 강조하는 괘에는 예豫·수隨·돈遯·구姤·여旅괘가 있다. 먼저 예괘豫卦「단전」에서는 천지자연이 자연의 질서를 어기지 않듯이 성인이 상황

105) 『周易』, 解卦「彖傳」, "解, 險以動, 動而免乎險. 解, 解利西南, 往得衆也. 其來復吉, 乃得中也. 有攸往夙吉, 往有功也. 天地解而雷雨作. 雷雨作而百果草木皆甲拆. 解之時大矣哉."

106) 『周易』, 革卦「彖傳」, "革, 水火相息, 二女同居, 其志不相得曰革. 已日乃孚, 革而信之. 文明以說, 大亨以正. 革而當, 其悔乃亡. 天地革而四時成, 湯武革命, 順乎天而應乎人. 革之時大矣哉."

에 맞게 국가를 경영하는 것에 대해 말한다.

> 예豫는 강에 응하여 뜻이 행해지고, 상황에 순응하여서 행동하는 것이 예이다. 예는 상황에 순응하여서 움직이니, 천지도 이와 같은데, 하물며 제후를 세우고 군대를 행사하는 데 있어서야! 천지가 때에 순응하여서 움직이는 까닭으로 해와 달이 뒤바뀌어 나오지 않으니, 사계절이 어긋나지 않는다. 성인이 상황에 순응하여서 움직이니, 형벌이 분명하여 백성이 복종한다. 예괘의 상황에 맞게 하는 뜻이 크다.[107]

수괘隨卦 「단전」에서는 모든 일은 상황에 따라서 할 때 형통하고 바르게 된다고 말한다. 때로는 강한 것이 부드러운 것에 순응하고 양보하는 것 또한 상황에 맞추는 것이다. 이는 곧 천하가 상황에 따름을 말한다.

> 수隨는 강한 것이 와서 부드러운 것에 낮추고, 움직이고 기뻐함이 수이다. 크게 형통하고 바르게 하여 허물이 없으니, 천하가 상황을 따른다. 상황에 따르는 뜻이 크다.[108]

돈괘遯卦 「단전」에서는 음이 점점 자라는 어려운 상황에서는 물러나 은둔隱遁하는 것이 형통하다고 말한다. 그럴수록 바름을 지켜 후일後日을 기약하여야 한다.

> 돈遯이 형통한 것은 물러나서 형통한 것이다. 강은 자기 자리에서 응하니, 상황과 더불어 행한다. 바름을 지킴에 조금 유리하다는 것은 음이 점점 자

---

107) 『周易』, 豫卦 「彖傳」, "豫, 剛應而志行, 順以動, 豫. 豫順以動, 故天地如之, 而況建侯行師乎! 天地以順動, 故日月不過而四時不忒. 聖人以順動, 則刑罰淸而民服. 豫之時義大矣哉."

108) 『周易』, 隨卦 「彖傳」, "隨, 剛來而下柔, 動而說, 隨. 大亨貞无咎, 而天下隨時. 隨時之義大矣哉."

라기 때문이다. 돈괘의 상황에 맞게 하는 뜻이 크다.[109]

구괘姤卦「단전」에서는 천지가 서로 만나고 강과 유가 상응相應해야 만물이 화생化生하고 발전할 수 있다고 말한다. 이러한 모든 것들이 상황에 맞추어 이루어져야 한다.

> 구姤는 만나는 것이니 유가 강을 만나는 것이다. 여자를 취하지 말라는 것은 함께 길게 갈 수는 없기 때문이다. 천지가 서로 만나니 만물이 모두 빛이 난다. 강이 중정中正을 만나 천하에 크게 행해진다. 구괘의 상황에 맞게 하는 뜻이 크다.[110]

여괘旅卦「단전」에서는 여행을 하거나 역경逆境에 처한 상황에서는 중도中道를 지키고 바름을 유지하는 것이 중요하다고 말한다.

> 여旅가 조금 형통하다는 것은 유가 밖에서 중을 얻고 강을 따르고, 그치고 밝음에 걸려 있기 때문이다. 그러므로 조금 형통하여 여행하는 데 바르면 길할 것이다. 여괘의 상황에 맞게 하는 뜻이 크다.[111]

이처럼 예豫·수隨·돈遯·구姤·여旅괘에서는 상황에 맞게 국가를 경영하고, 상황에 따라 강한 것이 부드러운 것에 순응하고, 음이 점점 자라는 어려운 상황에서는 물러나 은둔하고, 강과 유가 상응해야 만물이 화생하고, 여행을

---

109) 『周易』, 遯卦「彖傳」, "遯亨, 遯而亨也. 剛當位而應, 與時行也. 小利貞, 浸而長也. 遯之時義大矣哉."

110) 『周易』, 姤卦「彖傳」, "姤, 遇也, 柔遇剛也. 勿用取女, 不可與長也. 天地相遇, 品物咸章也. 剛遇中正, 天下大行也. 姤之時義大矣哉."

111) 『周易』, 旅卦「彖傳」, "旅小亨, 柔得中乎外而順乎剛, 止而麗乎明. 是以小亨旅貞吉也. 旅之時義大矣哉."

하거나 역경에 처한 상황에서는 중도를 지키고 바름을 유지하는 것이 필요하다고 말한다.

③ 시용을 강조하는 괘

시용時用을 강조하는 괘에는 감坎 · 규睽 · 건蹇괘가 있다. 먼저 감괘坎卦 「단전」에서는 위험이 중첩된 상황에서는 강중剛中의 도로써 진실함을 유지하면 성과를 낼 수 있다고 말한다. 국가의 리더는 천험天險의 넘어설 수 없음과 지험地險의 형태에 대한 학습을 토대로 인험人險을 설치하여 나라를 지킬 수 있어야 한다.

> 습감習坎은 위험이 중첩되어 있는 것이다. 물은 흘러서 차지 않으며, 위험한 데 나아가도 그 진실함을 잃지 않는다. 그 마음이 형통하다는 것은 바로 강으로 중에 있기 때문이다. 가면 가상함이 있을 것이라는 것은 가면 공이 있다는 것이다. 하늘의 험함은 오를 수 없고, 땅의 험함은 산천과 구릉이다. 왕공이 험한 것을 설치해서 자기 나라를 지킨다. 험함의 상황에 맞게 하는 작용이 크다.[112]

규괘睽卦 「단전」에서는 천지, 남녀, 만물이 비록 상반된 성격을 갖고 있지만 또한 서로 의존하는 대대對待의 관계 속에 있다고 말한다. 따라서 상황에 따라 대립하는가 하면 또 서로 협력한다.

> 규睽는 불이 움직여 위로 향하고 못이 움직여 아래로 내려간다. 두 여자가 동거하나 그 뜻이 한가지로 향해 가지 않는다. 기뻐하여 밝음에 붙으며, 유

---

112) 『周易』, 坎卦 「彖傳」, "習坎, 重險也. 水流而不盈, 行險而不失其信. 維心亨, 乃以剛中也. 行有尙, 往有功也. 天險, 不可升也, 地險, 山川丘陵也. 王公設險, 以守其國. 險之時用大矣哉."

가 나아가 위로 가서, 중을 얻어 강에 응한다. 이런 까닭에 작은 일은 길하다. 천지는 서로 어긋나도 그 일은 같고, 남녀는 어긋나도 그 뜻이 통하며, 만물은 어긋나지만 그 일은 비슷하다. 규괘의 상황에 맞게 하는 작용이 크다.[113)]

건괘蹇卦 「단전」에서는 험난함이 앞에 있는 상황에서 멈출 수 있는 것은 지혜롭기 때문이라고 말한다. 어려운 상황에서는 지극히 쉽고 합당한 방법을 강구하여야 한다. 그리고 현인을 만나 조언을 듣는 것이 이롭다. 어려울수록 바름을 지켜야 길하다.

건蹇은 어려움이고 험난한 것이 앞에 있다는 것이다. 험난함이 있는 것을 보고 멈출 수 있으니 지혜롭다. 건은 서남이 이롭다는 것은 가서 중을 얻었기 때문이다. 동북이 이롭지 않다는 것은 그 도가 궁하기 때문이다. 대인을 만나보는 것이 이롭다는 것은 가서 공이 있는 것이다. 자리가 마땅하고 바름을 지켜 길함으로써 나라를 올바르게 한다. 건괘의 상황에 맞게 하는 작용이 크다.[114)]

이처럼 감坎·규睽·건蹇괘에서는 위험이 중첩된 상황에서는 강중剛中의 도가 필요하고, 천지, 남녀, 만물이 대대對待의 관계 속에 있으며, 험난한 상황에서 멈출 수 있는 지혜가 필요하다고 말한다.

113) 『周易』, 睽卦 「彖傳」, "睽, 火動而上, 澤動而下. 二女同居, 其志不同行. 說而麗乎明, 柔進而上行, 得中而應乎剛. 是以小事吉. 天地睽而其事同也, 男女睽而其志通也, 萬物睽而其事類也. 睽之時用大矣哉."

114) 『周易』, 蹇卦 「彖傳」, "蹇, 難也, 險在前也. 見險而能止, 知矣哉. 蹇利西南, 往得中也. 不利東北, 其道窮也. 利見大人, 往有功也. 當位貞吉, 以正邦也. 蹇之時用大矣哉."

(2) 「단전」에서의 '시'

「단전彖傳」에서는 12시괘 이외에도 몽蒙·손損·익益·승升·간艮·소과小過괘 등에서 '상황'을 의미하는 '시'를 찾아볼 수 있다. 먼저 몽괘蒙卦「단전」에서는 몽매蒙昧한 상태에 있는 사람에 대해서는 그 사람의 상황에 맞추어 교육을 실시함으로써 몽매함을 일깨우는 것이 필요하다고 말한다. 이럴 경우 스승이 몽매한 사람을 찾아가는 것이 아니라 몽매한 사람이 스승을 찾아와 가르침을 받아야 한다.

> 몽蒙은 산 아래 위험이 있고, 위험하여 그친 것이 몽이다. 몽이 형통함은 형통한 것으로 행하니 상황에 들어맞기 때문이다. 내가 몽매한 어린아이에게 구하는 것이 아니라 몽매한 어린아이가 나에게서 구한다는 것은 뜻이 응하기 때문이다. 처음 묻거든 깨우쳐 준다는 것은 강중하기 때문이다. 두 번 세 번 하면 모독하는 것이고, 모독하면 깨우쳐 주지 않는다는 것은 몽을 모독하는 것이기 때문이다. 몽매한 상태에서 올바름을 기르는 것은 성인이 되는 방법이다.115)

손괘損卦「단전」과 관련하여, 위를 덜어 아래에 더해 주는 것이 일반적인 경우라면, 아래를 덜어 위에 더해 주는 것은 특수한 경우이다. 그럼에도 아래를 덜어 위에 더해 주는 것이 상황에 적합하고 진실함이 있으면 길하고 허물이 없고 이롭다. 이를테면 지난 1997년 우리나라가 IMF 관리체제 하에 들어갔을 때 전 국민이 나서서 '금 모으기 운동'을 펼친 것은 바로 아래를 덜어 위에 더해 준 하나의 사례이다. 그리고 상황에 따라서는 대그릇 두 개로 간소하게

---

115) 『周易』, 蒙卦「彖傳」, "蒙, 山下有險, 險而止, 蒙. 蒙亨, 以亨行, 時中也. 匪我求童蒙童蒙求我, 志應也. 初筮告, 以剛中也. 再三瀆瀆則不告, 瀆蒙也. 蒙以養正, 聖功也."

제사를 지내는 것도 무방하다. 이 모든 것은 상황에 맞추어 이루어지는 것이다.

> 손損은 아래를 덜어서 위에 더해 주니, 그 도가 위로 행한다. 더는 데 진실함이 있으면, 크게 길하고, 허물이 없고, 바르게 할 수 있고, 가는 바를 두는 것이 이롭다. 어떻게 쓸 수 있겠는가? 대그릇 두 개를 써서 제사를 지낼 수 있다는 것은 대그릇 두 개도 마땅히 때가 있으며, 강을 덜어 유에 더해 주는 것도 때가 있는 것이다. 덜고 더하고 채우고 비우는 것은 상황과 더불어 함께하는 것이다.116)

익괘益卦 「단전」에서는 국가의 리더가 세입歲入으로 국민들에게 중정의 덕을 발휘하여 골고루 혜택을 베푸는 것은 바람직한 일이라고 말한다. 이는 하늘은 베풀고 땅은 낳는 천지의 이치와도 상통하는 것이다. 국가가 국민의 가계家計를 넉넉하게 하면 국민은 그것을 바탕으로 생산 활동을 펼쳐 이익을 창출한다. 이 또한 상황에 맞추어 이루어져야 할 일이다.

> 익益은 위를 덜어 아래에 더하니, 백성들의 기쁨이 한이 없고, 위로부터 아래로 내려오니 그 도가 크게 빛난다. 나아가는 바가 이롭다는 것은 중정中正하여 경사가 있는 것이다. 큰 내를 건너는데 이롭다는 것은 목도木道가 행해지는 것이다. 익은 움직이고 겸손하여 날로 나아감에 한계가 없다. 하늘은 베풀고 땅은 낳아서 그 유익함이 무궁하다. 무릇 익의 도는 상황과 더불어 함께하는 것이다.117)

---

116) 『周易』, 損卦 「彖傳」, "損, 損下益上, 其道上行. 損而有孚, 元吉, 无咎, 可貞, 利有攸往. 曷之用二簋可用享, 二簋應有時, 損剛益柔有時."

117) 『周易』, 益卦 「彖傳」, "益, 損上益下, 民說无疆, 自上下下, 其道大光. 利有攸往, 中正有慶. 利涉大川, 木道乃行. 益動而巽, 日進无疆. 天施地生, 其益无方. 凡益之道與時偕行."

승괘升卦 「단전」에서는 부드러움이 필요한 상황에 그러한 미덕美德을 가진 사람이 국가의 리더가 되어 국민들과 상응하니 형통하다고 말한다.

> 유가 상황에 따라 올라가서, 겸손하면서 순하고, 강이 중에 있어 상응하니, 이런 까닭으로 크게 형통하다. 대인을 보되 근심하지 말라는 것은 경사가 있다는 것이다. 남쪽으로 나아가는 것이 길하다는 것은 뜻이 행해지는 것이다.[118)]

간괘艮卦 「단전」에서는 그쳐야 할 상황에서는 그치고, 행해야 할 상황에서는 행하여, 그 움직임과 고요함이 상황을 잃지 않으니 그 도가 밝다고 말한다.

> 간艮은 그침이다. 상황이 그쳐야 할 경우에는 그치고, 상황이 행해야 할 경우에는 행하여, 움직임과 고요함이 그 상황을 잃지 않으니, 그 도가 밝다. 그칠 곳에 그침은 그 그칠 곳에 그치는 것이다. 상하가 상응이 안 되어 서로 더불어 하지 못한다. 이 때문에 그 몸을 얻지 못하며, 그 뜰에 가도 그 사람을 보지 못하니, 허물이 없을 것이라고 하는 것이다.[119)]

소과괘小過卦 「단전」에서는 조금 과하더라도 그것이 상황에 맞으면 올바르고 이롭다고 말한다. 유가 중도를 얻으면 작은 일은 할 수 있고, 강이 중도를 잃으면 큰일은 할 수 없다. 모든 일은 상황에 맞추어 순리대로 진행하여야 한다.

---

118) 『周易』, 升卦 「彖傳」, "柔以時升, 巽而順剛中而應, 是以大亨. 用見大人, 勿恤有慶也. 南征吉, 志行也."

119) 『周易』, 艮卦 「彖傳」, "艮, 止也. 時止則止 時行則行, 動靜不失, 其時其道光明. 艮其止, 止其所也. 上下敵應, 不相與也. 是以不獲其身行其庭不見其人无咎也."

> 소과小過는 작은 것이 과하여 형통한 것이다. 과하되 올발라서 이롭다는 것은 상황과 더불어 행하는 것이다. 유가 중을 얻었기 때문에 작은 일이 길한 것이다. 강이 자기 위치를 잃어 중하지 못하기 때문에 큰일은 할 수가 없다. 나는 새의 상이 있다. 나는 새가 공중에 소리를 남겼는데, 올라가서는 안 되고 내려오면 크게 길하다는 것은, 위로 올라감은 역행하는 것이고 아래로 내려감은 순응하는 것이기 때문이다.[120]

이처럼 몽蒙·손損·익益·승升·간艮·소과小過괘의 「단전」에서는 사람의 상황에 맞춘 교육, 아래를 덜어 위에 더해 주는 상황, 위를 덜어 아래에 더해 주는 상황, 부드러움이 필요한 상황, 그치고 행해야 할 상황, 그리고 조금 과한 것이 형통한 상황에 대해 말한다.

(3) 「상전」에서의 '시'

「상전象傳」의 경우, 곤괘坤卦 육삼六三과 절괘節卦 구이九二의 「상전」에서 '상황'을 의미하는 '시'를 찾아볼 수 있다. 먼저 곤괘 육삼 「상전」에서는 내면에 함축하고 있는 아름다운 덕을 상황이 되면 발휘하여야 한다고 말한다.

> 아름다움을 함축하여 늘 곧게 할 수 있으나, 상황에 따라 발휘하여야 한다. 혹 왕의 일에 종사하는 것은 지혜가 빛이 나고 큰 것이다.[121]

절괘 구이 「상전」에서는 대문 밖으로 나아가야 하는 상황임에도 불구하고 대문 안에 있다는 것은 상황에 맞추어 처신하지 못하는 것이라고 말한다.

---

120) 『周易』, 小過卦 「彖傳」, "小過, 小者過而亨也. 過而利貞, 與時行也. 柔得中, 是以小事吉也. 剛失位而不中, 是以不可大事也. 有飛鳥之象焉. 飛鳥遺之音, 不宜上, 宜下大吉, 上逆而下順也."
121) 『周易』, 坤卦 「象傳」 六三, "含章可貞, 以時發也. 或從王事, 知光大也."

대문 안의 정원을 벗어나지 않아 흉하다는 것은 상황에 맞추지 못함이 심하다는 것이다.[122]

이처럼 곤괘坤卦 육삼과 절괘節卦 구이의 「상전」에서는 상황에 맞추어 내면에 함축하고 있는 아름다운 덕을 발휘하거나 또는 대문 밖으로 나아가야 함을 말한다.

(4) 「문언전」에서의 '시'

건괘乾卦와 곤괘坤卦의 「문언전文言傳」에서 '상황'을 의미하는 '시'를 찾아볼 수 있다. 먼저 건괘 「문언전」의 해당되는 내용을 살펴본다.

나타난 용이 땅에 있다는 것은 아직 상황이 완전히 풀린 것이 아니다.[123]

건괘 구이九二에서 "나타난 용이 땅 위에 있다는 것"은 이제 막 잠복潛伏과 은둔隱遁을 벗어나 세상에 나타난 용의 모습을 말해 준다. 그렇지만 아직 자신의 역량을 펼치기에는 상황이나 여건이 무르익지 않았다. 따라서 이런 상황에서는 덕과 능력이 뛰어난 사람을 멘토(mentor)로 삼아 지도를 받는 등 자신의 능력과 덕성을 더욱 연마하는 노력을 기울일 필요가 있다.

건괘 구삼九三에서는 조직 하층부의 제일 높은 자리에 올라왔으나 아직 상층부에는 오르지 못한 경우의 처신에 대해 말한다. 이럴 경우 더욱 힘써야 할 것은 덕을 증진하고 업무능력을 향상시키는 것이다. 이를 데와 마칠 데를 알아 처신할 수 있어야 한다. 그리고 윗자리에서 교만하지 않고 아랫자리에서

122) 『周易』, 節卦 「象傳」 九二, "不出門庭凶, 失時極也."
123) 『周易』, 乾卦 「文言傳」 九二, "見龍在田時舍也."

근심하지 않을 수 있어야 한다. 이렇게 종일을 노력하고도 상황에 따라 저녁에까지 두려워하고 삼가면 여전히 위태로우나 허물은 없을 것이다.

> "군자가 종일토록 힘써서 저녁까지도 여전히 두려운 듯이 하면 위태로우나 허물은 없을 것이다"라고 하는 것은 무엇을 의미하는가? 공자가 말하였다. "이것은 군자가 덕을 증진하고 사업에 힘을 써야 하는데, 진심으로 미덥게 하여야 덕을 증진할 수 있고, 말을 닦아 진실함을 굳건히 세워야 사업을 계속 지켜 낼 수 있기 때문이다. 이를 데를 알아 이르므로 더불어 기미를 알 수 있고, 마칠 데를 알아서 마치니 더불어 의로움을 보존할 수 있다. 이런 까닭에 윗자리에 있으면서도 교만하지 않고 아랫자리에 있으면서도 근심하지 않는다. 또한 이 때문에 힘쓰고 힘써 상황에 따라 두려워하면 비록 위태로우나 허물은 없다."[124]

또한 건괘 구삼은 강이 겹쳐 있지만 중의 자리에 있지는 않다. 위로는 최고위직인 구오九五에 이르지 못했고 아래로는 구이에서 한 단계 올라온 상황이다. 이런 상황에서는 자신의 덕성과 업무능력을 향상시키는 데 더욱 노력할 필요가 있다. 그리고 매사에 삼가는 자세로 상하의 신망信望을 얻어야 상위직으로 올라갈 수 있다.

> 강이 겹쳐 있으나 중이 아니며, 위로는 하늘에 있지 않고 아래로는 밭에 있지 않다. 그러므로 힘쓰고 힘써 상황에 따라 두려워하면 비록 위태로우나 허물은 없다.[125]

---

124) 『周易』, 乾卦「文言傳」九三, "君子終日乾乾夕惕若厲无咎何謂也? 子曰. 君子進德修業忠信所以進德也, 修辭立其誠所以居業也. 知至至之可與幾也, 知終終之可與存義也. 是故居上位而不驕在下位而不憂. 故乾乾因其時而惕雖危无咎矣."

125) 『周易』, 乾卦「文言傳」九三, "重剛而不中, 上不在天下不在田. 故乾乾因其時而惕雖危无咎矣."

건괘 구사九四는 이제 막 상층부에 진입해서 의욕을 갖고 업무에 임하는 경우에 대해 말한다. 기업의 경우에는 이사에 해당하며, 최고경영층으로 나아가는 훈련을 본격적으로 하는 시기이다. 따라서 이때는 자신의 덕성과 업무능력을 향상시키는 노력을 배가倍加할 필요가 있다. 그리고 때로는 업무에 대한 참신한 아이디어나 개선책을 제시하여 자신의 능력을 드러낼 필요가 있다. 그렇지만 자신의 위치가 어디까지나 대표이사를 보좌하는 데 있음을 잊지 말아야 한다.

> 혹 위로 뛰어오르거나 혹은 연못에 있으면 허물이 없을 것이라고 하는 것은 무엇을 의미하는가? 공자가 말하였다. 오르고 내림에 일정함이 없는 것은 사특함이 되는 것은 아니다. 나아가고 물러남에 항상 됨이 없는 것은 같은 무리에서 벗어나 혼자 행하려고 하는 것이 아니다. 군자가 덕을 증진하고 사업에 힘을 쓰는 것은 상황에 미치려고 하는 것이니, 그러므로 허물이 없다.[126]

곤괘 「문언전」에서 '시'와 관련되는 내용은 다음과 같다.

> 곤은 지극히 부드럽지만 움직이는 것은 강하고, 지극히 고요하면서도 그 덕은 반듯하니, 뒤에 하면 얻어서 이로움을 주장하여 불변의 바른 도리가 있으며, 만물을 머금어 화육해 주는 것이 광대하니, 곤의 도가 얼마나 유순한가! 하늘을 받들어 상황에 따라 행한다.[127]

---

126) 『周易』, 乾卦 「文言傳」 九四, "或躍在淵无咎何謂也? 子曰. 上下无常非爲邪也. 進退无恒非離群也. 君子進德修業欲及時也, 故无咎."

127) 『周易』, 坤卦 「文言傳」, "坤, 至柔而動也剛, 至靜而德方, 後得主而有常, 含萬物李化光, 坤道其順乎! 承天而時行."

곤은 부드러우면서도 강하고, 고요하면서도 반듯하며, 뒷받침하여 이롭게 하는 불변의 바른 도리가 있고, 만물을 포용하여 화육하니 곤의 도는 유순하고도 광대하다. 이 모든 것은 건의 뜻을 이어받아 상황에 따라 행하는 것이다. 조직에도 건과 곤의 역할을 하는 사람이 있다. 이 둘이 잘 어우러질 때 조직은 순항할 수 있다.

이처럼 건괘乾卦와 곤괘坤卦의 「문언전」에서는 상황에 따른 처신과 역할에 대해 말한다. 먼저 건괘 「문언전」에서는 구이, 구삼, 구사 등의 위치에 따라 거기에 걸맞은 처신이 필요함을 밝히고 있다. 그리고 곤괘 「문언전」에서는 부드러우면서도 강하고, 고요하면서도 반듯하며, 뒷받침하고 포용하여 화육하는 곤의 역할에 대해 말한다.

(5) 「계사전」에서의 '시'

「계사전繫辭傳」에서도 '상황'을 의미하는 '시'가 포함된 문장들을 찾아볼 수 있다. 먼저 길흉회린吉凶悔吝은 인간의 행동이 정도正道를 지키는지 여부에 따라 결정되는 것이다. 변과 통은 상황에 따라서 이루어지는 것이다. 길흉, 천지, 일월, 그리고 천하의 모든 움직임은 결국 하나의 도리에 귀착한다.

> 길 · 흉 · 회 · 린은 움직이는 데서 생기는 것이다. 강과 유는 근본을 세우는 것이고, 변과 통은 상황에 따르는 것이다. 길과 흉의 원칙은 항상 이기는 것이고, 천지의 도는 그 바르게 운행하는 도리를 항상 보이며, 일월의 도는 항상 바르게 만물을 밝히고, 천하의 모든 움직임은 하나의 도리에 항상 따르는 것이다.[128]

---

128) 『周易』, 「繫辭下傳」, 제1장, "吉凶悔吝者生乎動者也. 剛柔者立本者也, 變通者趣時者也. 吉凶者貞勝者也, 天地之道貞觀者也, 日月之道貞明者也, 天下之動貞夫一者也."

높은 자리에 있는 소인小人을 제거하기 위해서는 사전에 모든 준비를 한 뒤에 상황을 기다려 실행에 옮기는 것이 좋다.

> 역(해괘 상육)에서 말하였다. "공이 높은 담장 위에서 새매를 쏘아서 잡으니 이롭지 않음이 없을 것이다." 공자가 말하였다. "매는 새이고, 활과 화살은 기구이며, 쏘는 것은 사람이다. 군자가 기구를 몸에 지녔다가 상황을 기다려 행동하면 무슨 이롭지 않음이 있겠는가? 움직이더라도 방해받지 않는다. 이 때문에 밖으로 나가서 수확이 있는 것이니, 이는 기물을 먼저 이루고 난 뒤에 움직이는 것을 말한다."[129]

여섯 효의 강유가 서로 섞여 있는 것은 그 처한 상황과 각 효의 물상物象을 반영한다. 초효에서 중효, 그리고 상효에 이르기까지의 모습을 통해 근원根源과 종극終極, 옳고 그름, 존망存亡과 길흉吉凶을 알 수 있다.

> 『주역』이라는 책은 시작의 근원을 살펴 종극의 상태를 알려고 하는 것을 바탕으로 삼는다. 여섯 효가 서로 섞이는 것은 오직 그 상황과 각 효의 물상을 반영한다. 그 처음은 알기 어렵고, 그 끝은 알기 쉬우니, 본과 말이다. 처음의 효사는 빗대어서 마침내 상효의 효사를 이룬다. 만약 물건을 뒤섞는 것과 덕을 가리는 것과 옳고 그름을 분변함 같은 것은 그 중효가 아니면 갖추지 못한다. 아! 또한 존망과 길흉을 요약하면 분명히 알 수 있다. 지혜로운 자가 단사를 보면 반 이상 이해할 수 있을 것이다.[130]

---

129) 『周易』, 「繫辭下傳」, 제5장, "易曰. 公用射隼于高墉之上, 獲之无不利. 子曰. 隼者禽也, 弓矢者器也, 射之者人也. 君子藏器於身, 待時而動, 何不利之有? 動而不括. 是以出而有獲, 語成器而動者也."

130) 『周易』, 「繫辭下傳」, 제9장, "易之爲書也, 原始要終以爲質也. 六爻相雜唯其時物也. 其初難知其上易知本末也. 初辭擬之卒成之終. 若夫雜物撰德辨是與非則非其中爻不備. 噫亦要存亡吉凶則居可知矣. 知者觀其彖辭則思過半矣."

「계사전」에서는 길흉회린, 소인 제거, 근원을 살펴 종극의 상태를 아는 것 등에 대해 말한다. 이 모두가 상황에 따라 정도를 지키는지 여부에 의해 결정된다.

『주역』에 있어서 '시'의 의미를 살펴본 결과 적절한 때, 천시(자연규칙, 계절), 시운, 상황 등 네 가지로 분류할 수 있었다. 이러한 네 가지 의미 중에서 본 연구의 주제인 시중 리더십과 관련하여 주목되는 것은 바로 '상황'을 의미하는 '시'이다. '상황'을 의미하는 '시'는 12시괘를 비롯하여, 「단전」, 「상전」, 「문언전」, 「계사전」 등에서 살펴볼 수 있었다.

3. 중中

1) 『주역』에 있어서 '중'의 의미

『역경』에서는 '중'과 관련된 표현이 열세 차례 정도 나오고 있다.(〈표 2-3〉) 그 의미는 '가운데', '집 안', '중천中天', '마음속'처럼 중의 일반적인 의미도 있고 '중용中庸', '중덕中德', '중도中道' 등 시중과 관련되는 것도 있다.

『역전』에서는 '중'과 관련된 표현이 「단전」에 사십여 차례, 「상전」에 육십 차례 나오고 있으며, 「문언전」, 「계사전」, 「설괘전」, 「서괘전」, 「잡괘전」 등에 이십여 차례 보이고 있다.(〈표 2-3〉) 그 뜻은 크게 두 부류로 나눌 수 있다. 하나는 '가운데', '속', '사이', '마음속', '중천', '중실中實', '진실', '중심' 등의 기본적인 의미로 쓰이는 경우이다. 또 다른 하나는 '합당合當함', '중도', '중용', '공정公正', '중덕', '중정中正' 등 시중과 연결되는 의미를 내포하는 경우이다.

〈표 2-3〉『주역』에 있어서 '중'의 의미(1)

출전	표현	빈도	괘효, 장	의미
易經(13)	中吉	2	訟, 師 九二	중용, 중덕
	中行	5	泰 九二, 復 六四, 益 六三·六四, 夬 九五	중도, 가운데, 중도, 중도
	中	1	家人 六二	집 안
	日中	4	豊(4)	중천
	中孚	1	中孚	마음속
彖傳(45)	時中	1	蒙	합당함
	中正	8	訟, 同人, 觀, 離, 益, 姤, 巽, 節	중도
	中	2	大過, 未濟	중
	險中	1	屯	가운데
	剛中	9	蒙, 比, 臨, 无妄, 坎, 萃, 困, 井, 兌	가운데 있음
	正中	1	需	가운데 자리함
	中吉	1	訟	중용
	得中	5	訟, 同人, 睽, 解, 鼎	중
	地中	1	明夷	속
	剛中正	1	履	가운데
	大中	1	大有	사이
	頤中	1	噬嗑	가운데
	柔得中	5	噬嗑, 旅, 小過, 旣濟, 未濟	중
	剛得中	2	漸, 節	중
	中孚	2	中孚(2)	마음속
	日中	2	豊(2)	중천
	在中	1	渙	종묘 가운데
	不中	1	小過	중
文言傳(7)	正中	1	乾 九二	중용
	中正	1	乾 卦辭	중용
	不中	2	乾 九三·九四	중
	中	2	乾 九四, 坤 六五	가운데
	黃中	1	坤 六五	중용

출전	표현	빈도	괘효, 장	의미
繫辭傳(10)	中	7	상 1·7·12장, 하 1장(4)	가운데
	中爻	1	하 9장	가운데
	柔中	1	하 9장	중
	中心	1	하 12장	속
說卦傳(3)	中男	1	10장	가운데
	中女	2	10장, 11장	가운데
象傳(62)	正中	3	比 九五, 隨 九五, 巽 九五	공정, 중용, 중도
	中正	6	需 九五, 訟 九五, 豫 六二, 晋 六二, 姤 九五, 井 九五	중도
	在中	5	坤 六五, 需 九二, 小畜 九二, 震 六五, 歸妹 六五	가운데
	中	21	履 九二, 泰 六五, 大有 九二, 豫 六五, 復 六五, 大畜 九二, 坎 九二·九五, 恒 九二, 大壯 九二, 損 九二, 夬 九五, 萃 六二, 困 九二, 鼎 六五, 震 上六, 艮 六五, 節 九五, 未濟 九二	마음속, 중도, 가운데, 중용, 속, 중, 중정
	山中	1	大畜	가운데
	日中	1	豊 九四	중천
	中吉	1	師 九二	중덕
	得中	1	巽 九二	중실
	地中	5	師, 謙, 復, 明夷, 升	속
	中行	4	師 六五, 泰 九二, 復 六四, 夬 九五	중도
	中心	3	泰 六四, 謙 六二, 中孚 九二	진실
	中直	2	同人 九五, 困 九五	중심, 중정
	澤中	2	隨, 革	속
	得中道	4	蠱 九二, 離 六二, 解 九二, 夬 九二	중용
	行中	1	臨 六五	중용
	中節	1	蹇 九五	중정
	中道	1	旣濟 六二	중정

『주역』에서 중을 공간적으로 보면 2효와 5효처럼 상괘와 하괘의 가운데에 있는 경우를 말하지만, 시간적인 변화의 측면에서 보면 384효 모두가 그 상황

에 따른 가장 적절한 중을 포함하고 있다. 즉, 상황에 따라서는 과過나 불급不及도 중이 될 수 있는 것이다.131) 이와 관련하여 고회민高懷民은 중이란 "만물의 변화 속에서 시공에 따라 그 자연스러움을 얻어서 도와 어긋나지 않는 것"132)이라고 말한다.

〈표 2-3〉에 나와 있는 중의 의미를 정리해 보면 '가운데', '진실', '중용', '합당함' 등 크게 네 가지로 분류할 수 있다.(〈표 2-4〉) '가운데'에는 '중', '속', '사이', '중심', '집 안', '중천', '마음속' 등이 포함된다. '진실'에는 '중실'이 포함된다. '중용'으로 대표되는 개념 안에는 '중정', '중덕', '중도', '공정' 등이 포함된다.

이들 네 가지 의미 중 시중 리더십과 관련되는 것은 '중용'과 '합당함'이다. 이제 이 두 개념에 대해 『주역』을 통해 구체적으로 살펴본다.

〈표 2-4〉 『주역』에 있어서 '중'의 의미(2)

의미	표현
가운데(중, 속, 사이, 중심, 집 안, 중천, 마음속)	中行, 險中, 剛中, 正中, 剛中正, 頤中, 在中, 山中, 中, 中爻, 中男, 中女, 得中, 柔中, 柔得中, 剛得中, 不中, 日中, 中孚, 地中, 澤中, 大中, 中直, 中直
진실(중실)	中心, 得中
중용(중정, 중덕, 중도, 공정)	中吉, 中行, 中正, 正中, 中, 得中道, 行中, 中節, 中道, 黃中
합당함	時中

131) 이상호, 「주역에서의 시중의 문제」, 『동양철학연구』 제39집(동양철학연구회, 2004), 348쪽 참조.

132) 高懷民, 정병석 역, 『주역철학의 이해』(문예출판사, 2004), 358쪽.

2) '중용'을 의미하는 '중'

(1)『역경』에서의 '중'

『역경』에서는 송訟·사師·태泰·익益·쾌夬괘 등에서 '중용中庸'을 의미하는 '중'을 만날 수 있다. 먼저 송괘訟卦 괘사에서는 송사가 일어나는 상황에 대해 말한다. 이런 상황에서는 마음속에 진실함을 가지고 있으나 막혀서 두려워하게 된다. 따라서 중용을 지키는 것이 중요하다. 구체적으로 쟁송爭訟을 끝까지 밀고 나가지 말아야 하고, 전문가의 조언을 구해야 하며, 무리하게 큰일을 추진하지 말아야 한다. 쟁송을 벌이는 어려운 상황에서는 늘 경계하고 삼가며 두려워하는 자세(戒愼恐懼)가 필요하다.

> 송사가 일어나는 상황이다. 마음속에 진실함을 가지고 있으나, 막혀서 두려워한다. 중용을 지켜야 길하고, 끝까지 밀고 나가면 흉하다. 대인을 봄이 이롭고, 큰 내를 건너는 식의 큰일을 추진하기에는 불리하다.[133]

사괘師卦 구이는 유일한 양으로 중의 자리에 있으면서 다른 모든 음들이 믿고 따르는 뛰어난 장수를 상징한다. 그리고 부정위不正位이지만 최고통치자인 육오와 상응하고 있다. 이러한 구이에게 가장 필요한 덕은 바로 중용이다. 최고통치자의 신임을 받는 장수가 중용의 덕까지 갖추면 길하여 허물이 없다. 최고통치자가 여러 차례 상을 내리는 것은 당연한 결과이다.

> 군을 통솔하는 자리에 있으면서 중용의 덕을 가지고 있으니, 길하여 허물이 없다. 왕이 세 번이나 상을 내리는 명령을 내렸다.[134]

133)『周易』, 訟卦 卦辭, "訟. 有孚窒惕. 中吉終凶. 利見大人不利涉大川."

태괘泰卦 구이는 중위中位에 있으면서 주효主爻이니, 중도의 덕을 갖출 수 있는 위치에 있고 또한 그러한 덕을 갖추어야 하는 자리에 있다. 구체적으로 중도의 덕을 갖추기 위해서는 거친 것을 포용하고, 맨몸으로 강물을 건너가는 것을 이용하며, 멀리 있는 것을 버리지 않고, 붕당朋黨이 없어야 한다. 이와 관련하여 이마이 우사부로(今井宇三郎)는 "더럽고 거친 것을 포용하는 도량을 근본으로 하고, 때로는 맨몸으로 강물을 건너가는 과단성 있는 행동을 하며, 가까운 것은 말할 필요도 없이 멀리 있는 것도 잊어버리는 일이 없어야 하고, 붕당의 사심을 끊어야 한다. 이렇게 하면 중도에 합치할 수 있다"[135]고 한다. 또한 정이程頤는 이 네 가지가 태평한 시대의 지도자의 덕목이라고 말한다.[136]

> 거친 것을 포용하고, 맨몸으로 강물을 건너가는 것을 이용하며, 멀리 있는 것을 버리지 않고, 붕당이 없으면 중도를 행하는 사람과 짝을 이룰 수 있다.[137]

익괘益卦 육삼은 음으로서 양의 자리에 있으므로 스스로 더해 나가야 하는 경우를 상징한다. 따라서 국가가 흉하고 어려움에 처했을 때 스스로 온몸을 던져 그 어려움을 타개하려고 노력하면 허물이 없다. 어려울 때는 왕공王公인 육사에게 알려 도움을 받아야 하는데, 알릴 때는 진실함을 상징하는 규圭를 예물로 삼아야 한다.

> 더함을 흉사에 쓰면, 허물이 없다. 진실함을 가지고 중도를 행하여, 공에게

---

134) 『周易』, 師卦 九二 爻辭, "在師中吉无咎. 王三錫命."
135) 이마이 우사부로(今井宇三郎), 『易經』 上(明治書院, 1964), 320쪽.
136) 程頤, 『伊川易傳』, 泰卦 九二註, "包荒用馮河不遐遺朋亡四者, 處泰之道也."
137) 『周易』, 泰卦 九二 爻辭, "包荒, 用馮河, 不遐遺, 朋亡, 得尙于中行."

고할 때 규를 사용하여야 한다.[138]

익괘 육사는 중의 위치에 있지 않으므로 군주君主인 구오의 재가를 받아 육삼에게 더해 주어야 한다. 도읍을 옮기는 것과 같은 중차대한 일은 이웃 강대국의 도움을 받아 실행하는 것이 이롭다.

중도에 맞도록 행하여 공에게 고하여 따르도록 하니, 의지하여 도읍을 옮기는 것이 이롭다.[139]

쾌괘夬卦 구오는 쇠비름을 잘라내는 것처럼 소인인 상육을 척결하는 경우를 상징한다. 강건중정剛健中正으로 존위尊位에 있는 구오는 상육을 척결함에 있어서 과단성 있게 결단하면서도 중정의 도리를 지키므로 허물이 없다.

쇠비름을 결연하게 척결한다. 중도로 행하면 허물이 없다.[140]

이처럼 송訟·사師·태泰·익益·쾌夬괘의 괘사와 효사에 보이는 '중'은 '중용'을 의미한다. 송사가 일어나는 상황, 군대를 통솔하는 상황, 태평한 상황, 어려운 상황, 그리고 소인을 척결하는 상황에 처해서는 중용의 자세가 필요함을 강조한다.

---

138) 『周易』, 益卦 六三 爻辭, "益之用凶事无咎. 有孚中行, 告公用圭."
139) 『周易』, 益卦 六四 爻辭, "中行告公從, 利用爲依遷國."
140) 『周易』, 夬卦 九五 爻辭, "莧陸夬夬, 中行无咎."

(2) 「단전」에서의 '중'

「단전彖傳」에서는 송訟·동인同人·관觀·이離·익益·구姤·손巽·절節괘 등에서 '중용'을 의미하는 '중'을 찾아볼 수 있다. 먼저 송괘訟卦의 상괘인 건乾은 굳셈을, 하괘인 감坎은 험함을 상징한다. 내심內心인 감은 음험하고 외표外表인 건은 강건하니 쟁송이 벌어지게 된다. 즉, 주효인 구이가 중의 자리에서 있으면서 구오와 송사를 벌이고 있다. 그렇지만 쟁송은 부득이해서 하는 것이니 끝까지 밀고 나가면 흉하다. 대인大人인 구오의 중정한 덕을 존중하면 이롭다. 쟁송하는 중에 또 다른 큰일을 추진하는 것은 상황을 더 어렵게 만들 수 있다.

> 송訟은 위가 강하고 아래가 험하여 속은 음험하고 밖은 강건하니 송이라 한다. 송은 마음속에 진실함을 가지고 있으나 막혀서 두려워하니, 중용을 지켜야 길하다는 것은 강이 와서 중을 얻은 것이다. 끝까지 밀고 나가면 흉하다는 것은 쟁송이란 부득이해서 하는 것이니 끝까지 밀고 나가서는 안 된다는 것이다. 대인을 봄이 이롭다는 것은 중정을 숭상하는 것이다. 큰 내를 건너는 식의 큰일을 추진하기에는 불리하다는 것은 더 깊은 물로 빠지는 것이기 때문이다.[141]

동인괘同人卦의 육이는 유일한 음효로서 주효이다. 유순하고 중정한 덕으로서 다른 사람들과 함께할 수 있는 조건을 구비하고 있다. 그렇지만 완전한 동인을 실현하기 위해서는 강건하고 중정한 덕을 가지고 있는 구오와 상응하는 것이 필요하다. 이처럼 상하가 상응해서 공평무사公平無私하게 합심하면

141) 『周易』, 訟卦 「彖傳」, "訟, 上剛下險, 險而健, 訟. 訟, 有孚窒惕中吉, 剛來而得中也. 終凶訟不可成也, 利見大人常中正也. 不利涉大川入于淵也."

대사大事를 도모할 수 있다. 육이와 구오가 상응한다는 것은 문명文明, 강건, 중정의 덕을 겸비하는 것이니 곧 진정한 대동사회大同社會의 구현이 가능함을 말해 준다.

> 동인同人은 유가 자리를 얻고 중을 얻어서, 건과 상응하니, 동인이라고 한다. (동인에서 말한다.) 들에서 사람들과 같이하면 형통하니, 큰 내를 건너는 것이 이롭다는 것은 건의 행함이다. 문명하면서 강건하고, 중정으로 응함은, 군자의 바름이다. 오직 군자라야 천하의 뜻과 통할 수 있다.[142]

관괘觀卦의 상괘는 겸손함을, 하괘는 유순함을 상징한다. 그리고 육이와 구오는 모두 중정한 덕을 갖추고 있다. 구오는 존위에 있으면서 강건중정한 덕으로 천하를 살피고, 육이를 포함한 백성들의 우러름을 받는다. 구오가 손을 씻고 제수祭需를 올리지 않았을 때의 정성스러운 마음으로 백성을 대하니 백성 또한 진실한 마음으로 우러러본다는 것은 백성들이 교화됨을 말한다. 하늘의 신묘한 자연법칙을 본받아 성인이 백성들을 교화하니 천하가 복종한다.

> 크게 보이는 것으로 위에 있고, 순하고 겸손하며, 중정으로써 천하를 본다. 관은 손을 씻고 아직 제수를 올리지 않았을 때처럼 하면, 백성들이 마음속에 진실한 마음을 가지고 우러러보리라는 것은 아랫사람들이 보고 교화되는 것이다. 하늘의 신묘한 도를 봄에, 사시에 어긋나지 않는다. 성인이 신도로써 가르침을 베풀어, 천하가 복종한다.[143]

---

142) 『周易』, 同人卦「彖傳」, "同人, 柔得位得中而應乎乾曰同人. 同人曰. 同人于野亨利涉大川乾行也. 文明以健中正而應君子正也. 唯君子爲能通天下之志."

143) 『周易』, 觀卦「彖傳」, "大觀在上, 順而巽, 中正以觀天下. 觀盥而不薦有孚顒若, 下觀而化也. 觀天之神道而四時不忒. 聖人以神道設敎而天下服矣."

이괘離卦는 거듭된 광명光明을 상징하고 육이가 중정에 붙어 있어서, 천하를 변화시키고 이룬다. 육이와 육오 모두 중의 자리에 있으니 형통하다. 마치 유순한 암소를 기르듯 길하다.

> 이離는 붙는 것이다. 해와 달이 하늘에 붙어 있고, 백곡과 초목이 땅에 붙어 있다. 거듭된 밝음으로 올바름에 붙어 있어서, 천하를 변화시키고 이룬다. 유는 중정에 붙어 있기 때문에 형통하다. 그러므로 암소를 기르듯 길할 것이다.[144]

익괘益卦는 위를 덜어서 아래에 더하는 것에 대해 말한다. 위를 덜어 아래에 더하니 백성들의 기쁨이 크고 그 도가 빛난다. 구오와 육이가 상응하고 중정의 덕을 가지고 있으면서 아래에 더해 주니 경사가 있다. 하괘의 움직임과 상괘의 겸손함으로 나아감에 한계가 없다. 위를 덜어서 아래에 더하는 것은 하늘은 베풀고 땅은 낳는 것과 같은 이치이니, 그 유익함이 무궁하다. 이런 익괘의 도리는 상황과 더불어 행해져야 한다.

> 익益은 위를 덜어 아래에 더하니, 백성들의 기쁨이 한이 없고, 위로부터 아래로 내려오니, 그 도가 크게 빛난다. 나아가는 것이 이롭다는 것은, 중정하여 경사가 있는 것이다. 큰 내를 건너는데 이롭다는 것은, 목도가 행해지는 것이다. 익은 움직이고 겸손하여, 날로 나아감에 한계가 없다. 하늘은 베풀고 땅은 낳아서, 그 유익함이 무궁하다. 무릇 익의 도는 상황과 더불어 함께 하는 것이다.[145]

---

144) 『周易』, 離卦 「彖傳」, "離, 麗也. 日月麗乎天, 百穀草木麗乎土. 重明以麗乎正, 乃化成天下柔麗乎中正. 故亨, 是以畜牝牛吉也."

145) 『周易』, 益卦 「彖傳」, "益, 損上益下, 民說无疆, 自上下下, 其道大光. 利有攸往, 中正有慶. 利涉大川, 木道乃行. 益動而巽, 日進无疆. 天施地生, 其益无方. 凡益之道與時偕行."

구괘姤卦는 하나의 음이 생겨나 양과 만나는 상황에 대해 말한다. 음이 점점 강성해짐에 따라 양은 점차 쇠퇴하니, 음과 양은 함께 성장할 수가 없다. 그렇지만 음과 양, 즉 천지가 서로 만나니 만물이 빛이 난다. 구이와 구오가 모두 중의 자리에 있으니 군자의 도가 천하에 크게 행해진다. 구괘의 상황에 맞추어 행하는 뜻이 크다.

> 구姤는 만나는 것이니 유가 강을 만나는 것이다. 여자를 취하지 말라는 것은 함께 길게 갈 수는 없기 때문이다. 천지가 서로 만나니 만물이 모두 빛이 난다. 강이 중정을 만나 천하에 크게 행해진다. 구괘의 상황에 맞게 하는 뜻이 크다.[146]

손괘巽卦는 겸손함이 중첩되어 있다. 구이와 구오 모두 중의 자리에 있으며 겸손하여 뜻이 행해진다. 상하괘의 유효가 모두 강효의 아래에 있으면서 순종하니, 형통하고, 가는 바를 둠이 이롭고, 전문가의 조언을 받는 것이 이롭다.

> 거듭해서 겸손하니 거듭해서 명을 내린다. 강이 중정으로 겸손하고 뜻이 행해진다. 유가 모두 강에 순종해서, 이로써 조금 형통하니, 가는 바를 둠이 이롭고, 대인을 봄이 이롭다.[147]

절괘節卦는 강유가 상하로 나뉘어 있고, 구이와 구오가 중의 위치에 있어 제어하므로, 형통하다. 괴로운 절제는 중정의 도에 어긋나므로 지속될 수가 없다. 기뻐하면서 험한 상황에서 행하고, 구오가 중정의 합당한 자리에서 절제

---

146) 『周易』, 姤卦 「彖傳」, "姤, 遇也, 柔遇剛也. 勿用取女, 不可與長也. 天地相遇, 品物咸章也. 剛遇中正, 天下大行也. 姤之時義大矣哉."

147) 『周易』, 巽卦 「彖傳」, "重巽以申命. 剛巽乎中正而志行. 柔皆順乎剛, 是以小亨, 利有攸往, 利見大人."

하니 통함이 있다. 천지의 운행에 절제함이 있어 사시의 순환이 이루어진다. 이러한 천지의 절제를 본받아 군주는 제도를 통해 백성들이 절제하도록 함으로써, 재물을 낭비하지 않도록 하며, 백성들을 해치지 않는다.

> 절節이 형통하다는 것은, 강유가 나뉘어 강이 중을 얻었기 때문이다. 괴로운 절제는 바름을 고수할 수 없다는 것은, 그 도가 궁하기 때문이다. 기뻐하여 험함에 행하고, 자리에 합당하게 절제하고, 중정을 지켜서 통한다. 천지에 절제함이 있어, 사시가 이루어진다. 제도를 만들어 절제하도록 함으로써, 재물을 손상시키지 않으며, 백성을 해치지 않는다.[148]

이처럼 송訟·동인同人·관觀·이離·익益·구姤·손巽·절節괘의 「단전」에서도 '중용'을 의미하는 '중'을 찾아볼 수 있다. 쟁송이 벌어지는 상황, 동인을 실현해야 하는 상황, 천하를 살피는 상황, 천하를 변화시키는 상황, 위를 덜어서 아래에 더하는 상황, 음과 양이 만나는 상황, 상하가 겸손한 상황, 그리고 절제하는 상황에서는 무엇보다 중용의 덕목이 필요함을 말한다.

(3) 「상전」에서의 '중'

① 구오 「상전」에서의 '중'

구오九五는 군주의 자리에 있으면서 강건중정剛健中正한 덕을 발휘해야 하는 위치에 있다. 따라서 「상전象傳」에서는 다양한 상황에서 구오가 중정의 미덕을 발휘할 것을 요청한다.

수괘需卦 구오 「상전」에서는 "술과 음식을 먹으면서 바르면 길하다는 것은

---

148) 『周易』, 節卦 九五 「彖傳」, "節亨, 剛柔分而剛得中. 苦節不可貞, 其道窮也. 說以行險, 當位以節, 中正以通. 天地節而四時成. 節以制度, 不傷財, 不害民."

중정하기 때문이다"[149]라고 한다. 술과 음식을 먹으면서 기다린다는 것은 편안히 기다린다는 것을 말하는데, 이럴 경우에도 중정의 도를 잃지 말아야 길할 수 있다.

송괘訟卦 구오 「상전」에서는 "쟁송하는 데 크게 길하다는 것은 중정으로써 하기 때문이다"[150]라고 한다. 쟁송을 벌이는 상황에서 송사를 판결하거나 중재하는 역할을 하는 구오가 강건중정한 덕으로 송사를 공정하게 처리하면 길하다.

비괘比卦 구오 「상전」에서는 "친밀하게 돕는 것을 공평무사하게 드러내니 길하다는 것은, 자리가 바르고 공정하기 때문이다"[151]라고 한다. 누군가를 친밀하게 도와야 할 상황에서 특히 경계해야 할 것은 바로 한쪽으로 치우치는 것이다. 비괘 구오는 바르고 공정한 자리에 처해 돕는 것을 공평무사하게 하니 길하다.

건괘蹇卦 구오 「상전」에서는 "매우 어려운 시기에 친구가 온다는 것은 중정한 절도節度로써 하기 때문이다"[152]라고 한다. 매우 어려운 상황에 처해 있음에도 불구하고 중정한 절도를 유지하면 구이가 와서 도와준다는 것이다.

곤괘困卦 구오 「상전」에서는 "코를 베고 발을 벤다는 것은 아직 뜻을 얻지 못한 것이다. 서서히 기쁨이 있다는 것은 중정하고 강직하기 때문이다. 제사를 올리는 것이 이롭다는 것은 복을 받게 된다는 것이다"[153]라고 한다. 코와 발을 베는 것처럼 곤궁한 상황에서도 구오가 중정하고 강직하면 서서히 기쁨이 있을 것이다. 그리고 정성을 다해 제사를 올리면 신명神明의 감통感通이

---

149) 『周易』, 需卦 九五 「象傳」, "酒食貞吉, 以中正也."
150) 『周易』, 訟卦 九五 「象傳」, "訟元吉, 以中正也."
151) 『周易』, 比卦 九五 「象傳」, "顯比之吉, 位正中也."
152) 『周易』, 蹇卦 九五 「象傳」, "大蹇朋來, 以中節也."
153) 『周易』, 困卦 九五 「象傳」, "劓刖, 志未得也. 乃徐有說, 以中直也. 利用祭祀, 受福也."

있어 이롭다.

정괘井卦 구오 「상전」에서는 "찬 샘물을 먹는다는 것은 중정하기 때문이다"[154]라고 한다. 많은 사람들이 맑고 찬 샘물을 먹는 혜택을 볼 수 있는 것은 바로 구오가 중정하기 때문이다.

절괘節卦 구오 「상전」에서는 "즐겁게 절제함이라 길하다는 것은 처한 자리가 중정하기 때문이다"[155]라고 한다. 즐겁게 절제하는 상황이 가능한 것은 구오가 지나치지도 모자라지도 않게 중정의 도를 지키기 때문이다.

이처럼 수需·송訟·비比·건蹇·곤困·정井·절節괘의 구오 「상전」에서도 '중용'을 의미하는 '중'을 찾아볼 수 있다. 기다리는 상황, 쟁송을 벌이는 상황, 도와야 하는 상황, 어려운 상황, 곤궁한 상황, 혜택을 보는 상황, 절제하는 상황에서는 중정의 도를 잃지 말아야 함을 말한다.

② 육이 「상전」에서의 '중'

육이六二는 내괘의 중심에 있으면서 유순중정柔順中正의 덕을 발휘해야 하는 위치에 있다.

예괘豫卦 육이 「상전」에서는 "하루를 마칠 것도 없으니 올바르고 길하다는 것은 중정하기 때문이다"[156]라고 한다. 하루가 지나지 않았는데도 올바르고 길함이 나타나는 까닭은 초육이 마음속의 기쁨을 밖으로 드러내어 흉한 상태에 놓여 있다는 것을 육이가 미리 알아서 경계함으로써 스스로 중정의 본분을 지키기 때문이다.

이괘離卦 육이 「상전」에서는 "황색에 붙음이니 크게 길하다는 것은 중용의

154) 『周易』, 井卦 九五 「象傳」, "寒泉之食, 中正也."
155) 『周易』, 節卦 九五 「象傳」, "甘節之吉, 居位中也."
156) 『周易』, 豫卦 六二 「象傳」, "不終日貞吉, 以中正也."

도를 얻었기 때문이다"[157]라고 한다. 중정한 위치에서 중용의 덕을 발휘하면서 바르게 하니 길할 수밖에 없다.

췌괘萃卦 육이 「상전」에서는 "끌어당기면 길하여 허물이 없으리라는 것은 중정하여 변하지 않기 때문이다"[158]라고 한다. 육이가 유순하고 중정한 마음가짐을 변함없이 간직하면 구오의 도움과 인도를 받아 길하게 된다는 것이다.

이처럼 예豫·이離·췌萃괘의 육이 「상전」에서도 '중용'을 의미하는 '중'을 찾아볼 수 있다. 미리 경계해야 하는 상황, 중정한 위치에 있는 상황, 중정함을 변하지 않아야 하는 상황에서의 중용 또는 중정의 중요성을 말하고 있다.

③ 육오 「상전」에서의 '중'

육오六五는 유순하면서 중의 자리에 위치하여 포용하는 덕을 발휘한다.

태괘泰卦 육오 「상전」에서는 "복을 받으며 크게 길하다는 것은 중도로써 원하는 것을 행하기 때문이다"[159]라고 한다. 군왕인 제을帝乙의 딸이 신하에게 시집가는 상황에서 남편이 비록 지위가 낮더라도 중도를 발휘하여 충심으로 섬기면 복을 받고 크게 길하다는 것이다.

임괘臨卦 육오 「상전」에서는 "대군의 마땅한 도리라는 것은 중용을 행하는 것을 말한다"[160]라고 한다. 이는 군주가 군주로서의 마땅한 도리를 행하는 상황에 대해 말한다. 육오는 유로서 군주의 자리에 위치하고 있고, 구이는 강으로서 중의 자리에 위치하고 있다. 육오가 유순하고 중용한 덕을 발휘하여 능력 있는 구이에게 많은 권한을 위양하니 길하다.

157) 『周易』, 離卦 六二 「象傳」, "黃離元吉, 得中道也."
158) 『周易』, 萃卦 六二 「象傳」, "引吉无咎, 中未變也."
159) 『周易』, 泰卦 六五 「象傳」, "以祉元吉, 中以行願也."
160) 『周易』, 臨卦 六五 「象傳」, "大君之宜, 行中之謂也."

간괘艮卦 육오 「상전」에서는 "그 볼에 멈춘다는 것은 중용으로써 바르기 때문이다"[161]라고 한다. 멈추어야 할 때 멈출 수 있는 것은 육오가 중용의 덕을 지니고 있기 때문이다.

이처럼 태泰 · 임臨 · 간艮괘 육오 「상전」에서도 '중용'을 의미하는 '중'을 찾아볼 수 있다. 군왕의 딸이 신하에게 시집가는 상황, 군주가 군주로서의 마땅한 도리를 행하는 상황, 그리고 멈추어야 하는 상황에서의 중용의 덕에 대해 말한다.

④ 구이 「상전」에서의 '중'

구이九二는 내괘의 중심에 있으면서 강건하면서도 중용의 덕을 발휘해야 한다.

고괘蠱卦 구이 「상전」에서는 "어머니가 잘못한 일을 바로잡는 것은 중용의 도에 맞게 해야 한다"[162]고 말한다. 고괘 구이는 하층부의 중심에 있으면서 강건과 중용의 덕을 갖춘 소장 개혁파 신하라고 할 수 있다. 그러므로 하층부의 뜻을 모아 상층부의 잘못을 시정하려고 노력한다. 이럴 때 경계해야 할 것이 바로 중용의 도를 어기지 않는 것이다. 아무리 옳은 일이라도 너무 원칙에 매달리면 반발을 불러오게 된다. 조선조 중종 때 조광조趙光祖가 도학정치道學政治라는 원칙을 너무 고집한 나머지 반대파의 반발을 불러와 결국 기묘사화己卯士禍가 초래된 것은 하나의 반면교사反面敎師라고 할 것이다.

대축괘大畜卦 구이 「상전」에서는 "수레의 바큇살을 벗긴다는 것은 중용을 지켜서 허물이 없다는 것이다"[163]라고 한다. 구이는 상응하는 육오에 의해

161) 『周易』, 艮卦 六五 「象傳」, "艮其輔, 以中正也."
162) 『周易』, 蠱卦 九二 「象傳」, "幹母之蠱, 得中道也."
163) 『周易』, 大畜卦 九二 「象傳」, "輿說輹, 中无尤也."

저지되고 있다. 구이는 중정한 덕으로 이런 상황을 잘 파악하여 스스로 수레의 바큇살을 벗겨 버리고 나아가지 않아야 한다.

항괘恒卦 구이 「상전」에서는 "뉘우침이 없어진다는 것은 능히 중용에 머물기 때문이다"[164]라고 한다. 뉘우침이 없어지기 위해서는 지나치지도 모자라지도 않는 중용을 지키는 것이 필요하다.

대장괘大壯卦, 해괘解卦, 손괘損卦의 구이 「상전」에서는 바르게 해야 하는 상황에 대해 말한다. 바르게 한다는 것은 곧 중용을 실천하는 것이다. 그렇게 하면 길하고 이롭다.

> 바르게 해야 길하다는 것은 중용의 덕을 가지고 있기 때문이다.[165]
>
> 바르면 길하다는 것은 중용의 도를 얻었기 때문이다.[166]
>
> 바르게 하는 것이 이롭다는 것은 중용으로써 뜻을 삼았기 때문이다.[167]

쾌괘夬卦 구이 「상전」에서는 "적의 군대가 쳐들어오더라도 걱정할 필요가 없다는 것은 중용의 도를 얻었기 때문이다"[168]라고 한다. 적군이 쳐들어오는 위급한 상황일지라도 중용의 도를 실천하면 걱정할 필요가 없다는 것이다.

미제괘未濟卦 구이 「상전」에서는 "바르고 길하다는 것은 중으로써 올바름을 행하는 까닭이다"[169]라고 한다. 함부로 나아가지 말아야 하는 상황에서

---

164) 『周易』, 恒卦 九二 「象傳」, "悔亡, 能久中也."
165) 『周易』, 大壯卦 九二 「象傳」, "貞吉, 以中也."
166) 『周易』, 解卦 九二 「象傳」, "貞吉, 得中道也."
167) 『周易』, 損卦 九二 「象傳」, "利貞, 中以爲志也."
168) 『周易』, 夬卦 九二 「象傳」, "有戎勿恤, 得中道."
169) 『周易』, 未濟卦 九二 「象傳」, "貞吉, 中以行正也."

바르고 길하기 위해서는 중용을 실천하여야 한다는 것이다.

이처럼 고蠱 · 대축大畜 · 항恒 · 대장大壯 · 해解 · 손損 · 쾌夬 · 미제未濟괘 구이 「상전」에서도 '중용'을 의미하는 '중'을 찾아볼 수 있다. 상층부의 잘못을 시정하려는 상황, 저지되고 있는 상황, 뉘우침이 없어지는 상황, 바르게 해야 하는 상황, 적이 침입하는 상황, 그리고 함부로 나아가지 말아야 하는 상황에서 중용을 실천하는 것이 중요함을 말한다.

(4) 「문언전」에서의 '중'

건괘乾卦와 곤괘坤卦의 「문언전」에서 '중용'을 의미하는 '중'을 살펴본다.

먼저 건괘 괘사 「문언전」에서는 건괘의 사덕四德인 원형이정元亨利貞에 대해 언급한다. 그리고 건의 강건중정剛健中正함은 순수純粹하고 정미精美한 것임을 밝히고 있다.

> 건원乾元이라는 것은 시작하여 형통한 것이고, 이利와 정貞이라는 것은 건원의 성정性情이다. 건의 시작이 아름다운 이로움으로써 천하를 이롭게 하며, 그 이로운 바를 말하지 않으니, 이로움이 크다. 위대하다, 건이여! 강건하고 중정한 것은 순수하고 정미함이다.[170]

건괘 구이 「문언전」에서는 이제 막 세상에 등장한 구이가 갖추어야 할 덕성에 대해 설명한다. 첫째, 구이는 리더로서의 덕성을 갖추고, 중용을 하는 사람이 되어야 한다. 둘째, 평상시의 말과 행동이 진실되고 삼갈 줄 알아야 한다. 셋째, 사악함을 막아 진실한 마음을 보존해야 한다. 넷째, 공을 세운

---

170) 『周易』, 乾卦 「文言傳」 卦辭, "乾元者, 始而亨者也, 利貞者, 性情也. 乾始能以美利利天下, 不言所利, 大矣哉. 大哉乾乎! 剛健中正, 純粹精也."

뒤에도 자랑하지 않으며, 자신의 덕으로 다른 사람들을 감화시킬 수 있어야 한다. 다섯째, 군주인 구오를 보좌하면서 국가경영능력을 쌓을 필요가 있다. 이렇게 함으로써 장차 군주가 될 경우를 대비해야 한다.

> "나타난 용이 땅 위에 있으니 대인을 만나면 이롭다"고 함은 무슨 의미인가? 공자가 말하였다. "용의 덕을 가지고 정중하는 사람이다. 평상시의 말은 진실되게 하며, 평상시의 행동은 삼갈 줄을 알아, 사악함을 막아서 그 진실한 마음을 보존하고, 세상을 깨끗이 하고서도 자신의 공을 자랑하지 않으며, 덕을 넓혀 감화시킨다. 『주역』에 '나타난 용이 땅 위에 있으니 대인을 만나면 이롭다'고 함은 군주의 덕을 가지고 있는 사람이 출현함을 말한 것이다."[171]

곤괘 육오 「문언전」에서는 존위에 자리한 육오의 덕성에 대해 말한다. 곤괘 육오는 중용의 덕을 가지고 있으면서 사물의 이치에 통달한 사람이다. 곤의 유순하고 겸손한 미덕이 체현되어 사업에 나타난다. 이러한 사업은 천하와 국가의 경영에까지 미친다.

> 군자는 중용의 덕을 안에 가지고 있으면서 이치에 통달하여, 바른 자리에 몸을 두고 있으며, 아름다움이 그 가운데에 자리하고 있어서, 사방에 펴져 나가고, 사업에서 나타나니, 아름다움의 극치이다.[172]

이처럼 건괘乾卦 괘사 및 구이의 「문언전」과 곤괘坤卦 육오의 「문언전」에서

---

171) 『周易』, 乾卦 「文言傳」 九二, "見龍在田利見大人, 何謂也? 子曰. 龍德而正中者也. 庸言之信, 庸行之謹, 閑邪存其誠, 善世而不伐, 德博而化. 易曰見龍在田利見大人, 君德也."

172) 『周易』, 坤卦 「文言傳」 六五, "君子黃中通理, 正位居體, 美在其中而暢於四支, 發於事業, 美之至也."

'중용'을 의미하는 '중'을 살펴볼 수 있다. 건괘의 강건중정함, 건괘 구이가 갖추어야 할 덕성, 곤괘 육오의 덕성을 통해 중용을 말한다.

3) '합당함'을 의미하는 '중'

『주역』에서 '시중'이라는 말이 유일하게 나오는 곳이 몽괘蒙卦 「단전」이다.

> 몽蒙은 산 아래 위험이 있고, 위험하여 그친 것이 몽이다. 몽이 형통함은 형통한 것으로 행하니 상황에 들어맞기(時中) 때문이다. 내가 몽매한 어린아이에게 구하는 것이 아니라 몽매한 어린아이가 나에게서 구한다는 것은 뜻이 응하기 때문이다. 처음 묻거든 깨우쳐 준다는 것은 강중하기 때문이다. 두 번 세 번 하면 모독하는 것이고, 모독하면 깨우쳐 주지 않는다는 것은 몽을 모독하는 것이기 때문이다. 몽매한 상태에서 올바름을 기르는 것은 성인이 되는 방법이다.[173]

몽괘 「단전」은 동몽童蒙을 깨우치는 상황에 대해 말한다. 동몽을 깨우치는 것은 형통한 일이며, 상황에 합당合當하게 이루어져야 한다. 깨우침의 주체는 구이이고, 깨우침의 대상은 육오이다. 깨우침을 주는 구이가 육오에게 가는 것이 아니라, 깨우침을 받는 육오가 구이에게 가서 깨우침을 구함으로써, 스승과 제자의 뜻이 통하게 된다. 처음 물을 때는 깨우쳐 주지만 거듭해서 물으면 배움의 자세에 문제가 있으므로 깨우쳐 주지 않는다. 몽매함을 깨우쳐 올바름을 기르는 것은 곧 성인聖人이 되는 공부이다.

『주역』에 나타나 있는 '중'의 의미를 정리해 본 결과 '가운데', '진실', '중용',

---

173) 『周易』, 蒙卦 「彖傳」, "蒙, 山下有險, 險而止, 蒙. 蒙亨, 以亨行, 時中也. 匪我求童蒙童蒙求我, 志應也. 初筮告, 以剛中也. 再三瀆瀆則不告, 瀆蒙也. 蒙以養正, 聖功也."

'합당함' 등 크게 네 가지로 분류할 수 있었다. 이들 네 가지 의미 중 시중 리더십과 관련되는 것은 '중용'과 '합당함'이다. '중용'에 대해서는 『역경』, 「단전」, 「상전」, 「문언전」 등에서 찾아볼 수 있으며 '합당함'이라는 의미는 몽괘 「단전」에 언급되어 있다.

제3장
『주역』과 시중의 지혜

‘시중時中’은 ‘시時’와 ‘중中’이라는 두 낱말이 합쳐진 말이다. 이와 관련하여 풍우란馮友蘭은 ‘시’란 “사물 발전의 시간적 조건”이고, ‘중’이란 “사물 발전의 합당合當한 한도”라고 말한다.[1] 또한 고회민高懷民은 ‘중’이란 “만물의 변화 속에서 시공에 따라 그 자연스러움을 얻어서 도와 어긋나지 않는 것”[2]이라고 설명하고 있다. 여기에서 ‘사물 발전의 시간적 조건’이나 ‘만물 변화 속의 시공’이란 곧 ‘만물이 처한 상황狀況’을 이르는 말이다. 그리고 ‘자연스러움을 얻어서 도와 어긋나지 않는 것’[3]은 ‘합당함을 얻는 것’을 의미한다. 따라서 ‘시중’이란 ‘만물이 그 처한 상황에 따라 합당함을 얻는 것’이다. 이와 관련하여 정이程頤는 “그때의 형세를 알 것 같으면 처하는 바가 그 마땅함을 잃지 않을 것이다”[4]라고 말한다. 따라서 시중은 고정된 것이 아니라[5] 주어진 때, 장소, 위치에 따라 도에 맞게 변하는 것으로 이를 실현하는 것은 도에 나아감이 깊고, 기幾[6]를 알아 권權[7]을 행할 줄 아는 지덕至德을 성취한 성인만이 가능한 일이다.[8] 이처

---

1) 馮友蘭, 박성규 옮김, 『중국철학사』 上(까치글방, 2004), 620쪽 참조.

2) 高懷民, 정병석 역, 『주역철학의 이해』(문예출판사, 2004), 358쪽.

3) ‘도와 어긋나지 않는 것’과 관련하여 공자는 義를, 순자는 禮를 제시한다.(『論語』, 「里仁」, “子曰, 君子之於天下也, 無適也, 無莫也, 義之與比.”; 『荀子』, 「儒效」, 제12장, “其言有類, 其行有禮, 其擧事無悔, 其持險應變曲當, 與時遷徙, 與世偃仰, 千擧萬變, 其道一也, 是大儒之稽也.”)

4) 程頤, 『伊川易傳』, 咸卦 初六 爻辭註, “識其時勢則所處不失其宜矣.”

5) 程頤, 『伊川易傳』, 恒卦 「彖傳」註, “恒, 非一定之謂也, 一定則不能恒矣, 唯隨時變易乃常道.”

6) 『周易』, 「繫辭下傳」, 제5장, “幾者動之微, 吉之先見者也.”

럼 시중은 어떤 고정된 것을 지칭하는 것이 아니다. 때에 따라서는 양극단의 중간이 시중일 수도 있으나, 그렇지 않을 수도 있는 것이다.[9)]

이러한 시중과 관련하여 혜동惠棟은 다음과 같이 말한다.

> 『역』의 도는 심오하다! 한마디로 말하면 '시중時中'이다. 공자가 지은 「단전彖傳」은 시時를 말한 것이 24괘에, 중中을 말한 것이 35괘에 달한다. 「상전象傳」은 시를 말한 것이 6괘에, 중을 말한 것이 36괘에 달한다. 시를 말한 것으로는 시時, 대시待時, 시행時行, 시성時成, 시변時變, 시용時用, 시의時義, 시발時發, 시사時舍, 시극時極이란 것이 있다. 중을 말한 것으로는 중中, 중정中正, 정중正中, 대중大中, 중도中道, 중행中行, 강중剛中, 유중柔中이란 것이 있다. 「몽단蒙彖」은 또 시중을 병칭하고 있다.…… 자사子思가 지은 『중용』은 공자의 뜻을 계술하여 군자다우면서 시중을 추구한다고 했고, 맹자는 공자를 시중의 성인이라고 했다. 집중執中의 가르침은 중천中天(요순시대)에서 비롯되었고 시중의 의미는 공자에서 밝혀졌는데, 바로 요순 이래로 전승된 심법心法이었다. 「풍단豐彖」에 천지간에 차고 비는 현상은 때에 따라 쇠하고 성한다고 했고, 박剝에 군자가 사물의 영고성쇠榮枯盛衰 현상을 중시하는 것은 그것이 천도이기 때문이라고 했다. 「문언文言」에 진퇴와 존망을 인식하고 그 바른 상태를 잃지 않을 사람은 오직 성인이리라! 라고 했는데 이 모두가 시중의 의미이다.[10)]

시중이란 말은 『주역』의 몽괘蒙卦 「단전」에 유일하게 나오고 있지만, 시중

7) 『孟子』, 「盡心上」, 제26장, "執中無權, 猶執一也, 所惡執一者, 爲其賊道也, 擧一而廢百也."
8) 이상호, 「주역에서의 시중의 문제」, 『동양철학연구』 제39집(동양철학연구회, 2004), 352~353쪽 참조.
9) 이근용, 「주역의 시중 사상이 현대 네트워크 사회에 갖는 함의」, 『동양고전연구』 제37집(동양고전학회, 2010), 553쪽 참조.
10) 嚴靈峯, 『無求備齋: 易經集成』 第119冊, 惠棟, 「易尙時中說」, 『易漢學』(臺北: 成文書局, 1976), 卷7, 177쪽.

의 지혜를 담고 있는 문장은 『주역』 전편에 걸쳐 나오고 있으며, 『주역』을 관통하고 있다.

> 몽蒙이 형통함은 형통한 것으로 행하니 때에 알맞기(時中) 때문이다. 내가 몽매한 어린아이에게 구하는 것이 아니라 몽매한 어린아이가 나에게서 구한다는 것은 뜻이 응하기 때문이다.[11]

여기에서 "때에 알맞다"는 것은 몽매한 어린아이를 그 아이의 상황에 맞추어 교육하는 것을 말한다. 『주역』은 이처럼 상황에 합당하게 행동하는 것의 중요성을 강조하고 있다.

『주역』 전편에 걸쳐 시중의 함의를 찾아볼 수 있지만, 특히 그 의미가 두드러진 경우로 건괘乾卦의 괘사 및 구사 「문언전」, 그리고 수괘隨卦 괘사를 들 수 있다. 건괘와 수괘의 괘사는 뒤의 '수시변통隨時變通' 부분에서 살펴보기로 하고, 여기에서는 건괘 구사 「문언전」의 내용을 살펴본다.

> "혹 위로 뛰어오르거나 혹은 연못에 있으면 허물이 없을 것이다"라고 하는 것은 무엇을 의미하는가? 공자가 말하였다. "오르고 내림에 일정함이 없는 것은 사특함이 되는 것은 아니며, 나아가고 물러남에 항상됨이 없는 것은 같은 무리에서 벗어나 혼자 행하려고 하는 것이 아니다. 군자가 덕을 증진하고 사업에 힘을 쓰는 것은 상황에 미치려고 하는 것이니, 그러므로 허물이 없다."[12]

"나아가고 물러남에 항상됨이 없는 것은 같은 무리에서 벗어나 혼자 행하

---

11) 『周易』, 蒙卦 「彖傳」, "蒙亨, 以亨行, 時中也. 匪我求童蒙童蒙求我, 志應也."
12) 『周易』, 乾卦 「文言傳」 九四, "或躍在淵无咎何謂也? 子曰. 上下无常非爲邪也, 進退无恒非離群也. 君子進德修業欲及時也, 故无咎."

려고 하는 것이 아니다"라는 것은 무리에서 벗어나 멋대로 행동하는 것이 아니라 그 상황에 따라 나아갈 때 나아가고 물러날 때 물러나는 것을 말한다. 곧 시중의 도리를 실천하는 것이다. "군자가 덕을 증진하고 사업에 힘쓰는 것은 때에 미치려고 하는 것이니 그러므로 허물이 없는 것이다"라는 것은 군자가 평소에 덕을 증진하고 사업에 힘쓰는 것은 필요한 상황이 오면 그 덕과 사업을 활용하기 위해서라는 것이다.

『주역』의 가장 중요한 특징은 사람들에게 그 상황에 알맞게 처신할 수 있도록 하는 방안을 64괘 384효를 통해 제시하고 있다는 것이다. 64괘가 64가지 변화의 상황을 나타내는 것이라면, 각각의 효는 그 괘에서 일어날 수 있는 다채로운 변화를 표현한다. 다시 말하면 『주역』에서는 음과 양의 변역에 따른 모든 상황을 64괘 384효라는 '상象'을 통해 드러내어 사람들에게 장차 직면하게 될 변화에 대처하는 방안, 즉 길함을 따르고 흉함을 피하도록 하는 해법을 제시하고 있다. 따라서 『주역』의 도를 체현하는 데 단연 핵심이 되는 개념은 바로 '시중'이다.[13]

한편, 시가 괘의 의미와 관련된다면, 중은 6효의 위치와 관련된다. 괘상卦象에서 음과 양으로 이루어진 6효는 서로 강하고 약함 혹은 많고 적음과 같은 세력의 역동적 관계 속에서 각각 변동의 위치와 추세의 방향성을 지닌다. 이러한 위치와 추세를 파악하는 원칙이 시중이다. 시중은 6효의 역동적 변화 속에서의 상황이나 사태에 시의적절時宜適切하게 맞는 조화, 균형, 질서 등과 같은 최상의 상태를 가리킨다.[14]

시중은 부단히 변화하는 상황 속에서 어떻게 하면 인간이 그 상황에 합당

---

13) 이규희, 「주역에서의 시중지덕에 대한 고찰」, 『민족문화』 제50집(전국문화단체총연합회, 2018), 123쪽 참조.

14) 김연재, 「주역의 변통적 시중관과 인간경영의 지혜」, 『대동철학』 제77집(대동철학회, 2016), 241쪽 참조.

한 행동을 할 것인가? 하는 문제를 다룬다. 여기에서 해결해야 할 두 가지 문제가 대두된다. 먼저 합당한 행동을 하기 위해서는 상황에 대한 정확한 이해가 선행되어야 한다. 다음으로 그 상황에 합당한 행동이 무엇인지를 판단해야 한다. 첫 번째 문제와 관련하여 우주만물의 운행원리를 바라보는 관점으로서 시중적 질서관, 통관, 지기를 살펴본다. 그리고 두 번째 문제와 관련해서는 수시변통과 우환의식을 다룬다.

1. 시중적 질서관

1) 시중적 질서관

변화라는 관점에서 보면, 행동은 공간이나 물질과 같은 구조가 아니라 사건이며 현실이다. 사건 속에는 공간, 시간, 그리고 물질의 통일체가 놓여 있다. 형이상학적形而上學的 시간 대신에 우리는 물리적, 생물학적 또는 그에 상응하는 변화의 과정에서 펼쳐지는 우주론적宇宙論的 시간을 갖는다.[15] 변화의 세계에서 모든 것은 실천과 경험을 통해 체득體得되는 것이다. 시중도 실천과 경험을 통해 체득되는 것이다. 인간이 사는 삶의 장은 시간과 공간이다. 따라서 시중은 시時와 위位에 의해 결정된다. 건괘乾卦 「단전」의 "끝과 시작을 크게 밝히면 여섯 자리가 때에 맞추어 이루어진다"(大明終始 六位時成)에서 시간과 공간 개념이 언급되고 있다. 대명, 즉 일월日月의 순환적 운행에 의해 시간이 발생하고 동시에 공간의 위도 드러나는 것이다.[16] 위라는 것은 인간이 차지하

15) 이용필, 「자기조직하는 우주」, 『과학사상』 제17호(범양사, 1996), 92쪽 참조.
16) 高懷民, 정병석 역, 『주역철학의 이해』(문예출판사, 2004), 184쪽 참조.

고 있는 자리로서 인간과 서로 작용하는 공간성이라고 할 수 있다. 그런데 위는 변화한다. 시간에 의하여 위치가 변하고 상황도 달라진다. 음효가 맨 아래에 있을 때는 만남의 구괘姤卦가 되지만 맨 위에 있을 때는 척결을 나타내는 쾌괘夬卦가 된다. 이러한 위의 변화는 시간으로 인해 생긴다. 그러므로 위는 시의 영향 아래에 있다.[17)]

이처럼 『주역』에서는 우주만물의 운행원리를 정태적靜態的이고 정위적定位的인 질서라는 관점이 아니라 동태적動態的이고 시중적時中的인 질서라는 관점에서 바라본다. 다시 말해 공간적인 정위적 질서가 아니라 시간적인 시중적 질서를 강조한다. 시중적 질서 하에서 우주만물은 끊임없이 변역變易하고 상호감응相互感應한다. 따라서 『주역』은 끊임없이 변역하는 상황 속에서의 합당한 행동을 강조한다. 건괘乾卦 「문언전」의 내용들을 살펴보자.

먼저 건괘 구이에서는 이제 막 잠복과 은둔을 벗어나 세상에 나타난 용의 모습을 말해 준다. 그렇지만 아직 자신의 역량을 펼치기에는 상황이나 여건이 무르익지 않았다. 따라서 이런 상황에서는 덕과 능력이 뛰어난 사람을 멘토로 삼아 지도를 받는 등 자신의 능력과 덕성을 더욱 연마하는 노력을 기울일 필요가 있다.

나타난 용이 땅에 있다는 것은 아직 상황이 완전히 풀린 것이 아니다.[18)]

건괘 구삼에서는 조직 하층부의 제일 높은 자리에 올라왔으나 아직 상층부에는 오르지 못한 경우의 처신에 대해 말한다. 이럴 경우 더욱 힘써야 할

---

17) 심귀득, 「주역의 생명관에 관한 연구」(성균관대학교대학원 박사학위논문, 1996), 88~89쪽 참조.

18) 『周易』, 乾卦 「文言傳」 九二, "見龍在田時舍也."

것은 덕을 진전시키고 업무능력을 향상시키는 것이다. 이를 데와 마칠 데를 알아 처신할 수 있어야 한다. 그리고 윗자리에서 교만하지 않고 아랫자리에서 근심하지 않을 수 있어야 한다. 이렇게 종일을 노력하고도 상황에 따라 저녁에까지 두려워하고 삼가면, 여전히 위태로우나 허물은 없을 것이다.

> "군자가 종일토록 힘써서 저녁까지도 여전히 두려운 듯하면 위태로우나 허물은 없을 것이다"라고 하는 것은 무엇을 의미하는가? 공자가 말하였다. "이것은 군자가 덕을 증진하고 사업에 힘을 써야 하는데, 진심으로 미덥게 하여야 덕을 증진할 수 있고, 말을 닦아 진실함을 굳건히 세워야 사업을 계속 지켜 낼 수 있기 때문이다. 이를 데를 알아 이르므로 더불어 기미를 알 수 있고, 마칠 데를 알아서 마치니 더불어 의로움을 보존할 수 있다. 이런 까닭에 윗자리에 있으면서도 교만하지 않고 아랫자리에 있으면서도 근심하지 않는다. 또한 이 때문에 힘쓰고 힘써 상황에 따라 두려워하면 비록 위태로우나 허물은 없다."[19]

건괘 구사는 이제 막 상층부에 진입해서 의욕을 갖고 업무에 임하는 경우에 대해 말한다. 기업의 경우에는 이사에 해당하며, 최고경영층으로 나아가는 훈련을 본격적으로 하는 시기이다. 따라서 이때는 자신의 덕성과 업무능력을 향상시키는 노력을 배가해야 한다. 그리고 때로는 업무에 대한 참신한 아이디어나 개선책을 제시하여 자신의 능력을 드러낼 필요가 있다. 그렇지만 자신의 위치가 어디까지나 대표이사를 보좌하는 데 있음을 잊지 말아야 한다.

> "혹 위로 뛰어오르거나 혹은 연못에 있으면 허물이 없을 것이다"라고 하는

---

19) 『周易』, 乾卦「文言傳」九三, "君子終日乾乾夕惕若厲无咎何謂也? 子曰. 君子進德修業忠信所以進德也, 修辭立其誠所以居業也. 知至至之可與幾也, 知終終之可與存義也. 是故居上位而不驕在下位而不憂. 故乾乾因其時而惕雖危无咎矣."

것은 무엇을 의미하는가? 공자가 말하였다. "오르고 내림에 일정함이 없는 것은 사특함이 되는 것은 아니다. 나아가고 물러남에 항상됨이 없는 것은 같은 무리에서 벗어나 혼자 행하려고 하는 것이 아니다. 군자가 덕을 증진하고 사업에 힘쓰는 것은 상황에 미치려고 하는 것이니, 그러므로 허물이 없다."[20]

상황에 따른 합당한 행동을 강조하는 몇 개의 문장들을 더 살펴본다. 먼저 돈괘遯卦 「단전」에서는 음이 점점 자라는 상황에서는 물러나 은둔하는 것이 형통하다고 말한다. 그럴수록 바름을 지켜 후일을 기약할 필요가 있다.

돈遯이 형통한 것은 물러나서 형통한 것이다. 강은 자기 자리에서 응하니, 때와 더불어 행한다. 바름을 지킴에 조금 유리하다는 것은 음이 점점 자라기 때문이다. 돈괘의 상황에 맞게 하는 뜻이 크다.[21]

건괘蹇卦 「단전」에서는 험난함이 앞에 있는 상황에서 멈출 수 있는 것은 지혜롭기 때문이라고 말한다. 어려운 상황에서는 지극히 쉽고 합당한 방법을 강구하여야 한다. 그리고 현인을 만나 조언을 듣는 것이 이롭다. 어려울수록 바름을 지켜야 길하다.

건蹇은 어려움이고 험난한 것이 앞에 있다는 것이다. 험난함이 있는 것을 보고 멈출 수 있으니 지혜롭다. 건은 서남이 이롭다는 것은 가서 중을 얻었기 때문이다. 동북이 이롭지 않다는 것은 그 도가 궁하기 때문이다. 대인을

---

20) 『周易』, 乾卦 「文言傳」 九四, "或躍在淵无咎何謂也? 子曰. 上下无常非爲邪也. 進退无恒非離群也. 君子進德修業欲及時也, 故无咎."

21) 『周易』, 遯卦 「彖傳」, "遯亨, 遯而亨也. 剛當位而應, 與時行也. 小利貞, 浸而長也. 遯之時義大矣哉."

만나보는 것이 이롭다는 것은 가서 공이 있는 것이다. 자리가 마땅하고 바름을 지켜 길함으로써 나라를 올바르게 한다. 건괘의 상황에 맞게 하는 작용이 크다.[22]

간괘艮卦 「단전」에서는 그치고 행동함을 상황에 따라 해야 한다고 말한다.

간艮은 그침이다. 상황이 그쳐야 할 경우에는 그치고, 상황이 행해야 할 경우에는 행하여, 움직임과 고요함이 그 상황을 잃지 않으니, 그 도가 밝다.[23]

『주역』은 또한 정위적 질서가 아닌 시중적 질서와 상호감응을 중시한다. 태괘泰卦와 비괘否卦의 「단전」을 통해 그 내용을 살펴본다.

태괘는 땅이 위에 있고 하늘이 아래에 있는 반면 비괘는 그 반대이니, 공간적인 정위적 질서에 따르면 태괘는 불길하고 비괘는 길하여야 한다. 그렇지만 「단전」에서는 그 반대로 말하고 있다. 태괘는 천지가 교류하고 상하가 교류하여 길하고 형통하다고 하는 데 반해, 비괘는 천지와 상하가 교류하지 않아 나라를 다스리는 도리가 없다고 말한다. 그 이유는 바로 『주역』이 생생生生과 변역變易과 감응感應을 중시하기 때문이다. 태괘의 경우 위에 있는 땅의 기운은 아래로 내려가고 아래에 있는 하늘의 기운은 위로 올라가게 되니 하늘과 땅이 자연스럽게 교류하고 감응하게 된다. 그러므로 길하고 형통할 수밖에 없다. 반면에 비괘는 위에 있는 하늘의 기운은 계속 위로 향하고 아래에 있는 땅의 기운은 아래로만 향하니 하늘과 땅이 교류하고 감응할 길이 없다. 따라서 나라를 다스리는 도리가 없어지는 것이다. 이처럼 『주역』은 공간적 위치가

---

22) 『周易』, 蹇卦 「彖傳」, "蹇, 難也, 險在前也. 見險而能止, 知矣哉. 蹇利西南, 往得中也. 不利東北, 其道窮也. 利見大人, 往有功也. 當位貞吉, 以正邦也. 蹇之時用大矣哉."

23) 『周易』, 艮卦 「彖傳」, "艮, 止也. 時止則止, 時行則行, 動靜不失, 其時其道光明."

아니라 천지와 상하 간의 상호감응 여부를 길흉의 중요한 척도로 삼고 있다.

> 태泰는 작은 것이 가고 큰 것이 오니, 길하고 형통하다는 것은 천지가 교류하여 만물이 통하고, 상하가 교류하여 그 뜻이 같기 때문이다.…… 군자의 도가 커지고 소인의 도는 사라진다.[24]

> 비否는 인도가 통하지 않는 시기로, 군자의 바름이 이롭지 않으며, 큰 것이 가고 작은 것이 온다는 것은 천지가 교류하지 않아 만물이 통하지 않으며, 상하가 교류하지 않아 천하에 나라를 다스리는 도리가 없어지는 것이다. …… 소인의 도가 자라나고 군자의 도는 사라진다.[25]

「계사전」의 다음 문장들 역시 『주역』이 시중적 질서라는 관점에 입각해 있음을 잘 보여 준다.

> 길·흉·회·린은 움직이는 데서 생기는 것이다. 강과 유는 근본을 세우는 것이고, 변과 통은 상황에 따르는 것이다. 길과 흉의 원칙은 항상 이기는 것이고, 천지의 도는 그 바르게 운행하는 도리를 항상 보이며, 일월의 도는 항상 바르게 만물을 밝히고, 천하의 모든 움직임은 하나의 도리에 항상 따르는 것이다.[26]

길흉회린은 인간의 행동이 정도를 지키는지 여부에 따라 결정된다. 변과 통은 상황에 따라서 이루어지는 것이다. 길흉, 천지, 일월, 그리고 천하의

---

24) 『周易』, 泰卦 「彖傳」, "泰, 小往大來, 吉, 亨, 則是天地交而萬物通也. 上下交而其志同也."
25) 『周易』, 否卦 「彖傳」, "否之匪人, 不利君子貞, 大往小來, 則是天地不交而萬物不通也, 上下不交而天下无邦也.……小人道長, 君子道消也."
26) 『周易』, 「繫辭下傳」, 제1장, "吉凶悔吝者生乎動者也. 剛柔者立本者也, 變通者趣時者也. 吉凶者貞勝者也, 天地之道貞觀者也, 日月之道貞明者也, 天下之動貞夫一者也."

모든 움직임은 결국 하나의 도리에 귀착한다. 다시 말해 천지, 일월, 천하의 모든 움직임이라는 상황에 따라 거기에 맞는, 정도를 지키는 행동을 하는지 여부에 따라 길흉이 결정된다.

또한 여섯 효의 강유가 서로 섞여 있는 것은 그 처한 상황과 각 효의 물상을 반영한다. 초효에서 중효, 그리고 상효에 이르기까지의 모습을 통해 근원과 종극, 옳고 그름, 존망과 길흉을 알 수 있다.

> 『주역』이라는 책은 시작의 근원을 살펴 종극의 상태를 알려고 하는 것을 바탕으로 삼는다. 여섯 효가 서로 섞이는 것은 오직 그 상황과 각 효의 물상을 반영한다. 그 처음은 알기 어렵고, 그 끝은 알기 쉬우니, 본과 말이다. 처음의 효사는 빗대어서 마침내 상효의 효사를 이룬다. 만약 물건을 뒤섞는 것과 덕을 가리는 것과 옳고 그름을 분변함 같은 것은 그 중효가 아니면 갖추지 못한다. 아! 또한 존망과 길흉을 요약하면 분명히 알 수 있다. 지혜로운 자가 단사를 보면 반 이상 이해할 수 있을 것이다.[27]

이처럼 『주역』은 상황을 잘 파악하고, 그 상황에 합당하게 변통하고 행동했을 때 추길피흉趨吉避凶이 가능해짐을 말한다. 이는 곧 시중적 질서라는 관점에서 『주역』이 서술되고 있음을 말해 주는 것이다.

2) 통관通觀

시중을 제대로 실천하기 위해 갖추어야 할 우주만물의 운행원리에 대한

27) 『周易』, 「繫辭下傳」, 제9장, "易之爲書也, 原始要終以爲質也. 六爻相雜唯其時物也. 其初難知其上易知本末也. 初辭擬之卒成之終. 若夫雜物撰德辨是與非則非其中爻不備. 噫亦要存亡吉凶則居可知矣. 知者觀其彖辭則思過半矣."

체계적인 관점으로 시중적時中的 질서관秩序觀과 함께 들 수 있는 것이 통관通觀이다. 『주역』은 성인이 우주만물에 대한 통관을 통해 팔괘八卦라는 철학적 부호체계를 창안하였음을 말하고 있다.[28)]

> 옛날에 복희씨가 천하의 왕 노릇 할 때, 우러러 하늘의 상을 관찰하고, 구부려 땅의 형태를 관찰하며, 날짐승과 들짐승의 무늬와 땅의 마땅한 이치를 관찰하였다. 가깝게는 자기 몸에서 취하고, 멀리는 다른 사물에서 취하였다. 여기에서 비로소 팔괘를 만들어, 신명의 덕에 통하게 하고, 만물의 실상을 분류하였다.[29)]

통관이란 포괄적 관찰(comprehensive observation)을 말하며, '융회관통融會貫通하여 본다'는 의미이고, 「계사전」에서 말하는 '관기회통觀其會通'에 해당하는 것이다.

> 성인이 천하의 움직임을 보고, 그 모이고 통하는 것을 관찰하여(觀其會通), 그 법도와 예제에 따라 행하며, 말을 얽어매어 길흉을 판단한다. 이런 까닭에 효라고 말한다.[30)]

위의 인용문에서는 괘효가 성립되기 전에 먼저 모든 사물에 적용하여도 두루 통할 수 있는 '회통지리會通之理'의 발견이 있었음을 말해 준다. 회통의 의미와 관련하여 주희는 "회會는 모든 이치가 하나도 남김없이 모두 모여서

---

28) 정병석, 「주역의 관」, 『철학』 제75집(한국철학회, 2003), 9~18쪽 참조.

29) 『周易』, 「繫辭下傳」, 제2장, "古者包犧氏之王天下也, 仰則觀象於天, 府則觀法於地, 觀鳥獸之文, 與地之宜. 近取諸身, 遠取諸物. 於是始作八卦, 以通神明之德, 以類萬物之情."

30) 『周易』, 「繫辭上傳」, 제8장, "聖人有以見天下之動, 而觀其會通, 以行其典禮, 繫辭焉以斷其吉凶. 是故謂之爻."

빠진 것이 없음을 말하고, 통通은 이치가 행해져서 막히는 것이 없음을 이른다"[31]고 말한다. 이런 점에서 '회통지리'의 '리理'는 소옹邵雍이 말하는 '이치로써 본다'(觀之以理)의 리와 같은 의미라고 할 수 있다.

> 대체로 사물을 본다고 말하는 것은 눈으로 그것을 보는 것이 아니다. 그것을 눈으로 본다는 것이 아니라 마음으로 보는 것이다. 그것을 마음으로 보는 것이 아니라 이치로 보는 것(觀之以理)이다.[32]

'눈으로 본다'는 것은 외부의 감각적 자극이나 경험을 육안肉眼으로 수동적으로 받아들이는 것을 말하고, '마음으로 본다'는 것은 개인의 감정이나 사사로움이 개입된 심안心眼으로 보는 것이다. 그에 비해 '이치로 본다'는 것은 우주만물의 이치를 꿰뚫어 보는 이안理眼으로 보는 것이다.

이처럼 『주역』에서의 바라봄(觀)은 다분히 자기 눈앞의 것밖에 보지 못하는 근시안적인 동관童觀[33]도, 자기 위주의 부분적인 인식에만 머물러 있는 규관闚觀[34]도 아니다. 『주역』에서의 관은 우주만물의 깊고 넓은 이치를 전체적으로 남김없이 통찰하는 통관通觀이다.

한편 『주역』에서 우주만물의 이치를 통관하는 것은 그 단계에 따라 관물觀物, 관상觀象, 관아觀我로 구분할 수 있다.[35]

먼저 관물은 복희씨伏羲氏가 우주만물을 관찰한 결과를 토대로 팔괘를

31) 朱熹, 『周易本義』, 「繫辭上傳」, 제8장註, "會謂理之所聚而不可遺處, 通謂理之可行而無所礙處."
32) 王植 輯, 『珍本皇極經世書』(臺北: 武陵, 1996), 903쪽, "夫所以謂之觀物者非以目觀之也. 非觀之以目而觀之以心也. 非觀之以心而觀之以理也."
33) 『周易』, 觀卦 初六 爻辭, "童觀, 小人无咎, 君子吝."
34) 『周易』, 觀卦 六二 爻辭, "闚觀, 利女貞."
35) 김연재, 「주역의 생태역학과 그 생명의식」, 『아태연구』 제18권 제3호(경희대학교아태지역연구원, 2011), 29쪽 참조.

만드는 과정에서 살펴볼 수 있다. 복희씨는 우주만물의 변화와 존재 양상을 다양한 각도에서 포괄적으로 관찰하고 있다. 이러한 과정을 통해 파악한 우주만물의 이치를 토대로 팔괘를 만들어 음양의 변화와 형태를 파악하고 분류한다.

관상, 즉 괘효의 부호체계가 가지고 있는 상象[36]을 관찰하는 과정은 괘효가 상징하는 의미들을 해석하고 현실화하는 것이다. 이러한 과정에는 주체적 해석과 결단이라는 행동이 요청된다. 이는 곧 괘상이 가지고 있는 상징적 의미들을 주체적으로 해석하고 자기화하는 것이다.

관아, 즉 자관自觀은 스스로를 자기반성과 경계 속에서 바라보는 실존적인 자기 해석이다. 더 나아가 자관은 자기반성, 즉 반관反觀을 통한 자기완성에 그치는 것이 아니라, 자기완성을 타인에게 보여 주어 그들을 교화시키는 것에까지 나아간다. 이러한 입장은 관괘觀卦의 「단전」과 효사를 통해 살펴볼 수 있다.

> 크게 보이는 것으로 위에 있고, 순하고 겸손하며, 중정으로써 천하를 본다. 관은 손을 씻고 아직 제수를 올리지 않았을 때처럼 하면, 백성들이 마음속에 믿음을 가지고 우러러본다는 것은, 아랫사람들이 보고 교화되는 것이다. 하늘의 신묘한 도를 봄에 사시가 어긋나지 않는다. 성인이 신도로써 가르침을 베풀어 천하가 복종한다.[37]

---

36) 象의 의미에는 협의와 광의가 있다. 협의의 상은 하늘(天)에 나타나는 것을 말한다. 예를 들면, 「계사상전」의 "在天成象 在地成形", "仰則觀象於天 俯則觀法於地" 등이 여기에 해당한다. 광의의 상은 형체가 있는 모든 사물들을 상으로 보는 관점이다. 따라서 팔괘가 상징하는 모든 사물뿐만 아니라 상징적 의미 역시 여기에 포함된다. 예를 들면, "見乃謂之象", "以制器者尙其象" 등이다. 관상의 상은 광의의 상을 말하며, 구체적으로 卦爻象을 말한다.(屈萬里, 『先秦漢魏易例述評』, 臺北: 學生書局, 1985, 46~47쪽; 정병석, 「주역의 관」, 『철학』 제75집, 한국철학회, 2003, 13쪽 참조)

37) 『周易』, 觀卦 「彖傳」, "大觀在上, 順而巽, 中正以觀天下. 觀盥而不薦有孚顒若, 下觀而化也.

먼저 「단전」에서 보면 구오는 존위에 있으면서 강건중정한 덕으로 천하를 살피고, 육이를 포함한 백성들의 우러름을 받는다. 구오가 손을 씻고 제수를 올리지 않았을 때의 정성스러운 마음으로 백성을 대하므로 백성 또한 진실한 마음으로 우러러보게 되어 백성들이 교화되고 있다. 하늘의 신묘한 자연법칙을 본받아 성인이 백성들을 교화하니 천하가 복종한다. 이처럼 리더의 자기반성과 자기완성이 타인, 즉 구성원들의 교화로까지 이어짐을 볼 수 있다.

효사에 나오는 '관아생觀我生'이라는 말에 대해, 정이는 "내가 만들어 낸 것이니, 나의 행동과 베푼 것이 나로부터 나온 것"[38]이라고 하고, 주희는 "나의 생이라는 것은 내가 행한 것이다"[39]라고 말하며, 오징吳澄은 "자신의 행동거지를 살펴본다"[40]라고 해석한다. 이러한 설명을 통해 관아생이라는 것은 자신의 행동거지行動擧止를 되돌아보고 반성하는 것임을 알 수 있다. 특히 구오의 경우 군주의 자리에 있으면서 자신의 행동거지를 가장 잘 살펴볼 수 있는 방법은 바로 백성들의 삶을 살펴보는 것이다. 군주가 모범을 보이면 백성들도 따라서 교화가 될 것이고, 군주가 선정을 베풀면 백성들의 삶도 윤택해질 것이다. 백성들의 모습이 곧 군주의 모습인 것이다.

나의 생을 살펴서, 나아가고 물러난다.[41]

나의 생을 살펴보아, 군자라면 허물이 없다.[42]

觀天之神道而四時不忒. 聖人以神道說敎而天下服矣."

38) 程頤, 『伊川易傳』, 觀卦 六三 爻辭註, "觀我生, 我之所生, 謂動作施爲, 出於己者."
39) 朱熹, 『周易本義』, 觀卦 六三 爻辭註, "我生, 我之所行也."
40) 吳澄, 『易纂言』, 卷一, "自觀其身之動也."
41) 『周易』, 觀卦 六三 爻辭, "觀我生, 進退."
42) 『周易』, 觀卦 六五 爻辭, "觀我生, 君子无咎."

그 생을 살펴보아, 군자라면 허물이 없다.[43]

이처럼 『주역』은 우주만물의 운행원리를 포괄적 관찰, 즉 통관을 통해 체계적으로 관찰한다. 그리고 통관은 그 단계에 따라 관물觀物, 관상觀象, 관아觀我로 구분된다.

3) 지기知幾

『주역』은 삶의 위기 상황에서 어떠한 선택을 할 것인가 하는 문제의식에서 생겨났다고 할 수 있다. 즉 어떤 실존적 상황을 판단하기 위해서는 기미幾微를 관찰하는 것이 전제된다. 기미란 말 그대로 일의 미미한 움직임이다. 그러나 어떤 움직임을 보고 정황을 판단하고 미래를 예측하며 어떤 결정을 내린다는 행위는 미미하지 않은 도덕적 수양과 연계된다. 다시 말해, 미미한 움직임을 파악한다는 것은 우주자연과 인간을 포괄하는 이치에 대한 깊은 깨달음의 결과라고 할 수 있다. 그런 까닭은 기미를 파악할 수 있는 근거가 『주역』의 괘효 안에 함축되어 있는 우주자연과 인간의 이치에 놓여 있기 때문이다. 다시 말해 괘효를 통해 인간은 천 · 지 · 인 전체의 유기적 관계 안에서, 즉 사물들을 물리적 대상화하는 것이 아니라 그것들과의 상호감응을 통해 상황을 파악하고 미래를 예측하여 판단을 내리는 것에 기미 파악의 근거가 있다.[44]

특히 우환의식憂患意識을 가진 사람은 늘 일의 기미를 살핀다. 기미라는 것은 움직임이 아직 미미한 징조徵兆이고 길흉에 앞서 나타나는 것이다. 따라

43) 『周易』, 觀卦 上九 爻辭, "觀其生, 君子无咎."
44) 이상임, 「'판단의 한 과정'의 측면에서 본 주역의 '기미'」, 『동양철학』 제30집(한국동양철학회, 2009), 429쪽 참조.

서 우환의식을 가진 사람은 그 미미한 움직임을 살펴 자신의 허물을 고치고 길함을 추구한다. 그렇게 함으로써 무구无咎한 존재가 되기를 희구한다. 즉 기미를 먼저 보는 사람은 거기에 미리 대처하기 때문에 길할 수 있고, 기미를 먼저 보지 못하는 사람은 거기에 대처할 수 없기 때문에 흉함에 이르게 된다.[45] 이는 곧 상황에 알맞게 자신의 허물을 고치는 행위, 즉 시중을 지향한다.[46]

> 기미라는 것은 움직임이 미미한 것이고, 길吉이 먼저 나타난 것이니, 군자는 기미를 보고 신속히 행동하여 하루 종일을 기다리지 않는다.…… 군자는 미미한 징조도 알고 드러난 모습도 알며, 부드러운 것도 알고 굳센 것도 아니 모든 사람들이 우러러본다.[47]

『주역』에 나타나 있는 기미를 유형별로 정리하면 다음과 같다.[48]

첫째, 천기天氣로써 기미를 말하는 경우이다. 곤괘坤卦 초육의 "서리를 밟는다. 단단한 얼음이 곧 올 것이다"[49]가 바로 여기에 해당한다. 이와 관련하여 정이는 다음과 같이 말한다.

> 음이 처음으로 아래에서 생겨나니, 지극히 미미하다. 성인은 음의 기운이 처음 생겨남에 장차 그것이 자라날 것을 경계한다. 음의 기운이 처음 응겨

45) 程頤, 『伊川易傳』, 「繫辭下傳」, 제5장註, "先見則吉可知, 不見故致凶."
46) 심귀득, 「주역의 생명관에 관한 연구」(성균관대학교대학원 박사학위논문, 1996), 71쪽 참조.
47) 『周易』, 「繫辭下傳」, 제5장, "幾者, 動之微, 吉之先見者也, 君子, 見幾而作, 不俟終日.…… 君子, 知微知彰知柔知剛, 萬夫之望."
48) 김홍규, 「주역에 나타난 인간연구」(동아대학교대학원 석사학위논문, 1992), 32~34쪽 참조.
49) 『周易』, 坤卦 初六 爻辭, "履霜, 堅冰至."

서리가 되니, 서리를 밟고서 음이 성하게 되면 당연히 음기가 성하여 얼음이 됨을 안다. 마치 소인이 처음에 비록 매우 미미하나 자라도록 두어서는 안 되는 것과 같은 것이니, 자라나면 성대해지기 때문이다.[50]

둘째, 언행言行이 인간의 영욕榮辱을 판가름하는 기미가 되는 경우이다. 중부괘中孚卦 구이의 "우는 학이 그늘에 있으니 그 새끼가 화답한다"[51]가 여기에 해당한다. 이와 관련하여 「계사상전」에서는 다음과 같이 말한다.

말은 자기 몸에서 나와서 백성들에게 영향을 주며, 행동은 가까운 데서 시작하여 먼 데서 결과가 나타난다. 언행은 군자의 지도리와 기틀(樞機)이니, 그 추기를 발하는 것에 영욕이 달려 있다.[52]

셋째, 인간의 불인不仁과 불의不義가 흉에 이르는 기미가 되는 경우이다. 서합괘噬嗑卦 상구의 "형틀을 머리에 써서 귀가 보이지 않는다"[53]가 여기에 해당한다. 이와 관련하여 「계사하전」에서는 다음과 같이 말한다.

선이 쌓이지 않으면 이름을 이룰 수 없고, 악한 것을 쌓지 않으면 몸을 망치지 않는다. 소인은 조그만 선행을 무익하다고 생각하여 하지 않으며, 작은 악행을 해로울 것이 없다고 생각하여 버리지 않는다. 그러므로 악이 쌓여서 가리지 못하게 되고, 죄가 커져서 풀지 못하게 된다.[54]

---

50) 程頤, 『伊川易傳』, 坤卦 初六 爻辭註, "陰始生於下, 至微也. 聖人於陰之始生, 以其將長則爲之戒. 陰之始, 凝而爲霜, 履霜則當知陰漸盛, 而至堅冰矣. 猶小人, 始雖甚微, 不可使長, 長則至於盛也."

51) 『周易』, 中孚卦 九二 爻辭, "鳴鶴在陰, 其子和之."

52) 『周易』, 「繫辭上傳」, 제8장, "言出乎身加乎民, 行發乎邇見乎遠. 言行君子之樞機, 樞機之發榮辱之主也."

53) 『周易』, 噬嗑卦 上九 爻辭, "何校滅耳."

54) 『周易』, 「繫辭下傳」, 제5장, "善不積, 不足以成名, 惡不積, 不足以滅身. 小人以小善爲无益

넷째, 실위失位가 흉에 이르는 기미가 되는 경우이다. 정괘鼎卦 구사의 "솥의 다리가 부러져서 공의 밥을 쏟으니 그 몸이 젖어 흉하다"[55]와 해괘解卦 육삼의 "짐을 등에 지고 또 마차를 타고 가는 것이다. 이는 도적이 오도록 하니 아무리 바르게 하려고 해도 부끄럽다"[56], 그리고 건괘乾卦 상구의 "너무 높이 올라가 버린 용은 후회함이 있다"[57] 등이 여기에 해당한다. 모두 자리와 그 처신이 마땅하지 않음에 따른 좋지 않은 결과를 말하고 있다. 건괘 상구에 대해서는 「문언전」에 다음과 같이 말한다.

> 나아가는 것만 알고 물러나는 것을 알지 못하며, 존재하여 있는 것만 알고 망하여 없어지는 것을 알지 못하며, 얻는 것만 알고 잃는 것을 모르니, 그런 자는 오직 성인뿐인가? 나아감과 물러섬, 존재하여 있는 것과 망하여 없어짐, 둘 다를 알아 그 바름을 잃지 않는 자는 오직 성인뿐일 것이다.[58]

다섯째, 안일安逸함에 안주하는 것이 흉에 이르는 기미가 되는 경우이다. 이는 주역 전반에 걸친 경계이자 교훈인데, 특히 비괘否卦 구오의 "망할까 망할까 두려워하여야 더부룩한 뽕나무 뿌리에 매어놓듯이 하면 견고하고 안전해진다"[59]는 말에서 그 경계함이 절실하다. 이와 관련하여 「계사하전」에서는 다음과 같이 말한다.

而弗爲也, 以小惡爲无傷而弗去也. 故惡積而不可掩, 罪大而不可解."

55) 『周易』, 鼎卦 九四 爻辭, "鼎折足, 覆公餗, 其形渥, 凶."

56) 『周易』, 解卦 六三 爻辭, "負且乘, 致寇至, 貞吝."

57) 『周易』, 乾卦 上九 爻辭, "亢龍有悔."

58) 『周易』, 乾卦 上九 「文言傳」, "知進而不知退, 知存而不知亡, 知得而不知喪, 其唯聖人乎? 知進退存亡而不失其正者, 其唯聖人乎."

59) 『周易』, 否卦 九五 爻辭, "其亡其亡, 繫于抱桑."

위태롭게 염려하는 것은 그 자리를 편안히 하는 것이요, 망할까 염려하는 것은 생명을 보존하는 것이요, 어지러울까 여기는 것은 그 다스림을 가질 수 있는 것이다. 이 때문에 군자는 편안한 상태에 있으면서도 위태롭게 될 것을 잊지 않고, 보존하면서도 망함을 잊지 않고, 다스려져도 어지러움을 잊지 않는다.[60]

이처럼 기미에는 천기, 언행, 불인과 불의, 실위, 안일함 등이 있으며, 이러한 기미를 살펴서 아는 것을 지기知幾라고 한다. 지기는 인과관계에 근거한 것으로 결과가 드러나기를 기다리지 않고 먼저 그 원인을 관찰하는 것이다. 또한 변화의 동향을 일찍 판별하여서 방지하거나 추진하는 것을 말한다.[61] 지기는 세상과 소통하는 힘이며, 우리를 둘러싼 환경과 인간에 대한 지식과 이해로부터 출발한다.[62]

『주역』에는 위에서 언급한 문장 이외에도 지기[63]와 관련된 많은 문장들이 보인다. 먼저 건괘乾卦 「문언전」 구삼에서는 "이를 데를 알아 이르므로 더불어 기미를 알 수 있다"[64]고 한다. 앞을 내다보는 혜안으로 도달할 수 있는 목표를

---

60) 『周易』, 「繫辭下傳」, 제5장, "危者, 安其位者也, 亡者, 保其存者也, 亂者, 有其治者也. 是故, 君子, 安而不忘危, 存而不忘亡, 治而不忘亂."

61) 高懷民, 정병석 역, 『주역철학의 이해』(문예출판사, 2004), 423~424쪽 참조.

62) 심의용, 『세상과 소통하는 힘 주역』(아이세움, 2007), 8쪽; 이상임, 「'판단의 한 과정'의 측면에서 본 주역의 '기미'」, 『동양철학』 제30집(한국동양철학회, 2009), 419쪽 참조.

63) 『주역』에서 지기의 방법으로 활용되는 것으로는 察微, 感通, 躬神, 觀見, 自觀, 觀, 類聚, 象徵化 등을 들 수 있다. 『주역』에서 지기는 괘효상을 관하는 것으로부터 시작된다. 관련 논문으로는 송인창, 「『주역』에 있어서 감통의 문제」, 『주역연구』 제3집(한국주역학회); 정병석, 「『주역』의 관」, 『철학』 제75집(한국철학회, 2003); 김연재, 「변화의 세계에 대한 『주역』의 조망과 창조적 소통」, 『유교사상문화연구』 제54집(한국유교학회, 2013); 엄연석, 「『주역』에서 상과 의미의 우연적 계기와 필연적 계기」, 『종교와 주역사상』(한국주역학회 춘계학술대회 발표집, 한국주역학회, 2003); 이완재, 「역학적 인식과 표현방법에 관하여」, 『주역의 현대적 조명』(범양사, 1992) 등이 있다.(이시우, 「변역의 도와 우환의식의 관계 고찰」, 『동서철학연구』 제66호, 한국동서철학회, 2012, 99쪽 참조)

설정하고 거기에 도달하기 위해 노력하니 기미를 아는 것이다. 둔괘屯卦 육삼에서는 "사슴을 쫓는데 몰이꾼이 없다. 오직 숲속으로 들어갈 뿐이다. 군자가 기미를 알아 그만두는 것만 못하다. 계속 나아가면 창피를 당하게 될 것이다"[65]라고 한다. 몰이꾼도 없이 무작정 숲속으로 들어갔다가는 위험에 빠질 수 있으므로 그런 조짐을 미리 알아차려 숲을 빠져나와야 더 큰 곤경에 빠지지 않게 되는 것이다. 예괘豫卦 육이에서는 "절개가 돌과 같다. 하루를 마칠 것도 없으니 올바르고 길할 것이다"[66]라고 한다. 기미를 미리 알아서 재빨리 스스로를 경계하니 올바르고 길하다. 복괘 초구에서는 "멀리 가지 않고 돌아오는 것이다. 후회하는 데까지 이르지 않으니 크게 길할 것이다"[67]라고 한다. 처음에 잘못된 길로 접어들었으나 오래지 않아 그 잘못을 깨달아서 고치니 길하다. 대축괘大畜卦 육사에서는 "송아지의 뿔에 횡목을 대는 것은 크게 길하다"[68]고 한다. 천방지축인 송아지의 뿔에 횡목을 댐으로써 사람이 다치거나 물건을 손상시키는 것을 미연에 방지할 수 있으니 길하다. 기제괘既濟卦 「대상전」에서는 "군자는 이 괘의 이치를 살펴 환난이 일어날 것을 생각하며 미리 예방한다"[69]고 한다. 괘를 통해 환난의 기미를 미리 알아채고 예방하는 것이다.

이처럼 기미를 미리 예측하고 감지하여 자신의 허물을 고치고 추길피흉趨吉避凶 하고자 하는 자세야말로 바로 시중을 실천할 수 있는 전제 조건이다.

---

64) 『周易』, 乾卦 「文言傳」 九三, "知至至之, 可與幾也."
65) 『周易』, 屯卦 六三 爻辭, "卽鹿无虞, 惟入于林中, 君子幾, 不如舍, 往吝."
66) 『周易』, 豫卦 六二 爻辭, "介于石, 不終日, 貞吉."
67) 『周易』, 復卦 初九 爻辭, "不遠復, 无祗悔, 元吉."
68) 『周易』, 大畜卦 六四 爻辭, "童牛之牿, 元吉."
69) 『周易』, 既濟卦 「大象傳」, "君子以, 思患而豫防之."

2. 수시변통隨時變通

1) 수시변통

우주만물 속에서 그 일원으로 살아가는 인간에게는 마땅히 걸어가야 하는 길이 있다. 그 길에 대한 올바른 선택을 통하여 바람직한 삶이 가능하게 된다. 그 마땅함을 『주역』은 '시중'으로 표현하고 있다. 『주역』은 사람이 할 수 있고 하여야 할 것은 바로 자연의 섭리에 따르고, 인간의 본성에 순응하여, 인덕仁德을 베푸는 것이라고 말한다. 그런데 이와 같이 자연의 섭리에 따라 살아가려면 먼저 그 자연의 질서를 알아야만 한다. 이는 곧 변화의 상황, 즉 변통의 과정에 대한 인식을 의미한다고 할 수 있다. 이런 점에서 볼 때, 『주역』의 64괘 384효는 바로 이러한 변화가 갖는 의미와 그에 따른 실천 내용을 제시하고 있는 것이다.[70] 다시 말해, 『주역』에서 시중은 음과 양이 순환되는 변역의 도에 근거하여 그 '상황에 따라 변통함'(隨時變通)의 과정을 어떻게 대처해 나가는가 하는 인간 심법의 문제로 심화되어 다루어진다.[71]

'상황에 따라 변통하는 것'과 관련하여 「계사전」은 다음과 같이 말한다.

변통하는 것은 상황에 따르는 것이다.[72]

변통함은 사계절에 짝한다.[73]

---

70) 최정묵, 「주역적 관점의 자연과 인간」, 『철학논총』 제51집 제1권(새한철학회, 2008), 316쪽 참조.

71) 이규희, 「주역에서의 시중지덕에 대한 고찰」, 『민족문화』 제50집(한국고전번역원, 2018), 126쪽 참조.

72) 『周易』, 「繫辭下傳」, 제1장, "變通者, 趣時者也."

73) 『周易』, 「繫辭上傳」, 제6장, "變通, 配四時."

변통하는 것은 사계절보다 더 큰 것이 없다.[74]

'상황에 따라 변통하는 것'의 본보기가 되는 것은 바로 자연의 운행, 즉 자연의 섭리이다. 건괘乾卦와 수괘隨卦의 괘사에서는 이러한 자연의 섭리를 밝히고 있다.

먼저 건괘의 건乾은 하늘을 상징하는데, 하늘(天)에는 다섯 가지 의미가 있다. 첫째는 물질지천物質之天 즉 땅과 상대적인 하늘이다. 둘째는 주재지천主宰之天 즉 인격적인 하늘이다. 셋째는 운명지천運命之天 즉 우리 삶 가운데 어찌할 도리가 없는 대상으로서의 하늘이다. 넷째는 자연지천自然之天 즉 자연의 운행으로서의 하늘이다. 다섯째는 의리지천義理之天 즉 우주의 최고 원리로서의 하늘이다.[75] 하늘의 이러한 다섯 가지 의미 중에서 건괘 괘사의 하늘은 자연지천 즉 자연의 운행으로서의 하늘을 가리킨다. 건괘 괘사의 원형이정, 즉 크고 형통하고 이롭고 바르다는 것은 자연의 운행으로서의 하늘의 네 가지 작용을 말한다. 구체적으로, 원元은 봄의 작용을 말하며 크다, 착하다, 어질다는 뜻을 갖고 있다. 형亨은 여름의 작용을 말하며 형통하다, 아름답다, 예에 합당하다는 뜻을 갖고 있다. 이利는 가을의 작용을 말하며 이롭다, 마땅하다, 의리에 맞다는 뜻을 갖고 있다. 그리고 정貞은 겨울의 작용을 말하며 바르다, 곧다, 지혜롭다는 뜻을 갖고 있다.[76]

하늘이다. 크고, 형통하고, 이롭고, 바르다.[77]

---

74) 『周易』, 「繫辭上傳」, 제11장, "變通, 莫大乎四時."
75) 馮友蘭, 박성규 옮김, 『중국철학사』 상(까치글방, 2004), 61쪽.
76) 程頤, 『伊川易傳』, 乾卦 「文言傳」註; 朱熹, 『周易本義』, 乾卦 「文言傳」註; 이기동 역해, 『주역강설』 상(성균관대학교출판부, 1997), 51~61쪽 참조.
77) 『周易』, 乾卦 卦辭, "乾, 元亨利貞."

수괘의 수隨는 '상황에 따르는 것'(隨時)을 말한다. 자연의 운행으로서의 하늘의 네 가지 작용에 따르면 허물이 없다는 것이다. 다시 말해, 봄에 만물이 소생하듯 일을 시작하고, 여름에 만물이 자라듯 일을 확장하고, 가을에 만물이 열매를 맺듯 일의 결실을 보고, 겨울에 만물을 갈무리하듯 일을 마무리하면 허물이 없음을 말한다. 이처럼 '상황에 따라 변통하는 것'의 본보기로는 사계절의 순환보다 더 크고 분명한 것이 없다.

> 따르는 것이다. 크고 형통하고 이롭고 바르면, 허물이 없다.[78]

또한 「계사전」은 변통할 수밖에 없는 상황으로 '궁색함'을 들고 있다. 궁색한 상황이 되면 변화를 모색하게 되고, 변화하게 되면 소통이 되며, 소통이 되면 오래 지속될 수 있다는 것이다. 그렇게 되면 하늘이 도와서 이로움을 얻을 수 있다. 변통의 목적은 이익의 극대화에 있는 것이다.[79]

> 역은 궁하면 변하고 변하면 통하고 통하면 오래간다. 그러므로 하늘이 도와서 길하고 이롭지 않음이 없다.[80]

> 변통함으로써 이로움을 다할 수 있다.[81]

변화와 소통은 차별적이면서도 연속적인 것이다. 음과 양의 대립과 통일은 서로 전환하면서도 서로 제약한다는 점에서 변화라고 부른다. 반면에 음과

78) 『周易』, 隨卦 卦辭, "隨, 元亨利貞, 无咎."
79) 곽신환, 「주역의 변통과 개혁사상」, 『유교사상연구』 제29집(한국유교학회, 2007), 127쪽 참조.
80) 『周易』, 「繫辭下傳」, 제2장, "易, 窮則變, 變則通, 通則久. 是以自天祐之, 吉無不利."
81) 『周易』, 「繫辭上傳」, 제12장, "變而通之, 以盡利."

양의 변화가 서로 접촉을 통해 서로 통괄한다는 점에서 소통이라고 부른다. 여기에서 변통의 핵심은 일종의 상황 논리에 따르는 것으로서, 그 변통의 과정을 통해 인간의 삶에서 최상의 여건을 만들거나 최상의 결과를 얻는 것이다. 이것이 바로 변통관變通觀의 본령이다.[82)]

이는 사물의 변화에 관한 인식과 그 가치론적 의미를 담고 있다. 사물은 음과 양이 교류하고 상호작용하여 일정한 정도에 이르면 극단, 즉 궁색함에 이른다. 궁색함은 변화로의 전환을 초래한다. 사물의 양적 변화가 일정한 정도에 이르면 반드시 질적인 변화를 일으키므로 자신의 원래 지녔던 상태를 결코 유지할 수 없다. 이것이 변화이다. 이와 동시에 또한 반드시 새로운 양적 변화의 과정을 거치게 된다. 이러한 과정이 바로 소통이다. 이러한 변화와 소통의 결과가 오래감이다.[83)]

변통의 내용은 인간이 기로岐路에 선 경우를 통해 이해될 수 있다. 즉 사람이 특정한 상황에 처하여 선택의 기로에 섰을 때 무엇보다 가장 필요하고 중요한 것은 이를 극복하기 위한 상황대처의 능력인데, 그중에서도 변화하려는 의지와 그것의 실행이 중요하다. 변화하려는 의지가 상황의 전개에 따른 외부와의 소통을 가능하게 하고 따라서 자신의 입지를 확고히 존속하게 할 수 있다. 여기에서 변화하여 소통하는 것은 인간이 현실에서 취할 수 있는 가장 확실한 대처방안이 된다. 이를 인간사회에 적용해 보면, 어떤 상황에서 양적인 변화가 다할 경우에 반드시 문제가 발생하는 상황이 벌어진다. 이러한 상황을 극복하기 위해서는 반드시 질적인 변화가 수반되어야 한다. 그러므로 양적 변화와 질적 변화가 함께 진행되는 통일적 과정은 존재론적存在論的이자

---

82) 김연재, 「변화의 세계에 대한 주역의 조망과 창조적 소통」, 『유교사상문화연구』 제54집(한국유교학회, 2013), 86쪽 참조.

83) 김연재, 「변화의 세계에 대한 주역의 조망과 창조적 소통」, 『유교사상문화연구』 제54집(한국유교학회, 2013), 86~87쪽 참조.

가치론적價値論的인 변화의 관점, 즉 변통관의 핵심이 된다.84)

인간이 바람직한 삶을 살기 위해서는 먼저 상황에 따라 끊임없이 변화하고 소통하는 것이 자연의 섭리와 질서임을 깨달아야 한다. 그리고 자연의 운행과 마찬가지로 인간의 삶 또한 상황에 따라 부단히 변통하는 것임을 체득해야 한다. 이것이 곧 수시변통이며 시중이다.

2) 변통과 통변

변통관에서 보면, 『주역』에는 천차만별의 다양하고도 복잡한 현상세계가 표현되어 있다. 이는 변화의 순환적 원리 속에서 객관과 주관의 상관성으로써 설명할 수 있다. 우선 변變과 통通은 서로 구분되기도 하고 서로 바뀌기도 한다. 그것은 '변하여 통한다'(變通)는 측면과 '통하여 변한다'(通變)는 측면으로 나누어 설명될 수 있다. 전자가 객관적 측면에서 접근하는 것이라면, 후자는 주관적 측면에서 접근하는 것이다. 만일 전자의 내용을 시간에 따라 공간이 전개되는 과정으로 이해한다면, 후자의 내용은 공간에서 시간의 순서에 따르는 과정이다.85)

'변하여 통한다'는 측면은 대상세계의 운행질서의 방식으로 이해될 수 있는 반면에, '통하여 변한다'는 측면은 인간사회의 규범의 방식으로 이해될 수 있다. 객관적인 측면에서 설명하자면, 세계는 '변하여 통한다'고 할 수 있다. 「계사전」에서는 "변통이란 상황을 따르는 것이다"86)라고 말한다. 변화는 추

---

84) 김연재, 「변화의 세계에 대한 주역의 조망과 창조적 소통」, 『유교사상문화연구』 제54집(한국유교학회, 2013), 89쪽 참조.
85) 김연재, 「변화의 세계에 대한 주역의 조망과 창조적 소통」, 『유교사상문화연구』 제54집(한국유교학회, 2013), 87~88쪽 참조.
86) 『周易』, 「繫辭下傳」, 제1장, "變通者, 趣時者也."

세, 환경 등의 객관적 조건에 따라 진행되는 것이다. 이것이 바로 "변하고 통하게 하여 이로움을 다한다"[87]는 내용인 것이다. 변하여 통하는 세계에 대한 올바른 인식이 인간사회에 이익이 되는 공헌을 할 수 있는 것이다. 반면에 주관적 측면에서 설명하자면, 인간은 '통하여 변한다'고 할 수 있다. 「계사전」에서는 "통하여 변하는 것을 일러 일이라고 한다"[88]고 하였다. 인간은 변화하는 세계에 관한 여러 가지 조건들을 올바로 인식해야 할 뿐만 아니라, 더 나아가 그에 따라 스스로 변화하고 이를 확장하여 인간관계의 개선, 사회의 변혁 등을 추구해야 하는 것이다.[89]

전자의 경우를 '변화의 세계'로 특징지을 수 있다면, 후자의 경우는 '세계의 변화'로 특징지을 수 있다. 그 양자가 원만하게 조화 혹은 통일을 이루어야 한다. 그러므로 인간은 주관성과 객관성의 상호관계에 따라 합리성의 변화를 추구한다. 즉 인간은 변화하는 세계를 파악할 수도 있으며, 그 세계를 변화시킬 수도 있다. 따라서 변통관은 유기적有機的인 관계망과 그에 따른 세계의 연속적 과정에 대한 주관과 객관의 시각을 담고 있는 것이다.[90]

변통은 '변하여 통한다'는 측면이고, 객관적인 측면에서 접근하는 것이며, 시간에 따라 공간이 전개되는 과정이고, 대상세계의 운행질서의 방식으로 이해되는 것이며, '변화의 세계'로 특징지을 수 있다. 통변은 '통하여 변한다'는 측면이고, 주관적인 측면에서 접근하는 것이며, 공간에서 시간의 순서에 따르는 과정이고, 인간세계의 규범의 방식으로 이해되는 것이며, '세계의 변화'로

---

87) 『周易』, 「繫辭上傳」, 제12장, "變而通之, 以盡利."
88) 『周易』, 「繫辭上傳」, 제5장, "通變之謂事."
89) 김연재, 「변화의 세계에 대한 주역의 조망과 창조적 소통」, 『유교사상문화연구』 제54집(한국유교학회, 2013), 88쪽 참조.
90) 김연재, 「변화의 세계에 대한 주역의 조망과 창조적 소통」, 『유교사상문화연구』 제54집(한국유교학회, 2013), 88쪽 참조.

특징지을 수 있다. 인간은 이러한 객관적 세계와 주관적 세계의 상관성을 이해할 수 있어야 한다. 다시 말해 인간은 대상세계의 변통에 대한 이해를 바탕으로 인간세계 속에서 통변할 수 있어야 한다.

3. 시중과 우환의식憂患意識

부단히 변화하는 상황 속에서 그것에 합당한 행동을 해야 하는 과제를 안고 살아가는 인간에게는 끝없는 걱정과 두려움이 존재한다. 두려움은 자연의 변화에 대한 무지에서 기인하고, 걱정은 스스로 굳건하지 못함에서 시작된다. 인간이 할 수 있는 일은 결과를 예측하고 좋은 결과를 만들어 내는 것이 아니라, 진실한 마음으로 최선을 다하는 것이다.[91] 이러한 점에서 우환憂患을 극복하기 위한 길은 덕을 쌓는 데 있다.[92] 『주역』은 우주의 모습을 '생생불이生生不已'의 무한한 생명 창조의 과정으로 그리고 있고, 인간은 그 안에서 도덕 실천자의 사명을 지닌 존재로 본다. 그러나 현실의 인간은 '우환적 존재', '미완성적 존재'이므로 '선보과善補過' 하여야 하고, '추길피흉趨吉避凶', '개과천선改過遷善' 하여야 한다.[93]

이처럼 인간의 실존적인 삶은 그 자체가 우환과 결부되어 있다. 따라서 인류는 일찍이 그러한 우환의 극복을 위하여 많은 노력을 기울여 왔다. 『주역』 「계사하전」에서는 『주역』이 그런 우환의식 속에서 만들어졌음을 말하고 있

91) 최정묵, 「주역적 관점의 자연과 인간」, 『철학논총』 제51집 제1권(새한철학회, 2008), 314~315쪽 참조.

92) 남상호, 「주역과 공자인학」, 『범한철학』 제28집(범한철학회, 2003), 67쪽 참조.

93) 정병석, 「『역경』 상징체계의 함의」, 한국주역학회 편, 『주역의 현대적 조명』(범양사, 1992), 243쪽 참조.

다. 즉, 『주역』은 해우방환解憂防患을 위하여 지은 것이다.[94]

> 『주역』의 흥함이 중고시기인가? 『주역』을 만든 사람은 우환의식을 가지고 있었는가?[95]

또한 「계사하전」에서는 『주역』이 다가올 우환과 그 까닭을 밝히고 있음을 말한다. 그리고 우환의식이 있음으로써 자리를 편안히 하고, 생존을 보장할 수 있고, 다스림이 가능해진다고 말한다. 한편 『논어論語』에서도 공자는 다가오지 않은 먼 날을 미리 대비하지 않으면 우환이 닥치게 됨을 경고한다.

> 『주역』이란 책은 멀리할 수 없는 것이다.…… (역의 변화의 도는) 나가고 들어가는 것이 법도에 맞아 안팎의 모든 사람들로 하여금 두려움을 알도록 하고 또 다가올 우환과 그 까닭을 분명하게 밝힌다.[96]

> 위태롭게 염려하는 것은 그 자리를 편안히 하는 것이고, 망할까 염려하는 것은 생존을 보장하는 것이고, 어지러울까 여기는 것은 그 다스림을 가질 수 있는 것이다. 이 때문에 군자는 편안한 상태에 있으면서도 위태롭게 될 것을 잊지 않고, 보존하면서도 망함을 잊지 않고, 다스려져도 어지러움을 잊지 않는다. 이렇게 함으로써 몸이 편안해지고 나라가 보존될 수 있다. 『주역』의 비괘에서는 "망할까 망할까 두려워하여야 더부룩하게 난 뽕나무 뿌리에 매어놓듯이 견고하고 안전하게 된다"고 말한다.[97]

94) 곽신환, 「주역의 자연과 인간에 관한 연구」(성균관대학교대학원 박사학위논문, 1987), 126쪽.

95) 『周易』, 「繫辭下傳」, 제7장, "易之興也, 其於中古乎? 作易者, 其有憂患乎?"

96) 『周易』, 「繫辭下傳」, 제8장, "易之爲書也, 不可遠.……其出入以度, 外內使知懼, 又明於憂患與故."

97) 『周易』, 「繫辭下傳」, 제5장, "危者, 安其位者也, 亡者, 保其存者也, 亂者, 有其治者也. 是故 君子, 安而不忘危, 存而不忘亡, 治而不忘亂. 是以身安而國家可保也. 易曰, 其亡其亡, 繫于苞桑."

공자가 말하였다. 사람이 먼 헤아림이 없으면 반드시 가까운 근심이 있다.[98)]

'우환의식憂患意識'이란 용어를 학계에 처음 소개한 서복관徐復觀은 중국인의 철학적 사유가 우환의식에서 싹텄다[99)]고 말하며, 그 탄생 배경과 특징에 대해 이렇게 설명한다.

우환의식은 원시의 종교적인 동기에서 비롯되는 공포나 절망과는 같지 않다. 일반 사람은 항상 공포와 절망에 빠져 있을 때 자신이 너무 미소하다고 느끼고 자기의 책임을 포기하여 모든 것을 외부에 존재하는 신에 의존해서 결정하려 한다. 은나라 사람들은 귀신을 숭상한다고 복사에 묘사되어 있는 생활은 바로 이러한 생활이다. 우환이 공포나 절망과 가장 다른 점은 우환심리가 곧 길흉성패에 대한 당사자의 심사숙고로부터 오는 원견遠見에서 형성된다는 점이다. 이러한 원견에서 중요한 점은 길흉성패와 당사자의 행위는 밀접한 관계에 있고, 또 당사자는 행위에 대해서 응분의 책임을 진다는 사실이다. 우환은 바로 이러한 책임감에서 나온 것으로 곤란한 일을 몸소 돌파하는 것이 요구되면서 아직 돌파하지 못한 심리상태이다. 그러므로 우환의식이란 사물을 처음 접할 때 발생하는 책임감의 표현, 즉 정신적인 면에서 일어나는 인간의 지각에 대한 표현인 것이다. 자신의 문제에 책임을 질 때라야만 비로소 우환의식이 생겨난다. 이러한 우환의식에는 실제로 일종의 견강堅强한 의지와 분발하는 정신이 온축되어 있는 것이다. 우환의식이 약동할 때 자기 자신의 행위를 신중히 하고 또 성실히 노력하려는 방향으로 옮겨 간다.[100)]

---

98) 『論語』, 「衛靈公」, 제11장, "子曰. 人無遠慮, 必有近憂."

99) 문재곤, 「한초 황로학에 대한 일고찰」, 『철학연구』 제11집(고려대학교 철학회, 1986), 197쪽 참조

100) 徐復觀, 『中國人性論史』 先秦篇(上海三聯學術文庫, 2001), 18~19쪽.

우환의식은 은대殷代처럼 제신祭神에 의존하지 않고 인간 스스로 주어진 일을 보다 완전하게 성취해 내고자 하는 데서 비롯된 것이라고 할 수 있다.101) 다시 말해 우환의식은 현실에 대한 긍정 및 인간의 주체성에 대한 자각에서부터 비롯되었으므로 은대의 종교문화宗教文化로부터 주대周代의 인문주의人文主義로의 전환 과정에서 출현한 것이라고 할 수 있다.102)

또한 우환의식에는 일의 결과를 미리 헤아리는 사려 깊음이 있다. 일이 잘못 진행될 때 그 잘못된 상황을 고치고 길한 결과로 이끌기 위한 신중함과 두려움 그리고 성실함이 있다. 우환 속에서 자신에 대한 자각과 책임감으로 난관을 돌파해 내려는 정신력과 성실성 그리고 겸손 등이 온축되어 있는 것을 우환의식이라고 할 수 있다.103) 이와 관련하여 맹자의 다음과 같은 말들은 시사해 주는 바가 크다.

> 하늘이 장차 큰 임무를 그 사람에게 내리려 할 때에는 반드시 먼저 그 심지를 괴롭히고, 그 근골을 수고롭게 하며, 그 몸과 피부를 굶주리게 하고, 그 몸을 궁핍하게 하여, 그가 하는 것을 어그러뜨리고 어지럽힌다. 그렇게 함으로써 마음을 분발시키고 성질을 참게 하여, 그 능하지 못한 부분을 증익시키기 위한 것이다. 사람은 항상 허물이 있은 뒤에 고치는 것이니, 마음에 고달픈 것이 있고 생각에 순조롭지 못한 것이 있은 뒤에 분발하여 일어나며, 고통스러움이 얼굴에 표가 나고 목소리에 나타난 뒤에 깨닫는 것이다. 나라 안에 들어가면 법도 있는 집과 보필하는 선비가 없고, 나라 밖에 나가면 적국과 외환이 없는 경우에는 나라가 항상 멸망한다. 그런 뒤에야 사람

101) 곽신환, 「주역의 자연과 인간에 관한 연구」(성균관대학교대학원 박사학위논문, 1987), 128쪽 참조.
102) 선우미정, 「주역의 우환의식에 관한 고찰」, 『동양철학연구』 제37집(동양철학연구회, 2004), 272쪽 참조.
103) 심귀득, 「주역의 생명관에 관한 연구」(성균관대학교대학원 박사학위논문, 1996), 65쪽.

은 우환 속에서는 살아나고 안락함 속에서는 죽는다는 것을 알게 된다.104)

> 사람이 덕행과 지혜와 기술과 지식을 가지게 되는 것은 항상 질병이나 재난 가운데에 있을 때이다.105)

삶이 안락하고 걱정거리가 없으면 사람들은 자연스럽게 나태하게 된다. 그리고 그러한 나태는 퇴보를 가져온다. 그에 반해 삶이 고달프고 걱정거리가 많으면 당장은 살아가는 것이 힘들고 고통스럽지만, 그것은 사람들을 분발시키고 우환의식을 불러일으킨다. 그리하여 끝내는 더 발전하고 성숙하게 만든다.

『주역』에서 말하는 우환은 단순히 '걱정도 팔자'라는 식의 괜한 근심이나 또는 원시종교 발생의 동기가 되는 공포·절망·걱정·불안 등의 감정이 아니다. 개인에 대해서는 허물이 없는 삶을 일구기 위한 반성의 계기이자 삶의 돌파구이고, 사회 전체에 대해서는 공동체의 운명을 짊어지는 맥락으로서의 우환이다. 이는 곧 유가 지식인의 우환의식을 내외구조로 분석했을 때 그것이 각각 무구无咎와 구세救世의 의미구조로 되어 있음을 말한다.106)

> 『주역』이 흥한 것은 은나라의 말기와 주나라의 덕이 성한 시기에 해당하는가? 문왕과 주의 일에 해당하는 것인가? 이런 까닭에 그 말이 위태로우며, 위태로워하는 자는 평안하게 만들고, 안이하게 대처하는 자는 몰락하게 한다. 그 도가 아주 커서 온갖 사물을 버리지 않고, 두려워하는 마음으로 끝과

---

104) 『孟子』, 「告子下」, 제15장, "故天將降大任於是人也, 必先苦其心志, 勞其筋骨, 餓其體膚, 空乏其身, 行拂亂其所爲. 所以動心, 忍性, 曾益其所不能. 人恒過然後能改, 困於心衡於慮而後作, 徵於色發於聲而後喩. 入則無法家拂士, 出則無敵國外患者, 國恒亡. 然後, 知生於憂患而死於安樂也."

105) 『孟子』, 「盡心上」, 제18장, "人之有德慧術知者, 恒存乎疢疾."

106) 이시우, 「변역의 도와 우환의식의 관계 고찰」, 『동서철학연구』 제66집(동양철학연구회, 2012), 104쪽.

시작을 일관하며, 그 요점은 허물이 없도록 하는 데 있으니, 이것을 일러 『주역』의 도라고 한다.[107]

위 인용문에서 우환의 두 가지 의미가 나타난다. 첫째는 인용문에 드러나 있듯이 소극적·내적 측면에서 보면 자유롭고 자율적인 개인이 지금 자신의 속박된 상태를 스스로 해방시키고 허물없는 삶을 살기 위해 시종일관 두려워하는 심리상태의 계기를 말한다. 둘째는 적극적·외적 측면에서 보면 당시 어지러운 세상의 고통 속에서 백성을 구하려는 문왕文王의 구세救世의 노력이 인문주의 정신으로 그대로 발로된 것이라고 볼 수 있다.[108]

개체와 공동체의 관계를 중시하고, 개인의 수양을 넘어서 사회적 계도를 통해 세상의 평화를 일구기 위해 사회적 참여와 책임을 중시하는 유가 지식인의 학문을 일컬어 '수기치인修己治人의 학문'이라고 하는데, 이 같은 수기치인 또는 수기안인修己安人이란 것도 따지고 보면 『주역』의 '무구-구세'의 또 다른 표현일 뿐이다.[109]

이처럼 우환의식은 무구를 추구하는 내적 우환의식과 구세를 지향하는 외적 우환의식으로 구분할 수 있다.

---

107) 『周易』, 「繫辭下傳」, 제11장, "易之興也, 其當殷之末世, 周之盛德耶? 當文王與紂之事耶? 是故其辭危, 危者使平, 易者使傾. 其道甚大, 百物不廢, 懼以終始, 其要无咎, 此之謂易之道也."

108) 이 같은 우환의식의 확장을 『주역』에서는 자기의 덕을 쌓는 '진덕수업'에 만족하지 않고 한 걸음 더 나아가 '숭덕광업'으로 확장시켜 다른 사람에게까지 미치게 하는 정치적 사업으로 표현하고 있다.(高明, 「易經的憂患意識」, 『憂患意識的體認』, 文津出版社, 1988, 17쪽; 이시우, 「변역의 도와 우환의식의 관계 고찰」, 『동서철학연구』 제66집, 동양철학연구회, 2012, 104~105쪽 참조)

109) 이시우, 「변역의 도와 우환의식의 관계 고찰」, 『동서철학연구』 제66집(동양철학연구회, 2012), 105쪽.

1) 내적 우환의식

『주역』의 인간은 우환의 인간이고, 허물 많은, 결핍缺乏의 인간이다. 괘효사에서 무구가 강조되고 있는 것이 그것을 말해 준다. 구체적으로 『역경』에서 120여 회, 『역전』에서 10여 회 모두 130여 회나 무구라는 말이 나온다. 무구란 '선보과善補過' 즉 허물을 잘 보완하여 추길피흉趨吉避凶함을 뜻한다. 개과천선改過遷善을 강조하는 것이 『주역』이다. 청대의 역학자 이도평李道平은 384효는 한마디로 말해 '선보과'라고 말한다.[110]

허물과 관련하여 공자는 "허물이 있어도 고치지 않는 것, 그것을 허물이라고 한다"[111]고 말한다. 살아가면서 허물을 범하지 않기는 힘들다. 문제는 그 허물을 깨달아 주저 없이 고쳐 나가는 것이고, 그 허물을 되풀이하지 않는 것이다. 그러기에 공자는 제자 안연顔淵의 '불천노不遷怒', '불이과不貳過'를 칭찬한다. 안연 역시 사람으로서 노여움과 허물이 없을 수 없었지만, 그 노여움을 다른 사람에게 옮기지 않았고, 그 허물을 깊이 반성하여 두 번 다시 되풀이하지 않았다. 다시 말해 안연은 남다른 우환의식이 있었던 사람으로, 그 허물이 우환과 흉한 일로 닥치기 전에 고치고 바로 잡는 능력이 뛰어난 사람이었다고 할 수 있다. 따라서 공자는 안연의 그 선보과를 칭찬하고 있는 것이다.

내적 우환의식이 추구하는 무구는 과過도 불급不及도 아닌, 즉 시중이라는 현실적합성(時宜適切性)에 따라 한쪽으로 치우치지 않고 동적 균형을 유지하며 "공정성에 기반을 둔 균형 잡힌 삶"[112]을 유지하려는 태도이다.[113]

---

110) 李道平, 『周易集解纂疏』, "是周易爲補過之書, 而補過之道在乎无咎, 无咎之道存乎能悔, 悔則咎之所由无而過之所由補者也. 三百八十四爻, 一言以蔽之, 曰, 善補過."; 곽신환, 「주역의 자연과 인간에 관한 연구」(성균관대학교대학원 박사학위논문, 1987), 100쪽 참조.

111) 『論語』, 「衛靈公」, 제29장, "過而不改, 是謂過矣."

112) 신정근, 『중용, 극단의 시대를 넘어 균형의 시대로』(사계절, 2010), 48쪽.

113) 이시우, 「변역의 도와 우환의식의 관계 고찰」, 『동서철학연구』 제66집(동양철학연구

무구를 이루기 위해서는 우환의식을 가지고 조짐을 살피는 노력이 필요하다. 그렇게 함으로써 흉을 피하고 길로 향할 수 있으며, 궁극적으로 자기의 허물을 고쳐 선으로 나아갈 수 있게 된다.[114]

『주역』이 상정하는 인간은 허물 많은 존재이다. 따라서 인간은 그러한 자신의 허물이 흉한 일로 닥칠 수 있다는 우환의식을 가지고 그것을 고쳐 나가는 노력을 게을리하지 말아야 한다. 즉 부단히 변화하는 삶 속에서 범하게 되는 허물이 흉한 일로 변하기 전에 선보과할 수 있어야 한다. 그것이 바로 무구를 이루는 길이고 시중하는 삶의 자세이다.

2) 외적 우환의식

사물 변화의 조짐을 잘 알아채는 사람은 자연스럽게 허물이 줄어들 것이고, 같은 잘못을 두 번 다시 하지 않아서 삶의 균형추가 선과 미의 사이를 진동함으로써 평생 허물이 없을 수도 있다. 하지만 원대한 포부를 가진 성인에게 있어 다만 개인의 허물이 없는 게 궁극적인 목적일 수는 없다.[115] 이와 관련하여 공자는 다음과 같이 말한다.

> 덕을 닦지 못하는 것, 학문을 익히지 못하는 것, 의를 알면서도 실천하지 못하는 것, 착하지 않은 것을 고치지 못하는 것, 이 네 가지가 나의 근심이다.[116]

회, 2012), 109쪽 참조.

114) 이시우, 「변역의 도와 우환의식의 관계 고찰」, 『동서철학연구』 제66집(동양철학연구회, 2012), 101쪽 참조.

115) 이시우, 「변역의 도와 우환의식의 관계 고찰」, 『동서철학연구』 제66집(동양철학연구회, 2012), 105쪽 참조.

116) 『論語』, 「述而」, 제3장, "德之不脩, 學之不講, 聞義不能徙, 不善不能改, 是吾憂也."

군자는 세상을 마치도록 이름이 일컬어지지 않는 것을 싫어한다.[117]

개인적인 덕을 닦고 학문을 익히는 것도 쉬운 일이 아니어서 늘 근심거리이지만, 그보다 더 큰 근심은 세상에 나아가 의를 실천하고 온축한 덕과 학문을 펼쳐서 구세하는 데 있다고 공자는 말한다.

이러한 공자의 우환의식의 의미는 맹자의 말을 통해서 좀 더 구체적으로 확인할 수 있다.

> 군자는 종신토록 하는 근심은 있어도 하루아침의 걱정거리는 없다. 근심해야 할 것으로는 다음과 같은 것이 있다. 순임금도 사람이고 나도 또한 사람이다. 순임금은 천하의 모범이 되어 후세에 전하는데, 나는 여전히 시골의 평범한 사람을 면하지 못하고 있다. 이것은 근심할 만한 일이다.[118]

군자君子의 근심은 소인의 근심처럼 매일매일 일어나는 개인적인 이해득실에 대한 근심이 아니라, 어떻게 하면 순舜임금처럼 세상을 구제하여 후세에 이름을 남길 수 있을까 하는 그런 근심이다. 맹자의 이 말은 유가 지식인으로서 공동체에 대해 갖는 책무를 다하지 못하는 것이 얼마나 큰 근심인지를 잘 대변하고 있다. 특히 호연지기浩然之氣의 기상을 강조했던 맹자의 기준에 의하면 유가적 사회관계망에서 평범한 사람 노릇하는 것이 수치일 수밖에 없었다. 맹자가 살던 춘추전국시기의 혼란했던 시대적 상황을 고려할 때, 맹자는 유가 지식인이라면 현실 정치에 참여하여 자신의 책무를 다하고 백성의 행복을 위해 정치적 사업을 잘 펴서 사회를 안정시키는 데 이바지해야 한다고

117) 『論語』, 「衛靈公」, 제19장, "君子, 疾沒世而名不稱焉."
118) 『孟子』, 「離婁下」, 제28장, "君子, 有終身之憂, 無一朝之患也. 乃若所憂則有之. 舜人也, 我亦人也. 舜爲法於天下, 可傳於後世, 我由未免爲鄕人也. 是則可憂也."

여겼던 것이다. 이렇게 보면 공자와 맹자의 우환의식은 고통의 세상을 구원하려는 '구세'의 맥락으로 이해할 수 있다.119) 이와 관련하여 모종삼牟宗三은 우환의식을 다음과 같이 정리한다.

> 군자는 우환의식을 종신토록 그의 마음속에 넣어 두고 있다.…… 천지는 본래 만물을 창조하고 길러 주는 위대한 능력을 가지고 있지만 인간들은 그것에 대해서 항상 만족하지만은 못한다. 인간과 우주에는 분명히 완전함은 있지 않다. 그러므로 성인이 어찌 우환의 마음을 가지지 않겠는가? 그가 우환하고 있는 것은 우주가 만물을 생육하지 못해서가 아니라, 만물의 생육이 자기 본성대로 되고 있지 않기 때문이다. 이러한 우환의식은 점점 그 범위를 확대하여 전 인류와 우주에 대한 우환으로 확대되는 것이다.120)

성인의 우환의식이 갖는 구세의 노력을 『주역』에서는 '개물성무開物成務'로 표현하고 있다. 성인은 보통 사람과 다르게 자신의 바람과 실천 사이에 아무런 장애가 없기 때문에 욕망이 사욕으로 흐르지 않고 세상의 평화를 일구는 쪽으로 발휘된다. 하지만 엄밀히 따지면 성인도 평화를 일구기 위해 자신의 외부 조건을 철저하게 알고 개조해 나가는 노력이 필요하다. 『주역』에서는 성인의 이 같은 사업에 대해 공자의 말을 통해 다음과 같이 말한다.

> 『주역』은 어찌하여 지은 것인가? 『주역』은 만물을 개발하고 일을 완성하여(開物成務) 천하의 모든 도리를 망라하고 있으니, (어떤 다른 이유가 있는 것이 아니라) 이와 같을 뿐이다.121)

---

119) 이시우, 「변역의 도와 우환의식의 관계 고찰」, 『동서철학연구』 제66집(동양철학연구회, 2012), 105~106쪽 참조.

120) 정병석, 「유가의 우환의식과 현대의 위기」, 『인간과 사상』 제6집(영남동서철학연구회, 1994), 113~116쪽.

이에 대해 장재張載는 "비록 지극히 사소한 것일지라도 개물성무하지 않음이 없다"[122]라고 해석한다. 이를 통해 우리는 유가의 우환의식이 단순히 개인의 심리상태나 무구에 그치는 것이 아니라 세상 미물에까지 미치지 않음이 없는 구세의 정신에 닿아 있음을 알 수 있다.[123]

성인의 우환의식은 개인적 무구의 실현에 그치지 않는다. 성인의 더 큰 근심은 세상에 나아가 의를 실천하고 자신의 학문과 덕을 펼쳐서 구세하는 데 있다. 성인의 이러한 구세의 노력은 개물성무로 표현된다. 다시 말해 성인의 우환의식은 세상의 만물을 개발하고 세상의 평화를 위해 마땅히 해야 할 일을 완성하는 것에 닿아 있다.

---

121) 『周易』, 「繫辭上傳」, 제11장, "夫易, 何爲者也? 夫易, 開物成務, 冒天下之道, 如斯而已者也."
122) 丁原明, 『橫渠易說導讀』(齊魯書社, 2004), 169쪽, "雖至纖至小之事, 亦莫非開物成務."
123) 이시우, 「변역의 도와 우환의식의 관계 고찰」, 『동서철학연구』 제66집(동양철학연구회, 2012), 110쪽 참조.

제4장

시중 리더십의 삼원적 교호(triadic reciprocality) 모델

1. 시중 리더십 관련 선행연구

1) 이희영의 시중 리더십 연구

이희영은 『주역』 괘사에 나타나 있는 리더십의 지혜를 '시중 리더십'이라 명명한 논문을 발표한 바 있다.[1] 그 논문에서 연구자는 먼저 64개 괘사 중에서 시중 리더십 측면에서 해석할 만한 가치가 있다고 판단되는 21개의 괘사를 추출하였다. 다음으로 21개 괘사에 대한 분석을 통해 건괘乾卦와 수괘隨卦의 괘사는 시중 리더십의 기본 준칙準則을 밝혀 주는 것으로 보았고, 나머지 괘사들은 각 괘사가 나타내는 때에 따라 8가지의 경우로 구분하여 시중 리더십 측면에서 고찰하였다. 시중 리더십의 기본 준칙은 자연의 섭리에 따르는 것이라고 보았다. 그리고 각각의 때는 어려움에 처했을 때, 기다려야 할 때, 행동해야 할 때, 다른 사람들과 함께 일을 도모할 때, 일이 순조로울 때, 도와주어야 할 때, 절도가 필요할 때, 믿음이 필요할 때 등으로 구분하였다.

---

1) 이희영, 「『주역』 괘사에서 만나는 시중 리더십」, 『숙명리더십연구』 제5집(숙명리더십개발원, 2007), 177~202쪽.

2) 민건촉의 『주역』 리더십 모델

『주역』을 리더십 측면에서 다룬 대표적인 저서로는 민건촉閔建蜀의 『역경적영도지혜易經的領導智慧』[2]를 들 수 있다. 이 책에서 저자는 리더의 특성, 리더십과 관련된 『주역』의 다양한 관점, 그리고 『주역』의 리더십 모델을 제시한다.

(1) 이상적인 리더의 특성

민건촉은 『주역』에 나타나 있는 이상적인 리더의 특성으로 다음 18가지를 들고 있다.

공정성(公正), 정성(誠信), 식견(遠見), 적극성(積極), 신중함(審愼), 겸손함(謙遜), 침착함(穩重), 결단력(果斷), 사람 보는 안목(識人), 소통(溝通), 결속력(團結), 균형감(平衡), 적절성(適度), 영민함(靈敏), 임기응변(靈活), 적응력(適應), 격려激勵, 경쟁競爭.

(2) 리더십과 관련된 『주역』의 다양한 관점

리더십과 관련된 『주역』의 관점을 13개로 나누고 각 관점들을 조직, 특히 기업의 리더십에 비추어 설명하고 있다.(〈표 4-1〉)

구체적으로 살펴보면, 먼저 전체론全體論에서는 『주역』의 기본적인 사고방식은 전체론이고 그것이 시스템, 태극, 집중執中, 사람은 자연을 본받는다 등의 개념에 반영되어 있다고 말한다. 건곤론乾坤論에서는 건괘와 곤괘의 특성을 건괘의 발전론, 곤괘의 수양론, 강유는 서로 돕는다, 건곤의 리더십 등으로 나누어 설명하고 있다. 중도론中道論에서는 중의 의미를 시중과 위중, 강중과 유중, 대과와 소과, 중과 극단, 중과 도덕, 중과 길 등으로 나누어 고찰하고

---

2) 閔建蜀, 『易經的領導智慧』(北京: 生活·讀書·新知 三聯書店, 2013).

〈표 4-1〉 리더십과 관련된 『주역』의 다양한 관점

번호	『주역』의 관점	내용
1	전체론全體論	『주역』의 사고방식은 전체론이고 그것이 시스템 개념, 태극 개념, 집중執中 개념, 사람은 자연을 본받는다는 개념에 반영되어 있다고 말함.
2	건곤론乾坤論	순양괘인 건괘와 순음괘인 곤괘의 특성을 건괘의 발전론, 곤괘의 수양론, 강유는 서로 돕는다, 건곤의 리더십 등으로 나누어 고찰함.
3	중도론中道論	『주역』에서 중의 의미를 시중과 위중, 강중과 유중, 대과와 소과, 중과 극단, 중과 도덕, 중과 길, 중을 판단하는 다른 말들, 중도 개념의 응용 등으로 나누어 고찰함.
4	강유론剛柔論	강유의 상호 보완 관계를 64괘를 통해 고찰함.
5	화합론和合論	화합과 관련된 별괘인 함괘, 동인괘, 가인괘, 태괘를 통해 화합의 개념을 해석하고 오행론과 화합의 관계도 고찰함.
6	단결론團結論	단결과 관련된 내용을 중부괘, 췌괘, 환괘, 규괘를 통해 고찰함.
7	진보론進步論	진보론의 특성에 대해 건괘, 승괘, 점괘, 진괘, 이괘, 미제괘 등을 통해 고찰함.
8	후퇴론後退論	후퇴의 의미를 돈괘를 통해 알아보고 후퇴에 관한 다른 괘들의 함의, 물러나기의 지침, 시기적절한 후퇴 등을 고찰함.
9	손익론損益論	손익에 대한 관점을 손괘: 남을 덜어 자기에게 보태기, 익괘: 자기를 덜어 남에게 보태기, 손익의 음양 관계, 손익론과 전체론 등으로 나누어 고찰함.
10	혁신론革新論	혁신에 대한 관점을 혁괘: 묵은 것 버리기, 정괘: 새로운 것 세우기, 고괘 등으로 나누어 고찰함.
11	위기탈출론危機脫出論	위기에 대처하는 방법을 감괘: 끊임없는 꿋꿋함, 건괘: 멈추기로 위기 극복하기, 둔괘: 창업의 어려움, 곤괘: 천천히 돌파를 도모하기 등으로 나누어 고찰함.
12	군사론軍事論	군사와 용병술에 쓸 수 있는 지혜와 원리를 송괘: 소송하기, 사괘: 용병술, 『손자병법』과 『주역』, 『삼십육계』와 『주역』 등으로 나누어 고찰함.
13	물극필반론物極必反論	물극필반의 법칙을 음이 극에 달하면 양이 나오거나 양이 극에 달하면 음이 나온다, 순환 개념의 응용, 상구효와 상육효의 분류, 길한 유형의 상효, 불리한 유형의 상효, 흉한 유형의 상효 등으로 나누어 고찰함.

있고, 강유론剛柔論에서는 강유의 상호 보완 관계를 64괘를 통해 고찰하고 있다. 화합론和合論에서는 화합과 관련되는 함괘, 동인괘, 가인괘, 태괘를 통해 화합의 개념을 고찰하고 있고, 단결론團結論에서는 단결과 관련된 내용을 중부괘, 췌괘, 환괘, 규괘를 통해 고찰하고 있다. 진보론進步論에서는 진보론의 특성에 대해 건괘乾卦, 승괘, 점괘, 진괘, 이괘履卦, 미제괘 등을 통해 고찰하고 있고, 후퇴론後退論에서는 후퇴의 의미를 돈괘를 통해 알아보고 후퇴에 관한 다른 괘들의 함의, 물러나기의 지침, 시기적절한 후퇴 등을 고찰하고 있다. 손익론損益論에서는 손익에 대한 관점을 손괘: 남을 덜어 자기에게 보태기, 익괘: 자기를 덜어 남에게 보태기, 손익의 음양 관계, 손익론과 전체론 등으로 나누어 고찰하고, 혁신론革新論에서는 혁신에 대한 관점을 혁괘: 묵은 것 버리기, 정괘: 새로운 것 세우기, 고괘 등으로 나누어 고찰하고 있다. 위기탈출론危機脫出論에서는 위기에 대처하는 방법을 감괘: 끊임없는 꿋꿋함, 건괘: 멈추기로 위기 극복하기, 둔괘: 창업의 어려움, 곤괘: 천천히 돌파를 도모하기 등으로 나누어 고찰하고, 군사론軍事論에서는 군사와 용병술에 쓸 수 있는 지혜와 원리를 송괘: 소송하기, 사괘: 용병술, 『손자병법』과 『주역』, 『삼십육계』와 『주역』 등으로 나누어 고찰하고 있다. 물극필반론物極必反論에서는 그 법칙을 음이 극에 달하면 양이 나오거나 양이 극에 달하면 음이 나온다, 순환 개념의 응용, 상구효와 상육효의 분류, 길한 유형의 상효, 불리한 유형의 상효, 흉한 유형의 상효 등으로 나누어 고찰하고 있다.

(3) 『주역』의 리더십 모델

『주역』의 리더십 모델(그림 4-1)에서 먼저 실선으로 그린 가장 큰 동그라미는 조직 전체를 나타내고, 이는 곧 태극太極을 상징한다. 조직의 리더는 전략을

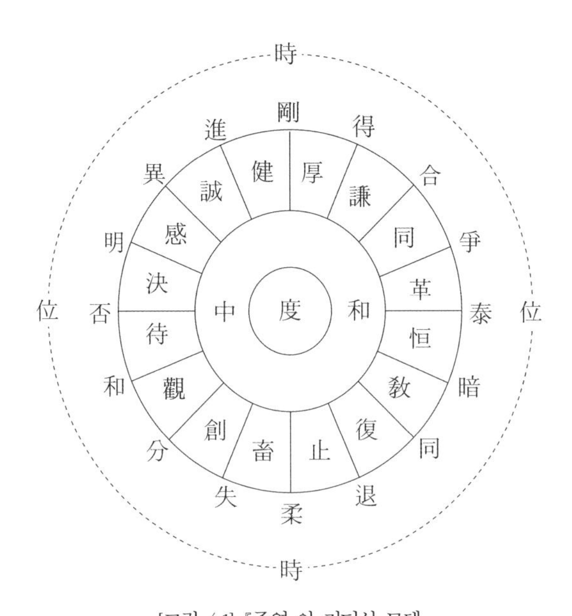

[그림 4-1] 『주역』의 리더십 모델

자료: 閔建蜀, 『易經的領導智慧』, 北京: 生活·讀書·新知 三聯書店, 2013, 294쪽.

결정하고 문제를 고려할 때 전체의 이익을 기준으로 삼고 전체적인 관점에서 바라보아야 한다.

실선으로 그린 가장 큰 동그라미 위에서 마주 보고 있는 여덟 쌍의 음양 개념은 강剛과 유柔, 진進과 퇴退, 득得과 실失, 분分과 합合, 이異와 동同, 명明과 암暗, 태泰와 비否, 화和와 쟁爭이다. 『주역』에는 이 8가지 외에도 음양 개념이 더 있으며, 이 8가지는 예로 든 것이다. 이들 맞서는 개념 중에서도 강유가 조직의 리더에게 가장 중요하다. 강유가 서로 보완하는 관계를 유지하는 것이 리더의 성공에 필수적인 요건이다.

실선으로 그린 가장 큰 동그라미 속의 사다리꼴에 열거한 16가지는 『주역』에 포함된 행위 지침을 나타낸다. 씩씩함은 건괘의 씩씩함과 진취성을 나타내

〈표 4-2〉『주역』에 포함된 행위 지침과 관련 괘

행위지침	관련 괘
씩씩함(健)	건괘乾卦
너그러움(厚)	곤괘坤卦
정성(誠)	중부괘中孚卦
겸손(謙)	겸괘謙卦
교감(感)	함괘咸卦
어울리기(同)	동인괘同人卦
결단(決)	쾌괘夬卦
혁신(革)	혁괘革卦
기다리기(待)	수괘需卦
꾸준함(恒)	항괘恒卦
살펴보기(觀)	관괘觀卦
창의성(創)	둔괘屯卦
가르치기(教)	몽괘蒙卦
쌓기(蓄)	대축괘大畜卦
멈추기(止)	간괘艮卦
되돌아오기(復)	복괘復卦

자료: 閔建蜀, 『易經的領導智慧』(北京: 生活 · 讀書 · 新知 三聯書店, 2013), 296~297쪽.

고, 너그러움은 곤괘의 너그러움과 포용성을 나타낸다. 나머지 행위 지침들도 각각 관련 괘의 괘의卦義를 나타내고 있다.(〈표 4-2〉)

가장 작은 동그라미는 도度를 나타내고 있는데, 도는 적절함(適度)이다. 바로 바깥쪽 원에 있는 중中과 화和도 도의 함의를 갖고 있다. 적절함을 유지해서 중화中和의 상태에 도달하게 만드는 것이 리더의 중요한 직책이다.

태극의 바깥에 점선으로 그린 큰 동그라미는 시時와 위位라는 두 가지 요소를 나타낸다. 시와 위는 결코 리더가 완전히 장악할 수 있는 것이 아니다. 그렇지만 시와 위가 맞지 않으면 조직이 추구하는 목표를 달성하기가 어렵다. 따라서 리더는 자신의 지혜를 총동원해 적당한 시와 위를 파악하는 노력을 기울일 필요가 있다.

정리하면, 『주역』의 리더십 모델에서는 궁극적으로 적절함을 유지함으로써 중화의 상태에 도달하는 것이 목표이다. 그렇게 하기 위해서는 먼저 시와 위라는 상황을 제대로 파악해야 한다. 그리고 파악한 상황을 토대로 그에 알맞은 음양 개념 및 행위 지침을 발휘하여 결국 중화 및 적절함에 이를 수 있어야 한다. 여기에서 적절함을 유지한다는 것은 상황을 전제로 하는 것이니 곧 시중을 말하는 것이다. 그리고 중화의 상태에 도달한다는 것은 곧 치중화致中和를 말하는데, 치중화는 시중의 다른 표현이다. 따라서 민건촉이 제시한 『주역』 리더십 모델의 궁극적인 지향점은 시중 리더십이다.

3) 피들러의 리더십 합상황 이론(contingency theory)

피들러(Fiedler)는 리더십에 대한 합상황 이론을 통해 리더의 유효성(effectiveness)은 리더십 스타일이 상황(situation)에 어느 정도 적합하게 발휘되는가에 따라 결정된다고 주장한다.[3)]

리더십 스타일은 과업 동기유발적(task-motivated) 스타일과 관계 동기유발적(relationship-motivated) 스타일로 구분된다. 과업 동기유발적 리더는 목표 달성에 초점을 맞추는 데 비해, 관계 동기유발적 리더는 하위자와의 긍정적인 관계를 개발하는 데 더 관심을 갖는다.

상황통제(situational control)는 리더가 자신의 직접적인 업무환경 속에서 갖는 통제와 영향의 정도를 말한다. 높은 통제는 리더가 업무 결과에 영향을 미치는 능력을 갖고 있기 때문에, 리더의 결정이 예측 가능한 결과를 산출한다는

---

3) 박동수 · 이희영 · 정성한, 『조직행동』(경세원, 2010), 466~469쪽 참조.

것을 의미한다. 낮은 통제는 리더가 거의 아무런 영향력도 갖고 있지 않기 때문에, 리더의 결정이 업무 결과에 영향을 미치지 못한다는 것을 의미한다. 상황통제에는 리더-구성원 관계(leader-member relations), 과업구조(task structure), 직위권력(position power)이라는 세 차원이 있다.

리더-구성원 관계는 리더가 업무집단의 지지, 충성, 신뢰를 받는 정도를 반영한다. 이 차원은 상황통제의 가장 중요한 구성 요소이다. 좋은 리더-구성원 관계에서는 리더가 업무집단에 의존할 수 있고, 업무집단이 리더의 목표를 충족시키려고 노력할 것이다.

과업구조는 업무집단이 수행하는 과업의 구조화된 정도와 관련된다. 예를 들어, 관리 직무는 은행 출납계원의 직무보다 덜 구조적이다. 구조화된 직무는 직무가 어떻게 완수되어야 하는지에 대한 지침을 갖고 있기 때문에, 리더는 그런 과업을 수행하는 종업원에 대해 더 많은 통제와 영향력을 갖는다. 이 차원은 상황적 통제의 두 번째로 중요한 요소이다.

직위권력이란 리더가 보상을 주고, 벌을 내리고, 기타 종업원으로부터 복종을 획득하기 위한 공식적인 권력을 갖고 있는 정도를 말한다.

피들러의 합상황 이론의 시사점은 다음과 같다, 첫째, 리더십 유효성이 특성과 행동을 넘어선다는 점을 강조한다. 리더십 유효성은 리더 스타일과 상황 요구가 어느 정도 적합한지에 의해 결정된다. 둘째, 일정한 상황에서 왜 어떤 사람은 성공적인 결과를 내는데 다른 사람은 그렇지 않은지를 설명해 준다. 셋째, 리더는 상황에 맞추기 위해 자신의 스타일을 변경할 필요가 있다.

4) 맨즈의 셀프리더십

셀프리더십(self-leadership)이라는 말은 맨즈(Manz)에 의해 처음 사용되었다.[4)]

셀프리더십의 구성 요소에는 셀프매니지먼트(self-management), 자연보상(natural reward), 사고적 셀프리더십(thought self-leadership)이 있다.[5)]

(1) 셀프매니지먼트

셀프매니지먼트란 개인이 업무수행에 대한 기준을 설정하고, 그 목표에 비추어서 자신의 업무수행을 평가하고, 그리고 그 평가에 기초해서 스스로 보상을 결정함으로써 자신의 행동을 관리하는 것을 말한다.[6)] 셀프매니지먼트는 사회학습이론(social learning theory)에 기초하고 있다. 사회학습이론은 사람, 환경, 그리고 행동이 교호적으로(reciprocally) 관련된다고 가정한다.[7)] 따라서 개인은 자신의 행동과 환경에 영향을 줄 수 있는 능력을 갖고 있는 것으로 가정된다. 셀프매니지먼트의 구체적인 기법으로는 자기관찰(self-observation), 자기목표설정(self-goal-setting), 선행요인의 수정(antecedent modification), 결과에 의한 수정(consequent modification), 그리고 연습(rehearsal)이 있다.[8)]

자기관찰은 과업을 수행하는 동안이나 수행한 후 자신의 과업 수행 행동

---

4) Manz, C. C., *The art of self-leadership: Strategies for personal effectiveness in your life and work*(Englewood Cliffs, NJ: Prentice-Hall, 1983); Manz, C. C., "Self-leadership: Toward an expanded theory of self-influence processes in organizations", *Academy of Management Review* 11(1986), pp.585~600.

5) 이희영, 「셀프리더십과 개인성과의 관련성」(영남대학교대학원 박사학위논문, 1996), 17~31쪽 참조.

6) Manz, C. C., & Sims, H. P., "Self-management as a substitute for leadership: A social learning perspective", *Academy of Management Review* 5(1980), pp.361~367.

7) Bandura, A., *Social foundations of thought and action: A social cognitive theory* (Englewood Cliffs, NJ: Prentice-Hall, 1986), pp.23~24.

8) Manz, C. C., & Sims, H. P., "Self-management as a substitute for leadership: A social learning perspective", *Academy of Management Review* 5(1980), pp.361~367; Manz, C. C., *Mastering self-leadership: Empowering yourself for personal excellence*(Englewood Cliffs, NJ: Prentice-Hall, 1992), pp.27~39.

이나 그 과업 수행 결과를 스스로 주목하고 관찰하는 것을 말한다.9) 그렇게 함으로써 개인은 언제, 어떤 이유로, 어떤 상황에서 스스로 어떤 행동을 취하는지를 인식할 수 있게 된다. 이처럼 자기관찰을 잘할수록 자신의 행동을 바람직한 방향으로 변화시킬 가능성이 높고, 이러한 행동 변화는 곧 개인 성과의 향상으로 이어질 것이다.

자기목표설정은 단기적인 과업 수행의 목표나 장기적인 인생의 목표를 스스로 설정하는 것이다. 그러기 위해서는 먼저 자신이 인생에서 가치를 부여하는 것이 무엇이고 성취하기를 원하는 것이 무엇인지를 알아야 한다.10) 목표설정은 수용 가능한 성과에 대한 척도를 제공함으로써 그리고 종업원들이 피드백의 중요한 차원에 집중할 수 있도록 함으로써 그들의 성과를 통제할 수 있도록 한다.11)

행동의 선행요인에 대한 수정은 환경을 적극적으로 변화시킴으로써 행동을 변화시키는 것이다. 많은 인간 행동은 특정한 단서나 자극에 이어서 나타난다.12) 따라서 바람직하지 못한 행동을 야기하는 자극을 제거하고, 바람직한 행동을 불러오는 자극에 대한 노출을 늘리는 것은 행동 변화를 촉진하는 두 가지 방법이라고 할 수 있다.

---

9) Sims, H. P., & Lorenzi, P., *The new leadership paradigm: social learning and cognition in organizations*(Newbury Park, CA: Sage, 1992), p.182.

10) Manz, C. C., *Mastering self-leadership: Empowering yourself for personal excellence* (Englewood Cliffs, NJ: Prentice-Hall, 1992), pp.28~29; Sims, H. P., & Lorenzi, P., *The new leadership paradigm: social learning and cognition in organizations*(Newbury Park, CA: Sage, 1992), p.181.

11) Locke E. A., & Latham, G. P., "Work motivation and satisfaction: Light at the end of tunnel", *Psychological Science* 1(1990), pp.240~246.

12) Luthans F., & Kreitner, R., *Organizational behavior modification and beyond*(Glenview, IL: Scott-Foresman, 1985); Skinner, B. F., *Contingencies of reinforcement: A theoretical analysis*(New York: Appleton-Century-Crofts, 1969).

선행요인의 수정은 결과에 의한 수정과 병행되어야 한다. 결과는 자기보상(self-reward)과 자기징계(self-punishment)의 두 가지 형태로 나타난다. 자기보상은 과업의 성공적인 수행에 대한 대가로 스스로에게 유형 또는 무형의 보상을 하는 것을 말한다.[13] 유형의 보상에는 사고 싶었던 물건의 구입, 먹고 싶었던 음식 먹기, 여행 가기 등이 있다. 무형의 보상에는 자기존경과 자기만족 등이 있으며, 유형의 보상보다 더 강력한 효과를 갖는다. 자기징계는 과업 수행의 실패나 바람직하지 못한 행동에 대해 스스로를 징계하는 것을 말하며, 널리 권고되지는 않는다. 결론적으로, 자기보상이 잘될수록 바람직한 행동의 빈도가 증가하고, 이는 개인 성과의 향상으로 이어질 것이다.

연습은 과업을 실제로 수행하기 전에 육체적 또는 정신적으로 연습하는 것을 말한다.[14] 자기 행동에 대한 내적 · 외적 연습이 잘될수록 행동 통제나 자기유능감(self-efficacy)이 증가할 것이고, 이는 개인 성과의 향상으로 이어질 것이다.

(2) 자연보상

셀프리더(self-leader)는 자연보상, 즉 자신의 업무를 즐기고 일 그 자체에 의해 동기유발 되는 것을 추구한다. 맨즈는 반두라(Bandura)의 사회인지이론(social cognitive theory)[15]과 데시(Deci)의 인지평가이론(cognitive evaluation theory)[16]의

---

13) Bandura, A., *Social foundations of thought and action: A social cognitive theory* (Englewood Cliffs, NJ: Prentice-Hall, 1986); Sims, H. P., & Lorenzi, P., *The new leadership paradigm: social learning and cognition in organizations*(Newbury Park, CA: Sage, 1992), pp.60~61; Manz, C. C., *Mastering self-leadership: Empowering yourself for personal excellence*(Englewood Cliffs, NJ: Prentice-Hall, 1992), pp.31~37.

14) Manz, C. C., *Mastering self-leadership: Empowering yourself for personal excellence* (Englewood Cliffs, NJ: Prentice-Hall, 1992), pp.37~39.

15) Bandura, A., *Social foundations of thought and action: A social cognitive theory*

토대 위에 자연보상 구분(distinguishing natural rewards), 즐거운 환경 선택(choosing pleasant surrounding), 업무 내 자연보상 활동 구축(building naturally rewarding activities into work), 업무의 즐거운 측면 집중(focusing on pleasant aspects of work), 외부보상보다 자연보상에 집중(focusing on natural rewards rather than external rewards) 등의 5가지 자연보상 전략을 제시한다.[17]

자연보상 구분은 자신의 업무 중에서 자연적으로 보상을 가져다주는 업무와 그렇지 않은 업무를 구분하는 것을 말한다. 이렇게 하여 자연적으로 보상을 주는 업무를 발견하는 것이 자연보상의 출발점이 된다.

즐거운 환경 선택은 자신이 즐기는 업무환경을 선택하거나 만듦으로써 업무로부터 내적인 보상을 받는 것이다.[18]

자연보상 구축은 종업원이 즐기는 업무를 작업 순서 안에 넣음으로써 내적 동기유발(intrinsic motivation)이 일어나도록 하는 것이다. 특히 능력감(feelings of competence), 자기통제감(feelings of self-control), 목적감(feelings of purpose)을 개발하

(Englewood Cliffs, NJ: Prentice-Hall, 1986). 사회인지이론의 개발은 반두라(Bandura)에 의해 주로 이루어졌다. 사회인지이론에서는 인간의 인지를 통한 사회상황에서의 학습, 즉 관찰을 통한 간접학습 또는 대리학습이 가능하다고 주장한다. 또한 사회인지이론에서는 인간이 가진 상징능력, 예측능력, 대리능력, 자기규제능력, 자기반성능력을 강조한다. 자세한 것은 이희영, 「셀프리더십과 개인성과의 관련성」(영남대학교 대학원 박사학위논문, 1996)을 참조 바람.

16) Deci, E. L., *Intrinsic Motivation*(New York: Plenum, 1975). 인지평가이론은 데시(Deci)에 의해 처음으로 소개되었으며, 보상과 내적 동기유발 간의 관계를 다룬다. 능력 있고 자기통제적이라고 하는 외부 보상은 내적 동기유발을 증가시킬 것이고, 그 반대는 감소시킬 것이다. 능력감, 자기통제감, 목적감을 가져다주는 활동은 내적 보상, 즉 자연보상을 느낄 수 있도록 하여 내적 동기유발을 증가시킬 것이다. 자세한 것은 이희영, 「셀프리더십과 개인성과의 관련성」(영남대학교대학원 박사학위논문, 1996)을 참조 바람.

17) Manz, C. C., *Mastering self-leadership: Empowering yourself for personal excellence* (Englewood Cliffs, NJ: Prentice-Hall, 1992), pp.54~62.

18) Manz, C. C., "Self-leadership: Toward an expanded theory of self-influence processes in organizations", *Academy of Management Review* 11(1986), pp.585~600.

는 업무는 내적으로 동기유발이 되고, 일 그 자체를 즐기도록 만드는 것으로 밝혀졌다.

업무의 즐거운 측면에 초점을 맞추는 것은 업무에 대한 부정적 반응을 더 적게 가져올 수 있는 고차원적인 자기통제이다. 이는 개인이 자신의 생각을 선택하고, 업무의 부정적 측면과 마찬가지로 긍정적 측면에 초점을 맞추는 인지 전략을 사용하는 것을 말한다.[19]

자연보상 집중은 급여와 같은 외적 보상보다 일을 통한 만족과 같은 내적 보상에 초점을 맞추는 것이다. 이는 내적 동기유발을 증가시킬 수 있고, 더 높은 직무성과를 가져온다.[20]

(3) 사고적 셀프리더십

사고적 셀프리더십은 자신의 생각에 대한 의도적인 통제를 통해 자신에게 영향력을 행사하고 자신을 이끌어 가는 과정이다.[21] 여기에는 신념(beliefs), 자기대화(self-talk), 심상(mental imagery), 사고유형(thought pattern)에 대한 관리 등의 인지 전략이 포함된다. 사고적 셀프리더십은 사회학습이론에 기초한다.

개인의 순기능적 신념(functional beliefs)은 개인 유효성을 증대시킨다. 그에 반해 역기능적 신념(dysfunctional beliefs)은 왜곡된 사고를 가져오고, 개인 유효성을 방해하며, 우울증까지도 야기할 수 있다.[22] 그런 역기능적인 신념의 한

---

19) Manz, C. C., *Mastering self-leadership: Empowering yourself for personal excellence* (Englewood Cliffs, NJ: Prentice-Hall, 1992), pp.58~62.

20) Deci E. L., & Ryan, R. M., *Intrinsic motivation and self-determination in human behavior*(New York: Plenum, 1985).

21) Neck, C. P., "Thought self-leadership: The impact of mental strategies training on employee cognitions, behavior, and emotions"(Doctoral dissertation, Arizona State University, 1993), p.19.

22) Ellis, A., *A new guide to rational living*(Englewood Cliffs, NJ: Prentice-Hall, 1975);

예로는 '전부 아니면 전무'(all or nothing) 사고가 있다. 이는 일을 극단적인 흑백의 범주로 보려는 경향이다.

자기대화는 우리가 우리 자신에게 마음속으로 말을 하는 것이다.[23] 스포츠심리학, 임상심리학, 상담심리학, 교육, 의사소통 등 다양한 분야에서의 연구가 자기대화와 성과 간의 관계를 뒷받침한다.

심상은 과업이 완수되기 전에 그것의 성공적인 수행을 상상하는 것을 말한다. 스포츠심리학, 상담교육, 임상심리학 등에서 심상과 성과 간에 유의有意한 관계가 있는 것으로 나타났다.

사고유형은 우리의 경험에 대한 일정한 사고방식 또는 습관적 사고방식이다.[24] 사람들이 채택하는 사고유형의 전형적인 예로는 '기회사고'(opportunity thinking)와 '장애사고'(obstacle thinking)를 들 수 있다.

5) 인간 행동의 삼원적 교호 모델

심리학계에서는 인간 행동의 원인이 어디에 있는지와 관련해 오랫동안 논의와 논쟁을 이어왔다. 그러한 논의는 크게 일방적 결정주의(one-sided determinism), 일방적 상호작용주의(one-sided interactionism), 교호적 결정주의(reciprocal determinism)로 구분할 수 있다.[25]

Burns, D. D., *Feeling good: The new mood therapy*(New York: William Morrow, 1980).

23) Manz, C. C., *The art of self-leadership: Strategies for personal effectiveness in your life and work*(Englewood Cliffs, NJ: Prentice-Hall, 1983).

24) Manz, C. C., *The art of self-leadership: Strategies for personal effectiveness in your life and work*(Englewood Cliffs, NJ: Prentice-Hall, 1983).

25) 이희영, 「셀프리더십과 개인성과의 관련성」(영남대학교대학원 박사학위논문, 1996), 11~16쪽 참조.

일방적 결정주의에서는 개인의 기질적 요인이나 환경적 요인이 행동에 일방적으로 영향을 미친다고 본다. 환경결정론에 따르면, 행동(behavior)은 환경(environment)의 함수(B=f(E))이다. 행동은 현재의 외적 자극과 과거 경험에 의해 결정된다.[26] 이와 관련하여 스키너(Skinner)는 "사람이 세계에 대해 행동하는 것이 아니라, 세계가 사람에 대해 행동한다"[27]고 주장한다. 환경이 행동을 모양 짓고, 조직하고, 통제하는 독립적인 힘으로 작용하는 것이다. 반면에 개인결정론에 따르면, 행동은 개인(person)의 함수(B=f(P))이다. 개인 내부의 본능, 충동, 동기유발, 지각, 태도, 기대, 그리고 성격 특성과 같은 내적 심리구조나 기질적 원천이 사람들이 왜 그렇게 행동하는지를 설명한다. 이와 관련하여 스토아 철학자 에픽테토스(Epiktetos)의 다음과 같은 말이 널리 인용된다. "인간은 사물에 의해서가 아니라, 그가 사물에 대해서 갖는 견해에 의해 혼란스러워진다."[28]

일방적 상호작용주의에 따르면, 행동은 개인과 환경의 함수(B=f(P,E))이다. 쿠르트 레빈(Kurt Lewin)의 연구에 주로 근거하는 이 이론은 개인의 내적 구조와 외부 환경이 모두 행동에 영향을 주되, 별도로 영향을 주는 것이 아니라 상호작용을 통해 영향을 미친다고 본다. 그렇지만 그것은 어디까지나 개인적 요소와 외부 환경이 상호작용한 결과가 행동에 일방적으로 영향을 미치는 것일 뿐, 행동이 개인적 요소나 외부환경과 상호작용하는 관계는 아니다.

교호적 결정주의는 사회인지이론(social cognitive theory)에 근거하고 있다. 사회인지이론에 따르면, 인간은 내적 힘에 의해 움직이는 것도, 외적 자극에

---

26) Day, W. F., Jr., "On the behavioral analysis of self-deception and self-development", In T. Mischel(Ed.), *The self: Psychological and philosophical issues*(Oxford: Blackwell), pp.224~249; Skinner, B. F., *About behaviorism*(New York: Knopf, 1974).

27) Skinner, B. F., *Beyond freedom and dignity*(New York: Knopf, 1971), p.211.

28) Ellis, A., *Humanistic Psychotherapy*(New York: McGraw-Hill, 1973).

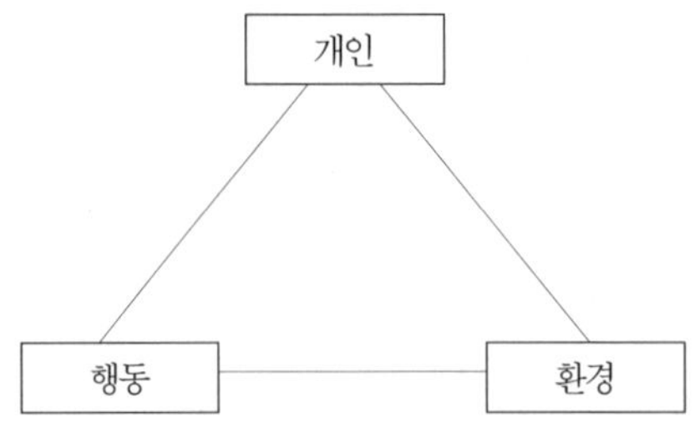

[그림 4-2] 인간 행동의 삼원적 교호 모델

의해 자동적으로 반응하는 것도 아니다. 인간의 행동은 행동 그 자체, 인지 및 기타 개인적 요인, 그리고 환경적 현상이 서로 상호작용한 결과이다. 이를 삼원적 교호 모델([그림 4-2])이라고 부른다.[29)]

2. 시중 리더십의 삼원적 교호 모델

1) 본 연구에 대한 선행연구의 함의

(1) 이희영의 시중 리더십 연구

이희영은 『주역』 괘사에 나타나 있는 리더십의 지혜를 '시중 리더십'이라 명명하였다. 먼저 64개 괘사 중에서 시중 리더십 측면에서 해석할 만한 가치가 있다고 판단되는 21개의 괘사를 추출하였다. 다음으로 21개 괘사에 대한 분석을 통해 건괘乾卦와 수괘隨卦의 괘사는 시중 리더십의 기본 준칙을 밝혀 주는

29) Bandura, A., "The self system in reciprocal determinism", *American Psychologist* 33(1978), pp.344~358; Bandura, A., *Social foundations of thought and action: A social cognitive theory*(Englewood Cliffs, NJ: Prentice-Hall, 1986), pp.23~24.

것으로 보았고, 나머지 괘사들은 각 괘사가 나타내는 때에 따라 8가지의 경우로 구분하여 시중 리더십 측면에서 고찰하였다.

이희영의 연구는 『주역』 괘사에 나타나 있는 리더십의 지혜를 처음으로 '시중 리더십'이라 명명하고 각 괘사의 상황을 8가지로 구분하여 분석했다는 데 그 의의가 있다. 본 연구는 15년 전의 이 시론적 연구에서 그 맹아가 싹튼 것이다.

(2) 민건촉의 『주역』 리더십 모델

민건촉은 『주역』에 나타나 있는 이상적인 리더의 특성으로 18가지를 들고 있고, 리더십과 관련된 『주역』의 관점 13가지를 설명하고 있다. 그리고 시와 위, 조직, 음양, 행위 지침, 중화 등을 포함하는 『주역』의 리더십 모델을 제시하고 있다.

『주역』의 리더십 모델에서는 궁극적으로 적절함을 유지함으로써 중화의 상태에 도달하는 것이 목표이다. 그렇게 하기 위해서는 먼저 시와 위라는 상황을 제대로 파악해야 한다. 그리고 파악한 상황을 토대로 그에 알맞은 음양 개념 및 행위 지침을 발휘하여 결국 중화 및 적절함에 이를 수 있어야 한다. 여기에서 적절함을 유지한다는 것은 상황을 전제로 하는 것이니 곧 시중을 말한다. 그리고 중화의 상태에 도달한다는 것은 곧 치중화致中和를 말하는데, 치중화는 시중의 다른 표현이다. 따라서 민건촉이 제시한 『주역』 리더십 모델의 궁극적인 지향점은 시중 리더십이다.

(3) 피들러의 리더십 합상황 이론(contingency theory)

피들러(Fiedler)는 리더십에 대한 합상황 이론을 통해 리더의 유효성은 리더십 스타일이 상황에 어느 정도 적합하게 발휘되는가에 따라 결정된다고 주장한다.

리더십 스타일은 과업 동기유발적 스타일과 관계 동기유발적 스타일로 구분된다. 과업 동기유발적 리더는 목표 달성에 초점을 맞추는 데 비해, 관계 동기유발적 리더는 하위자와의 긍정적인 관계를 개발하는 데 더 관심을 갖는다. 상황 통제는 리더가 자신의 직접적인 업무 환경 속에서 갖는 통제와 영향의 정도를 말한다. 높은 통제는 리더가 업무 결과에 영향을 미치는 능력을 갖고 있기 때문에, 리더의 결정이 예측 가능한 결과를 산출할 것임을 의미한다. 낮은 통제는 리더가 거의 아무런 영향력도 갖고 있지 않기 때문에, 리더의 결정이 업무 결과에 영향을 미치지 못함을 의미한다. 상황통제에는 리더-구성원 관계, 과업구조, 직위권력이라는 세 차원이 있다.

피들러의 합상황 이론의 시사점은 다음과 같다, 첫째, 리더십 유효성은 리더 스타일과 상황 요구가 어느 정도 적합한지에 의해 결정된다. 둘째, 일정한 상황에서 왜 어떤 사람은 성공적인 결과를 내는데 다른 사람은 그렇지 않은지를 설명해 준다. 셋째, 리더는 상황에 맞추기 위해 자신의 스타일을 변경할 필요가 있다.

피들러의 합상황 이론은 리더십이 효과적으로 발휘되기 위해서는 그것이 상황에 적합해야 함을 말하고 있다. 상황 변수의 구체적인 내용은 본 연구와 다르지만, 리더십이 상황에 적합해야 한다는 것은 본 연구의 시각과 기본적으로 일치한다.

(4) 맨즈의 셀프리더십(self-leadership)

셀프리더십이라는 말은 맨즈(Manz)에 의해 처음 사용되었다. 셀프리더십의 구성 요소에는 셀프매니지먼트(self-management), 자연보상(natural rewards), 사고적 셀프리더십(thought self-leadership)이 있다.

셀프매니지먼트란 개인이 업무 수행에 대한 기준을 설정하고, 그 목표에 비추어서 자신의 업무 수행을 평가하고, 그리고 그 평가에 기초해서 스스로 보상을 결정함으로써 자신의 행동을 관리하는 것을 말한다. 셀프매니지먼트는 사회학습이론(social learning theory)에 기초하고 있다. 사회학습이론은 사람, 환경, 그리고 행동이 서로 교호적으로 관련된다고 가정한다. 따라서 개인은 자신의 행동과 환경에 영향을 줄 수 있는 능력을 갖고 있는 것으로 가정된다. 셀프매니지먼트의 구체적인 기법으로는 자기관찰, 자기목표설정, 선행요인의 수정, 결과에 의한 수정, 그리고 연습이 있다. 셀프리더는 자연보상, 즉 자신의 업무를 즐기고 일 그 자체에 의해 동기유발 되는 것을 추구한다. 맨즈는 자연보상 구분, 즐거운 환경 선택, 직무 내 자연보상활동 구축, 직무의 즐거운 측면 집중, 외부보상보다 자연보상에 집중 등의 다섯 가지 자연보상 전략을 제시한다. 사고적 셀프리더십은 자신의 생각에 대한 의도적인 통제를 통해 자신에게 영향력을 행사하고 자신을 이끌어 가는 과정이다. 여기에는 신념, 자기대화, 심상, 사고유형에 대한 관리 등의 인지 전략의 사용이 포함된다.

맨즈는 개인, 행동, 환경이 교호적으로 영향을 미친다는 사회학습이론에 의거해 셀프리더십이라는 개념을 제시한다. 개인이 스스로를 바람직한 방향으로 이끌어 간다는 셀프리더십의 기본 시각은 그 구체적인 방법에는 차이가 있지만 유가의 수신이나 수기와 맥락이 통한다고 할 수 있다.

(5) 인간 행동의 삼원적 교호 모델

사회인지이론에 따르면, 인간은 내적 힘에 의해 움직이는 것도, 외적 자극에 의해 자동적으로 반응하는 것도 아니다. 인간의 행동은 행동 그 자체, 인지 및 기타 개인적 요인, 그리고 환경적 현상이 서로 상호작용한 결과이다. 이를 인간 행동의 삼원적 교호 모델이라고 부른다.

본 연구의 모델인 '시중 리더십의 삼원적 교호 모델'은 이 인간 행동의 삼원적 교호 모델에서 아이디어를 얻어 구축된 것이다.

2) 시중 리더십의 삼원적 교호모델 구축

앞에서 살펴본 인간 행동의 삼원적 교호 모델에서는 개인의 행동이 개인의 내적 요인이나 외부 환경의 일방적인 영향을 받아 결정되는 것이 아니라 행동, 내적 요인, 외부 환경이 상호작용한 결과라고 말한다. 이러한 주장은 본 연구의 모델을 구축하는 데 있어서 세 가지를 시사해 주고 있다. 첫째, 개인의 행동과 내적 요인이 상호작용한다는 것이다. 즉, 개인은 자신의 내적 요인의 영향을 받아 일정한 행동을 하지만, 일단 행동을 하고 나면 그 행동에 대한 주위의 반응과 같은 행동의 결과가 그 사람의 태도나 동기유발과 같은 내적 요인에 반대로 영향을 미친다는 것이다. 이러한 관계는 유가의 주요 개념 중의 하나인 수기修己에 적용될 수 있다. 자신을 수양한다는 것은 자기 자신과의 부단한 대화 속에서 가능한 것이다. 어떤 행동을 했을 때의 주위의 반응을 보고 다음에 할 자신의 행동을 규제하게 되고, 이러한 노력이 반복됨에 따라 바람직한 행동이 확고하게 자리 잡게 되는 것이다. 리더도 마찬가지이다. 바람직한 리더가 되기 위해 리더로서의 자신의 행동을 되돌아보고 더 나은 리더가 되기 위해 자신의 덕성과 능력을 끊임없이 개발하고 단련하는 과정이 필요하다. 둘째, 개인의 행동이 환경, 즉 상황과 상호작용한다는 것이다. 종전에는 상황이 개인의 행동에 일방적으로 영향을 준다고 생각했으나, 삼원적 교호 모델에서는 개인의 행동도 상황에 영향을 미칠 수 있다고 말한다. 사람들은 주어진 상황을 감안해서 행동하지만, 그 행동이 어떠한 것이냐에 따라 상황 자체가 달라질 수도 있는 것이다. 시중 리더십의 경우에도 상황에 합당하게 리더십을 발휘하는지 여부에 따라 상황이 호의적으로도 또는 비호의적으로도 변할 수 있는 것이다. 셋째, 개인적 요인이 환경과 상호작용한다는 것이다. 개인의 동기유발, 태도, 성격 등은 환경에 의해 형성되기도 하지만 이러한 개인적 요인들이 환경에 영향을 미치기도 한다. 예를 들어 높은 동기유발, 호의적인 태도, 긍정적 성격 등이 업무 환경을 바람직한 방향으로 바꿀 가능성은 얼마든지 있는 것이다. 시중 리더십에 있어서도 리더가 상황을 어떤 태도로 바라보느냐에 따라 행동이 달라질 것이고, 그러한 행동은 상황에 다시 영향을 미칠 것이다.

본 연구에서는 시중 리더십을 정의하고 그 연구 모델을 구축하는 데 있어 이러한 인간 행동의 삼원적 교호 모델을 원용하고자 한다. 앞에서 살펴보았듯이 시중이란 '만물이 그 처한 상황狀況에 따라 합당合當함을 얻는 것'이다. 이를 토대로 시중 리더십을 정의하면, 시중 리더십은 '리더가 상황에 합당하게 행동하는 것'이다. 그렇지만 이는 시중 리더십에 대한 단편적인 정의라고 할 수 있다. 무엇보다 리더가 리더십을 발휘하는 대상자에 대한 설명이 빠져 있다. 그 대상자에는 타인은 물론이고 리더 자신도 포함된다. 리더십을 발휘한다는 것은 자신과의 부단한 소통 과정인 것이다. 대상자를 포함할 경우, 시중 리더십의 정의에 포함되는 세 요소는 리더, 대상자, 상황이 된다. 인간 행동의 삼원적 교호 모델에 의거할 경우, 이 세 요소는 일방적으로 영향을 주는 것이 아니라 상호작용한다. 이러한 과정을 거쳐 본 연구의 모델인 '시중 리더십의 삼원적 교호 모델'이 구축되었다.([그림 4-3]) 이 모델에 의거할 경우, 시중 리더십은 '리더가 합당한 행동을 하기 위해 상황 및 대상자(자신, 타인)와 부단히 상호작

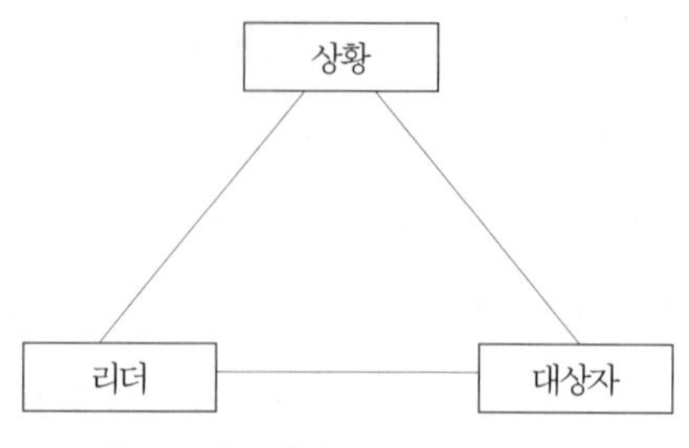

[그림 4-3] 시중 리더십의 삼원적 교호 모델

용하는 과정'이라고 정의할 수 있다.

'시중 리더십의 삼원적 교호 모델'에서는 시중 리더십을 리더, 대상자, 상황 간의 상호작용의 결과라고 본다. 다시 말해, 상황이 리더와 대상자에 영향을 주기도 하고, 리더가 상황과 대상자에 영향을 주기도 하며, 대상자가 상황과 리더에 영향을 주기도 한다. 이렇듯 세 요소가 서로에게 영향을 주고받는 가운데 상황에 적합한 리더십의 발휘 여부가 결정된다.

리더는 상황의 영향을 받을 뿐만 아니라 그 상황을 자신에게 유리하게 변화시키거나 개선할 수도 있다. 또한 자신과 타인에게 영향력을 행사할 뿐만 아니라 자신과 타인으로부터 영향을 받기도 한다. 리더의 자신에 대한 영향력 행사는 도덕적 측면에서 무구无咎를 추구하고, 리더의 타인에 대한 영향력 행사는 실천적 측면에서 구세救世를 지향한다. 대표적인 리더는 성인聖人이며, 구체적인 내용은 제5장에서 살펴본다.

대상자에는 리더 자신과 타인이 있다. 리더는 자신과 영향을 주고받는다. 타인 또한 리더와 영향을 주고받는다. 그리고 이들 리더십 발휘의 대상자들은 상황의 영향을 받기도 하고 상황에 영향을 주기도 한다.

『주역』의 괘는 시時, 즉 상황을 나타내고, 효는 위位와 위의 변동에 따른 변화를 함축하고 있다고 말한다. 그렇지만 위의 변동은 시간의 흐름에 따른 변동이니 곧 상황의 변화를 의미한다. 다시 말해 『주역』은 음양의 변역에 따른 상황의 변화를 64괘 384효를 통해 나타내고 있다. 또한 『주역』은 리더와 대상자에게 그 상황에 알맞게 처신하는 방안을 64괘 384효를 통해 제시하고 있다. 64괘 384효의 구체적인 상황에 대한 분석은 제7장에서 이루어진다.

제5장
성인: 시중 리더십의 전형

시중 리더십의 전형典型적인 모습은 '성인聖人'에서 찾아볼 수 있다. 성인에 대한 원초적 관념은 갑골문에까지 거슬러 올라간다. 본 장에서는 성인 개념의 변천 과정을 선진先秦시대 이전의 성인, 선진시대의 성인, 그리고 『주역』의 성인으로 나누어 살펴본다.

1. 선진시대 이전의 성인

선진시대 이전의 성인관은 '성聖'자에 대한 고찰을 통해 잘 파악할 수 있다.

1) 총명과 무격

(1) 총명聰明

'성'자의 원초적 모습은 한자의 기원이라고 할 수 있는 갑골문에서 찾아볼 수 있다. 서중서徐中舒는 갑골문의 '성'이란 원래 '귀로 소리를 듣는 능력이 뛰어난 것'을 의미하였다고 말한다.

부수는 , 이다. 부수 에서 귀의 모양이 사람의 머리 부위에 두드러져 있는 것으로써 귀의 기능을 강조하고 있다. 부수 '口'에서 입이 있으면 말을 읊고, 귀로 감지하는 것은 소리이며, 귀로 소리를 감지하는 것은 듣는 것이며, 귀로 예민하게 듣는 능력을 갖춘 것은 바로 성이다. 성聲 · 청聽 · 성聖 세 글자는 동원자同源字로 본래 한 문자였으나, 후세에 그 형形 · 음音 · 의義로 나누어졌으며, 전적典籍 중에서 이 세 문자는 서로 통용된다. 의 회의자會意字는 성聖이고, 이미 말한 것처럼 청각 능력이 정통하고 그 효과가 명확한 것을 말한다. 그러므로 그 확대된 뜻 역시 통通 · 명明 · 현賢이며, 정통한 것을 성聖이라고 하게 되었다.[1]

서중서徐中舒는 갑골문에서 발견되는 자는 오른쪽의 와 왼쪽의 이 결합된 것이며, 이 글자가 바로 '성聖'이라고 설명하고 있다. 그는 오른쪽의 에서 귀가 사람의 머리에 유달리 큰 모양으로 붙어 있는 것은 귀의 기능을 강조한 것이며, 왼쪽의 는 입을 상형한다고 말한다. 이처럼 갑골문에서 '성聖'자는 유달리 커다란 귀(耳)를 가진 사람이 입(口) 옆에 서 있는 모습을 상형象形한다.[2] 이것으로 볼 때 '성'자가 지닌 최초의 의미는 '소리를 듣는 데 있어서 보통 사람과 구별되는 특출한 능력을 가진 존재'를 가리켰다고 짐작된다.[3]

---

1) 徐中舒 主編, 『甲骨文字典』(四川辭書出版社, 1988), 1287쪽, "從從. 乃以耳形著於人首部位强調耳之功用. 從口者, 口有言咏, 耳得感知者爲聲, 以耳知聲則爲聽, 耳具敏銳之聽聞之功效是爲聖. 聲聽聖三字同源, 其始本爲一字, 後世分化其形音義乃有別, 然典籍中此三字亦互相通用. 之會意爲聖, 旣言其聽覺功能之精通, 又謂其效果之明確. 故其引伸義亦訓通訓明訓賢, 乃至以精通者爲聖."

2) 徐中舒 主編, 『甲骨文字典』(四川辭書出版社, 1988), 1287쪽; 李孝定, 『甲骨文字集釋』(臺北: 中央研究院 歷史言語研究所, 1965), 권9, 제12, 2953 · 3519쪽; 이승환, 「성의 기호학」, 『유교문화와 기호학』(도서출판 월인, 2003), 94쪽 참조.

3) 이승환, 「성의 기호학」, 『유교문화와 기호학』(도서출판 월인, 2003), 94쪽 참조.

한편 『서경』 「홍범」에서는 천하를 다스리는 방법 9가지를 제시하고 있다. 그 두 번째로 '오사五事'를 언급하고 있는데, 오사는 군주가 마땅히 행해야 할 내용을 담고 있다.

> 첫째는 모습이고, 둘째는 말이며, 셋째는 보는 것이고, 넷째는 듣는 것이며, 다섯째는 생각하는 것이다. 모습은 공손해야 하고, 말은 이치에 따라야 하며, 보는 것은 눈 밝아야 하고, 듣는 것은 귀 밝아야 하며, 생각하는 것은 깊고 밝아야 한다. 공손하면 엄숙해지고, 이치에 따르면 조리가 있게 되며, 눈 밝으면 사리를 잘 알게 되고, 귀 밝으면 일의 어려움을 미리 고려하게 되며, 깊고 밝으면 성스럽게 된다.[4]

여기에서 우리는 눈 밝게 보면 사리를 잘 알게 되고, 귀 밝게 들으면 일의 어려움을 미리 고려하게 되며, 더 나아가 보고 듣는 것에 매우 (깊고) 밝으면 성스럽게 됨을 알 수 있다. 다시 말해 성스러운 존재, 즉 성인은 총명한 사람이라는 것이다. 그 외에 『서경』 「열명중」의 "오직 하늘이 총명하시니"[5]라는 언급 또한 '성'의 의미와 '총명'이 서로 상통하는 것임을 표현한 것이다.[6]

(2) 무격巫覡

소리를 듣는 특출한 능력을 지닌 사람은 과연 누구를 가리키는가? 그에 대한 단서는 상고上古시대의 무격문화巫覡文化에서 찾을 수 있다. 『국어國語』 「초어하楚語下」에서 관야보觀射父는 무격에 대해 다음과 같이 말한다.

---

4) 『書經』, 「周書 · 洪範」, "一曰貌, 二曰言, 三曰視, 四曰聽, 五曰思. 貌曰恭, 言曰從, 視曰明, 聽曰聰, 思曰睿. 恭作肅, 從作乂, 明作哲, 聰作謀, 睿作聖."

5) 『書經』, 「說命中」, "惟天, 聰明."

6) 吳震, 「중국사상사에서의 '성인' 개념」, 『퇴계학논집』 제10집(2012), 61쪽 참조.

> 초소왕이 관야보에게 물었다. "『서경』「주서 · 여형」에 이르기를 '전욱 때 천지를 관할한 대신인 중과 여는 천신과 지민을 서로 통하지 못하게 했다' 고 하는데, 이는 어찌된 일이오? 만일 그렇게 하지 않았다면, 땅 위의 사람들이 능히 하늘로 올라갈 수 있지 않았겠소." 관야보가 대답하였다. "그런 뜻이 아닙니다. 옛날에는 사람과 신이 서로 섞이지 않았습니다. 사람 중에는 정명하고 전일한 자세로 신령을 경건히 모시는 자들이 있었습니다. 그 지혜로움(智)은 능히 천신과 지민으로 하여금 각기 제자리를 잡게 할 수 있고, 그 성스러움(聖)은 능히 먼 곳까지 두루 밝게 비출 수 있으며, 그 눈 밝음(明)은 능히 천지를 통찰할 수 있고, 그 귀 밝음(聰)은 능히 모든 것을 밝게 들을 수 있었습니다. 이와 같은 사람에게는 신명이 강림하게 되는데, 남자면 격覡이라 하고 여자면 무巫라고 합니다."[7]

위 인용문에서 귀 밝음(聰) · 눈 밝음(明) · 성스러움(聖) · 지혜로움(智)의 네 가지 말을 사용하고 있는데, 이것은 무격이 평범함과는 다른 것을 갖추고 있으며 일반인의 감각능력보다 뛰어남을 표현한 것이다.[8]

여기에서 성스러움(聖)은 신명의 강림을 받는 무격巫覡이 갖춘 능력들 중 한 가지로 언급되고 있다. 허신의 『설문해자』에서는 무巫를 "춤을 추어 신명을 강림하게 하는 사람"(以舞降神者)으로, 격覡을 "정돈되고 엄숙함으로 신명을 섬기는 사람"(能齊肅事神明)으로 각각 설명하고 있다. 위소韋昭는 『국어』「초어」의 윗글에 대한 주석에서 "무와 격은 반드시 여자와 남자로 구분할 필요는 없다" 고 하면서, "무격은 귀신을 보는 사람"(巫覡見鬼者)이라고 했다. 그렇다면 무격은

7) 左丘明, 『國語』, 「楚語下」, "昭王問於觀射父曰. 周書所謂重黎實使天地不通者, 何也? 若無然, 民將能登天乎. 對曰. 非此之謂也. 古者民神不雜. 民之精爽不携貳者, 而又能齊肅衷正. 其智能上下比義, 其聖能光遠宣朗, 其明能光照之, 其聰能聽徹之. 如是則明神降之, 在男曰覡, 在女曰巫."; 정병석, 『주역과 성인, 문화상징으로 읽다』(예문서원, 2018), 112쪽; 左丘明, 신동준 역주, 『國語』(인간사랑, 2017), 550쪽 참조.
8) 吳震, 「중국사상사에서의 '성인' 개념」, 『퇴계학논집』 제10집(2012), 61쪽.

신명을 강림하게 하고, 신명을 섬기기도 하며, 귀신을 보기도 하는 사람이라고 정리할 수 있겠다. 그런데 이와 같은 무격이 갖추어야 할 능력들 중 하나로 '성'이 언급되고 있다는 사실이 중요하다.[9] 김종석에 따르면, "이러한 능력을 지닌 자들은 성을 체득한 신의 대변자이며, 지상의 권력을 가진 자들"[10]이다. 그리고 장현근은 영민한 청각을 지닌 사람, 하늘과 사람의 목소리를 다 듣는 사람은 바로 제사장의 모습이라고 말한다.[11] 또한 장광직張光直은 상고上古시대 제왕이 하는 일은 곧 무격이 하는 일과 같다면서, 제왕은 곧 무격의 우두머리라고 보았다. 나아가 그는 적어도 무격문화가 정치에서 핵심적인 위상을 차지하고 있었다는 점을 강조했다.[12] 즉, 제정이 분리되지 않았던 신화의 시대에는 제사장(무격)이 곧 제왕이었다는 주장이다. 이른바 성왕聖王이라는 개념의 원형에는 이와 같은 역사적 흔적들이 깃들어 있다.

이러한 견해들을 종합해 보면, 상고시대에 '성聖'은 신의 목소리를 들어서 이해하고 이를 인간세계에 매개하는 무격으로 대표되는 특별한 사람들의 능력, 즉 신과 인간 사이를 매개하고 소통시키는 능력을 가리키는 말로 사용되었음을 알 수 있다. 그리고 그런 능력을 가진 제사장(무격)은 제정이 분리되지 않았던 신화의 시대에는 곧 제왕을 의미했다.

---

9) 한재훈, 「유학의 시대적 대응논리로서의 성인관」, 『한국사상과 문화』 제91집(2017), 446~447쪽.

10) 김종석, 「유가상과 신화적 사유의 상호관계성 연구」, 『한국철학논집』 제53집(한국철학사연구회, 2015), 261쪽.

11) 장현근, 「성인의 재탄생과 성왕 대 폭군 구조의 형성」, 『정치사상연구』 제17집 2호 2011 가을, 107쪽.

12) 張光直, 이철 옮김, 『신화 미술 제사』(동문선, 1995), 85~86쪽.

2) 정통과 지혜

(1) 정통(通)

신의 소리를 듣고 그것을 통해 신과 인간을 매개하는 특별한 능력은 곧 '정통'이라는 말과 연결된다. 이와 관련하여 허신許愼은 『설문해자』에서 "성聖은 정통하다는 뜻이다. 이耳가 의미부이고 정呈이 소리부이다. 독음은 식式과 정正의 반절이다"13)라고 말한다. 그리고 이를 주석한 단옥재段玉裁는 『설문해자주』에서 다음과 같이 말한다.

> 성聖은 정통하다는 뜻이다. 『시경』「패풍」에 "밝고 착하신 우리 어머니"라는 구절이 있다. 「모전」에서 말한다. "성은 밝음이다." 『시경』「소아」에 "혹은 잘하거나 혹은 못하고"라는 구절이 있다. 「모전」에서 말한다. "사람은 정통한 것이 있고, 그렇지 않은 것이 있다." 『주례』에 "만민을 교화하는 여섯 가지 덕에 지智·인仁·성聖·의義·충忠·화和가 있다"라는 구절이 있다. 「정주鄭注」에서 말한다. "성은 정통하여 미리 아는 것이다." 『서경』「홍범」에서 "매우 밝으면 성하게 된다"라고 말한다. 무릇 어떤 일에 정통하게 된 것을 성이라고 부른다. 의미부는 이耳이다. 성은 귀의 의미를 따르는데, 그것은 듣는 대로 모두 이해함을 이른다. 『풍속통』에서 "성은 성聲"이라고 말한다. 소리를 듣고 그 실정을 안다는 말이다. 성聲과 성聖은 옛날에 서로 가차假借였을 것이다. 소리부는 정呈이다. 식式과 정正의 반절이다. 십일부이다.14)

13) 許愼, 『說文解字』, 「耳部」, "聖, 通也. 從耳呈聲. 式正切." 이와 관련하여 서중서는 口자 아래 壬자가 더해진 呈이 성의 음을 나타내는 것이라고 설명한 허신의 『설문해자』는 명백한 오류라고 지적한다.(한재훈, 「유학의 시대적 대응논리로서의 성인관」, 『한국사상과 문화』 제91집, 2017, 446쪽, 주8) 참조)

14) 段玉裁, 『說文解字注』, 「耳部」, "(聖), 通也. 邶風, 母氏聖善. 傳云. 聖, 叡也. 小雅, 或聖或不. 傳云. 人有通聖者, 有不能者. 周禮, 六德敎萬民, 智仁聖義忠和. 注云. 聖通而先識. 洪範

이처럼 성은 정통하다는 뜻을 갖고 있다. 구체적으로는 정통하여 미리 아는 것이고, 어떤 일에 대해 매우 밝게 안다는 것이다. 또한 듣는 대로 모두 이해하며, 소리를 들어 그 실정을 안다는 말이다. 그 이외에도 『서경』에서는 "성은 통하지 않음이 없는 것을 말한다"[15]라고 하고 있으며, 『백호통의白虎通義』에서도 같은 말을 하고 있다.

> 성이란 통하는 것이고, 도이고, 소리이다. 도는 통하지 않는 곳이 없고, 밝음은 비추지 않는 곳이 없다. 소리를 듣고서 실정을 아니, 천지와 그 덕을 함께하고, 일월과 밝음을 함께하고, 사시와 질서를 함께하고, 귀신과 길흉을 함께한다.[16]

이러한 예문을 통해 신의 소리를 듣고 신과 인간을 매개하는 능력을 가리키던 성의 의미가 어떤 일에 대해 정통하다는 뜻으로 확장되고 있음을 알 수 있다.

(2) 지혜(睿)

어떤 일에 대해 정통하다는 것은 곧 지혜롭다는 것을 의미한다. 『시경詩經』이나 『서경書經』을 통해 그 용례들을 확인할 수 있으며, 이들은 공자 이전에 통용된 것이 확실한 문헌 중에서 성인이라는 단어를 확인할 수 있는 책들이다.[17]

曰, 睿作聖, 凡一事精通亦得謂之聖. 從耳. 聖從耳者, 謂其耳順. 風俗通曰, 聖者聲也. 言聞聲知精. 按聲聖字古相假借. 呈聲. 式正切. 十一部."

15) 『書經』, 「大禹謨」, 「孔傳」, "聖者, 無所不通之謂也."

16) 『白虎通義』, 「聖人」, "聖者, 通也, 道也, 聲也. 道無所不通, 明無所不照. 聞聲知情, 與天地合德, 日月合明, 四時合序, 鬼神合吉凶."; 김만원 역주, 『백호통의 역주』(서울: 역락, 2018), 243쪽; 정병석, 「역전의 성인관을 통해 본 주역 해석의 지평 전환」, 『동양철학연구』 제69집(2012. 2), 334쪽 참조.

17) 한재훈, 「유학의 시대적 대응논리로서의 성인관」, 『한국사상과 문화』 제91집(2017),

먼저 『시경』의 용례를 보자.

(ㄱ)

저 원로들 불러 놓고 해몽을 부탁하니
모두들 자기들이 성인이라 말하지만
암까마귀 수까마귀를 누가 구분하리오[18]

(ㄴ)

총명하고 슬기로운 사람들은 술 마셔도 점잖지만
어리석은 저 멍청이 늘 취해서 행패하네[19]

(ㄷ)

오직 이 성인께선 백 리 앞을 보건마는
어리석은 사람들은 이익 좇는 미치광이[20]

위에서 인용한 세 개의 구절은 『시경』 중에서 '성'자가 인물에 대한 묘사로 쓰인 예이다. 위에 인용한 각각의 예들을 보면 '성'은 그 맥락에 따라 (ㄱ) 미래를 예지하거나, (ㄴ) 사리에 밝거나, (ㄷ) 멀리까지 살필 수 있는 것을 의미한다. 즉 '성'의 의미를 보통 사람보다 미래를 더 잘 내다보고 사리를 잘 헤아리는 능력으로 보고 있다.[21]

다음으로 『서경』의 용례를 살펴보자. 현재 우리가 보는 『서경』에는 '성'자

447쪽; 김세종, 「맹자의 성인관 연구」(성균관대학교대학원 석사학위논문, 2010), 10쪽.

18) 『詩經』, 「節南山之什 · 正月」, "召彼故老, 訊之占夢, 具曰予聖, 誰知烏之雌雄." 『詩經』의 해석은 이기동 역해, 『시경강설』(성균관대학교출판부, 2007)을 주로 참고함.

19) 『詩經』, 「節南山之什 · 小宛」, "人之齊聖, 飮酒溫克, 彼昏不知, 壹醉日富."

20) 『詩經』, 「蕩之什 · 桑柔」, "維此聖人, 瞻言百里, 維彼愚人, 覆狂以喜."

21) 김세종, 「맹자의 성인관 연구」(성균관대학교대학원 석사학위논문, 2010), 11쪽.

가 여러 차례 보인다. 그러나 문헌학적 사료 분석에 따라 공자가 살았던 당시에 확실하게 존재했던 자료 중에서 '성'자는 아래에 인용한 구절에서 단 한 차례만 보일 뿐이다.[22]

> 오직 성인이라도 생각하지 않으면 광인이 되고, 오직 광인이라도 잘 생각하면 성인이 된다.[23]

위의 한 구절만을 가지고 '성'자의 의미라든지 '성인'의 의미를 확정하기는 어렵다. 그러나 적어도 생각(思)의 중요성만은 확인할 수 있다. 생각을 하면 성인이 되고 생각을 하지 않으면 성인이 되지 못한다는 말은 성인이 되는 필수 조건으로 생각함의 유무가 문제가 되는 것이다. 이것은 위에서 인용한 『시경』 (ㄷ)의 내용과 유사하다. (ㄷ)에서는 성인과 우인愚人을 대비시킨 것을 『서경』에서는 '성聖'과 '광狂'으로 대비시키고 있다. 이러한 사실들로 미루어 『시경』과 『서경』에서의 '성'자는 적어도 지적인 능력이 뛰어난 것, 또는 지혜가 밝은 것을 의미한다고 말할 수 있다.[24]

2. 선진시대의 성인

중국의 상고시대에 사람들은 성인을 일종의 '총명한 사람'으로 상상하였는데, 이것은 매우 흥미로운 현상이지만 이해하기에 또한 어렵지 않다. 고대의

---

22) 김세종, 「맹자의 성인관 연구」(성균관대학교대학원 석사학위논문, 2010), 11쪽.
23) 『書經』, 「周書・多方」, "惟聖罔念作狂, 惟狂克念作聖."
24) 김세종, 「맹자의 성인관 연구」(성균관대학교대학원 석사학위논문, 2010), 11쪽.

사람들은 예민하게 사물을 느끼고 세상을 인식할 수 있는 사람의 능력을 '총명'이라는 말로 표시하였고, 이러한 종류의 인재는 성인으로 받들어지거나 혹은 성인이 되어 천하에 군림하게 될 자격이 있다고 여겼다. 위에서 서술한 견해들은 모두 이러한 점을 분명히 밝히고 있으며, 리더는 필수적으로 귀 밝음·눈 밝음·민첩한 사고라는 특수한 능력과 재능을 능히 감당할 수 있어야 함을 강조하고 있다. 이러한 종류의 '총명'으로써 성인을 논하는 견해는 유가의 문화 가운데 깊이 영향을 주어 쉽게 흔들리지 않을 정도라고 할 수 있다. 요약하면, '총명'과 '지혜'는 성인이 성인될 수 있는 중요한 조건 중의 하나이며, 이는 상주시대 이래 춘추시대에 이르기까지 사상사에서 하나의 전통적인 관점이라고 할 수 있다.[25] 하지만 성인에 대한 이러한 시각은 공자에 이르러 일대 전환점을 맞게 된다.

1) 성왕: 내성외왕의 일치

『논어』에는 '성聖'이란 단어가 3번, '성인聖人'이란 말이 4번, 그리고 '성자聖者'란 단어가 1번 나온다. 그 중 「자한子罕」편의 '성자'와 '성' 그리고 「자장子張」편의 '성인'은 공자가 직접 언급한 것이 아니다. 따라서 그것들을 제외한 나머지를 살펴보면 다음과 같다.

(ㄱ)
자공이 말하였다. "만일 백성에게 널리 은혜를 베풀어 많은 사람을 구제할 수 있다면 어떻습니까? 인仁하다고 할 수 있습니까?" 공자가 말하였다. "어찌 인에만 그치겠느냐, 반드시 성聖에 속하는 일이다. 요순도 (그렇게 하지

25) 吳震, 「중국사상사에서의 '성인' 개념」, 『퇴계학논집』 제10집(2012), 62~63쪽 참조.

못하는 것을) 병통으로 여겼다. 무릇 인한 사람은 자신이 서고자 할 때 남도 세우며, 자신이 출세하고자 할 때 남도 출세하게 한다. 가까운 데서 취하여 깨달을 수 있다면 인을 실천하는 방법이라고 할 수 있다."[26]

(ㄴ)

공자가 말하였다. "성과 인 같은 것은 내가 어찌 감히 할 수 있겠는가? 그러나 (성과 인을 하려고) 노력하는 것을 싫어하지 아니하며, 다른 사람에게 가르치는 것을 게을리하지 아니한다고는 말할 수 있다." 공서화가 말하였다. "바로 이것이 오직 저희 제자들이 배울 수 없는 점입니다."[27]

(ㄷ)

공자가 말하였다. "성인을 내가 만나볼 수 없다면 군자만이라도 만나볼 수 있으면 좋겠다." 공자가 말하였다. "선인善人을 내가 만나볼 수 없다면 한결같은 사람만이라도 만나볼 수 있으면 좋겠다. 없으면서 있는 체하며, 비었으면서 가득한 체하며, 곤궁하면서 호화스러운 것을 하면, 어렵도다! 한결같음을 유지하기가."[28]

(ㄹ)

공자가 말하였다. "군자에게는 세 가지 두려움이 있으니, 천명을 두려워하고, 대인을 두려워하고, 성인의 말씀을 두려워한다. 소인은 천명을 알지 못하여 두려워하지 않고, 대인을 함부로 대하고, 성인의 말씀을 업신여긴다."[29]

---

26) 『論語』, 「雍也」, 제28장, "子貢曰. 如有博施於民而能濟衆何如? 可謂仁乎? 子曰. 何事於仁, 必也聖乎. 堯舜其猶病諸. 夫仁者, 己欲立而立人, 己欲達而達人. 能近取譬, 可謂仁之方也已."

27) 『論語』, 「述而」, 제33장, "子曰. 若聖與仁則吾豈敢? 抑爲之不厭, 誨人不倦, 則可謂云爾已矣. 公西華曰. 正唯弟子不能學也."

28) 『論語』, 「述而」, 제25장, "子曰. 聖人吾不得而見之矣, 得見君子者斯可矣. 子曰. 善人吾不得而見之矣, 得見有恒者斯可矣. 亡而爲有, 虛而爲盈, 約而爲泰. 難乎有恆矣."

29) 『論語』, 「季氏」, 제8장, "孔子曰. 君子有三畏, 畏天命, 畏大人, 畏聖人之言. 小人, 不知天命而不畏也, 狎大人, 侮聖人之言."

공자의 '성'은 이상적인 제왕, 즉 '성왕'이다. 그것은 역사상 최고의 제왕으로 추앙받는 요임금이나 순임금조차도 만족이 허락되지 않는 궁극적 지향처이다. "백성에게 널리 은혜를 베풀어 많은 사람을 구제"(博施濟衆)하는 것은 곧 하늘의 뜻이다. '하늘의 명'으로 제왕이 된 자가 그 소임을 다하는 길은 오직 이것뿐이다. '하늘의 뜻'에 따르고 '하늘의 명'대로 해야 한다는 점에서 제왕의 역할은 제사장의 일과 연결되지만, '성왕'에 담긴 공자의 성 관념은 명백하게 '주술의 도덕화 또는 종교의 학문화라는 인문주의적 성취'를 보여주고 있다.[30] 또한 인용문 (ㄱ)에서는 성과 인의 관계가 드러난다. 인의 방법은 '가까운 데서 취하여 깨닫는 것'(能近取譬)이다. 여기에서 말하는 가까움의 대상은 자기이다. 자기에게서 시작하여 남에게까지 미치는 것이 바로 능근취비의 기본적인 의미이다. 따라서 인의 일차적 의미는 자기와 남과의 관계에 있어서의 덕목으로 여길 수 있다. 그러나 성은 좁은 의미로서의 자기와 남과의 관계만이 아니라, "백성에게 널리 은혜를 베풀어 많은 사람을 구제"하는 능력을 말한다. 따라서 인이 개인적 인격 수양의 의미를 내포하고 있다면, 성은 그러한 인격적 측면을 확장하여 여러 사람을 잘 살게 해 주는 능력까지도 의미한다고 볼 수 있다. 이러한 맥락에서 보면 적어도 이 문맥에서 사용된 인은 수기적修己的 의미가 중심이 되고, 성은 여기에 치인적治人的 의미까지 포함되고 있다고 말할 수 있다. 그러나 공자의 언급에서 유추하면 인과 성은 서로 별개의 일이 아니라 한 가지 일이 관점과 파급 범위에 따라 달리 표현된 것이라고 보아야 한다.[31]

공자의 성은 "성과 인 같은 것은 내가 어찌 감히 할 수 있겠는가?"라는

---

30) 장현근, 「성인의 재탄생과 성왕 대 폭군 구조의 형성」, 『정치사상연구』 제17집 2호 2011 가을, 110쪽; 한재훈, 「유학의 시대적 대응논리로서의 성인관」, 『한국사상과 문화』 제91집(2017), 449쪽.

31) 김세종, 「맹자의 성인관 연구」(성균관대학교대학원 석사학위논문, 2010), 14쪽 참조.

인용문 (ㄴ)에서 알 수 있듯이 여전히 인간의 노력에 의해 도달할 수 있는 것과는 현격한 차이가 있으며 일반 사람에게는 아직 요원한 경지이다.[32] 공자 또한 치인적 의미인 성은 말할 것도 없고 수기적 의미인 인의 수준에도 감히 이르지 못했음을 고백한다.

인용문 (ㄷ)에서는 성인과 군자君子가 비교된다. 인용문의 언급만으로 본다면 군자는 분명 성인보다는 아래 단계에 있는 사람이다. 인용문 (ㄱ)과 연관하여 생각한다면, 인용문 (ㄱ)에서는 성 대 인의 구도였고, 인용문 (ㄷ)은 성인 대 군자의 구도이다. 이 구도로 본다면 성을 중심으로 인과 군자가 각각 성과 관계가 있을 뿐만 아니라 이 두 개념도 서로 관계가 있음을 알 수 있다. 인과 군자의 관계를 유추할 수 있는 구절은 여러 차례 보인다. 여기에서는 인과 군자가 동시에 언급된 구절을 인용한다.

> 군자가 인을 버리면 어찌 제 역할을 하겠는가?[33]

> 공자가 말하였다. "군자로서 인하지 못한 자는 있어도 소인으로서 인한 자는 있지 않다."[34]

위의 언급에서 인은 군자를 군자라고 부를 수 있는 실질이 되면서 한편으로는 인에 도달하지 못한 군자도 있을 수 있음을 말하고 있다. 이것은 군자라는 존재는 인의 체득을 추구하는 인물이며 그 행위가 바로 군자를 군자라고 부를 수 있게 만든다는 것을 알 수 있다. 인과 군자의 관계가 이와 같다면,

---

32) 한재훈, 「유학의 시대적 대응논리로서의 성인관」, 『한국사상과 문화』 제91집(2017), 449쪽 참조.

33) 『論語』, 「里仁」, 제5장, "君子去仁, 惡乎成名."

34) 『論語』, 「憲問」, 제7장, "子曰. 君子而不仁者有矣夫, 未有小人而仁者也."

인용문 (ㄱ)과 (ㄷ)에서 성인은 수기와 치인이 모두 갖추어진 존재가 되고, 여기에서 인은 수기적 측면을 말하는 것이고 군자는 인을 추구하는 인물이 됨을 확인할 수 있다.[35)]

인용문 (ㄹ)에서 공자는 "군자에게는 세 가지 두려움이 있으니, 천명을 두려워하고, 대인을 두려워하고, 성인의 말씀을 두려워한다"고 말한다. 이 '세 가지 두려움'(三畏)에서 그 등급의 고저가 있는지는 명백하지 않지만, 한마디로 말해서 '성인'은 두려워해야 할 사람이라는 것이다. 이러한 '성인'이란 옛날에 이미 있었던 인물의 존재를 가리키는 것이며, 또한 사람들의 말로 전해져 내려오는 사람을 가리키는 것이다. 그러나 『논어』에서 명백하게 언급한 성인은 많지 않으며, 요堯 · 순舜 · 우禹를 제외한다면 이따금 문왕文王과 무왕武王이 언급된다. 『중용中庸』에 따르면 "공자는 요순을 으뜸으로 삼아 계승하고, 문왕과 무왕을 본받아 (그 법도를) 밝혔다"[36)]고 하는데, 이것은 공자가 문화적인 관점에서는 요순을 모든 것의 준칙과 모범으로 삼았고, 동시에 주나라 문왕과 무왕의 위대한 공적과 위엄을 드러내려고 노력하였음을 말해 준다. 따라서 공자가 말하는 성인은 공자 이전의 고대 성인이며, 당대에 살아 있는 성인이 아니라는 것을 알 수 있다. 그러기에 공자는 "성인을 내가 만나볼 수 없다면 군자만이라도 만나볼 수 있으면 좋겠다"고 말하는 것이다. 이 말 가운데서 우리는 성인이 이미 이 세상에 존재하지 않는 것에 대해 공자가 한탄하고 있다는 것을 느낄 수 있다. 바꾸어 말하면, 공자의 심중에서 성인은 사실 바랄 수는 있으나 도달할 수는 없는 사람인 것이다. 또한 공자가 두 차례에 걸쳐 요순을 언급하고 있지만, 이 두 사람의 성인 또한 국가를 다스리

35) 김세종, 「맹자의 성인관 연구」(성균관대학교대학원 석사학위논문, 2010), 14~15쪽 참조.

36) 『中庸』 제30장, "仲尼, 祖述堯舜, 憲章文武."; 이기동 역해, 『대학 · 중용강설』(성균관대학교출판부, 2007), 251~252쪽 참조.

는 문제에 있어서는 여전히 부족한 바가 있어서 모든 것에 완전무결하여 나무랄 것이 없는 데까지는 이르지 못한 것으로 보인다는 것이다. 따라서 공자는 "요순도 (그렇게 하지 못하는 것을) 병통으로 여겼다"고 말한다. 이것은 공자의 관념 가운데에서 성인은 실제로 성취하기란 매우 어려운 존재임을 분명히 밝힌 것이다.[37)]

그렇지만 공자 주위에서는 오히려 공자를 당대의 성인으로 여기는 의견이 있었다. 노魯나라의 귀족 맹희자孟僖子의 임종 때의 말을 살펴보면, 이와 같은 견해의 일단이 묘사되어 있다.

> 내가 들으니, 장차 통달通達할 만한 사람이 있어서 이름을 공구孔丘라고 불렀다.(杜預의 주석: "맹희자가 죽을 때 공구의 나이는 35세였다." 孔穎達의 『正義』: "마땅히 34세라고 말해야 하나 35세라고 한 것은 대개 전해진 바가 잘못된 것이다.") 공구는 성인의 후예(두예의 주석: "성인은 은나라 湯王이다.")인데, 그 조상은 송宋나라에서 멸망하였다. 공구의 조상 불보하弗父何는 송나라에 있으면서 아우인 여공厲公에게 왕위를 양보하였다. 공구의 조부인 정고보正考父에 이르러서는 대공戴公, 무공武公, 선공宣公을 섬길 때, 세 번 명命을 받았는데, 매번 명을 받을 때마다 더욱 공손하였다.…… 장손흘臧孫紇이 말하기를 "성인은 명덕明德이 있는 사람이니, 만약 당대에 있지 않다면 그 후대에 반드시 통달한 사람이 있다"고 하였다. 지금은 그런 일이 장차 공구에게 있지 않겠는가?[38)]

또한 공자의 제자인 자공子貢은 태재太宰의 물음에 답하면서, 공자를 '성인'

---

37) 吳震, 「중국사상사에서의 '성인' 개념」, 『퇴계학논집』 제10집(2012), 63~65쪽 참조.
38) 孔穎達, 『春秋左傳正義』, 卷44, 「左傳」, 昭公 7年, "吾聞將有達者, 曰孔丘.(杜預注: "僖子卒時, 孔丘年三十五." 孔穎達, 『正義』: "當言三十四, 而云五, 盖相傳誤耳.") 聖人之后也,(杜預注: "聖人, 殷湯.") 而滅于宋. 其祖弗父何, 以有宋而授厲公. 及正考父, 佐戴, 武, 宣, 三命兹益恭.……臧孫紇有言曰, '聖人有明德者, 若不當世, 其后必有達人.' 今其將在孔丘乎?"; 吳震, 「중국사상사에서의 '성인' 개념」, 『퇴계학논집』 제10집(2012), 65쪽.

으로 지칭하고 있고, 그것에 대해 공자는 겸양의 말을 하고 있다.

> 태재가 자공에게 물었다. "공자는 성자인가? 어찌 그리 능한 것이 많은가?" 자공이 말하였다. "본래 하늘이 내보내신 큰 성인이신데 또한 능한 것도 많으십니다." 공자가 이 말을 전해 듣고 말하였다. "태재가 나를 아는구나! 내가 젊었을 때 미천했기 때문에 비천한 일을 잘하는 게 많다. 군자는 잘하는 것이 많은가? 많지 않다." 금뢰琴牢가 말하였다. "선생님께서 말씀하시기를 '내가 쓰이지 않았기 때문에 재주가 많다'라고 하셨다."[39]

이처럼 공자는 공자 자신의 부인에도 불구하고 생전에 이미 성인과 같은 명예를 누렸음을 알 수 있다. 그리고 공자 사후에 그의 제자들 가운데서는 공자를 성인화聖人化하려는 흐름이 본격적으로 나타나기 시작한다. 『맹자孟子』에 기록된 바에 의하면, 재아宰我는 "내가 부자夫子를 관찰하건대 요순보다 훨씬 나으시다"[40]라고 하였고, 자공은 "생민生民이 있은 이래로 부자와 같은 분은 계시지 않는다"[41]라고 하였으며, 유약有若은 "생민이 있은 이래로 공자보다 더 훌륭한 분은 계시지 않는다"[42]라고 하였다. 이 세 가지 견해는 모두 공자를 성인으로 간주하고 있을 뿐만 아니라, 공자는 사람들이 생긴 이래로 천하제일의 성인이며, 심지어는 요순보다 더 뛰어나다는 이러한 의미를 은연중에 내포하고 있다. 이에 따라 맹자에 이르면 공자는 '상황에 합당하게 행동하는 성인'(聖之時者)이자, '집대성集大成을 한 존재'로 추앙된다.[43] 결론적으로

---

39) 『論語』, 「子罕」, 제6장, "大宰問於子貢曰. 夫子聖者與? 何其多能也? 子貢曰. 固天縱之將聖, 又多能也. 子聞之曰. 大宰知我乎! 吾少也賤故, 多能鄙事. 君子多乎哉? 不多也. 牢曰. 子云吾不試故藝."

40) 『孟子』, 「公孫丑上」, 제2장, "以予觀於夫子, 賢於堯舜遠矣."

41) 『孟子』, 「公孫丑上」, 제2장, "自生民以來, 未有夫子也."

42) 『孟子』, 「公孫丑上」, 제2장, "自生民以來, 未有盛於孔子也."

43) 『孟子』, 「萬章章下」, 제1장, "孔子, 聖之時者也, 孔子之謂集大成."

말하면, 공자는 생전에 성인으로 인정을 받았고, 맹자에 와서는 공자의 성인화가 완성이 되었는데, 그 성인화의 내용은 사마천의 『사기史記』「공자세가孔子世家」에 나오는 다음의 몇 마디 말로써 표식을 삼을 만하다. "공자는 포의布衣의 평범한 신분임에도 학자들이 그를 종주宗主로 삼았다. 천자나 왕후에서부터 중국에서 육예六藝를 말하는 사람이라면 모두 공자를 모범으로 삼고 있으니, 참으로 지극한 성인이라고 하겠구나!"[44]

공자에게 있어서 성인은 이상적인 제왕, 즉 성왕이다. 다시 말해, 성인은 안으로 내적 수양을 통해 덕성을 갖추고(內聖), 밖으로는 정치적·사회적 성취를 이룬(外王) 존재를 말한다. 공자는 가벼이 다른 사람을 성인이라고 인정하지 않았고, 더구나 스스로를 성인이라고 인정하지도 않았다. 그의 학문적 관점은 '요순을 으뜸으로 삼아 계승하고, 문왕과 무왕을 본받아 (그 법도를) 밝히는' 것이었고, 『주례周禮』의 사회질서를 회복하는 것이었다.[45] 그럼에도 공자는 생전에 이미 성인과 같은 명예를 누렸고, 사후에는 제자들에 의해 성인화하려는 움직임이 나타났으며, 맹자에 이르러서는 '성지시자'로 추앙된다.

2) 내성의 부각

(1) 맹자: 사람은 누구나 요순이 될 수 있다

① 공자라는 선택지

유학에서 '성' 또는 '성인'이 인간 존재를 설명하고 인간의 지향점을 제시하는 인간관 속으로 들어온 것은 공자 이후의 일이다. 공자는 결코 그의 제자들

44) 吳震, 「중국사상사에서의 '성인' 개념」, 『퇴계학논집』 제10집(2012), 66~67쪽.
45) 吳震, 「중국사상사에서의 '성인' 개념」, 『퇴계학논집』 제10집(2012), 67쪽 참조.

을 포함한 그 누구에게도 성인이 되기를 요구한 바 없을 뿐만 아니라, 자신을 성인이라고 칭하려는 주변의 시선도 단호하게 거부했다. 앞에서도 살펴본 것처럼 공자에게 성은 성왕이며, 거기에는 온전히 하늘의 뜻을 세상에 구현한다는 의미가 담겨 있다. 그렇기 때문에 공자의 성 관념에 부합할 수 있는 절대 조건이 제왕일 수밖에 없음은 당연하다. 아무리 '주술의 도덕화' 또는 '종교의 학문화'라는 인문주의적 성취를 이루었다 하더라도, 공자에게 성 또는 성인은 결코 보통 사람들의 인격적 성취의 대상이 될 수는 없었던 것이다.[46]

공자가 이렇게 생각할 수밖에 없었던 중요한 이유는 인격적으로 성인에 도달한 인물을 현실에서 확인할 수 없었다는 점을 들 수 있다. 그러나 공자의 적전嫡傳 제자들과 그 계승자들은 공자와는 근본적으로 다른 상황에서 성 또는 성인을 논의할 수 있었다. 이들에게는 제왕이 아니었음에도 불구하고 성인의 조건을 충족시킨 '공자'라는 새로운 선택지가 주어졌기 때문이다. 공자는 자신의 후학들에게 많은 가르침을 물려주었을 뿐만 아니라, 그 자신을 통해 새로운 상상력의 여지를 확장시켜 놓았다. 그의 후학들은 공자로 인해 성 또는 성인을 새로운 지평에서 해석할 수 있게 되었다. 공자 자신은 부정했지만, 공자에게서 성인을 확인했던 제자들의 시선에서 이미 변화된 성인상聖人像을 확인할 수 있다.[47]

공자 이전의 서적인 『시경』, 『서경』 및 『역경易經』과 이후의 『논어』와 『예기禮記』 등에는 '성인'이라는 단어가 전혀 나오지 않거나 한 손에 꼽을 정도이지만, 『맹자孟子』 이후의 문헌에서는 '성인'이라는 단어가 자주 등장한다.[48]

---

46) 한재훈, 「유학의 시대적 대응논리로서의 성인관」, 『한국사상과 문화』 제91집(2017), 450쪽.

47) 한재훈, 「유학의 시대적 대응논리로서의 성인관」, 『한국사상과 문화』 제91집(2017), 450쪽.

48) 최두진, 「고대 중국의 성인관 연구」, 『교사교육연구』 제57집(2018), 148쪽 참조.

특히 공자 이후 변화된 성인상을 학술적 차원에서 체계적으로 정립한 인물은 단연 맹자라고 할 수 있다. 『맹자』에는 '성', '성인', '성왕' 등이 언급되고 있는데, '성왕'은 단 한 차례 출현하고 있다. '성'은 대부분 '성인'이라는 의미로 사용되고 있고 그 나머지도 '성스러움'이라는 뜻을 갖고 있다. 따라서 고전적인 의미의 '총명聰明'으로 사용된 예는 한 번도 없다. 이 사실 하나만으로도 성인에 대한 이해가 근본적으로 변화되었음을 알 수 있다.[49]

② 사람은 누구나 요순이 될 수 있다

맹자의 성인관을 가장 상징적으로 보여 주는 것은 "사람은 누구나 요순이 될 수 있다"[50]라는 분명하고도 단호한 주장일 것이다. 요순으로 상징되는 성인을 누구나 도달할 수 있고 성취할 수 있는 인격체로 이야기하고 있다는 점, 그리고 성인을 더 이상 신화 속의 신격화된 인물로서가 아니라 보통의 인간들과 동류라는 인식 위에서 바라보고 있다는 점은 맹자 이전에 찾아볼 수 없는 완전히 새로운 선언이다.[51] 이 유명한 견해가 수천 년의 유학사에 미친 영향은 지극히 크고 깊다.[52] 뿐만 아니라, 이는 인간에 대한 유학적 이해의 패러다임을 근본적으로 바꿔 놓은 일대 사건이라고 평가할 만하다. 더욱 중요한 것은, 맹자는 공자가 강조한 인을 계승 발전시킨 '성선설性善說'이라는 철학적 논의 구조 위에서 이를 주장함으로써 그 정당성을 확보하고 있다는 사실이다.[53] 인간의 본성은 선한 것이기 때문에 요순의 본성과 일반인의

---

49) 한재훈, 「유학의 시대적 대응논리로서의 성인관」, 『한국사상과 문화』 제91집(2017), 450~451쪽 참조.

50) 『孟子』, 「告子下」, 제2장, "人皆可以爲堯舜." 『孟子』의 해석은 이기동 역해, 『맹자강설』(성균관대학교출판부, 2007)을 주로 참고함.

51) 한재훈, 「유학의 시대적 대응논리로서의 성인관」, 『한국사상과 문화』 제91집(2017), 451쪽 참조.

52) 吳震, 「중국사상사에서의 '성인' 개념」, 『퇴계학논집』 제10집(2012), 76쪽.

본성은 같은 것이며, 근본상 두 부류는 동류同類라는 것이다. 맹자는 확고부동하게 다음과 같은 사실을 제시한다. "그러므로 무릇 동류인 것은 대개 서로 비슷한 것이니, 어찌 홀로 인간에 이르러서만 그것을 의심하겠는가? 성인도 나와 동류인 자이시다."[54] 또 다음과 같이 말한다. "어찌 다른 사람과 다르리오. 요순도 다른 사람들과 똑같으시다."[55] 그러면 '같다'는 이 말은 또한 구체적으로 무엇을 가리키는가? 여기에서 우리는 맹자가 다음과 같은 명언을 말했다는 것을 상기하게 된다.[56]

> 입이 맛에서 즐기는 것이 똑같은 것이 있으며, 귀가 소리에서 듣는 것이 똑같은 것이 있으며, 눈이 색깔에서 아름답게 여기는 것이 똑같은 것이 있다. 마음에 이르러서만 홀로 똑같이 여기는 바가 없겠는가? 마음이 똑같이 여기는 것은 무엇인가? 리理와 의義이다. 성인은 내 마음이 남과 똑같이 여기는 것을 먼저 터득한 것이다. 그러므로 리와 의가 내 마음을 기쁘게 하는 것은 고기가 내 입을 기쁘게 하는 것과 같다.[57]

성인이 우리와 같다는 것은 우리 마음 가운데 '리'와 '의'가 존재한다는 것을 뜻한다. 도덕적 관점에서 보면, '리'와 '의'는 곧 인의예지仁義禮智이고, 인간의 네 가지 본성이다. 이 네 가지 본성은 또한 '마음에 근거하고 있는' 근본적인 존재인 것이다. 그러므로 "군자가 본질적인 것으로 여기는 것은

---

53) 한재훈, 「유학의 시대적 대응논리로서의 성인관」, 『한국사상과 문화』 제91집(2017), 451쪽 참조.

54) 『孟子』, 「告子上」, 제7장, "故凡同類者擧相似也, 何獨至於人而疑之. 聖人與我同類者."

55) 『孟子』, 「離婁下」, 제7장, "何以異於人哉. 堯舜與人同耳."

56) 吳震, 「중국사상사에서의 '성인' 개념」, 『퇴계학논집』 제10집(2012), 76~77쪽 참조.

57) 『孟子』, 「告子上」, 제7장, "口之於味也有同耆焉, 耳之於聲也有同聽焉, 目之於色也有同美焉, 至於心獨無所同然乎? 心之所同然者, 何也? 謂理也義也. 聖人先得我心之所同然耳. 故理義之悅我心猶芻豢之悅我口."

인의예지가 마음속에 뿌리를 내리고 있는 것이다"[58]라고 말하는 것이다.[59] 맹자는 이처럼 모든 인간들이 하나같이 측은惻隱·수오羞惡·사양辭讓·시비是非라고 하는 선한 단서端緖를 가지고 있는데, 만일 그러한 선한 단서를 확충한다면 모두가 요임금이나 순임금과 같은 성인이 될 수 있다고 한다.

인간의 본성, 즉 인성을 한 단계 업그레이드하기 위해서는 선한 단서의 확충 이외에 그것의 보존과 육성을 위해서 끊임없는 노력을 통하여 선한 단서를 마음이 잃지 않게 만들어야 한다. 그러므로 맹자는 "구하면 얻고, 놓아두면 잃어버린다"[60]고 말한다. 여기에서 한 걸음 더 나아가 그러한 것들을 사람들 가운데서 실천해야 하고, 외부 환경의 시련을 통하여 항상 자신의 언행거지言行擧止를 관조하는 가운데 마음의 본체가 내외 합일할 수 있게 만들어야 한다.[61]

맹자는 우리들 모두가 요순이 될 수 있고, 또한 성인의 그와 같은 이상적인 도덕적 인격을 실현할 수 있다고 보았다. 맹자가 제시한 사람들은 모두 요순이 될 수 있다는 견해는 유가의 인성론을 풍부하게 하였고, 동시에 유가의 성인지학의 기본 방향을 다져 놓았다.[62] 이는 맹자가 신화적 성인을 철학적 체계 안에서 도덕적 인격의 전형으로 설명하고 있을 뿐만 아니라, 이를 다시 본성론과 연결시킴으로써 보편적 인간관으로 발전시켜 갔음을 보여 준다.[63]

성과 성인에 대해 몹시 조심스러워했던 공자와 달리, 맹자는 이를 적극적으로 당시 군주들에게 소개하면서 벤치마킹하라고 권유했다. 공자가 거의

---

58) 『孟子』, 「盡心上」, 제21장, "君子所性, 仁義禮智根於心."
59) 吳震, 「중국사상사에서의 '성인' 개념」, 『퇴계학논집』 제10집(2012), 76~77쪽 참조.
60) 『孟子』, 「告子上」, 제6장, "求則得之, 舍則失之."
61) 조원일, 「공자의 성인관 연구」, 『동서철학연구』 제67호(2013), 346쪽 참조.
62) 吳震, 「중국사상사에서의 '성인' 개념」, 『퇴계학논집』 제10집(2012), 77쪽.
63) 한재훈, 「유학의 시대적 대응논리로서의 성인관」, 『한국사상과 문화』 제91집(2017), 451쪽 참조.

언급하지 않았던 인간의 본성 문제도 맹자는 적극적으로 개진하면서 당시의 군주들이 인정仁政을 베풀 수 있는 존재임을 자각하게 하는 논리로 활용했다. 이런 점에서 맹자는 공자의 원칙을 계승하면서도 방법론에서 창의적인 발상의 전환을 보여 주었다. 맹자의 참신함은 여기에서 그치지 않고, 공자라는 새로운 유형의 성인을 적극 발굴하고 의미를 부여함으로써 새로운 성인상을 만들어 갔다.[64]

③ 일반 사람: 내성의 부각과 외왕의 근본 의미 중시

i) 내성의 부각

『논어』에서 확인한 공자의 성인관과 『맹자』에서 확인하는 맹자의 성인관에는 분명한 차이가 있다. 공자에게 있어 성인은 도덕적 인격(內聖)을 갖추고서 통치자의 지위(外王)에 있었던 요임금과 순임금만이 성인이었다.[65] 그러나 맹자에게 있어서 성인은 내성과 외왕이 동시에 갖추어진 인물이 아닐 수 있다. 맹자가 말하는 성인의 필수 조건은 내성이다. 공자의 성인관에 비해 맹자의 성인관에서는 사람의 도덕적 인격이 성인이 되는가 되지 못하는가를 결정하는 중요한 요소로 부각된다.[66] 즉 맹자는 요순과 같은 성인이 되고 싶으면 단지 그러한 의지를 실천하기만 하면 된다는 것이다.[67] 이처럼 맹자는 공자가 가진 성인관에서 내성의 부분을 부각시킨다. 구체적으로 맹자는 성인을 일러 "백세百世의 스승"[68]이자, "인륜의 지극함"(인류의 표준)[69]이라는 말을 한다. 그

64) 한재훈, 「유학의 시대적 대응논리로서의 성인관」, 『한국사상과 문화』 제91집(2017), 454~455쪽.
65) '內聖外王'이라는 말은 『莊子』 「天下」에서 처음 사용되었다.
66) 김세종, 「맹자의 성인관 연구」(성균관대학교대학원 석사학위논문, 2010), 19쪽 참조.
67) 최두진, 「고대 중국의 성인관 연구」, 『교사교육연구』 제57집(2018), 148~149쪽.
68) 『孟子』, 「盡心下」, 제15장, "百世之師也."

리고 그러한 내성의 전형으로서 공자를 모델로 삼는다.[70)]

성인의 조건에서 내성이 부각되는 것은 성인관의 변화를 가져온다. 일단 내성이 부각되면 성인에 대한 접근이 한결 용이해진다. 공자에게서 묘사되는 성인은 요임금과 순임금밖에 없다. 그러나 그러한 성인들은 일반 사람들, 특히 통치자의 지위에 있지 않은 많은 사람들과는 질적으로 다른 존재인 것처럼 여겨진다. 이렇게 되면 일반 사람에게 성인이라는 존재는 자신과는 하등의 관계도 없는 존재로 생각되기 쉽다. 그러나 맹자의 경우처럼 내성의 의미로서 성인이 부각되면, 내재적 조건에 의해 성인의 여부가 결정되므로, 성인인가 아닌가의 여부는 자기의 외부에 있지 않고 자신의 내부, 즉 개인의 도덕심에 달려 있게 된다. 이것은 스스로의 노력으로 인격을 도야하여 도덕심을 갖추고 또 문화, 지혜, 가치의 전달자, 전수자가 된다면 완전한 성인까지는 아니더라도 성인의 일면은 갖추어 성인의 반열에 오를 수가 있게 되는 것이다. 즉 성인과 범인凡人 사이의 거리가 공자의 성인관에서는 닿을 수 없을 만큼 멀리 설정되어 있었다면, 맹자의 성인관에서는 그가 부각시킨 내성의 의미로 인해서 닿을 수 있을 만큼 가까워지게 된다. 중요한 것은 맹자가 공자를 사숙私淑하여 공자의 사상을 공부하면서 자기의 방식으로 수용하고, 그 이외의 다양한 사상들을 참고하면서 공자의 학설을 자신의 시대에 맞게 해석했다는 점이다. 특히 그가 내성으로서의 성인을 부각시켜 성인을 친근한 곳에 두고 누구에게나 자기 노력의 동기를 부여하였다는 점은 선진유학先秦儒學에서 일대 전환점이 되었다고 할 수 있다.[71)]

---

69) 『孟子』, 「離婁上」, 제2장, "人倫之至也."

70) 김세종, 「맹자의 성인관 연구」(성균관대학교대학원 석사학위논문, 2010), 23쪽.

71) 김세종, 「맹자의 성인관 연구」(성균관대학교대학원 석사학위논문, 2010), 23~24쪽.

ii) 외왕의 근본 의미 중시

그렇다면 맹자의 성인관에서 통치자의 지위(外王)는 무시된다고 보아야 하는가? 그렇지 않다. 맹자는 통치자의 지위에 오른다는 것의 근본적인 의미를 생각하였다. 통치자는 어떤 존재인가? 통치자는 그들 본연의 임무인 박시제중博施濟衆은 물론이고, 사람들에게 있어 문화의 전달자이며 지혜의 전수자이다. 맹자는 이러한 임무가 더 이상 통치자를 통해서는 구현되지 않는다고 생각하고 백세의 스승이 바로 이러한 임무를 맡고 있다고 여긴다. 따라서 외왕의 지위는 반드시 왕의 지위에 있는 사람에 의해서만 가능한 것이 아니라 스승의 지위에 있는 사람을 통해서도 가능하게 되었다. 공자는 외왕의 지위에 있지는 않았으나 문화와 지혜의 전달자로서 스스로의 인격을 도야하여 내성에 바탕을 둔 삶을 살았고, 이는 후세에까지 영향을 미치게 된다. 이러한 면에서 맹자는 공자가 외왕의 근본적 의미를 그 누구보다 충실히 구현한 것이라고 생각한다. 맹자에게 있어 공자가 성인 중의 성인, 즉 최고의 성인으로 설정되어 있는 것은 이러한 맥락에서 이해할 수 있다. 따라서 맹자에게 있어서는 성인의 조건이었던 통치자(외왕)라는 현실적인 지위가 문제가 되는 것이 아니라 백성들에게 문화와 가치, 지혜를 전수하느냐가 문제가 되는 것이다. 이것은 외왕적 측면의 무시가 아니라 문화와 가치, 지혜의 전수자라는 외왕의 근본적 의미를 추구한 결과라고 할 수 있다. 공자에게서 중시되었던 내성과 외왕은 사실 두 가지 일이 아니라 근본적으로 내성이 확보되면 외왕이 가능한 것이었다는 사실을 생각한다면, 맹자에게서 보이는 이러한 성인관의 변화는 그 시대적 상황을 볼 때 오히려 자연스러운 것이라고 할 수 있다.[72)]

---

72) 김세종, 「맹자의 성인관 연구」(성균관대학교대학원 석사학위논문, 2010), 19~23쪽.

④ 제왕: 인정과 왕도

도덕의 각도 즉 내성 측면에서 성인을 이해하는 것 이외에, 맹자는 또 정치의 각도 즉 외왕 측면에서 성인의 함의에 대해 한 차례 새로운 해석을 시도하였다. 그는 "요순이 이미 별세하시니, 성인의 도가 쇠하여 폭군이 대대로 나왔다"[73]고 지적하였다. 여기에서 '성인의 도'라는 개념을 주목할 만하다. 맹자의 생각으로는 요순 이후에 천하의 사회가 보편적으로 질서를 잃어버렸고, 요순으로 대표되는 '성인의 도' 또한 나날이 쇠미해졌으며, 그 대신 각국의 폭군이 천하의 사회와 정치를 온통 암흑으로 몰아넣고 있었다. 이로 말미암아 알 수 있는 것은 '성인의 도'의 존재 여부는 사회·정치 질서 유무의 관건이 되는 요인이라는 것이다. 그러면 무엇을 '성인의 도'라고 말하는가?[74]

맹자가 보기에 '성인의 도'를 시행하는 정치는 바로 인정仁政과 왕도王道였다. 맹자는 역사적인 관점에서 매우 명확하게 그런 사실을 제시한다.

> 요순의 도로도 인정을 쓰지 않으면 천하를 평치平治할 수 없다. 이제 군주가 인심仁心과 인문仁聞이 있으면서도 백성들이 그 혜택을 입지 못하여 후세에 법이 될 수 없는 것은 선왕의 도를 행하지 않기 때문이다. 그러므로 말하기를 "한갓 선심만 가지고는 정사를 할 수 없으며, 한갓 법만 가지고는 스스로 행해질 수 없다"고 한 것이다.…… 성인이 이미 시력을 다 발휘하시고 (거기에 그치지 않고) 규規·구矩·준準·승繩을 만들어 눈 밝은 효과가 계속되게 하시니, 방方·원圓·평平·직直을 만드는 데 이루 다 쓸 수 없으며, 이미 청력을 다 발휘하시고 육률六律을 만들어 귀 밝은 효과가 계속되게 하시니, 오음五音을 바로잡는 데 이루 다 쓸 수 없으며, 이미 마음과 생각을 다 발휘하시고 남에게 차마 하지 못하는 정치(不忍人之政)로써 마음과 생각을

73) 『孟子』, 「滕文公下」, 제9장, "堯舜既沒, 聖人之道衰, 暴君代作."
74) 吳震, 「중국사상사에서의 '성인' 개념」, 『퇴계학논집』 제10집(2012), 75쪽.

> 발휘한 효과가 계속되게 하시니, 인이 천하를 덮었다.[75]

이른바 "남에게 차마 하지 못하는 정치"(不忍人之政)란 곧 '인정'이며, 또한 바로 요순이 시행한 평치천하平治天下의 도이다. 이로써 성인은 한편으로는 도덕적으로 고상한 인물일 뿐만 아니라 또 한편으로는 천하를 다스리는 데 있어 대가이며, 자신의 '인심'을 천하에 시행하여 천하의 창생에게 '인심'의 윤택함을 받지 않는 사람이 없도록 한다는 것을 알 수 있다. 다시 말해 성인은 개인적인 '불인인지심不忍人之心', 즉 '인심'을 사회에 확충한 '불인인지정', 즉 '인정'으로 천하를 다스리는 존재이다. 맹자는 이것이 바로 성인이 정치에 있어서 마땅히 해야 할 일이라고 여긴다.[76]

맹자는 또한 왕도를 선왕의 도라고 여겼기 때문에 정치 이상에 대하여 언급할 때마다 자주 주나라 문왕의 치적을 인용하여 왕도의 의미를 설명하곤 한다.[77]

> 옛날에 문왕이 기산지역을 다스릴 적에 경작하는 자들에게 정전제로 세금을 받았으며, 관리들에게는 대대로 녹봉을 주었으며, 관문과 시장에서는 사정을 살피기만 하고 세금을 걷지 않았으며, 물고기 잡는 것을 금지시키지 않았고, 죄인의 처자에까지 처벌이 미치지 않게 했습니다. 늙어서 아내가 없으면 홀아비라 하고, 늙어서 남편이 없으면 과부라 하고, 늙어서 자식이 없으면 무의탁자라 하고, 어려서 부모가 없으면 고아라고 합니다. 이 네 종

75) 『孟子』, 「離婁上」, 제1장, "堯舜之道, 不以仁政, 不能平治天下. 今有仁心仁聞而民不被其澤, 不可法於後世者, 不行先王之道也. 故曰, 徒善不足以爲政, 徒法不能以自行.……聖人, 既竭目力焉, 繼之以規矩準繩, 以爲方員平直不可勝用也, 既竭耳力焉, 繼之以六律, 正五音不可勝用也, 既竭心思焉, 繼之以不忍人之政, 而仁覆天下矣."

76) 吳震, 「중국사상사에서의 '성인' 개념」, 『퇴계학논집』 제10집(2012), 75~76쪽; 정병석, 「유가의 성왕이념에 대한 비판적 검토」, 『철학연구』 제61집(1997. 6.), 195쪽 참조.

77) 조원일, 「공자의 성인관 연구」, 『동서철학연구』 제67호(2013), 348쪽 참조.

류의 사람들은 이 세상에서 가장 곤궁한 백성들로서 하소연할 곳이 없는 사람들입니다. 문왕은 정치를 펴고 인을 베풂에 반드시 이 네 부류의 사람들을 먼저 돌보았습니다.[78)]

존재가치의 측면에서 본다면 백성들이 있어야만 국가가 성립될 수 있는 것이기 때문에 백성들의 가치 및 존재는 국가보다 더 우위에 있는 것이라고 할 수 있다. 군주는 국가 운영의 필요에 의해서 존재하는 것이기 때문에 군주의 존재감은 국가와 백성들에 비하여 그 우위성이 떨어질 수밖에 없다. 그렇기 때문에 백성은 귀한 존재라고 하는 관념은 고대로부터 전승되어 온 것인데, 예를 들자면 "하늘은 우리 백성들로부터 통하여 보시고, 하늘은 우리 백성들로부터 통하여 들으신다"[79)], "위대한 상제께서는 백성들에게 진실한 마음을 내리셨다"[80)] 등이 그런 것이다. 맹자는 좀 더 구체적으로 "백성이 가장 귀중하고, 국가가 그 다음이며, 임금은 가벼운 존재이다"[81)]라고 하는 가치 관념을 제시한다.[82)]

왕도정치의 또 다른 관념은 덕으로 인을 실천하는 것인데, 이는 덕치德治의 방식을 통하여 민심을 끌어안는 한편 이를 토대로 천하를 평정한다는 것이다. 이와 같이 백성들이 마음속으로부터 진정으로 기뻐하면서 군주를 신뢰하는 것은 무력으로 인을 가장하는 패도정치霸道政治와는 확연한 차이를 보이는 것이다.[83)]

---

78) 『孟子』, 「梁惠王下」, 제5장, "昔者文王之治岐也, 耕者九一, 仕者世祿, 關市譏而不征, 澤梁無禁, 罪人不孥. 老而無妻曰鰥, 老而無夫曰寡, 老而無子曰獨, 幼而無父曰孤. 此四者天下之窮民而無告者. 文王發政施仁, 必先斯四者."

79) 『書經』, 「周書 · 泰誓中」, "天視自我民視, 天聽自我民聽."

80) 『書經』, 「商書 · 湯誥」, "惟皇上帝, 降衷于下民."

81) 『孟子』, 「盡心下」, 제14장, "民爲貴, 社稷次之, 君爲輕."

82) 조원일, 「공자의 성인관 연구」, 『동서철학연구』 제67호(2013), 348쪽 참조.

83) 조원일, 「공자의 성인관 연구」, 『동서철학연구』 제67호(2013), 349쪽.

왕도 관념의 제기는 맹자의 인성론에 기인한 점 외에도 당시의 시대 상황과도 유기적으로 맞물려 있다고 할 수 있다. 즉 당시의 제후들은 천하의 쟁패를 위하여 경쟁적으로 자신의 이익에 힘쓰고 있었고, 신하된 사람들은 자신의 이익을 염두에 두고 군주를 섬겼으며, 자식 된 사람들 역시 자신의 이익을 위하여 부모를 섬기는 등 모든 사회가 눈앞의 성공과 이익에 급급한 행태를 보이고 있었다. 맹자는 군주가 자신의 이익을 위해서 정치를 시행하게 되면 이는 모든 동란의 근원이 된다는 사실을 깊이 인식하고, 각국의 제후들에게 의로 이익을 대체할 것과 왕도를 드높이고 패도를 내칠 것을 역설하면서, 천하의 혼란을 종식시키고자 하였다. 이와 동시에 군주들의 부단한 패업 추구는 결국 백성들의 고통으로 직결된다고 하는 사실을 직시한 맹자는 백성들이 필요한 부분에 정치권력을 적절하게 운용해야 한다고 강조한다.[84]

맹자는 성선설을 기초로 모든 사람들이 선한 단서를 가지고 있다고 하는 전제하에, 군주가 먼저 자신을 바르게 하여 천하의 모든 사람들의 모범이 된다면 백성들은 자연히 군주를 본받게 되는 것이고, 또한 그들이 선한 본성의 확충을 통하여 윤리도덕을 실천할 수 있게 되어 부모에게 효도를 할 수 있게 된다고 생각했다. 이와 같이 왕도정치의 이상은 일반 백성들에 대한 보민保民 · 양민養民 · 위민爲民 정책 시스템의 구축과 도덕교육에 있으며, 좀 더 구체적으로 사회적 약자에 대한 관심과 구제활동을 통하여 전체 사회구성원들이 노인은 천수를 다 누리고 젊은이들은 적합한 일을 하고 홀아비 · 과부 · 고아 · 무의탁자 · 장애인 등과 같은 이들이 사회적 배려를 받는 것이 바로 유가에서 창조하고 추구하려 하는 이상적인 사회의 모습인 것이다.[85]

맹자의 성인관을 상징적으로 말해 주는 것은 바로 "사람은 누구나 요순이

84) 조원일, 「공자의 성인관 연구」, 『동서철학연구』 제67호(2013), 349~350쪽.
85) 조원일, 「공자의 성인관 연구」, 『동서철학연구』 제67호(2013), 354~355쪽.

될 수 있다"[86]는 확고한 주장이다. 맹자는 공자를 성인으로 추숭하면서 성인이 더 이상 요순과 같은 신화 속의 성왕이 아니라 현실세계 속에서 내성을 갖춘 존재임을 강조한다. 다시 말해 성인은 보통의 인간들과 동류라는 것이다. 이러한 인식은 맹자 이전에는 찾아볼 수 없는 것이며, 이 유명한 견해가 수천 년의 유학사에 미친 영향은 지극히 크고 깊다.[87] 뿐만 아니라, 이는 인간에 대한 유학적 이해의 패러다임을 근본적으로 바꿔 놓은 일대 사건이라고 평가할 만하다. 더욱 중요한 것은 맹자는 공자가 강조한 인을 계승 발전시킨 '성선설性善說'이라는 철학적 논의 구조 위에서 이를 주장함으로써 그 정당성을 확보하고 있다는 사실이다.[88] 이처럼 맹자는 공자를 모델로 삼아 내성을 부각시키고 외왕의 근본 의미를 중시한다. 그리고 제왕에 대해서는 인정과 왕도를 통해 성인의 도를 시행할 것을 주장한다.

(2) 순자: 길거리의 사람도 우임금 같은 성인이 될 수 있다

『순자荀子』에는 '성', '성인', '성왕' 등이 많이 언급되고 있다. 그중 먼저 '성'과 '성인'에 대해 언급한 내용을 살펴본다. '성'은 제9편 「왕제王制」에 나오는 '성'자를 제외하고는 모두 '성인'의 의미로 쓰이고 있다.

> 생각이 민첩하고 총명해 막힘이 없는 것이 성인이다.[89]

---

86) 『孟子』, 「告子下」, 제2장, "人皆可以爲堯舜."
87) 吳震, 「중국사상사에서의 '성인' 개념」, 『퇴계학논집』 제10집(2012), 76쪽.
88) 한재훈, 「유학의 시대적 대응논리로서의 성인관」, 『한국사상과 문화』 제91집(2017), 451쪽 참조.
89) 『荀子』, 「修身」, 제9장, "齊明而不竭, 聖人也." 『荀子』의 해석은 김학주 옮김, 『순자』(을유문화사, 2019)를 주로 참고함.

조리가 반듯하고, 위엄 있게 자기를 공경할 수 있으며, 하는 일의 시작과 끝이 굳건하게 한결같고, 그의 일이 안락하게 오래갈 수 있으며, 그가 지키는 도는 뚜렷하여 위태로워지지 않고, 그가 쓰는 지혜는 밝고 분명하며, 그의 기강은 정제하게 유지되고, 그의 언행에는 무늬가 아름답게 드러나며, 사람들의 훌륭함을 기뻐하며 즐기고, 남들이 합당하지 못한 일을 하는 것을 은근히 두려워한다면, 그는 성인이라 할 수 있다.90)

성인은 어짊과 의로움을 근본으로 삼고 시비를 합당하게 가리며, 말과 행동을 일치시켜 터럭만한 어긋남도 없다. 거기에는 별다른 도가 있는 것이 아니라 실천하는 데에 궁극적인 목표가 있기 때문이다.91)

성인이란 올바른 도의 극치이다.92)

그러므로 성인은 사람들의 본성을 교화시켜 작위作爲를 일으키고, 작위를 일으켜 예의를 만들어 내고, 예의를 만들어 법도를 제정한다. 그러니 예의와 법도는 성인이 생겨나게 하는 것이다. 그러므로 성인이 여러 사람들과 같은 것, 곧 성인이 여러 사람들과 다름이 없는 것이 본성이고, 여러 사람들과 다르고 훨씬 뛰어난 것이 작위이다.93)

공자가 말하였다. "사람에게는 다섯 가지 구분이 있습니다. 보통 사람이 있고, 선비가 있고, 군자가 있고, 현명한 사람이 있고, 위대한 성인이 있습니다."…… 애공이 말하였다. "훌륭한 말씀입니다. 감히 여쭙건대 어떤 사람

90) 『荀子』, 「儒效」, 제10장, "井井兮其有理也, 嚴嚴兮其能敬己也, 分分兮其有終始也, 猒猒兮其能長久也, 樂樂兮其執道不殆也, 炤炤兮其用知之明也, 脩脩兮其用統類之行也, 綏綏兮其有文章也, 熙熙兮其樂人之臧也, 隱隱兮其恐人之不當也, 如是, 則可謂聖人矣."

91) 『荀子』, 「儒效」, 제14장, "聖人也者, 本仁義, 當是非, 齊言行, 不失毫釐. 無他道焉, 已乎行之矣."

92) 『荀子』, 「禮論」, 제6장, "聖人者, 道之極也."

93) 『荀子』, 「性惡」, 제5장, "故聖人化性而起僞, 僞起而生禮義, 禮義生而制法度. 然則禮義法度者, 是聖人之所生也. 故聖人之所以同於衆, 其不異於衆者, 性也, 所以異而過衆者, 僞也."

을 위대한 성인이라 할 수 있습니까?" 공자가 대답하였다. "이른바 위대한 성인은 지혜가 위대한 도에 통하고, 변화에 응하여 막힘이 없으며, 만물의 실상과 본성을 잘 분별합니다. 위대한 도란 만물을 변화시키고 생성케 하는 근원이며, 실상과 본성이란 그러하거나 그렇지 않은 것과 취하고 버릴 것을 정리하는 근거입니다. 그러므로 그러한 성인이 하는 일은 하늘과 땅에 크게 펼쳐지게 됩니다. 성인의 명철함은 해와 달처럼 밝고, 만물을 아울러 다스리는 것은 비바람의 영향과 같습니다. 조화롭고 아름다운 것과 정세하고 빈틈없는 성인의 일은 아무도 따를 수가 없습니다. 마치 하늘이 그런 일을 하는 것과 같아서 사람으로서는 잘 알 수 없으며, 백성들은 가까이 늘 보고 있으면서도 그것이 직접 자신을 지배하고 있음을 알지 못합니다. 이와 같다면 위대한 성인이라 할 수 있을 것입니다." 애공이 말하였다. "훌륭한 말씀입니다."[94)]

여러 성왕들의 법도를 흰 것과 검은 것을 분별하듯 분명하게 닦고, 당시의 변화에 하나둘을 세듯 확실하게 대응하며, 예의 절도를 실천케 하여 세상을 자기 손발을 움직이듯 자연스럽게 안정시키고, 공로를 이룩하는 교묘함이 사철의 순환을 알려주듯 시의적절하며, 올바르게 다스려 억만의 백성을 한 사람처럼 화합하게 한다면, 그는 성인이라 할 수 있다.[95)]

그러므로 천자란 오직 그 자리에 합당한 사람이어야 한다. 천하란 지극히 중대한 것이어서 지극히 강력한 사람이 아니면 그것을 책임질 수가 없다. 지극히 큰 것이어서 지극히 분별력 있는 사람이 아니면 그 분수를 따라 질

---

94) 『荀子』, 「哀公」, 제2장, "孔子曰. 人有五儀. 有庸人, 有士, 有君子, 有賢人, 有大聖.……哀公曰. 善, 敢問何如斯可謂大聖矣. 孔子對曰. 所謂大聖者, 知通乎大道, 應變而不窮, 辨乎萬物之情性者也. 大道者, 所以變化遂成萬物也, 情性者, 所以理然不取舍也. 是故其事大辨乎天地. 明察乎日月, 總要萬物於風雨. 繆繆肫肫, 其事不可循. 若天之嗣, 其事不可識, 百姓淺然, 不識其鄰. 若此則可謂大聖矣. 哀公曰. 善."

95) 『荀子』, 「儒效」, 제9장, "脩百王之法, 若辨白黑, 應當時之變, 若數一二, 行禮要節而安之, 若生四枝, 要時立功之巧, 若詔四時, 平正和民之善, 億萬地衆而博若一人, 如是, 則可謂聖人矣."

> 서를 유지할 수가 없다. 지극히 많은 사람들이 있어 지극히 명철한 사람이 아니라면 그들을 화합시킬 수가 없다. 이 세 가지 지극한 능력은 성인이 아니라면 다 갖출 수가 없다. 그러므로 성인이 아니라면 왕이 될 수 없다. 성인은 도를 두루 갖추고 완전한 아름다움을 지닌 분이어서, 천하를 저울질 하듯 평화롭게 다스릴 사람이다.[96]

> 성인이란 사물의 이치를 다 꿰뚫은 사람이다. 제왕은 그런 제도를 다 마련한 사람이다. 이 두 가지를 다 추구한 성왕이야말로 천하의 법도가 될 수 있다. 그러므로 학문을 하는 사람은 성왕을 스승으로 삼고, 성왕의 제도를 법칙으로 삼아 그 법칙을 법도로 받들면서 그 강령을 추구하고 그 사람을 본받기에 힘쓰는 것이다. 성왕의 도를 향해 힘쓰는 것이 선비이고, 성왕의 도에 유사하게 거의 접근한 사람이 군자이며, 그 성왕의 도를 잘 알고 있는 사람이 성인이다.[97]

이러한 인용문을 통해 우리는 순자에게 있어 성인이 어떤 존재인지를 가늠할 수 있다. 첫째, 성인은 총명과 지혜, 정연한 논리, 그리고 명철한 판단력을 갖추고 있다. 성인은 "생각이 민첩하고 총명"한 존재이고, 밝고 분명하고 대도로 통하는 지혜를 갖추고 있으며, 정연한 논리를 갖고 있고, 사물의 이치를 꿰뚫어 볼 수 있는 판단력을 지니고 있다. 둘째, 성인은 어질고, 의로우며, 공감 능력이 있고, 높은 자존감을 보유하고 있다. 성인은 "어짊과 의로움을 근본으로 삼고", 공감 능력이 있어 "사람들의 훌륭함을 기뻐하며 즐기고",

---

96) 『荀子』, 「正論」, 제3장, "故天子唯其人. 天下者, 至重也, 非至疆莫之能任. 至大也, 非至辨莫之能分. 至衆也, 非至明莫之能和. 此三至者, 非聖人莫之能盡. 故非聖人莫之能王. 聖人備道全美者也, 是縣天下之權稱也."

97) 『荀子』, 「解蔽」, 제13장, "聖也者, 盡倫者也. 王也者, 盡制者也. 兩盡者, 足以爲天下極矣. 故學者, 以聖王爲師, 案以聖王之制爲法, 法其法以求其統類, 以務象效其人. 嚮是而務, 士也, 類是而幾, 君子也, 知之, 聖人也."

"위엄 있게 자기를 공경할 수" 있는 높은 자존감을 보유하고 있다. 셋째, 성인은 강력한 리더십과 함께 일관성, 언행일치, 목표지향성, 그리고 변화대응력을 갖추고 있다. 성인은 천하를 책임질 수 있는 강력한 리더십을 갖고 있고, 일의 시작과 끝이 한결같을 수 있는 일관성을 지니고 있다. 말과 행동에 터럭만한 어긋남도 없는 언행일치가 이루어지고, 궁극적인 목표를 설정해 실천하는 목표지향성을 보유하고 있으며, "변화에 응하여 막힘이 없는" 변화대응력을 갖고 있다. 넷째, 성인은 사람들에 대한 교화를 통해 작위를 일으키고, 예의를 만들고, 법도를 제정한다. 성인은 "사람들의 본성을 교화시켜 작위를 일으키고, 작위를 일으켜 예의를 만들어 내고, 예의를 만들어 법도를 제정한다."

이처럼 성인은 고도의 지적인 총명함과 명철함을 갖고 있으며, 정서적으로 어질고 의롭고 공감할 수 있는 능력을 지니고 있다. 행동 측면에서도 강력한 리더십을 발휘할 수 있는 자질을 두루 갖추고 있으며, 특히 사람들의 본성에 대한 교화를 통해 작위를 일으키고 예의를 만들고 법도를 제정하는 능력을 보유하고 있다.

따라서 "순자가 보기에 성인은 무소불능無所不能"[98]한 존재라고 할 수 있다. 또한 순자에게 있어서 성인이란 주로 두 가지 함의를 포함하는데, 도덕적인 방면의 함의뿐만 아니라 정치적인 방면의 함의도 갖고 있다. 바꾸어 말하면, 성인은 사람들의 도덕적 귀감일 뿐만 아니라 사회제도의 제정자이기도 하다. 사실 두 번째 함의에서 말하는 '성인'은 그 의미가 선진시대의 '성왕'의 개념에 더 가깝다.[99] 실제로 인용문에서 보면, "올바르게 다스려 억만의 백성을 화합하게" 하는 성인은 곧 성왕이라 할 수 있다. 그리고 천자란 강력한 리더십, 분별력, 명철함이라는 세 가지 능력을 갖추어야 하는데, 이런 능력은

98) 吳震, 「중국사상사에서의 '성인' 개념」, 『퇴계학논집』 제10집(2012), 78쪽.
99) 吳震, 「중국사상사에서의 '성인' 개념」, 『퇴계학논집』 제10집(2012), 79쪽.

성인이 아니면 갖출 수가 없고, 따라서 "성인이 아니라면 왕이 될 수 없다"고 한다. 또한 사물의 이치를 꿰뚫은 성인과 제도를 마련한 제왕을 겸비한 성왕이야말로 천하의 법도가 될 수 있다고 말한다. 이처럼 순자의 관점에 의하면 천하의 군주는 높은 덕이나 능력을 가진 성인이라야 가능하다.[100]

그렇다면 성인은 어떻게 될 수 있는가? 순자는 성인이 되기 위해서는 '도를 익히는 학문', '선을 쌓고 행하는 노력', '예의를 배우고 행하는 노력', '어짊과 의로움과 올바른 법도'를 행함, '작위를 쌓음', 그리고 '성왕의 다스림'과 '예의의 교화' 등이 필요하다고 말한다.

> 선을 쌓아 덕을 이루면 신명함을 스스로 얻어 성인의 마음이 갖추어진다.[101]

> 학문은 어디에서 시작하여 어디에서 끝나는가? 그 방법에 있어서는 경문을 외우는 데서 시작하여 『예기』를 읽는 데서 끝나며, 그 뜻에 있어서는 선비가 되는 것에서 시작하여 성인이 되는 것으로 끝난다. 노력을 오랫동안 쌓으면 그런 경지에 들어갈 수 있지만, 학문이란 죽은 뒤에야 끝나는 것이다.[102]

> 길거리의 백성이라 하더라도 선을 쌓아 완전함을 다하게 되면, 그를 성인이라 한다. 성인은 선을 추구함으로써 그렇게 되었고, 선을 행함으로써 성인이 되었으며, 그런 일을 쌓아 감으로써 높아졌고, 그런 일을 다한 뒤에야 성인이 되었다. 그러므로 성인이란 사람들이 노력을 쌓아 감으로써 이루어진다.[103]

---

100) 정병석, 『주역과 성인, 문화상징으로 읽다』(예문서원, 2018), 158쪽.

101) 『荀子』, 「勸學」, 제5장, "積善成德, 神明自得, 聖心備焉."

102) 『荀子』, 「勸學」, 제7장, "學惡乎始惡乎終. 曰其數則始乎誦經, 終乎讀禮, 其義則始乎爲士, 終乎爲聖人. 眞積力久則入, 學至乎沒而後止也."

103) 『荀子』, 「儒效」, 제16장, "涂之人百姓, 積善而全, 盡謂之聖人. 彼求之而後得, 爲之而後成, 積之而後高, 盡之而後聖. 故聖人也者, 人之所積也."

본성이란 하늘로부터 타고난 것이어서 배워서 행하게 될 수 없는 것이며, 노력으로 이루어질 수 없는 것이다. 예의란 성인이 만들어 낸 것이어서 배우면 행할 수 있는 것이며, 노력하면 이루어질 수 있는 것이다. 배워서 행할 수 없고 노력해 이루어질 수 없는데도 사람에게 있는 것을 본성이라 하고, 배우면 행할 수 있고 노력하면 이루어질 수 있는 것을 작위라 한다. 이것이 본성과 작위의 구분이다.[104)]

지금 사람의 본성은 악하기 때문에 반드시 성왕의 다스림이 있고 예의의 교화가 있은 연후에야 모두 다스려지게 되고 선함으로 모이는 것이다.[105)]

"길거리의 사람도 우禹임금 같은 성인이 될 수 있다"고 하는데, 무엇을 말한 것인가? 우임금이 우임금으로서 존경을 받는 까닭은 그가 어짊과 의로움과 올바른 법도를 행하기 때문이다. 그렇다면 어짊과 의로움과 올바른 법도는 알 수 있고 행할 수 있다는 이론이 성립된다. 그러므로 길거리의 사람이라 할지라도 모두 어짊과 의로움과 올바른 법도를 알 수 있는 자질이 있고, 모두 어짊과 의로움과 올바른 법도를 행할 수 있는 능력이 있다. 그러니 그들도 우임금 같은 성인이 될 수 있음은 분명한 일이다.[106)]

지금 길거리의 사람에게 도를 익히는 학문을 마음을 오로지 하고 뜻을 하나로 하여 사색하고 익히 살펴보게 하여 오래도록 선을 쌓음에 쉬지 않게 한다면, 곧 신명에 통하고 천지의 변화와 함께할 수 있을 것이다. 그러므로 성인이란 사람의 작위가 쌓여 이루어지는 것이다.[107)]

---

104) 『荀子』, 「性惡」, 제3장, "凡性者, 天之就也, 不可學, 不可事. 禮義者, 聖人之所生也, 人之所學而能, 所事而成者也. 不可學, 不可事而在人者, 謂之性. 可學而能, 可事而成之在人者, 謂之僞. 是性僞之分也."

105) 『荀子』, 「性惡」, 제8장, "今人之性惡, 必將待聖王之治, 禮義之化, 然後皆出於治, 合於善也."

106) 『荀子』, 「性惡」, 제11장, "塗之人, 可以爲禹, 曷謂也. 曰, 凡禹之所以爲禹者, 以其爲仁義法正也. 然則仁義法正, 有可知可能之理. 然而塗之人也, 皆有可以知仁義法正之質, 皆有可以能仁義法正之具. 然則其可以爲禹明矣."

107) 『荀子』, 「性惡」, 제11장, "今使塗之人, 伏術爲學, 專心一志, 思索孰察, 加日縣久, 積善而不

> 무릇 예의라는 것은 성인의 작위에 의해 생겨나는 것이지, 본디 사람의 본성에서 생겨나는 것이 아니다.…… 성인이 생각을 쌓고 작위를 오랫동안 익혀 예의를 만들어 내고 법도를 제정하였다. 그러니 예의와 법도는 성인의 작위에 의해 생겨나는 것이지 본디 사람의 본성으로부터 생겨나는 것이 아니다.[108]

> 그러므로 길거리의 사람도 우임금 같은 성인이 될 수 있다는 말도 그러하다. 길거리의 사람이 우임금처럼 될 수는 있으나 반드시 그렇게 되는 것은 아니다. 비록 우임금처럼 되지는 못한다 하더라도, 우임금처럼 될 수 있다고 하는 것이 해가 되지는 않는다. 사람의 발은 천하를 두루 다닐 수 있으나, 천하를 두루 다닌 사람은 일찍이 없었다.…… 이렇게 본다면 될 수 있다고 해서 반드시 되는 것은 아니다. 비록 되지 못한다 하더라도 될 수 있다는 것이 해가 되지는 않는다. 그러므로 되고 안 되는 것과 될 수 있고 될 수 없는 것의 차이는 먼 것이다. 서로 상대방처럼 모두가 되지 못한다는 것은 분명한 일이다.[109]

순자는 사람의 본성이 악하다는 '성악설性惡說'을 주장하면서, 그렇기 때문에 "성왕의 다스림"과 "예의의 교화"가 필요하다고 말한다. 더 나아가 길거리의 보통 사람들이 성인이 되기 위해서는 사람들 각자가 "도를 익히는 학문"을 하고, 선을 쌓고, 예의를 배우며, 어짊과 의로움과 올바른 법도를 행하는 인위적인 노력, 즉 작위를 쌓아 나가야 한다고 말한다.

순자에 따르면 '성인'이 되기 위한 노력은 도가처럼 천진난만함으로 돌아

息, 則通於神明, 參於天地矣. 故聖人者, 人之所積而致也."

108) 『荀子』, 「性惡」, 제5장, "凡禮義者, 是生於聖人之僞, 非故生於人之性也.……聖人積思慮, 習僞故, 以生禮義而起法度. 然則禮義法度者, 是生於聖人之僞, 非故生於人之性也."

109) 『荀子』, 「性惡」, 제12장, "故塗之人可以爲禹, 然則, 塗之人能爲禹, 未必然也. 雖不能爲禹, 無害可以爲禹. 足可以偏行天下, 然而未嘗有能偏行天下者也.……用此觀之, 然則可以爲, 未必能也. 雖不能, 無害可以爲. 然則能不能之與可不可, 其不同遠矣. 其不可以相爲, 明矣."

가거나, 맹자처럼 어린아이의 마음을 회복하는 것과는 거리가 멀다. 그와는 반대로 인위적인 노력, 즉 작위를 통해 가능한 한 악한 본성으로부터 멀어지도록 하는 것이다.[110)]

겉으로 보기에 순자의 "길거리의 사람도 우임금 같은 성인이 될 수 있다"는 명제는 맹자의 "사람들은 모두 요순이 될 수 있다"라는 말과 뜻이 매우 비슷한데, 두 주장이 모두 강조하는 것은 사람마다 모두 성인이 될 수 있다는 것이다. 그러나 맹자의 말은 성선설에 근거하고 있는 반면, 순자의 주장은 성악설에 입각하고 있다. 그러면 성악설은 어떻게 사람마다 모두 성인이 될 수 있다는 결과를 도출해 내었는가? 사실 순자는 그것을 인성론의 각도에서 도출한 것이 아니라, 사람들의 마음에는 모두 앎의 능력이 있다는 각도에서 출발하여 위에서 언급한 결과를 얻은 것이다.[111)]

따라서 예의·법도는 인성과는 무관하며 성인의 행동과 관련이 있다. 순자는 다음과 같이 지적한다. "무릇 예의라는 것은 성인의 작위에 의해 생겨나는 것이지, 본디 사람의 본성에서 생겨나는 것이 아니다...... 성인이 생각을 쌓고 작위를 오랫동안 익혀 예의를 만들어 내고 법도를 제정하였다. 그러니 예의와 법도는 성인의 작위에 의해 생겨나는 것이지 본디 사람의 본성으로부터 생겨나는 것이 아니다." 왜 이렇게 말하는 것일까? 순자에게 있어서 "본성이란 하늘로부터 타고난 것이어서 배워서 행하게 될 수 없는 것이며, 노력으로 이루어질 수 없는 것이다. 예의란 성인이 만들어 낸 것이어서 배우면 행할 수 있는 것이며, 노력하면 이루어질 수 있는 것이다. 배워서 행할 수 없고 노력해 이루어질 수 없는데도 사람에게 있는 것을 본성이라 하고, 배우면 행할 수 있고 노력하면 이루어질 수 있는 것을 작위라 한다. 이것이 본성과

110) Maspero, H., 김선민 옮김, 『고대 중국』(서울: 까치, 1995), 364쪽 참조.
111) 吳震, 「중국사상사에서의 '성인' 개념」, 『퇴계학논집』 제10집(2012), 80쪽 참조.

작위의 구분이다." 이것은 순자가 '본성과 작위의 구분'이라는 각도에서 성인의 행위는 예의를 만들어 내는 근원이며, 본성은 저절로 그러한 것이어서 '배우거나 노력할 수 없는' 것임을 논증한 것이다.[112]

순자는 성인이 비록 꾸준한 노력을 통해 도달할 수 있는 것이지만, 사람들은 흔히 진정으로 그것을 하지는 않는다고 여겼다. 그러므로 순자는 성인이 '될 수 있다'는 것은 '필연적으로 된다'는 것과는 같지 않다고 보았으며, '될 수 있다'는 것은 성인이 될 가능성을 가리키지만, 그것의 최종적인 실현의 단초는 실천이라고 보았다.[113] 따라서 순자는 비유하기를, "사람의 발은 천하를 두루 다닐 수 있으나, 천하를 두루 다닌 사람은 일찍이 없었다"고 말한다.

다음으로 '성왕'에 대해 살펴본다. '성왕'이라는 말은 선진유가의 전적 중 『논어』에는 나타나지 않고, 『맹자』에는 겨우 한 가지 예만 있으며, 『순자』에 이르면 대량으로 나타나기 시작한다. 『순자』에서는 모두 38회에 걸쳐 '성왕'이 언급되고 있는데, 이는 선진유가의 문헌 가운데서 가장 많은 횟수이다.[114] 이른바 '성왕'은 현명한 군주를 가리키는 말이며, 다시 말해 후세의 '성군聖君'을 말한다. 예컨대 요순은 한 나라의 군주였으나, 동시에 성인으로 봉해졌다. 그러나 공자는 비록 후세에 성인으로 봉해졌으나, 그는 단지 소왕素王이었던 까닭에 '성왕'으로 불리지 못했다. 그러므로 순자는 공자를 "권세를 얻지 못한 성인"[115]이라고 칭하였으며, 그 말은 공자가 비록 권세는 없었지만 여전히

112) 吳震, 「중국사상사에서의 '성인' 개념」, 『퇴계학논집』 제10집(2012), 82~83쪽.
113) 吳震, 「중국사상사에서의 '성인' 개념」, 『퇴계학논집』 제10집(2012), 81쪽.
114) 선진시대 문헌 전체를 놓고 보면 '성왕'은 『묵자』에 110여 차례로 가장 많이 언급되고 있다. 묵자(B.C. 468?~378?)는 공자(B.C. 551~479)와 맹자(B.C. 372~289?) 사이에 살았던 사람으로 알려져 있다. 여기에서 의문스러운 것은 비록 학파는 다르지만 『묵자』에 이미 110여 차례에 걸쳐 '성왕'이 언급되고 있는데 그 후대의 저술인 『맹자』에는 '성왕'이 단 한 차례 언급되고 있고 『순자』에 이르러서야 비로소 삼십여 차례 언급되고 있다는 사실이다. 앞으로의 연구를 통해 밝혀져야 할 부분이라고 하겠다.
115) 『荀子』, 「非十二子」, 제4장, "是聖人之不得執者也."

성인으로 간주할 수 있다는 의미이다. 그렇다면 순자는 어째서 그렇게 성왕을 중시했는가? 이것은 확실히 순자의 사상이 예의 등의 사회제도를 건설하는 정치적 배려를 매우 중시한 것과 관련이 있다고 할 수 있다.[116)]

앞에서도 언급되었듯이 성왕은 '사물의 이치를 꿰뚫고, 제도를 마련한 사람'을 말한다. 그리고 덕 있는 인재를 발탁할 수 있어야 하고, 예의와 법도를 통해 사람들의 본성을 교화하고 올바르게 인도할 수 있는 사람이다.

> 덕을 따져 인재를 고르고 능력 있는 사람을 부려 그들을 벼슬자리에 앉히는 것이 성왕의 도이며, 유가에서 삼가 지키는 일이다.[117)]

> 성왕이 윗자리에 있으면 덕을 헤아려 벼슬의 차례를 정하고, 능력을 헤아려 관직을 내려 주고, 모든 백성들이 그들의 일을 담당해 각각 그들에게 적합한 일을 하게 한다. 도의로써 자기 이익을 제어하지 못하는 자나 노력을 통해 자기 본성을 잘 건사하지 못하는 자들을 곧 아울러 백성으로 삼아 다스리는 것이다.[118)]

> 옛날의 성왕은 사람의 본성이 악하기 때문에 편벽되고 음험하고 바르지 않으며, 도리에 어긋나는 어지러운 짓을 해 다스려지지 않는다고 생각했기 때문에, 이를 위해 예의를 만들고 법도를 제정해 사람들의 감정과 본성을 바로잡고 수식함으로써 이를 올바르게 하였다.[119)]

---

116) 吳震, 「중국사상사에서의 '성인' 개념」, 『퇴계학논집』 제10집(2012), 79~80쪽.

117) 『荀子』, 「王霸」, 제8장, "論德使能而官施之者, 聖王之道也, 儒之所謹守也."

118) 『荀子』, 「正論」, 제7장, "聖王在上, 圖德而定次, 量能而授官, 皆使民載其事而各得其宜. 不能以義制利, 不能以僞飾性, 則兼以爲民."

119) 『荀子』, 「性惡」, 제2장, "古者聖王以人之性惡, 以爲偏險而不正, 悖亂而不治, 是以爲之起禮義, 制法度, 以矯飾人之情性而正之."

순자의 성인관을 한마디로 요약하면 "길거리의 사람도 우임금 같은 성인이 될 수 있다"고 하는 말일 것이다. 즉 모든 사람이 우임금처럼 인의를 행하고 올바른 법도를 행할 수 있는 능력을 갖고 있다는 것이다. 그리고 순자에게 있어서 성인은 무소불능한 존재이다. 성인은 도덕적 귀감일 뿐만 아니라 사회제도의 제정자이다. 사회제도의 제정자, 즉 예의와 법도를 제정하는 '성인'은 '성왕'의 의미에 더 가깝다고 할 수 있다. 순자는 일반 백성들도 성왕이 제정한 예의·법도에 대한 학습과 실천을 거치면 성인이 될 수 있으며, 이러한 과정 가운데서 일반 백성들의 '실천' 여부가 매우 중요하고, 마찬가지로 성인의 '작위'도 빠뜨릴 수 없는 요소라고 여겼다. 더욱 중요한 것은 '성인이 되는 것'은 인성은 본래 선하다는 이론에 의지할 수 있는 것이 아니고, 마땅히 후천적인 노력을 충분히 발휘해야만 비로소 성인의 경지를 실현할 수 있다는 것이다.[120] 이처럼 인성의 문제에서 순자는 맹자와 상반되지만, 선을 쌓는 후천적인 노력을 통해 성인이 될 수 있다는 순자의 사상은 유가의 인성론과 성인론에 다양성을 더해 주고 있다.

3) 무위자연적 존재

도가道家에 있어서 성인이 어떤 의미를 갖고 있는지에 대해서는 『도덕경道德經』, 『장자莊子』, 『열자列子』를 통해 살펴볼 수 있다.

(1) 노자의 성인

『도덕경道德經』에는 '성인'이 30여 차례 등장하고 있다. 『도덕경』에서 '성

120) 吳震, 「중국사상사에서의 '성인' 개념」, 『퇴계학논집』 제10집(2012), 83쪽.

인'에 대한 설명은 개별 개체로서의 성인에 대한 것과 성인에 의한 통치의 개념에 대한 것으로 구분된다. 전자는 성인의 수양론이고, 후자는 성인의 통치론이라고 할 수 있다.[121]

① 개별 개체로서의 성인

『도덕경』에서의 성인은 겸손하게 자신을 남보다 뒤로 돌림으로써 영원히 사는 존재이다.

> 천지자연은 장구하다. 천지자연이 장구할 수 있는 까닭은 자신만 살려고 하지 않기 때문이다. 그러므로 오래도록 살아갈 수 있다. 이 때문에 성인은 자신을 내세우지 않지만 앞서게 되고, 자신을 도외시하지만 자신을 보존한다. 이는 사사로움이 없기 때문이 아니겠는가? 그러므로 그 자신을 완성할 수 있다.[122]

또한 노자는 "도를 잘 행하던 사람"을 성인의 모습으로 상정한다. 성인은 도에 통달하여 그 심오한 모습을 알기 어려운데, 이는 도 자체가 지닌 속성과도 부합되는 부분이다. 성인은 조심함(豫), 경계함(猶), 엄숙함(儼), 융화됨(渙), 돈후함(敦), 트임(曠), 섞임(渾) 등을 주요 특성으로 지니고 있다. 이 가운데 조심함, 경계함, 엄숙함은 성인의 조심스러운 수양을 묘사하고 있으며, 융화됨,

---

121) 이유정 · 신창호, 「노자 도덕경에 나타난 성인의 인격교화론」, 『인격교육』 제6권 제1호(2012), 87쪽 참조.

122) 『道德經』 제7장, "天長地久. 天地所以能長且久者, 以其不自生. 故能長生. 是以聖人後其身而身先, 外其身而身存. 非以其無私邪? 故能成其私." 『道德經』 해석은 김경수 역주, 『노자 역주』(서울: 문사철, 2009); 김원중 옮김, 『노자 도덕경』(휴머니스트, 2020); 장기근 · 이석호 역, 『노자 · 장자』(삼성출판사, 1985); 최진석, 『노자의 목소리로 듣는 도덕경』(소나무, 2019) 등을 주로 참고함.

돈후함, 트임, 섞임은 도의 가공되지 않은 성질과도 유사하다. 그것은 서두르지 않고 천천히, 신중하면서도 자세하고 정밀하게 살피고 터득하여, 문제에 접근하고 대책을 강구하며 처리하는 작업이다.[123] 이런 수양의 과정을 통해 성인은 도의 속성을 닮은 정신적 경지를 체득한다. 요컨대, 성인은 수양을 통해 고정된 양식에 얽매이지 않고 정신적 유연성을 확보한다. 성인은 탁함을 맑게, 안정됨을 생기 있게 변화시킬 수 있지만, 그것을 드러내어 자만하려 하지 않는다. 이는 오랫동안 고요하고 안정된 속에서 도를 체득한 선비는 움직임이 지극하여 고요해지는 생명활동의 과정과 고요함이 지극하여 움직이는 생명활동 과정을 추진할 수 있음을 의미한다.[124] 성인은 이러한 능력을 얻었음에도 불구하고 그것을 드러내어 과시하지 않는다.[125]

> 옛날에 도를 잘 행하던 사람은 미묘하고 아득히 통달하여 그 깊이를 알 수가 없었다. 오직 알 수가 없으므로 억지로 그 모습을 묘사하고자 한다. 조심하는구나! 겨울에 내를 건너는 것처럼 한다. 경계하는구나! 사방의 이웃을 두려워하는 것처럼 한다. 엄숙하구나! 마치 손님인 것처럼 한다. 융화되는구나! 얼음이 녹는 것처럼 한다. 돈후하구나! 마치 통나무 같다. 트여 있구나! 마치 계곡과 같다. 섞여 있구나! 마치 흐린 물과 같다. 누가 흐린 물을 고요하게 하여 천천히 맑게 할 수 있는가? 누가 안정되어 있는 것을 움직여서 서서히 생기가 있게 할 수 있는가? 이러한 도를 보존하는 자는 가득 채우려 하지 않는다. 오직 가득 채우지 않으므로 다 낡아도 다시 이루지 않는다.[126]

123) 김충렬, 『노자강의』(서울: 예문서원, 2004), 43쪽 참조.
124) 陳鼓應, 최재목 · 박종연 역, 『진고응이 풀이한 노자』(경산: 영남대학교출판부, 2008).
125) 이유정 · 신창호, 「노자 도덕경에 나타난 성인의 인격교화론」, 『인격교육』 제6권 제1호(2012), 90쪽 참조.
126) 『道德經』 제15장, "古之善爲道者, 微妙玄通, 深不可識. 夫唯不可識, 故强爲之容. 豫兮若冬涉川. 猶兮若畏四隣. 儼兮其若客. 渙兮其若凌釋. 敦兮其若樸. 曠兮其若谷. 混兮其若濁. 孰能濁以靜之徐淸. 孰能安以動之徐生. 保此道者, 不欲盈. 夫唯不盈, 故能蔽而不成."

성인은 자신의 관점으로 보지 않기 때문에 밝게 보고, 자신이 옳다고 하지 않으므로 (그 옳음이) 빛나며, 자신을 자랑하지 않으므로 공이 두드러지고, 자신을 뽐내지 않으므로 오래간다. 이에 대해 하상공河上公은 "성인은 자신을 귀하고 크다고 여기지 않았기 때문에 오래도록 위태롭지 않을 수가 있었다"(聖人不自貴大, 故能久不危)라고 한다.[127] 뿐만 아니라 성인은 세계가 상반상성하며 운행되고 있음을 본다. 이를 통해 그는 세계가 지속적으로 변화하게 된다는 것을 안다. 동시에 끊임없는 만물의 운동 변화에도 불구하고 언제나 일정한 패턴을 유지하는 세계의 항상성이 존재한다는 것을 깨닫는다.[128] 따라서 그것을 삶의 지침으로 삼아 따르는 것이다. 이러한 법칙을 획득한 성인은 특정한 사물이나 상태에 집착하지 않고 다른 것과 다투려 하지 않는다. 즉 순수한 자연의 힘으로 출생한 그 생명을 불필요한 경쟁으로 훼손하지 말고 다시 순수한 자연에 복귀하게 한다.[129] 이와 같은 태도로 말미암아 성인은 어딘가에 종속되지 않으므로 스스로를 보전할 수 있는 것이다.[130]

> 구부리면 온전해지고, 휘면 펴지게 된다. 패이면 꽉 차게 되고, 낡으면 새로워진다. 줄이면 얻게 되고, 늘리면 미혹된다. 그러므로 성인은 하나인 도를 지킴으로써 천하의 규범이 된다. 자신의 관점으로 보지 않기 때문에, 밝게 본다. 자신이 옳다고 하지 않으므로 (그 옳음이) 빛난다. 자신을 자랑하지 않으므로 공이 두드러진다. 자신을 뽐내지 않으므로 오래간다. 오직 다투지 않으므로, 세상에서 아무도 그와 다툴 수 없다. 옛날에 이르기를 '구부리면

---

127) 김경수 역주, 『노자역주』(서울: 문사철, 2009), 305쪽 참조.

128) 박원재, 「성인과 백성—노자의 수양론의 두 측면」, 『중국철학』 제12집(2004), 14쪽 참조.

129) 박종호, 『노자철학』(서울: 일지사, 1990), 175쪽.

130) 이유정 · 신창호, 「노자 도덕경에 나타난 성인의 인격교화론」, 『인격교육』 제6권 제1호(2012), 91~92쪽 참조.

온전해지고'라는 것이 어찌 빈말이겠는가! 참으로 온전함으로 돌아가는 것이다.[131]

노자가 주장하는 이러한 성인의 모습과 관련하여 이유정 · 신창호는 성인의 존재를 다음과 같은 네 가지로 정리한다. 첫째, 세계의 운행이 도의 항상성에 기반하고 있다는 사실을 깨닫는 존재이다. 둘째, 특정한 상태에 고착되지 않고, 유연하고 순박한 갓난아이와 같은 상태를 유지함으로써 도를 구하는 존재이다. 셋째, 수양을 통해 성인은 도의 속성과 유사한 정신적 경지에 도달하게 되고 생명활동 과정을 추진하는 능력을 얻는 존재이다. 넷째, 자신의 능력을 과시하지 않아서 스스로를 보전하는 존재이다.[132]

② 성인에 의한 통치

노자에게 있어 성인은 스스로 무위자연無爲自然의 도를 실천하는 존재이니 성인에 의한 통치 또한 무위자연적인 통치에 기반하고 있다. 구체적으로 "성인은 무위의 태도로써 세상사를 처리하고 말 없는 교화를 실행"하고, 현자나 재화나 명리에 연연하지 않아 백성들도 무욕한 상태에 머물게 한다. 모든 사람들을 그 장단점을 살려 적재적소에 활용하며, 그들을 선하고 진실하게 대한다. 무위로써 다스리며, 작은 것과 적은 것 그리고 쉬운 것도 가벼이 여기지 않고 신중하게 대처한다. 이처럼 "도를 따라 무위를 행하기 때문에 다스려지지 않는 것이 없다."

---

131) 『道德經』 제22장, "曲則全, 枉則直. 窪則盈, 幣則新. 少則得, 多則惑. 是以聖人執一爲天下式. 不自見, 故明. 不自是, 故彰. 不自伐, 故有功. 不自矜, 故長. 夫唯不爭, 故天下莫能與之爭. 古之所謂曲則全者, 豈虛言哉. 誠全而歸之."

132) 이유정 · 신창호, 「노자 도덕경에 나타난 성인의 인격교화론」, 『인격교육』 제6권 제1호(2012), 94쪽 참조.

그러므로 성인은 무위의 태도로써 세상사를 처리하고 말 없는 교화를 실행한다. 만물로 하여금 스스로 자라게 버려두고 인위적인 간섭을 가하지 않으며, 만물이 자라도 자기의 소유로 삼지 않고, 만물을 생육화성하고도 자기의 자랑으로 여기지 않고, 모든 공업을 성취하고도 높은 자리에 처하지 않는다.[133)]

위정자가 현자를 숭상하지 않아야 백성들이 다투지 않게 할 수 있고, 위정자가 얻기 어려운 재화를 진귀하게 여기지 않아야 백성들이 도둑이 되지 않게 할 수 있고, 위정자가 욕망을 드러내지 않아야 백성들의 마음을 어지럽지 않게 할 수가 있다. 그러므로 도를 체득한 성인이 다스리면 백성의 마음을 허정하게 만들고, 백성의 배를 가득 채워 주고, 백성의 욕심을 약하게 하고, 백성의 기골을 강하게 한다. 항상 백성들을 무지·무욕한 원상태에 있게 하고, 지혜롭다고 하는 자로 하여금 감히 수작을 부릴 수 없게 한다. 도를 따라 무위를 행하기 때문에 다스려지지 않는 것이 없다.[134)]

잘 가는 걸음은 자국을 남기지 않고, 잘하는 말은 허물이 없고, 잘하는 셈에는 산가지를 쓰지 않는다. 잘 잠그는 사람은 빗장 없이도 열지 못하게 하고, 잘 묶는 사람은 밧줄 없이도 풀지 못하게 한다. 그러므로 도를 터득한 성인은 늘 모든 사람을 잘 살려 쓴다. 따라서 아무도 버리지 않는다. 이것은 습명襲明, 즉 밝은 지혜를 간직함이라 한다.[135)]

성인은 고정된 마음을 갖지 않고, 모든 백성들의 마음을 자기의 마음으로

---

133) 『道德經』 제2장, "是以聖人處無爲之事, 行不言之教. 萬物作焉而不辭, 生而不有, 爲而不恃, 功成而弗居."

134) 『道德經』 제3장, "不尙賢, 使民不爭, 不貴難得之貨, 使民不爲盜, 不見可欲, 使民心不亂. 是以聖人之治, 虛其心, 實其腹, 弱其志, 强其骨. 常使民無知無欲, 使夫智者不敢爲也. 爲無爲, 則無不治."

135) 『道德經』 제27장, "善行無轍迹, 善言無瑕讁, 善數不用籌策. 善閉無關鍵, 而不可開, 善結無繩約, 而不可解. 是以聖人常善救人, 故無棄人, 常善救物, 故無棄物. 是謂襲明."

삼는다. 선량한 사람에게도 내가 선량하게 대하고 선량하지 못한 사람에게도 내가 선량하게 대하니, 결국 성인의 덕은 참다운 선량이다. 신실한 사람에게도 내가 신실하게 대하고, 신실하지 않은 사람에게도 내가 신실하게 대하니, 결국 성인의 덕은 참다운 신실이다.[136)]

행하지 않음으로써 행하고, 일삼지 않음으로써 일을 삼고, 맛없음으로써 맛을 삼는다. 큰 것은 작은 데서 나오고, 많음은 적음에서 생긴다. 덕으로써 원한에 보답한다. 어려운 일을 도모하는 것은 쉬운 데서부터 시작해야 하고, 큰일을 수행하는 것은 작은 데서부터 비롯해야 한다. 천하의 어려운 일도 반드시 쉬운 데서 일어나고, 천하의 큰일도 반드시 작은 데서 일어난다. 그러므로 성인은 끝까지 스스로 크다고 자처하지 않는다. 따라서 큰일을 이룩할 수가 있다. 무릇 가볍게 승낙한 사람은 신의가 적게 마련이고, 너무 쉽게 여기면 반드시 큰 어려움을 겪을 것이다. 그러므로 성인은 오히려 모든 일을 어렵게 여기기 때문에 끝내 어려움이 없게 되는 것이다.[137)]

노자는 여러 곳에서 성인을 언급하지만 위의 인용문과 다음의 인용문에서 보듯이 성현의 도에 대해 결코 적극적인 찬미를 보여 주지는 않는다.

성인을 끊고 지혜를 버리면 백성의 이익이 백배가 된다. 인을 끊고 의를 버리면 백성은 다시 효도하고 자애롭게 된다. 교묘함을 끊고 이익을 버리면 도적이 있을 수 없게 된다.[138)]

---

136) 『道德經』 제49장, "聖人無常心, 以百姓心爲心. 善者, 吾善之, 不善者, 吾亦善之, 德, 善. 信者, 吾信之, 不信者, 吾亦信之, 德, 信."

137) 『道德經』 제63장, "爲無爲, 事無事, 味無味. 大小多少. 報怨以德. 圖難於其易, 爲大於其細. 天下難事, 必作於易, 天下大事, 必作於細. 是以聖人終不爲大. 故能成其大. 夫輕諾必寡信, 多易必多難. 是以聖人猶難之, 故終無難矣."

138) 『道德經』 제19장, "絶聖棄智, 民利百倍. 絶仁棄義, 民復孝慈. 絶巧棄利, 盜賊無有."

그러면 노자가 성현에 대해서 많은 언급을 하면서도 불상현不尙賢과 절성絶聖을 주장하는 이유는 무엇인가? 여기에서 노자는 모든 것을 '자연'에 맡겨 버리면 사람은 무지무욕無知無慾하여 어떤 것을 추구하거나 바라는 것이 없게 된다고 말한다.[139]

노자에게 있어 성인은 도를 통달한 존재이다. 성인은 노자의 이상적 삶에 부합하는 모델로서 그윽한 덕(玄德)을 체득하여 무위로써 다스리고 말 없는 가르침을 베풀며, 만물을 이루어 내되 그 가운데 어떤 것을 가려내어 물리치지 않으며, 공을 이루고 그 자리에 머무르지 않는 모습으로 그려진다.[140] 그럼에도 노자는 여기에서 만족하지 않는다. 무위를 추구하는 성인마저도 끊는 것이 백성에게 이익이 된다고 말한다. 궁극적으로는 모든 것을 자연에 맡길 것을 주장하고 있다.

(2) 장자의 성인

『장자莊子』에는 '성'이 10여 차례 보이고, '성인'은 100여 차례 나타난다. 그리고 '성'은 모두 '성인'의 뜻으로 쓰이고 있다. 『장자』에서 성인에 대해 언급하고 있는 내용들을 정리하면 대략 여덟 가지가 된다. 먼저 『장자』에서의 성인은 천지와 만물의 원리에 통달하여 무위의 삶을 사는 사람이다.

> 천지는 위대한 아름다움이 있으면서도 말하지 않고, 사시는 밝은 법도를 지니고 있으면서도 논의하지 않으며, 만물은 생성의 원리를 가지고 있으면서도 설명하지 않는다. 성인은 천지의 아름다움을 근원으로 삼고, 만물의 원

---

139) 정병석, 『주역과 성인, 문화상징으로 읽다』(예문서원, 2018), 159~160쪽 참조.
140) 최은숙, 「노자의 성인관 연구」(공주대학교 석사학위논문, 2012), 49쪽 참조; 최두진, 「고대 중국의 성인관 연구」, 『교사교육연구』 제57집(2018), 146쪽 참조.

리에 통달한 사람이다. 그러므로 지극한 사람은 무위하며, 위대한 성인은 작위가 없는데, 천지의 원리에 통달했기 때문이다.[141]

둘째로 성인은 시중時中하는 존재이다. 즉, 상황의 변화에 따라 적절하게 처신할 줄 아는 사람이다.

공자가 초楚나라로 갔는데 초광楚狂 접여接輿가 객사 문 앞을 지나가면서 노래하였다. "…… 천하에 올바른 도가 행해지면 성인은 교화를 이룩하고, 천하에 올바른 도가 행해지지 않으면 성인은 자기 삶을 보전한다."[142]

그러므로 성인은 물건이 딴 곳으로 옮겨 갈 수 없이 모두가 존재하는 경지에 노니는 것이다. 일찍 죽는 일에도 잘 대처하고 늙는 일에도 잘 대처하며, 시작하는 일에도 잘 대처하고 끝맺는 일에도 잘 대처하여, 사람들이 그를 본받게 되는 것이다. 그러니 하물며 만물이 관계되어 있고 또 일체의 변화의 근거가 되는 것에 대해서는 어떻게 대처하겠는가?[143]

곤궁함은 운명에 달려 있고, 현달함은 때에 달려 있음을 알아, 큰 어려움을 당하더라도 두려워하지 않는 것은 성인의 용기이다.[144]

성인이란 편안히 자연 변화에 몸을 맡겨 끝까지 가는 것이다.[145]

---

141) 『莊子』, 제22편 「知北遊」, "天地有大美而不言, 四時有明法而不議, 萬物有成理而不說. 聖人者, 原天地之美, 而達萬物之理. 是故, 至人無爲, 大聖不作, 觀於天地之謂也." 『莊子』의 해석은 김학주 옮김, 『장자』(연암서가, 2016)를 주로 참고함.

142) 『莊子』, 제4편 「人間世」, "孔子適楚, 楚狂接輿遊其門, 曰.……天下有道, 聖人成焉, 天下無道, 聖人生焉."

143) 『莊子』, 제6편 「大宗師」, "故聖人將遊於物之所不得遯而皆存. 善夭善老, 善始善終, 人猶效之. 又況萬物之所係, 而一化之所待乎."

144) 『莊子』, 제17편 「秋水」, "知窮之有命, 知通之有時, 臨大難而不懼者, 聖人之勇也."

145) 『莊子』, 제20편 「山木」, "聖人晏然體逝而終矣."

셋째로 성인은 조화를 추구하는 존재이다. 모든 시비를 조화시키고 자신과 만물을 조화시킨다.

그러므로 성인은 모든 시비를 조화시켜 균형된 자연에 몸을 쉬는데, 이것을 일컬어 '자기와 만물 양편에 다 통하는 것'이라 한다.[146]

넷째로 말 없는 가르침을 행하는 사람이다.

황제가 말하였다. "…… 도를 알고 있는 사람은 말하지 않고, 말하는 사람은 알지 못하는 것이다. 그러므로 성인께서는 말로 표현하지 않는 가르침을 행하셨던 것이다."[147]

다섯째로 자기의 덕을 남에게 나누어 주는 사람이다.

자기의 덕을 남에게 나누어 주는 사람을 성인이라 하고, 자기의 재물을 남에게 나누어 주는 사람을 현인이라 합니다.[148]

여섯째로 고집함이 없는 사람이다.

성인은 꼭 그러한 것도 꼭 그렇다고 고집하지 않는다. 그러므로 무력에 의존하는 일이 없다. 보통 사람들은 꼭 그렇지 않은 것도 꼭 그렇다고 고집한다. 그래서 흔히 무력을 써서 문제를 해결하려 든다. 무력을 따르기 때문에 그들의 행동에는 추구하는 것이 있게 된다. 이처럼 무력에 의지하여 행동하

---

146) 『莊子』, 제2편 「齊物論」, "是以聖人和之以是非, 而休乎天鈞, 是之謂兩行."
147) 『莊子』, 제22편 「知北遊」, "黃帝曰.……夫知者不言, 言者不知. 故聖人行不言之敎."
148) 『莊子』, 제24편 「徐無鬼」, "(管仲)對曰.……以德分人謂之聖, 以財分人謂之賢."

면 멸망하게 되는 것이다.[149]

일곱째로 합리적이고 솔선수범하는 정치를 행하는 사람이다.

순망이 말하였다. "성인의 다스림이오? 관청에서 정치를 시행함에 있어서는 그 합당함을 잃어서는 안 되며, 사람을 등용함에 있어서는 능력 있는 사람을 빠뜨려서는 안 됩니다. 또 실정을 잘 살펴 백성들이 바라는 일을 해야만 합니다. 말은 자신부터 실천해야만 천지가 교화됩니다. 손짓하고 손가락질만 하여도 사방의 백성들이 따르지 않는 자가 없어야 합니다. 이것을 성인의 다스림이라 합니다."[150]

끝으로 장자에게 있어 성인은 지금까지 살펴본 것처럼 '덕을 온전히 한 사람'(全德之人)을 말한다. 덕은 형체를 넘어서 무엇보다 중요한 것이다. 노장철학에서 덕은 '득得'으로 풀이된다. 덕은 얻어지는 것이다. 다시 말해, 도가 진리라면 덕은 그 기능이요, 도가 이론이라면 덕은 그 실천이다. 장자는 성인을 통해 그 덕의 모습을 극명하게 보여 준다. 덕은 외형에서 나오지 않는다는 것, 오히려 신체가 완전하지 않을수록 덕은 더욱 온전해진다는 것, 그리하여 그 덕은 제후에서 아낙네에 이르기까지 모두에게 신뢰감을 준다는 것 등이다. 결론적으로, 성인의 '덕'은 신체의 '득'에 머물러서는 결코 나오지 않고 그것의 허울을 초극해야 나오는 참다운 '득'인 것이다. 그 형해形骸가 자연적으로 기괴하거나 인위적으로 절단되거나 하는 것조차 큰 문젯거리가 되지 않는다.[151]

---

149) 『莊子』, 제32편 「列禦寇」, "聖人以必不必. 故無兵. 衆人以不必必之. 故多兵. 順於兵, 故行有求. 兵恃之則亡."

150) 『莊子』, 제12편 「天地」, "諄芒曰. 聖治乎? 官施而不失其宜, 拔擧而不失其能. 畢見其情事而行其所爲. 行言自爲而天下化. 水撓顧指, 四方之民, 莫不俱至. 此之謂聖治."

151) 정세근, 「불구의 성인: 장자의 성인관」, 『범한철학』 제17집(1998), 400쪽 참조.

한편 『장자』에서는 성인이 지니고 행하는 성스러움과 지혜, 그리고 어짊과 의로움이 사람들을 구속한다고 주장하면서 성인을 내쳐야 천하가 크게 다스려질 것이라고 말한다.

> 우리는 성스러움과 지혜가 사람을 구속하는 형틀이 되고, 어짊과 의로움이 사람 손발을 얽매는 형틀이 되지 않는 것이라고 잘못 알고 있었던 것이다. 증삼과 사추가 걸왕이나 도척의 선도자가 되지 않았다고 어찌 알 수가 있었겠는가? 그러므로 "성인을 내치고 지혜를 버리면 천하가 크게 다스려진다"고 한 것이다.[152]

> 성인이 나와 애써 어짊을 행하고 힘써 의로움을 행하게 됨에 이르러 천하 사람들은 비로소 의심을 지니게 되었다. 터무니없는 음악을 작곡하고 번거로운 예의를 제정하게 되자, 천하 사람들이 비로소 분열하게 되었다.[153]

> 그러므로 성인을 없애고 지혜를 버리면 큰 도적이 없어질 것이다. 옥을 내던지고 진주를 깨어 버리면 작은 도적이 생기지 않을 것이다. 부신을 태워 버리고 도장을 부숴 버리면 백성들이 순박해질 것이다. 말을 쪼개고 저울을 분질러 버리면 백성들이 다투지 않게 될 것이다. 천하의 성인과 법을 없애 버려야만 백성들이 비로소 함께 토론할 만하게 될 것이다.[154]

장자에게 있어 성인은 천지와 만물의 원리에 통달하여 무위의 삶을 사는 사람, 시중하는 존재, 조화를 추구하는 존재, 말 없는 가르침을 행하는 사람,

---

152) 『莊子』, 제11편 「在宥」, "吾未知聖知之不爲桁楊接槢也, 仁義之不爲桎梏鑿枘也. 焉知曾史之不爲桀跖嚆矢也? 故曰, 絶聖棄知, 而天下大治."

153) 『莊子』, 제9편 「馬蹄」, "及至聖人, 蹩躠爲仁, 踶跂爲義, 而天下始疑矣. 澶漫爲樂, 摘僻爲禮, 而天下始分矣."

154) 『莊子』, 제10편 「胠篋」, "故絶聖棄知, 大盜乃止. 擿玉毁珠, 小盜不起. 焚符破璽, 而民朴鄙. 掊斗折衡, 而民不爭. 殫殘天下之聖法. 而民始可與論議."

자기의 덕을 남에게 나누어 주는 사람, 고집함이 없는 사람, 합리적이고 솔선수범하는 정치를 행하는 사람, 그리고 덕을 온전히 한 사람이다. 그럼에도 불구하고 장자 또한 노자가 불상현不尙賢과 절성絶聖을 주장하듯이 성인이 사람들의 삶을 구속한다고 말한다.

(3) 열자의 성인

『열자列子』에서는 '성'과 '성인'이 각각 10여 차례와 20여 차례 등장하고 있는데 '성'은 모두 '성인'이라는 의미로 쓰이고 있다. 『열자』에서 성인이란 먼저 음과 양을 근거로 해서 하늘과 땅을 다스리며, 어짊과 의로움으로 사람들을 가르치는 존재이다.

> 열자가 말했다. "옛날 성인들은 음과 양을 근거로 해 하늘과 땅을 다스렸다."[155]

> 열자가 말했다. "…… 그러므로 하늘과 땅의 도는 음이 아니면 양이며, 성인의 가르침은 어짊이 아니면 의로움이고, 만물의 적성은 부드러움이 아니면 억셈이다."[156]

그리고 『열자』에서는 성인을 무소부지無所不知하고 무소불통無所不通한 존재로 본다.

---

155) 『列子』, 「天瑞」, "子列子曰. 昔者聖人, 因陰陽以統天地." 『列子』의 해석은 김학주 옮김, 『열자』(연암서가, 2017)를 주로 참고함.

156) 『列子』, 「天瑞」, "子列子曰.……故天地之道, 非陰則陽, 聖人之敎, 非仁則義, 萬物之宜, 非柔則剛."

성인들은 알지 못하는 것이 없고 통달하지 않은 것이 없다.[157]

또한 관중管仲의 말을 통해 성인은 덕을 나누어 주는 사람이라고 말한다. 이 문장은 『장자』 「서무귀徐無鬼」 에도 똑같이 나온다. 관윤關尹의 언급을 통해서는 성인이 기미를 알아 앞일을 예측하고, 결과보다는 원인을 살핀다고 말한다.

관중이 대답했다. "…… 덕을 남에게 나누어 주는 사람을 성인이라 하고, 재물을 남에게 베푸는 사람을 현명한 사람이라 합니다."[158]

관윤이 열자에게 말했다. "…… 그러므로 성인들은 나가는 것을 보고서 들어올 것을 알고, 지나가는 것을 살펴보고 올 것을 아는 것이다. 이것이 그들이 앞일을 미리 알게 되는 이치인 것이다."[159]

관윤자가 말했다. "…… 그러므로 성인들은 잘 살고 망한 결과를 살피지 않고 그렇게 된 까닭을 살폈던 것이오."[160]

이렇듯 『열자』에서는 열자 자신이나 다른 사람들의 말을 통해 성인을 완벽한 존재로 언급하는 한편, 성인은 또한 온전한 능력을 가진 존재가 아니라고도 말한다. 그러므로 천지와 성인과 만물은 각각의 직분에 맞추어 최선을 다할 필요가 있다고 말한다.

열자가 말했다. "천지라도 온전한 공을 세우지 않고, 성인이라도 온전한 능

---

157) 『列子』, 「黃帝」, "聖人無所不知, 無所不通."

158) 『列子』, 「力命」, "(管仲)對曰.……以德分人, 謂之聖人, 以財分人, 謂之賢人."

159) 『列子』, 「說符」, "關尹謂子列子曰.……是故聖人, 見出以知入, 觀往而知來. 此其所以先知之理也."

160) 『列子』, 「說符」, "關尹子曰.……故聖人不察存亡, 而察其所以然."

력이 없으며, 만물이라도 온전하게 쓰이지 않는다. 그러므로 하늘의 직분은 만물을 생겨나게 하고 덮어 보호해 주는 것이고, 땅의 직분은 만물이 형체를 지니게 하며 그것을 땅 위에 존속하게 해 주는 것이고, 성인의 직분은 사람들을 가르쳐 올바로 이끌어 주는 것이고, 만물의 직분은 적성에 따라 알맞게 쓰이는 것이다."[161]

열자에게 있어 성인은 음양을 근거로 천지를 다스리고, 인의로 사람들을 가르치며, 무소부지하고 무소불통하여 완벽한 존재이다. 또한 성인은 덕을 나누어 주는 사람이고, 기미를 알아 앞일을 예측하며, 결과보다는 원인을 살피는 존재이다. 그렇지만 열자는 또한 성인은 온전한 존재가 아니므로 천지와 성인과 만물이 직분에 따라 최선을 다해야 한다고도 말한다.

4) 시중하는 존재

법가法家에서 '성인'이 어떤 의미로 사용되고 있는지에 대해서는 『관자』와 『한비자』를 통해 살펴본다.

(1) 관자의 성인

『관자管子』에는 '성'이 10여 차례, '성인'이 80여 차례, '성왕'이 30여 차례 등장하고 있다. 이들 중 성인관과 관련된 내용들을 정리해 보면 다음과 같다.

먼저 성인은 "사물의 공통된 원리인 도에 두루 통달한" 사람이다. 따라서 한 부분에 치우치지 않고 전체를 폭넓게 바라보며, "다양한 현상을 포괄"한다.

161) 『列子』, 「天瑞」, "子列子曰, 天地無全功, 聖人無全能, 萬物無全用, 故天職生覆, 地職形載, 聖職教化, 物職所宜."

> 지혜로운 사람은 사물을 밝게 살펴서 오직 하나의 사물에만 구애되지 않고, 사물의 공통된 원리인 도에 두루 통달한다. 도라는 것은 위로는 무한하고 광대함은 끝이 없어서 모든 사물에 운용된다. 그래서 하나의 언설에만 통하고, 한 가지 다스림에만 밝고, 한 가지 일만 전공하는 사람은 견해가 어느 한 부분에 치우치기 쉽고 전체를 폭넓게 바라보지 못한다. 성인은 이로 말미암아 하나의 언설만으로는 다양한 뜻을 포괄할 수 없음을 알고, 폭넓게 연구하여 필요한 내용을 선택한다. 성인은 한 가지 일만으로는 다양한 현상을 포괄할 수 없음을 알고, 여러 가지 계획 방안을 검토하여 그것의 효과를 비교한다.[162)]

성인은 또한 "때를 살펴서 때를 어기지 않는" 사람이다. "아직 드러나지 않은 기미를 두려워하고", 행동에 앞서 그 위험을 미리 예측하여 대비한다. "시령時令에 맞추어" "정령政令을 반포"하고, "사물의 변화에 순응하기 때문"에 "천지의 화육化育에 참여한다." 그리고 늘 움직이고 변화하는 천지의 도를 알아 혁신하는 것을 중시한다.

> 성인은 아직 드러나지 않은 기미를 두려워하고, 어리석은 사람은 밝게 드러난 것을 두려워하니, 성인이 증오하는 것은 안에 있고, 어리석은 사람이 증오하는 것은 밖에 있다. 성인은 장차 행동하려 할 때 반드시 미리 알고, 어리석은 사람은 위험이 닥쳐도 피하지 않는다. 성인은 때를 살펴서 때를 어기지 않는다. 지혜로운 사람은 잘 도모하나 때를 알아서 행동하는 것보다는 못하다. 때를 잘 살피는 사람은 짧은 시간이라도 공이 많다.[163)]

---

162) 『管子』, 제11편 「宙合」, "明者察於事, 故不官於物, 而旁通於道. 道也者, 通乎無上, 詳乎無窮, 運乎諸生. 是故辯於一言, 察於一治, 攻於一事者, 可以曲說, 而不可以廣擧. 聖人由此知言之不可兼也, 故博爲之治而計其意. 知事之不可兼也, 故多爲之說 而況其功." 『管子』의 해석은 김필수 · 고대혁 · 장승구 · 신창호 옮김, 『관자』(소나무, 2016)를 주로 참고함.

163) 『管子』, 제23편 「霸言」, "聖人畏微, 而愚人畏明, 聖人之憎惡也內, 愚人之憎惡也外. 聖人將動必知, 愚人至危勿辭. 聖人能輔時, 不能違時. 知者善謀, 不如當時. 精時者, 日少而功多."

관자가 말했다. "정령을 반포하여 시행할 때는 시령에 맞추어야 한다. 시령에 맞추지 않으면 반드시 천시가 오는 까닭을 관찰하고 순응해도, 오관이 어지럽고 육부가 어두우니, 누가 그것을 알겠는가? 오직 성인만이 사시를 안다. 사시를 알지 못하면 나라의 기틀을 상실한다. 오곡이 자라는 법칙을 알지 못하면 나라가 쇠약해진다. 그러므로 (성인은) 천도에 참으로 명석하고 지도에 참으로 지혜롭고 사시에 참으로 정확하다."[164]

성인이 어질고 훌륭한 것은 사물의 변화에 순응하기 때문이다. 그러므로 마치 깊은 샘물과 같이 마르지 않으며 가늘고 고요히 흘러 이어진다. 이 때문에 덕이 흘러 만물을 고루 윤택하게 한다. 그러므로 "성인은 천지의 화육에 참여한다"고 했다.[165]

이익을 폐지할 수 없기 때문에 백성이 유통합니다. 신神을 폐지할 수 없기 때문에 그것을 섬깁니다. 천지天地는 머무를 수 없기 때문에 움직이고 변화하며, 그러므로 새로움을 따르는 것입니다. 이 때문에 천도를 얻은 사람은 높은 자리에 있어도 무너지지 않고, 사람의 마음을 얻은 사람은 낮은 자리에 있어도 이길 수 없습니다. 이 때문에 성인이 이를 중시하고, 군주가 이를 중시한 것입니다.[166]

성인은 국가를 경영하는 능력을 갖추고 있어서 백성들의 소득을 증대시킬 수 있어야 한다.

---

164) 『管子』, 제40편 「四時」, "管子曰. 令有時. 無時則必視順天之所以來, 五漫漫, 六惛惛, 孰知之哉? 唯聖人知四時. 不知四時, 乃失國之基. 不知五穀之故, 國家乃路. 故天曰信明, 地曰信聖, 四時曰正."

165) 『管子』, 제11편 「宙合」, "所賢美於聖人者, 以其與變隨化也. 淵泉而不盡, 微約而流施. 是以德之流潤澤均加於萬物. 故曰, 聖人參於天地."

166) 『管子』, 제35편 「侈靡」, "利不可法, 故民流. 神不可法, 故事之. 天地不可留, 故動化. 故從新, 是故得天者, 高而不崩, 得人者, 卑而不可勝. 是故聖人重之, 人君重之."

성인을 성인으로 여기는 이유는 백성에게 (재화를) 잘 나누어 주기 때문이다. 성인이 백성에게 나누어 줄 수 없으면 백성과 다르지 않다. 자기도 부족하면서 어떻게 성인이라 할 수 있겠는가. 나라에 일이 있으면 백성에게 비용을 거두지만, 일이 없으면 백성에게 되돌려 주어야 한다.[167]

성인은 사물의 형태에 따라 그 명칭을 정하는 사람이다. 명칭을 정함에 있어서는 인위를 배제하고 사물의 이치에 따른다.

"사물은 고유한 형태가 있고 형태에는 고유한 명칭이 있다"는 것은 명칭이 실제를 벗어나지 못하며, 실제가 명칭을 벗어날 수 없음을 말한다. 우선 형태로 설명하면, 형태에 근거하여 명칭을 정하며 언어로 명칭을 바로잡기 때문에 '성인'이라 한다.…… 사물의 형태에 따라 상응하는 명칭을 짓는 것, 이것이 있는 그대로 따름의 방법이다. 명칭이란 성인이 만물을 기록하는 방법이다. 사람은 억지로 구하는 데 뜻을 세우고, 꾸미는 데 힘쓰고, 능력에 의미를 두고, 인위적으로 움직이는데, 성인은 인위적으로 하려고 함이 없다. 인위적으로 하려고 함이 없으면 사물의 이치를 인정한다. 사물의 차이를 인정하면 텅 빔에 도달한다. 텅 빔이란 만물의 시작이기 때문에 "천하의 시작이 될 수 있다"고 하는 것이다.[168]

관자에게 있어 성인은 도에 통달한 사람이고, 때를 어기지 않는 사람이며, 백성들의 소득을 증대시킬 수 있는 국가경영 능력을 갖춘 사람이고, 사물의 명칭을 정하는 사람이다.

---

167) 『管子』, 제5편 「乘馬」, "聖人之所以爲聖人者, 善分民也. 聖人不能分民, 則猶百姓也. 於己不足, 安得名聖. 是故有事則用, 無事則歸之於民."

168) 『管子』, 제36편 「心術上」, "物固有形, 形固有名, 此言名不得過實, 實不得延名. 姑形以形, 以形務名, 督言正名, 故曰聖人.……以其形因爲之名, 此因之術也. 名者, 聖人之所以紀萬物也. 人者立於强 務於善, 未於能, 動於故者也, 聖人無之. 無之, 則與物異矣. 異則虛. 虛者, 萬物之始也, 故曰可以爲天下始."

(2) 한비자의 성인

『한비자韓非子』에는 성과 성왕이 각각 7차례, 성인이 60여 차례 등장하고 있다. 이 중 성인관과 관련된 내용을 간추려 보면 다음과 같다.

먼저 성인은 하늘과 땅의 이치를 체득한 사람이며, 미미한 단서를 보고도 그 결과를 알 수 있는 예지력을 지닌 존재이다. 또한 상도常道, 즉 영원불변한 도를 유지함으로써 나라를 효과적으로 다스린다.

> 하늘과 땅을 본받을 수 있다면 이 사람을 일컬어 성인이라 한다.[169]

> 성인은 미미한 것을 보고도 싹트는 일을 알고, (사물의) 단서를 보고 그 끝을 안다.[170]

> 그 요체를 놓치지 않아야만 성인이라 할 수 있다. 성인의 도란 지혜와 기교를 버리는 일이다. 지혜와 기교를 버리지 않으면 상도常道가 되기 어렵다.[171]

> 성인이 그 요체를 잡고 있으면 사방 신하들이 모여 저마다 (성과를) 아뢰게 된다. 군주가 마음을 비우고 신하들을 대하면 그들 스스로 능력을 발휘한다.[172]

그리고 성인은 나라를 다스림에 있어서 옛 법도를 바꿀지 말지에 대해서는 어디까지나 그 상황에 맞추어 판단한다고 말한다. 다시 말해 성인은 시중,

---

169) 『韓非子』, 제8편 「揚搉」, "能象天地, 是謂聖人." 『韓非子』의 해석은 김원중 옮김, 『한비자』(휴머니스트, 2019); 신동준 옮김, 『한비자』 상·하(인간사랑, 2020)를 주로 참고함.
170) 『韓非子』, 제22편 「說林上」, "聖人見微以知萌, 見端以知末."
171) 『韓非子』, 제8편 「揚搉」, "毋失其要, 乃爲聖人. 聖人之道, 去智與巧. 智巧不去, 難以爲常."
172) 『韓非子』, 제8편 「揚搉」, "聖人執要, 四方來效. 虛而待之, 彼自以之."

즉 상황에 맞추어 행동하는 존재라는 것이다.

> 통치의 이치를 모르는 자는 반드시 이렇게 말한다. "옛 법도를 바꾸지 말고 일상의 풍속을 바꾸지 말라." 바꾸어야 하는가 말아야 하는가에 관해서 성인은 귀 기울이지 않고 상황에 맞추어 다스릴 뿐이다.[173)]

또한 성인은 나무를 얽어 집을 만들고, 나뭇가지를 비벼 불을 만들어 화식을 시작하게 하고, 수로를 터서 홍수를 막는 등 새로운 문명을 창조하여 사람들을 고통에서 해방시켜 주는 존재이다. 따라서 전국시대에 이르게 되면 성인은 문화개창자로서 그려지고 있다.

> 상고시대에는 사람들은 적고 날짐승과 길짐승은 많아 사람들은 날짐승과 길짐승·곤충·뱀을 이기지 못하였다. 이때 성인이 나타나 나무를 얽어 집을 지으니 여러 가지 해악을 피하게 되었다. 그래서 사람들은 기뻐하며 그를 천하의 왕으로 받들며 유소씨有巢氏라고 불렀다. 백성들은 과일·풀씨·대합조개와 비린내 나고 악취 나는 것들을 먹어 위장을 해쳤기 때문에, 대부분의 백성들이 질병에 걸렸다. 그런데 성인이 나타나 나뭇가지를 비벼 불을 만들어 비린내를 없앴다. 사람들은 기뻐하며 그를 천하의 왕으로 받들며 수인씨燧人氏라 불렀다. 중고시대에는 천하에 큰 홍수가 일어났는데, 곤鯀과 우가 수로를 터서 물길을 잡았다.[174)]

한비자에게 있어 성인은 천지의 이치를 체득한 사람이고 예지력을 지닌

---

173) 『韓非子』, 제18편 「南面」, "不知治者, 必曰. 無變古, 毋易常. 變與不變, 聖人不聽, 正治而已."

174) 『韓非子』, 제49편 「五蠹」, "上古之世, 人民少而禽獸衆, 人民不勝禽獸蟲蛇. 有聖人作, 構木爲巢而避群害. 而民悅之, 使王天下, 號曰有巢氏. 民食果蓏蚌蛤, 腥臊惡臭而傷害腹胃, 民多疾病. 有聖人作, 鑽燧取火以化腥臊. 而民說之, 使王天下, 號之曰燧人氏. 中古之世, 天下大水, 而鯀禹決瀆."

존재이며, 상도常道 즉 영원불변한 도로 나라를 다스리는 존재이다. 그리고 상황에 맞추어서 법규 개정 여부를 결정하는 존재, 즉 시중하는 존재이다. 또한 새로운 문명을 창조하여 사람들을 고통에서 해방시키는 존재, 즉 문화개 창자이다.

5) 겸애하는 존재

묵가墨家에서 성인을 어떤 관점으로 바라보고 있는지에 대해 『묵자墨子』를 통해서 살펴본다. 『묵자』에는 '성'이 10여 차례, '성인'이 30여 차례 언급되고 있다. 그리고 '성왕'은 110여 차례 나오고 있어 압도적으로 많다. 이는 선진시대의 문헌 중에서 '성왕'이 가장 많이 출현하고 있는 경우이다. '성'은 '성인'이나 '성왕'의 뜻으로 쓰이고 있다. 그에 비해 성인은 성왕과 같은 의미로 쓰이고 있다. 예를 들어, "성인은 천하를 다스리는 것을 사업으로 삼는 자"라든가, "옛날 현명한 왕이나 성인들이 천하의 왕 노릇을 하고 제후의 우두머리가 될 수 있었던 까닭은"이라든가, "성인이 한 나라를 다스리게 되면" 등을 보면 묵자에게 있어서 성인은 곧 성왕의 의미로 쓰이고 있음을 알 수 있다. 이런 묵자의 견해는 앞에서 살펴본 공자의 견해와 일치하는 것이다. 따라서 『묵자』에서는 성인이자 통치자인 성왕을 통해 성인의 모습을 가늠해 볼 수 있다.

먼저 『묵자』에서는 "성인의 덕행은 대개 천지의 미덕을 총합하고 있는 것"[175]이라고 하여 성인이란 '완벽한 인격체'임을 밝히고 있다.

그리고 "성인은 천하를 다스리는 것을 사업으로 삼는 자"이며, 천하를 다스림에 있어서는 '겸애兼愛'를 강조한다. 즉 "천하의 사람들이 두루 서로

175) 『墨子』, 「尙賢中」, "故聖人之德, 蓋總乎天地者也." 『墨子』의 해석은 최환 옮김, 『묵자』(을유문화사, 2019)를 주로 참고함.

사랑하게 되면 다스려지고, 서로 미워하게 되면 혼란스러워진다"고 말한다.

> 성인은 천하를 다스리는 것을 사업으로 삼는 자로서, 어찌 증오를 금하고 사랑을 권하지 않을 수 있겠는가? 그러므로 천하의 사람들이 두루 서로 사랑하게 되면 다스려지고, 서로 미워하게 되면 혼란스러워진다. 그러므로 묵자가 "남을 사랑하라고 권하지 않을 수 없다"라고 말한 것은 이 때문이다.[176]

성인이 가슴에 간직한 겸애는 묵자 도덕철학의 중요 범주이자 묵자가 이야기하는 성인의 본질적 규정이다. 겸兼의 본래 의미는 전체를 포괄하는 것으로 이것과 저것, 타인과 나를 구분하지 않는 것을 의미한다. 때문에 겸애란 자신과 타인을 분별없이 사랑하는 것을 의미한다. 이러한 겸과 상대되는 개념은 별別이다. 별은 이것과 저것, 나와 타인을 구분하는 것이다. 묵자는 겸은 옳은 것이며 별은 틀린 것이라고 생각한다.[177]

묵자의 겸애를 차별 없는 사랑이라 이야기한다 해도 그것을 공자의 인仁과 같은 개념으로 이해할 수는 없다. 왜냐하면 공자의 인이 혈연으로부터 확장되는 이타적 감정이라면 묵자의 겸애는 친소와는 상관없는 비정감적 호혜의 교환 원칙이기 때문이다. 이 같은 차이는 항상 묵자가 겸애와 이利를 같이 언급하는 것을 통해 알 수 있다. 묵자에게 있어 진정한 사랑은 사람들에게 이익을 주는 것이다. 또한 묵자는 항상 겸애로써 인을 이야기하는데 이 역시 이인利人, 이천하利天下의 의미로 이해된다. 묵자는 오직 천하의 이익을 일으키고 다른 사람을 이롭게 하는 사람이야말로 인인仁人이라 생각한다. 묵자에게

---

176) 『墨子』, 「兼愛上」, "故聖人以治天下爲事者, 惡得不禁惡而勸愛? 故天下兼相愛則治, 交相惡則亂. 故子墨子曰不可以不勸愛人者, 此也."

177) 윤지원, 「묵자성인관연구」, 『동양철학연구』 제88집(2016), 138쪽.

있어 인은 이인利人이며, 다른 사람을 이롭게 하는 것의 실질은 다른 사람을 사랑하는 것이다. 결국 겸애는 자신을 포함한 만인의 이익을 목적으로 하는 것이다.[178)]

묵자에게 있어서 성인은 각종 문명의 이기를 창조하여 백성들의 생활을 윤택하게 하는 존재이다. 구체적으로, 집을 지어 혈거생활을 면하게 하고, 파종법과 경작법을 가르쳐 먹거리를 풍부하게 하고, 배와 노 그리고 수레를 만들어 생활을 편리하게 하고, 물과 땅을 다스려 자연을 통제하고, 법전을 제정하여 백성들을 바람직한 방향으로 제어하고 있다. 그 외에도 각종 기물, 음식, 의복, 장례 등에 대한 법령을 제정하는 성인의 모습이 묵자에 보이고 있다. 다시 말해 성인은 문명개창자의 역할을 담당하고 있다.

> 옛날에 인류가 처음 생겨나서 집이 없었을 때에는 언덕에다 굴을 파고 거주하였다. 성왕들은 그것을 염려하여 굴을 파고 거주하는 것에 대하여 말하였다. "겨울에는 바람이나 추위를 피할 수 있지만, 여름이 되면 아래에서는 습기가 차고 위에서는 열기가 사람을 쪄 백성들의 혈기가 손상될까 봐 두렵다." 이에 집을 만들어 사람들이 거주하기에 편리하도록 하였다.[179)]

> 옛날 백성들이 음식을 만들 줄 몰랐을 때에는 초목의 열매를 먹고 각자 먹을 것을 구하며 고정적인 거처가 없었다. 그러므로 성인들은 남자들에게 경작하고 심는 방법을 가르쳐 주어 백성들이 먹을 것을 마련하게 하였다.[180)]

> 옛날 성왕들은 큰 하천과 넓은 계곡을 건널 수 없었기 때문에 배와 노를

178) 윤지원, 「묵자성인관연구」, 『동양철학연구』 제88집(2016), 140~141쪽.

179) 『墨子』, 「節用中」, "古者人之始生, 未有宮室之時, 因陵丘堀穴而處焉. 聖王慮之, 以爲堀穴, 曰冬可以辟風寒, 逮夏, 下潤濕, 上熏烝, 恐傷民之氣. 于是作爲宮室而利."

180) 『墨子』, 「辭過」, "古之民, 未知爲飮食時, 素食而分處. 故聖人作誨, 男耕稼樹藝, 以爲民食."

제작하였는데, 목적지에 다다를 수 있으면 되었다.[181]

그러므로 성왕은 배와 수레를 만들어 백성들의 일을 편리하게 해 주었다.[182]

"…… 백이伯夷는 법전을 제정하여 형법으로써 백성들을 제어하였으며, 우임금은 물과 땅을 다스려 산천의 이름을 제정하였으며, 후직后稷은 파종의 방법을 전수하여 좋은 곡식을 심는 데 힘썼다. 백이와 우임금과 후직의 성공은 백성들의 이익에 매우 큰 공헌을 하였다." 이는 세 성인이 그들의 말을 삼가고 그들의 행동을 신중히 하며 그들의 생각을 정련되게 하여, 천하의 숨어 있는 일과 잃어버린 이익을 찾아내어 위로 하늘을 섬긴다면, 하늘은 그들의 덕을 누려서 아래로 만백성에게 베풀어 만백성이 그 이익을 입음이 종신토록 그치지 않았다는 것을 말하고 있다.[183]

그리고 천하를 다스림에 있어 성인은 덕 있고, 현명하며, 능력 있는 사람을 우대하고 발탁하였다. 그리고 발탁한 사람에게는 그 직위에 상응하는 권한을 부여하여 소신껏 일을 할 수 있도록 했다.

그러므로 옛날 성왕이 정치를 할 때 덕이 있는 사람에게 직위를 배정해 주고 현명한 사람들을 숭상하였다.[184]

그래서 옛날 성왕들은 현명한 사람들을 대단히 존숭하고 능력 있는 사람들

181) 『墨子』, 「節用中」, "古者聖王爲大川廣谷之不可濟, 於是利爲舟楫, 足以將之則止."
182) 『墨子』, 「辭過」, "故聖王作爲舟車, 以便民之事."
183) 『墨子』, 「尙賢中」, "伯夷降典, 哲民維刑, 禹平水土, 主名山川, 稷隆播種, 農殖嘉穀. 三后成功, 維假於民. 則此言三聖人者, 謹其言, 愼其行, 精其思慮, 索天下之隱事遺利, 以上事天, 則天鄕其德, 下施之萬民, 萬民被其利, 終身無已."
184) 『墨子』, 「尙賢上」, "故古者聖王之爲政, 列德而尙賢."

을 임용하였다.[185]

> 지금의 왕공대인들이 천하의 왕 노릇을 하고, 제후들을 거느리고 싶어 하며, 자신의 바람을 천하에 실현하고, 자신의 이름을 후세에 전하고 싶어 한다면, 어찌 현명한 사람들을 숭상하는 것이 정치의 근본임을 살피지 않는가? 이것이 곧 성인들의 높고 깊은 덕행이다.[186]

> 그래서 옛날 삼대의 성왕인 요임금, 순임금, 우임금, 탕임금, 문왕, 무왕이 천하의 왕 노릇을 하고 제후들의 우두머리가 되었던 까닭은 현명한 사람들을 숭상하는 법칙을 실행했기 때문이다.[187]

> 그래서 옛날 성왕들은 현명한 사람들에게 높은 작위를 주었고, 많은 봉록을 주었으며, 그들에게 일을 맡기면서 정령을 결단할 권력을 주었다. 이러한 것들이 어찌 신하들을 위해 하사한 것이었겠는가? 그 일이 이루어지기를 바랐기 때문이다.[188]

묵자는 또한 성인은 절용節用을 한다고 말한다. 성인이 나라를 다스리면 나라의 이익을 배로 늘릴 수 있는데 이는 "국가가 쓸데없는 비용을 없앴기 때문"이라고 하며, "실제 이익을 증가시키지 않는 일은 절대로 하지 않는다"고 말한다. 구체적으로, 기물, 음식, 의복, 장례 등에 대한 법령을 제정하고, 집, 배, 노 등을 만들 때에도 그 본래의 기능에 충실하도록 할 뿐 "비용만 증가시키고 백성들에게 이익을 증가시키지 않는 것들은 성왕이 만들지 않았다"[189]고

185) 『墨子』, 「尙賢中」, "故古者聖王, 甚尊尙賢而任使能."
186) 『墨子』, 「尙賢中」, "今大人欲王天下, 正諸侯, 將欲使意得乎天下, 名成乎後世, 故不察尙賢爲政之本也. 此聖人之厚行也."
187) 『墨子』, 「尙賢中」, "故唯昔三代聖王, 堯舜禹湯文武之所以王天下正諸侯者, 此亦其法已."
188) 『墨子』, 「尙賢中」, "故古聖王高予之爵, 重予之祿, 任之以事, 斷予之令. 夫豈爲其臣賜哉, 欲其事之成也."

한다.

> 성인이 한 나라를 다스리게 되면, 그 나라는 이익을 배로 늘릴 수 있다. 그것을 확대하여 천하를 다스리게 되면, 천하는 이익을 배로 늘릴 수 있다. 그가 이익을 배로 늘릴 수 있는 것은, 바깥으로부터 땅을 빼앗는 것에 의지하는 것이 아니라, 그 국가가 쓸데없는 비용을 없앴기 때문에 배로 늘릴 수 있었던 것이다. 성왕은 정치를 함에 있어서, 정령을 발하고 사업을 일으키며, 백성들을 부리고 재물을 사용하는 데에, 실제 이익을 증가시키지 않는 일은 절대로 하지 않는다. 이 때문에 재물 사용은 낭비가 없고, 백성들은 수고로움이 없으며, 그가 일으키는 이익은 많아지게 된다.[190]

묵자에게 있어서 성인은 성왕과 같은 뜻으로 쓰이고 있다. 성인은 완벽한 인격체이고, 겸애를 통해 천하를 다스리는 사람이며, 문명의 이기를 창조하여 백성들의 생활을 윤택하게 하는 문화개창자이다. 또한 인재를 등용하고 활용하는 능력을 갖춘 자이며, 절용節用하는 존재이다.

3. 『주역』의 리더와 성인

시중 리더십의 삼원적 교호 모델에서는 리더, 대상자, 상황이 서로 영향을 주고받지만 그 중심에는 시중적 리더가 있다. 그리고 시중적 리더의 대표적인 유형은 바로 『주역』의 성인이다.

---

189) 『墨子』, 「節用中」, "諸加費不加于民利者, 聖王弗爲."

190) 『墨子』, 「節用上」, "聖人爲政一國, 一國可倍也. 大之爲政天下, 天下可倍也. 其倍之, 非外取地也, 因其國家, 去其無用之費, 足以倍之. 聖王爲政, 其發令興事, 使民用財也, 無不加用而爲者, 是故用財不費, 民德不勞, 其興利多矣."

1) 『주역』의 리더 유형에 대한 고찰

(1) 『주역』의 리더 유형

『주역』에는 다양한 리더들이 언급되고 있다. 그들을 빈도가 높은 순으로 열거하면 군자君子(125회), 성인聖人(38회), 대인大人(29회), 왕王(21회), 선왕先王(7회), 대군大君(6회), 현인賢人(5회), 군君(4회), 기자箕子(3회), 후后·천자天子·왕공王公·포희包犧·신농神農·황제黃帝·요堯·순舜(각 2회), 장인丈人·현賢[191]·상上·문왕文王·고종高宗(각 1회) 등이다.(〈표 5-1〉 참조) 이들 중 왕, 선왕, 대군, 군, 후, 천자, 왕공, 현, 상 등은 국가통치자를 가리키는 일반명사들이라고 할 수 있으며, 따라서 특징 있는 리더 유형類型을 보여 주고 있지 않다. 그에 비해 기자, 문왕, 고종은 역사에 그 족적이 남아 있는 훌륭한 리더들이다. 또한 포희, 신농, 황제, 요, 순은 신화적인 인물들로서 현재는 대표적인 성인으로 추숭追崇되고 있는 존재들이다. 따라서 이들은 성인의 범주에서 다루는 것이 마땅하다. 그리고 장인은 대인의 범주에 넣을 수 있다. 이런 과정을 거치고 나면 『주역』 속의 리더 유형은 군자, 성인, 대인, 현인, 기자, 문왕, 고종 등으로 압축된다. 하지만 여기에서 하나 더 고려해야 할 점은 군자, 성인, 대인, 현인은 이미 유형화가 이루어진 리더 개념인 반면 기자, 문왕, 고종은 유형화가 필요한 역사 속 인물이라는 것이다. 그렇지만 이들 각각을 독립된 리더 유형으로 다루거나 그들의 공통점을 뽑아 유형화하기에는 출현 빈도가 너무 적다는 한계가 있다. 따라서 『주역』 속의 리더 유형은 최종적으로 군자, 성인, 대인, 현인으로 정리가 된다.

한편 위에서 언급된 리더들이 출현하는 경우를 『역경易經』과 『역전易傳』으

191) 현덕을 가진 군주라는 뜻임.

〈표 5-1〉『주역』의 리더와 출현빈도

리더	『역경』	『역전』	합계
군자君子	20	105	125
성인聖人		38	38
대인大人	12	17	29
왕王	11	10	21
선왕先王		7	7
대군大君	3	3	6
현인賢人		5	5
군君	1	3	4
기자箕子	1	2	3
후后		2	2
천자天子	1	1	2
왕공王公		2	2
포희包犧		2	2
신농神農		2	2
황제黃帝		2	2
요堯		2	2
순舜		2	2
장인丈人	1		1
현賢		1	1
상上		1	1
문왕文王		1	1
고종高宗	1		1

로 나누어 보면 군자, 대인, 왕, 대군, 군, 기자, 천자 등은『경』과『전』모두에서 언급되고 있다. 그에 비해 장인과 고종은『경』에만 나타나고 있고, 성인, 선왕, 현인, 후, 왕공, 포희, 신농, 황제, 요, 순, 현, 상, 문왕 등은『전』에만 보이고 있다. 이를 통해 우리는『주역』의 성인 개념이『역전』이 형성된 전국戰國시기에 비로소 정립된 것임을 알 수 있다. 그리고 포희, 신농, 황제, 요, 순 또한『역전』에 등장함과 아울러 성인으로 추숭되기 시작했음을 알 수 있다.

(2) 『주역』의 리더 유형 간의 관계

이제 『주역』의 대표적인 리더 유형으로 드러난 군자, 성인, 대인, 현인 간의 관계를 살펴본다. 다음 몇 가지 인용문을 통해 그 차이를 가늠해 볼 수 있다.

> 공자가 말하였다. "성인을 내가 만나볼 수 없다면 군자만이라도 만나볼 수 있으면 좋겠다."[192]

> 공자가 말하였다. "군자에게는 세 가지 두려움이 있으니, 천명을 두려워하고, 대인을 두려워하고, 성인의 말씀을 두려워한다."[193]

> 공자가 말하였다. "사람에게는 다섯 가지 구분이 있습니다. 보통 사람이 있고, 선비가 있고, 군자가 있고, 현명한 사람이 있고, 위대한 성인이 있습니다."…… 애공이 말하였다. "훌륭한 말씀입니다. 감히 여쭙건대 어떤 사람을 군자라 할 수 있습니까?" 공자가 대답하였다. "이른바 군자란 말은 충실하고 신의가 있지만 마음속으로 그것이 자기의 덕이라 여기지 않고, 어짊과 의로움을 몸으로 실천하지만 얼굴에 뽐내는 빛이 없습니다. 사려가 밝고 통달해 있지만 말로 남들과 다투지 않습니다. 그러므로 평범한 듯해 누구든 그처럼 될 수 있을 듯한 사람이 바로 군자입니다." 애공이 말하였다. "훌륭한 말씀입니다. 감히 여쭙건대 어떤 사람을 현명한 사람이라 할 수 있습니까?" 공자가 대답하였다. "이른바 현명한 사람은 행동이 규범에 들어맞아 근본을 손상시키지 않으며, 말은 천하의 법도로 삼을 만해 그 자신을 손상시키지 않습니다. 천하에서 으뜸갈 정도로 부유하다 하더라도 사재를 축적하지 않고, 온 천하에 널리 베풀면서도 가난해질까 걱정하지 않습니다. 이

---

192) 『論語』, 「述而」, 제25장, "子曰. 聖人吾不得而見之矣, 得見君子者, 斯可矣."
193) 『論語』, 「季氏」, 제8장, "孔子曰. 君子有三畏, 畏天命, 畏大人, 畏聖人之言."

> 러하면 현명한 사람이라 할 수 있을 것입니다." 애공이 말하였다. "훌륭한 말씀입니다. 감히 여쭙건대 어떤 사람을 위대한 성인이라 할 수 있습니까?" 공자가 대답하였다. "이른바 위대한 성인은 지혜가 위대한 도에 통하고, 변화에 응하여 막힘이 없으며, 만물의 실상과 본성을 잘 분별합니다."[194]

> 호생불해가 물었다.…… "무엇을 선善이라 이르고, 무엇을 신信이라 이릅니까?" 맹자가 말하였다. "순수한 본마음이 하고자 하는 것을 선善이라 하고, 선을 자기 속에 지속적으로 가지고 있는 것을 신信이라 하고, 선이 몸속에 가득 차는 것을 미美라 하고, 가득 차서 빛을 발하는 것을 대大라 하고, 대의 상태가 되어서 스스로를 탈바꿈하는 것을 성聖이라 하고, 성의 상태가 되어서 사람들이 파악할 수 없게 된 것을 신神이라 한다.…… "[195]

위에 인용된 내용을 정리해 보면 〈표 5-2〉와 같다. 표를 통해 보면 군자, 성인, 대인, 현인 간의 관계에 있어서 군자가 가장 아래에 있고 성인이 맨 위에 위치하고 있음을 알 수 있다. 그리고 대인은 군자와 성인 사이에 자리하고 있으며, 현인 또한 마찬가지이다. 여기서 문제가 되는 것은 대인과 현인 간의 관계이다. 다 같이 군자와 성인 사이에 자리하고 있으나 이 둘 간의 우열은 분명하지 않다. 이 둘 간의 관계를 확인할 수 있는 다른 문헌이 있는지를 알 수 없는 상황에서는 대인과 현인은 군자와 성인 그 사이에 위치하고 있으나 양자 간의 우열은 분명하지 않다는 정도로 정리해 둘 수밖에 없다.

---

194) 『荀子』, 「哀公」, 제2장, "孔子曰. 人有五儀. 有庸人, 有士, 有君子, 有賢人, 有大聖.……哀公曰. 善. 敢問何如斯可謂之君子矣. 孔子對曰. 所謂君子者, 言忠信而心不德, 仁義在身而色不伐. 思慮明通而辭不爭. 故猶然如將可及者, 君子也. 哀公曰. 善. 敢問何如斯可謂賢人矣. 孔子對曰. 所謂賢人者, 行中規繩而不傷於本, 言足法於天下而不傷於身. 富有天下而無怨財, 布施天下而不病貧. 如此則可謂賢人矣. 哀公曰. 善. 敢問何如斯可謂大聖矣. 孔子對曰. 所謂大聖者, 知通乎大道, 應變而不窮, 辨乎萬物之情性者也."

195) 『孟子』, 「盡心下」, 제25장, "浩生不害問曰……何謂善, 何謂信. 曰可欲之謂善, 有諸己之謂信, 充實之謂美, 充實而有光輝之謂大, 大而化之之謂聖, 聖而不可知之之謂神……."

〈표 5-2〉 군자, 성인, 대인, 현인 간의 관계

출전(언급자)	내용
『論語』「述而」(공자)	君子 〈 聖人
『論語』「季氏」(공자)	君子 〈 大人 〈 聖人
『荀子』「哀公」(공자)	보통 사람 〈 선비 〈 君子 〈 賢人 〈 聖人
『孟子』「盡心下」(맹자)	善人 〈 信人 〈 美人 〈 大人 〈 聖人 〈 神人

아무튼 위의 인용문을 통해, 공자는 가장 이상적인 인격체로 성인을 들고 있다. 그리고 맹자는 성인의 경지를 넘어선 존재로 신인神人을 상정하고 있다. 그렇지만 신인은 말 그대로 신과 같은 존재이니 사람들이 도달하기에는 너무 고원高遠한 곳에 있는 존재라고 할 수 있다. 따라서 인간이 희구할 수 있는 최상의 존재는 성인이라고 할 수 있다.

이처럼 성인, 대인 · 현인, 군자 간의 상대적인 위치를 어느 정도 가늠할 수는 있으나, 『역전』의 「대상전大象傳」을 통해서 보면 그 개념들이 중첩되고 있음을 알 수 있다. 「대상전」을 보면 '성인'이란 표현은 보이지 않고 '군자'라는 표현이 주로 사용되고 있다. 그리고 '선왕', '후', '상', '대인' 등이 간혹 사용되고 있을 뿐이다.(〈표 5-3〉 참조) 이와 관련하여 정병석은, 선왕先王은 대부분 법제를 세우거나 건국하는 군주를 말하고, 후后는 천자나 왕을 말하며, 상上은 높은 데 있는 군주를 말하는 것으로 보이고, 대인大人은 왕공王公을 통칭하는 것으로 보인다고 말한다.[196] 또한 대인은 도덕적인 차원에서 말하면 성인이나 현자이고, 정치적 지위라는 측면에서 말하면 천자나 제후를 의미한다고 말한다.[197] 따라서 선왕, 후, 상은 물론이고 대인 또한 군주의 의미로 쓰이고 있음을 알 수 있다. 그리고 군자의 경우 그 문맥들을 살펴보면 수기의 주체라는 의미로

196) 정병석 역주, 『주역』 상(을유문화사, 2014), 228쪽 참조.
197) 정병석 역주, 『주역』 상(을유문화사, 2014), 489쪽 참조.

〈표 5-3〉「대상전」의 성인 관련 표현

표현	괘명	횟수
先王	比, 豫, 觀, 噬嗑, 復, 无妄, 渙	7
后	泰, 姤	2
上	剝	1
大人	離	1
君子	나머지 괘	53

자료: 정병석 역주, 『주역』 상(을유문화사, 2014), 188쪽 참조.

쓰이기도 하지만, 또 많은 부분에서는 천하를 경륜하거나 국가를 통치하는 존재라는 의미로도 쓰이고 있다. 또한 선진시대의 성인[198]에서 알 수 있듯이 「대상전」에 등장하고 있는 '선왕', '후', '상', '대인', '군자'는 모두 일반적인 의미의 군주가 아니라 이상화된 군주, 즉 성왕을 상징하고 있다고 할 수 있다. 몇 가지 예를 살펴본다.

땅속에 물이 있는 것이 사師인데, 군자가 이를 본받아 백성을 포용하고 기른다.[199]

우레가 땅에서 나와 분출하는 것이 예豫인데, 선왕이 이것을 본받아 예악을 제정하고 덕을 숭상하여 아주 성대하게 상제에게 제사 지내고 조상을 배향한다.[200]

천지가 서로 사귀는 것이 태泰인데, 군왕(后)이 이를 본받아 천지의 도를 마

198) 선진시대를 대표하는 공자에게 있어서 '성인'은 덕성과 그러한 덕성을 통한 정치적 성취를 겸비한 존재이다. 다시 말해, 성인은 안으로 내적 수양을 통해 덕성을 갖추고(內聖), 밖으로는 정치적·사회적 성취를 이룬(外王) 존재, 즉 聖王을 말한다.

199) 『周易』, 師卦 「象傳」, "地中有水, 師, 君子以容民畜衆."

200) 『周易』, 豫卦 「象傳」, "雷出地奮, 豫, 先王以作樂崇德."

름질하고 천지의 마땅함을 보충하여 도움으로써 백성을 돕는다.[201)]

산이 땅에 붙어 있는 것이 박剝인데, 위에 있는 군주(上)가 이를 본받아 아래에 있는 백성(下)을 후덕하게 대하고 나라를 편안하게 한다.[202)]

밝음이 두 번 일어나는 것이 이離인데, 군주(大人)가 이를 본받아 밝음을 이어받아 사방을 비춘다.[203)]

위의 인용문들을 통해 군자, 선왕, 후, 상, 대인이 국가통치자로서 국가와 백성을 덕으로 이끌어 가는 모습을 볼 수 있다.

따라서 지금까지 살펴본 『주역』의 리더 유형은 다음과 같이 정리된다. 『주역』 속에 등장하는 대표적인 리더 유형인 성인, 대인·현인, 군자뿐만 아니라 선왕, 후, 상 등은 모두 일반적인 의미의 군주가 아니라 이상화된 군주, 즉 성왕聖王을 상징한다.

2) 『주역』 속 리더의 영향력 행사

『주역』 속 리더의 영향력 행사는 두 가지 측면으로 전개된다. 자신에 대한 영향력 행사는 도덕적 측면에서 무구无咎를 추구하고, 타인에 대한 영향력 행사는 실천적 측면에서 구세救世를 지향한다.

---

201) 『周易』, 泰卦 「象傳」, "天地交, 泰, 后以財成天地之道, 輔相天地之宜, 以左右民."
202) 『周易』, 剝卦 「象傳」, "山附於地, 剝, 上以厚下安宅."
203) 『周易』, 離卦 「象傳」, "明兩作, 離, 大人以繼明照于四方."

(1) 도덕적 측면: 무구

① 한사閑邪

부단히 변화하는 상황 속에서 거기에 알맞은 행동을 하고 진리를 구현하기 위해서는 먼저 자신의 타고난 양심을 확충하고 욕심을 억제하는 수양修養이 반드시 필요하다. 『주역』에서는 그러한 수양의 방법으로 한사閑邪와 존성存誠을 제시한다.[204] 이와 관련하여 정이는 다음과 같이 말한다.

> 이미 허물이 없는 곳에 처했으면 오직 사특邪慝함을 막으면 된다. 사특함을 이미 막았으면 정성스러움이 보존된다.[205]

먼저 한사는 참에 머물도록 외물의 간섭으로 인한 잡념이나 나쁜 욕심을 억제하고 막는 것을 의미한다. 본래 인간의 욕망에는 과불급過不及이 없이 본성에서 기인하는 욕망과 중절中節을 잃은 이기적인 욕망이 있다. 사심 없이 정직하게 인간다운 삶을 살려고 하는 것과 같은 긍정적인 욕망은 과불급이 없이 본성에 기인하는 욕망으로 그 자체는 인간의 본성 중에서 본래부터 갖추어진 올바른 도리, 즉 천리天理이기 때문에 제거해서는 안 되고 마땅히 보존되어야 한다.[206]

하지만 중절을 잃은 인욕人欲은 본마음이 발휘될 때 생각하여 헤아리고 견주어 살펴보는(思量計較) 개인의 이기적인 의도가 개입되어서 생긴다. 비례非

---

204) 『周易』, 乾卦「文言傳」 九二, “閑邪存其誠.”

205) 程頤, 『伊川易傳』, 乾卦「文言傳」 九二註, “旣處无過之地則唯在閑邪, 邪旣閑則誠存矣.” 『伊川易傳』의 해석은 김석진, 『주역전의대전역해』 상 · 하(대유학당, 2000); 성백효 역주, 『주역전의』 상 · 하(전통문화연구회, 2001)를 주로 참고함.

206) 이상호, 「주역에서의 시중의 문제」, 『동양철학연구』 제39집(동양철학연구회, 2004), 361쪽.

禮 또한 사욕私欲인데, 이러한 사욕은 끊임없이 욕망을 충족하려고 하기 때문에 절제를 통해 만족하지 않는 한 그 욕심을 다 채울 수 없다. 그리고 사욕이 많이 일어날수록 지선순일至善純一한 천부적 본성은 어두워지고 가려져서 천리가 없어지게 된다.[207]

> 사람이 태어나서 마음이 조용할 때에는 하늘이 부여한 본성 그대로이다. 외물에 느끼어 마음이 움직이는 것은 그 본성의 욕심인 것이다. 사물이 앞에 이르면 지각기능이 이를 지각한다. 그런 뒤에 좋아하고 싫어함이 나타난다. 좋아하고 싫어함이 마음속에서 절제되지 않고 지각이 외물에 유혹되어 능히 자신을 반성하지 못하면 천리가 없어지게 된다.[208]

또한 이와 관련하여 정이는 "손損의 뜻은 인간의 욕심을 덜어서 하늘의 이치를 회복하는 것일 뿐이다"[209]라고 한다. 천리의 보존을 위해서는 중절을 잃은 인욕은 절제를 통해 조절해야 하고, 천리를 회복하기 위해서는 인욕을 억제하고 막아야 한다는 것이다.[210]

이제 각 괘의 효사에 나타나 있는 한사의 의미를 살펴본다. 먼저 건괘乾卦 초구에서는 "물속에 잠겨 있는 용이니 쓰지 말아야 한다"[211]고 말한다. 건괘 초구는 용龍의 덕을 가지고 있지만 아직 능력이 부족한 상황을 말한다. 따라서 세상에 나와도 그 뜻을 제대로 펼 수 없기 때문에 실력을 배양하면서 때를

---

207) 이상호, 「주역에서의 시중의 문제」, 『동양철학연구』 제39집(동양철학연구회, 2004), 361~362쪽.

208) 『禮記』, 「樂記」, "人生而靜, 天之性也. 感於物而動, 性之欲也. 物至知知. 然後好惡形焉, 好惡無節於內, 知誘於外, 不能反躬, 天理滅矣."

209) 程頤, 『伊川易傳』, 損卦 卦辭註, "損之義, 損人欲, 以復天理而已."

210) 이상호, 「주역에서의 시중의 문제」, 『동양철학연구』 제39집(동양철학연구회, 2004), 362쪽.

211) 『周易』, 乾卦 初九 爻辭, "潛龍勿用."

기다려야 한다. 그럼에도 욕심이 앞서 섣불리 행동하면 낭패를 보게 된다. 건괘 구사에서는 "혹 뛰어올랐으나 연못에 있으면 허물이 없을 것이다"[212]라고 한다. 건괘 구사는 자신의 능력을 시험해 보는 상황을 말한다. 그래서 혹 세상에 나아가 보기도 하지만 아직 때가 아님을 알아 머물러야 할 곳으로 돌아오면 허물이 없다고 한다. 이제 막 조직의 상층부에 진입한 구사는 의욕이 앞서 하루빨리 자신의 능력을 드러내고 가시적인 성과를 내고 싶은 욕심을 갖게 된다. 그렇지만 구사는 상층부의 가장 아래에 있어 어떤 일을 주도적으로 해 나갈 수 있는 위치에 있지 않다. 기업에 비유하면 이사에 해당한다. 따라서 구사는 그런 욕심을 억제하고 겸손하게 대표이사인 구오를 보좌하면서 때를 기다릴 필요가 있다. 그래야 허물이 없다. 건괘 상구에서는 "너무 높이 올라가 버린 용은 후회함이 있을 것이다"[213]라고 한다. 건괘 상구는 조직의 최상층부에 올라간 경우의 처신에 대해 말한다. 기업의 경우에는 고문顧問에 해당한다. 이제 더 승진할 곳이 없고 실권도 없으며 일정한 기간이 지나면 퇴직을 해야 하는 상황이다. 그럼에도 불구하고 경영에 무리하게 관여하려 하거나 임직원들에게 영향력을 행사하려 한다면 낭패를 볼 수밖에 없다. 따라서 나아갈 줄만 알고 물러날 줄을 모르면 후회가 있게 되는 것이다.

곤괘坤卦 육삼에서는 "아름다움을 머금어 바름을 지킬 수 있다"[214]고 한다. 즉, 내적인 아름다움을 간직하면서 바름을 지켜야 하는 상황을 말한다. 육삼은 하층부의 중심에서 벗어난 위치에 있다. 하층부의 중심은 육이이며, 육삼은 이런 상황을 깨닫고 바르게 처신할 수 있어야 한다. 그렇지 않고 반발하거나 불만을 토로하면 자신의 입지만 어렵게 된다. 따라서 자신의 능력을 기르고

212) 『周易』, 乾卦 九四 爻辭, "或躍在淵, 无咎."
213) 『周易』, 乾卦 上九 爻辭, "亢龍有悔."
214) 『周易』, 坤卦 六三 爻辭, "含章可貞."

위치에 걸맞은 노력을 하면서 때를 기다려야 한다.

둔괘屯卦 초구는 머뭇거리면서 앞으로 나아가지 못하는 상황을 말한다. 그럴수록 바르게 처신할 필요가 있다. 초구의 상황을 보면 육이, 육삼, 육사 등은 모두 음으로 나약해 보이고 강건한 능력자인 구오는 너무 먼 곳에 있어서 그 가치와 역할을 잘 알 수 없다. 이런 경우에 초구의 위치에 있는 사람은 자칫 윗사람들을 무시하기 쉽고 침체된 분위기를 쇄신한다는 명분으로 경거망동하기 쉽다. 그러나 전체의 책임자는 구오이기 때문에 초구가 아직 구오의 지지를 받지 않은 상태에서 경거망동하게 되면 기득권자인 위의 음들에게 제거당하기 쉽다. 따라서 함부로 나서지 말고 참고 견디면서 육이, 육삼, 육사 등 위의 음들에게 자신을 낮추고, 구오의 지지를 받도록 해야 한다.[215] 둔괘 상육은 상응하는 세력이 없음에도 바르게 처신하지 못하면 결국 어려운 지경에 빠지게 됨을 말한다. 상육은 조직의 고문과 같은 위치에 있는 사람으로서 실권은 없지만 권위가 있고 지혜가 많은 존재여야 한다. 그럼에도 대표이사인 구오의 경영방침에 이의를 제기하는 등 비협조적인 처신을 하면 결국 욕됨을 당할 수밖에 없다.

> 머뭇거리며 앞으로 나아가지 못하는 상태이다. 바른 것에 처하는 것이 이롭다.[216]

> 말을 타고 가려 하나 말이 행렬을 이탈하여 배회하니 피눈물이 줄줄 흐른다.[217]

---

215) 이기동 역해, 『주역강설』 상(성균관대학교출판부, 1997), 102~103쪽; 이상호, 「주역에서의 시중의 문제」, 『동양철학연구』 제39집(동양철학연구회, 2004), 364쪽 참조.
216) 『周易』, 屯卦 初九 爻辭, "盤桓, 利居貞."
217) 『周易』, 屯卦 上六 爻辭, "乘馬班如, 泣血漣如."

몽괘蒙卦 육삼에서는 “여자를 취하지 말 것이니, 돈 많은 남자를 보고 자기 몸을 보존하지 못하니, 이로울 바가 없다”[218]고 한다. 육삼의 위치는 소년 가장이 이끄는 집안에서 무능한 형이거나 손위 누나에 해당한다. 가정을 이끌어 가는 주도권은 육이 남동생에게 있고 부모가 자신의 사정을 알아주지도 위로해 주지도 않는다. 그리하여 무능한 형은 비행소년이 되어 비행을 일삼다가 여자를 데리고 들어오는데 환영을 받지 못하고 비난을 받게 되는 상황이다. 그리고 손위 누나의 경우 비행 소녀가 되어 돈 많은 남자의 유혹에 농락만 당하고 마는 상황이다. 이런 상황에서는 부모가 자기에게 관심을 갖지 않는 것이 부득이한 상황 때문임을 알고 자신의 개인적인 욕심을 버리고 겸허하게 동생인 구이를 도와야 한다.[219]

돈괘遯卦 육이에서는 “황소의 가죽을 사용해 묶으니 벗길 수가 없다”[220]고 한다. 육이는 하층부의 중심에 있지만 구삼 등 양의 견제 때문에 자신의 능력을 제대로 인정받지 못하는 상황에 놓여 있다. 이럴 경우에는 무리하게 일을 추진하기보다는 조용히 물러나 자신의 역량을 키울 필요가 있다. 주위의 부추김이나 유혹에 흔들리지 말고 황소 가죽으로 묶듯이 확고한 의지를 갖고 능력을 키우는 데 최선을 다해야 한다.

② 존성存誠

존성은 하늘로부터 부여받은 순수한 마음인 양심의 생명력을 보존하고 확충하여 진리 그 자체가 되도록 성을 붙들어 지키는 것을 의미한다.[221] 이와

---

218) 『周易』, 蒙卦 六三 爻辭, “勿用取女, 見金夫, 不有躬, 无攸利.”

219) 이기동 역해, 『주역강설』 상(성균관대학교출판부, 1997), 116~117쪽; 이상호, 「주역에서의 시중의 문제」, 『동양철학연구』 제39집(동양철학연구회, 2004), 365쪽.

220) 『周易』, 遯卦 六二 爻辭, “執之用黃牛之革, 莫之勝說.”

221) 이상호, 「주역에서의 시중의 문제」, 『동양철학연구』 제39집(동양철학연구회, 2004),

관련하여 『주역』과 『중용』에서는 다음과 같이 말한다.

먼저 『주역』을 살펴본다. 『주역』의 모든 괘사와 효사는 천지의 도를 밝힌 뒤 그 도에 따라 인간이 마땅히 준수해야 할 바를 서술하고 있다. 구체적으로 『주역』 항괘恒卦에서는 천지의 도가 항구적일 수 있는 까닭은 형통하고 허물이 없고 바르기 때문이라고 말한다. 따라서 군자 또한 그 이치를 깨달아 그 방향을 바꾸지 않는 것이다.

> 항은 형통하고 허물이 없다. 바르게 함이 이롭고 가는 바를 둠이 이롭다.222)

> 항은 형통하고 허물이 없고 바르게 함이 이롭다는 것은 그 도를 오래 하는 것이다. 천지의 도는 항구하여 그침이 없다.223)

> 우레가 위에 있고 바람이 아래에 있는 것이 항이니, 군자는 그 이치를 본받아서 뜻을 세우고 그 방향을 바꾸지 않는다.224)

『중용』에서도 성誠한 하늘의 도를 본받아 성誠해지려고 노력하는 자는 선善을 택해서 굳게 붙잡는다고 말한다.

> 성誠은 하늘의 도이고, 성誠해지려고 노력하는 것은 사람의 도이다. 성誠한 자는 힘쓰지 않아도 적중하고, 생각해서 하지 않아도 얻게 되며, 조용히 도에 적중하니 성인이다. 성誠해지려고 노력하는 자는 선善을 택해서 굳게 붙잡는 자이다. 널리 배우고, 자세히 물으며, 신중히 생각하고, 명확히 분별하

356쪽.

222) 『周易』, 恒卦 卦辭, "恒, 亨, 无咎. 利貞, 利有攸往."

223) 『周易』, 恒卦, 「彖傳」, "恒亨无咎利貞, 久於其道也. 天地之道, 恒久而不已也."

224) 『周易』, 恒卦 「象傳」, "雷風恒, 君子以, 立不易方."

며, 돈독하게 행한다.[225]

이처럼 항심恒心을 갖는 것이 중요하다는 것을 익괘益卦 또한 말하고 있다. 익괘 상구에서는 "더하여 주는 사람이 없다. 혹 공격하리니, 그 마음을 세움에 항상함이 없으니, 흉하다"[226]라고 한다. 손상익하損上益下라는 만고불변의 법칙을 일관되게 견지하지 못하고, 도리어 손하익상損下益上으로 입장을 바꾸어 자신의 이익만을 추구하니, 사방이 공격하는 상황이 되고 그렇게 되면 흉할 수밖에 없다.

그런데 인간의 내면 깊은 자리에는 천부적인 본성이 존재하고 있기 때문에, 마음을 밝히고 정신을 집중하여 내면의 소리에 귀를 기울이면, 진리의 소리를 들을 수 있다. 이러한 진리는 인간으로 하여금 옳은 일을 하도록 인도하고, 다른 모든 생명체에게 사랑을 베풀도록 유도하는 등, 현재 삶을 최선의 상태로 유도하는 작용을 한다.[227] 따라서 『주역』은 "하늘의 운행이 굳건하니, 군자는 그것을 본받아서 스스로 노력하여 그치지 않는다"[228]고 말한다. 그리고 주희는 "군자가 이를 본받아 인욕人欲으로 천덕天德의 강건함을 해치지 않으니, 스스로 노력하여 그치지 않는다"[229]고 한다.

그 뜻을 곧고 바르게 하면 천하의 모든 뜻이 하나로 모아진다. 이는 곧 세상이 하늘의 운행원리인 성誠으로 귀일됨을 말하는 것이며, 성은 천인합일天

225) 『中庸』 제20장, "誠者, 天之道也, 誠之者, 人之道也. 誠者, 不勉而中, 不思而得, 從容中道, 聖人也. 誠之者, 擇善而固執之者也. 博學之, 審問之, 愼思之, 明辯之, 篤行之."

226) 『周易』, 益卦 上九 爻辭, "莫益之. 或擊之, 立心勿恒, 凶."

227) 이상호, 「주역에서의 시중의 문제」, 『동양철학연구』 제39집(동양철학연구회, 2004), 358쪽.

228) 『周易』, 乾卦 「象傳」, "天行健, 君子以, 自彊不息."

229) 朱熹, 『周易本義』, 乾卦 「象傳」註, "君子法之, 不以人欲害其天德之剛, 則自彊而不息矣." 『周易本義』의 해석은 김석진, 『주역전의대전역해』 상 · 하(대유학당, 2000); 성백효 역주, 『주역전의』 상 · 하(전통문화연구회, 2001)를 주로 참고함.

人合一의 기초가 되는 것이다. 인간은 성한 하늘의 도를 본받아 성해지려고 노력함으로써 천인합일을 이룰 수 있다. 따라서 성은 내적 수양의 요체가 되는 것이다. 이와 관련하여 정이는 함괘咸卦에 대한 주석註釋에서 다음과 같이 말한다.

> 대개 사람이 마음을 비우면 상대의 마음을 받아들일 수 있고, 마음이 꽉 차면 받아들일 수 없다. 마음을 비운다는 것은 자기주장을 없애는 것이다. 마음속에 사사로운 주장이 없으면 감응하여 통하지 않음이 없다. 계산하여 수용하고, 합치할 것을 선택하여 받아들이는 것은 감응이 있으면 반드시 소통하는 성인의 도가 아니다.[230]

> 그 뜻을 곧고 바르게 하면, 궁극적으로는 천하의 모든 것이 느껴 통하지 않는 것이 없다.[231]

> 오직 지극한 정성만이 사람을 감동시킬 수 있다.[232]

본래 거울은 먼지나 때가 끼면 얼굴을 제대로 비추지 못하는데, 이를 깨끗이 지우면 얼굴의 있는 그대로를 비춘다. 그와 마찬가지로 마음을 텅 비워 사사로운 주장이 없으면 상대방의 마음을 그대로 받아들일 수 있게 되고 서로 감응하여 통하게 된다. 그리고 말로만 다른 사람들을 기쁘게 해서는 그 사람들을 감동시킬 수 없다. 오직 지극한 정성만이 사람들을 감동시킬 수 있는 것이다.

---

230) 程頤, 『伊川易傳』, 咸卦 「象傳」註, "夫人中虛則能受實則不能入矣. 虛中者无我也. 中无私主則无感不通. 以量而容之, 擇合而受之, 非聖人有感必通之道也."

231) 程頤, 『伊川易傳』, 咸卦 九四 爻辭註, "貞其意則窮天下无不感通焉."

232) 程頤, 『伊川易傳』, 咸卦 上六 「象傳」註, "唯至誠, 爲能感人."

③ 덕

리더가 갖추어야 할 기본 자격 또는 수행해야 할 과제에는 덕德과 업業이 있다. '덕'은 내재적 도덕수양을 말하고, '업'은 외재적 사업을 말한다.[233] 도덕수양의 요체는 사람들이 진심으로 믿을 수 있는 그런 존재가 되는 데 있고, 사업의 지름길은 사람들의 신용을 얻는 데 있다. 덕이든 업이든 결국 신뢰가 그 중심에 있음을 알 수 있다. 맹자의 말에 따르면, 덕은 '홀로 자기의 몸을 착하게 만드는 것'(獨善其身)이고, 업은 '천하를 모두 착하게 만드는 것'(兼善天下)에 해당한다.

> 군자는 덕을 증진하고 사업에 힘을 써야 하니, 진심으로 미덥게 하여야 덕을 증진할 수 있고, 말을 닦아 진실함을 굳건히 세워야 사업을 지켜 낼 수 있다.[234]

> 넉넉하게 가지는 것을 큰 사업이라 하고, 날마다 새로워지는 것을 성대한 공덕이라고 한다.[235]

> 곤궁하면 홀로 자기의 몸을 착하게 만들고, 출세하면 천하를 모두 착하게 만든다.[236]

덕을 쌓는 것이 리더 본연의 책무라는 것은 건괘乾卦와 곤괘坤卦에 잘 나타나 있다. 먼저 건괘 「문언전」에서는 "군자는 덕을 이루는 것을 행실로 삼으니, 나날이 볼만한 것이 행실이다"[237]라고 한다. 이는 "잠룡물용潛龍勿用"이라는

---

233) 정병석, 『주역과 성인, 문화상징으로 읽다』(예문서원, 2018), 396쪽 참조.

234) 『周易』, 乾卦 「文言傳」 九三, "君子進德脩業, 忠信所以進德也, 修辭立其誠所以居業也."

235) 『周易』, 「繫辭上傳」, 제5장, "富有之謂大業, 日新之謂盛德."

236) 『孟子』, 「盡心上」, "窮則獨善其身, 達則兼善天下."

건괘 초구 효사에 대한 해석이므로, 아직 때가 이르지 않았고 지위가 주어지지 않은 상황에서의 처신과 도리를 말하는 것이다.[238] 즉 독선기신을 의미한다. 초구처럼 아직 내적 수양이 완전하지 못할 때는 무엇보다도 덕을 쌓는 일에 매진해야 한다. 「문언전」 구이에서는 "배워서 모으고, 물어서 분별하며, 너그러움으로써 자리하고, 인으로써 행동한다"[239]고 말하여, 적덕積德의 관건을 학취學聚 · 문변問辨 · 관거寬居 · 인행仁行으로 보았다. 구삼에서는 "종일토록 애써 노력하고 저녁까지도 두려워해야 한다. 그러면 위태로우나 허물은 없을 것이다"[240]라고 하여, 덕은 쌓는 일이 결코 쉬운 일이 아님을 말한다. 또한 곤괘 「문언전」에서는 "경으로써 안을 바르게 하고, 의로써 바깥을 반듯하게 한다"[241]고 하여, 이 내외의 공부가 부단히 쌓여 가면 덕이 외롭지 않게 된다고 한다.

이러한 덕과 관련된 개념으로는 사덕, 이간, 구덕괘, 생명의 창달 등이 있다.

i) 사덕四德

『주역』에서 덕은 구체적으로 무엇을 의미하는가? 그 실마리는 "건원형이정乾元亨利貞"이라는 건괘 괘사에서 찾아볼 수 있다. 『주역』의 첫머리를 장식하는 이 문장 중 '원형이정' 네 글자는 그동안 수많은 해석과 의견을 불러일으킨 것이다. 먼저 건괘 「문언전」에서는 이 네 글자에 대해 다음과 같이 해석한다.

---

237) 『周易』, 乾卦「文言傳」 初九, "君子以成德爲行, 日可見之行也."
238) 곽신환, 「주역의 자연과 인간에 관한 연구」(성균관대학교대학원 박사학위논문, 1987), 109쪽 참조.
239) 『周易』, 乾卦「文言傳」 九二, "君子, 學以聚之, 問以辨之, 寬以居之, 仁以行之."
240) 『周易』, 乾卦 九三 爻辭, "君子, 終日乾乾夕惕若. 厲无咎."
241) 『周易』, 坤卦「文言傳」 六二, "君子, 敬以直內, 義以方外, 敬義立而德不孤."

원元은 착한 것의 으뜸이고, 형亨은 아름다운 것의 모임이고, 이利는 마땅함의 조화이고, 정貞은 일의 줄기이다. 군자가 인을 본받아야 다른 사람의 리더가 될 수 있고, 모이는 것을 아름답게 해야 예에 합치될 수 있고, 다른 사물을 이롭게 해야 의로움과 조화될 수 있고, 바름을 굳게 지키니 일의 근간이 될 수 있다. 군자는 이 네 가지 덕을 행하는 자이다. 그러므로 건은 원형이정이라고 말한다.[242]

또한 정이는 '원형이정'을 다음과 같이 해석한다.

원은 만물의 시작이고, 형은 만물의 자라남이며, 이는 만물의 이루어지는 과정이고, 정은 만물의 완성이다.[243]

그리고 주희는 '원형이정'을 두 가지 방식으로 해석한다. 첫 번째는 문언전의 해석에 따라 사덕으로 보는 것인데, 이는 정이의 관점과 기본적으로 동일하다.

원은 큰 것이고, 형은 통하는 것이며, 이는 마땅한 것이고, 정은 바르고 굳은 것이다.[244]

원은 만물이 처음 생겨남이고, 형은 만물이 번창해서 무성함이며, 이는 결실로 나아감이고, 정은 결실의 완성이다.[245]

242) 정병석 역주, 『주역』 상(을유문화사, 2014), 60~64쪽; 성백효 역주, 『주역전의』 상(전통문화연구회, 2001), 162~165쪽 참조.

243) 程頤, 『伊川易傳』, 乾卦 卦辭註, "元者, 萬物之始, 亨者, 萬物之長, 利者, 萬物之遂, 貞者, 萬物之成."

244) 朱熹, 『周易本義』, 乾卦 卦辭註, "元, 大也, 亨, 通也, 利, 宜也, 貞, 正而固也."

245) 朱熹, 『周易本義』, 乾卦 「彖傳」註, "元者, 物之始生, 亨者, 物之暢茂, 利則向於實也, 貞則實之成也."

원은 생물의 시작이니, 천지의 덕이 이보다 앞서는 것이 없다. 그러므로 때에 있어서는 봄이 되고, 사람에게는 어짊(仁)이 되어, 모든 착한 것의 으뜸이 된다. 형은 생물의 형통함이니, 생물이 이에 이르게 되면 아름답지 않은 것이 없다. 그러므로 때에 있어서는 여름이 되고, 사람에게는 예의가 되어, 모든 아름다움의 모임이 된다. 이는 생물의 이루어지는 과정이니, 생물이 각각 마땅함을 얻어 서로 방해하지 않는다. 그러므로 때에 있어서는 가을이 되고, 사람에게는 의리가 되어, 나눔에 화합을 얻는다. 정은 생물의 완성이니, 실제 행해지는 이치가 갖추어져서 그 존재함에 따라 각기 만족한다. 그러므로 때에 있어서는 겨울이 되고, 사람에게는 지혜가 되어, 모든 일의 줄기가 된다.[246]

두 번째는 『역경』이 점서占書라는 것에 입각하여 원형과 이정으로 이분해서 해석하는 것이다.

문왕이 "…… 그 점이 마땅히 크게 형통함을 얻고, 반드시 바르고 굳게 해야 이로움이 있어서, 그 마침을 보존할 수 있다"라고 하였다.[247]

건괘 「문언전」에서는 원형이정을 하늘의 사덕이라는 관점에서 해석하고 있다. 이러한 관점은 『주역』에 대한 대표적인 주석가인 정이와 주희 또한 기본적으로 동의하고 있다. 다만 주희는 『역경』이 점서임에 입각하여 원형과 이정을 구분해서 이분법으로 해석하기도 한다. 본 연구에서는 기본적으로 원형이정을 사덕이라는 관점, 즉 사분법으로 해석하고자 한다. 그렇지만 문맥

246) 朱熹, 『周易本義』, 乾卦 「文言傳」註, "元者, 生物之始, 天地之德, 莫先於此. 故於時爲春, 於人則爲仁而衆善之長也. 亨者, 生物之通, 物至於此, 莫不嘉美. 故於時爲夏, 於人則爲禮而衆美之會也. 利者, 生物之遂, 物各得宜, 不相妨害. 故於時爲秋, 於人則爲義而得其分之和. 貞者, 生物之成, 實理具備, 隨在各足. 故於時爲冬, 於人則爲智而爲衆事之幹."

247) 朱熹, 『周易本義』, 乾卦 卦辭註, "文王……言其占, 當得大通而必利在正固然後, 可以保其終也."

상 이분법으로 해석하는 것이 더 자연스러운 경우에는 이분법으로 해석한다. 사분법으로 해석할 경우, '건원형이정'은 자연의 운행으로서의 하늘의 네 가지 작용을 함축한다. 따라서 『주역』에서의 덕은 자연의 운행을 주관하는 하늘의 네 가지 작용처럼 사계절, 즉 때의 변화에 따라 그에 알맞은 덕을 발휘하는 것이다. 이는 곧 시중을 말한다.

ii) 이간易簡

「계사전」에서는 건곤의 덕이 이간함을 말하고 있다. 먼저 「계사상전」에서 제시하고 있는 이간의 역할을 도식화하면 다음과 같다.[248]

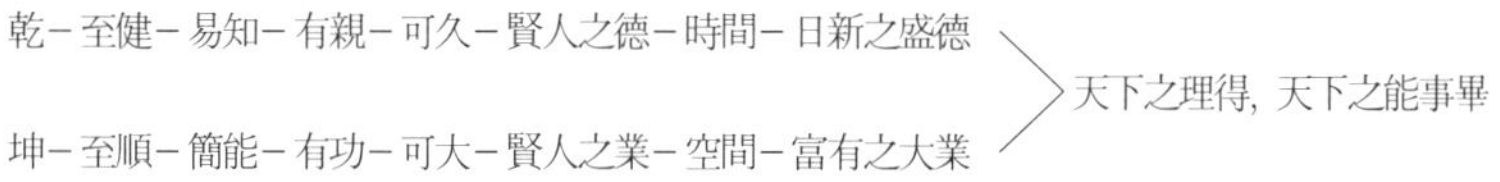

乾－至健－易知－有親－可久－賢人之德－時間－日新之盛德
坤－至順－簡能－有功－可大－賢人之業－空間－富有之大業
→ 天下之理得, 天下之能事畢

[그림 5-1] 이간의 역할

건은 지극히 강건하니, 쉬운 방식으로 주관하는 작용을 하고, 쉽게 알 수 있으면 친함이 있게 되고, 친함이 있으면 오래 유지할 수 있고, 오래 유지될 수 있다는 것은 어진 이의 덕이다. 시간과 함께하며, 날마다 새로워지는 성대한 공덕이다. 곤은 지극히 유순하니, 간단한 방식으로 이루는 기능을 하고, 쉽게 따를 수 있으면 공을 이룰 수 있고, 공을 이루면 커질 수 있고, 커질

248) 『周易』, 「繫辭上傳」, 제1장, "乾以易知, 坤以簡能, 易則易知, 簡則易從, 易知則有親, 易從則有功, 有親則可久, 有功則可大, 可久則賢人之德, 可大則賢人之業, 易簡而天下之理得矣, 天下之理得而成位乎其中矣."; 『周易』, 「繫辭上傳」, 제5장, "富有之謂大業, 日新之謂盛德."; 『周易』, 「繫辭上傳」, 제9장, "八卦而小成, 引而伸之, 觸類而長之, 天下之能事畢矣, 顯道, 神德行."; 곽신환, 「주역의 자연과 인간에 관한 연구」(성균관대학교대학원 박사학위논문, 1987), 110쪽.

수 있다는 것은 어진 이의 사업이다. 공간과 함께하며, 넉넉하게 가지는 큰 사업이다. 이러한 이간의 이치를 통하여 천하의 이치를 파악하고, 천하의 가능한 일을 다할 수 있다.

또한 「계사하전」에서는 건곤의 이간한 덕에 대해 다음과 같이 말한다.

> 건은 천하의 지극히 굳센 것이니, 그 덕행은 항상 쉬움으로써 험한 것을 안다. 곤은 천하의 지극히 유순한 것이니, 그 덕행은 항상 간략함으로써 막힌 것을 안다. 마음속에서 기뻐하고 생각으로 연마하여, 천하의 모든 길흉을 단정하고 천하의 힘써야 할 일을 이룬다.[249)]

건은 평이한 데 거처하면서 험한 것을 알고, 곤은 간략한 데 머무르면서 막힌 것을 안다. 이는 곧 건곤의 이간한 덕으로써 조험阻險을 극복할 수 있다는 것이다.[250)] 또한 건곤의 이간한 덕은 천하의 길흉을 단정할 수 있고, 천하가 힘써야 할 일을 이루도록 한다.

iii) 구덕괘九德卦

『주역』은 환난을 막아 근심에서 벗어나고자 하는 자는 반드시 먼저 덕을 쌓아야 한다고 말한다. 역의 64괘 모두가 덕을 닦고 환난을 막는 일에 도움을 주기 위해 만든 것이지만, 그중에서도 구덕괘의 덕목은 특히 우환이 있을 때 마땅히 먼저 세워야 할 것이다.[251)]

---

249) 『周易』, 「繫辭下傳」, 제12장, "夫乾, 天下之至健也, 德行恒易以知險. 夫坤, 天下之至順也, 德行恒簡以知阻. 能說諸心, 能硏諸(侯之)慮, 定天下之吉凶, 成天下之亹亹者."

250) 곽신환, 「주역의 자연과 인간에 관한 연구」(성균관대학교대학원 박사학위논문, 1987), 110~111쪽 참조.

251) 김석완, 「고대 중국인의 우환의식과 하이데거의 염려 개념의 교육학적 의미 비교」, 『교육사상연구』 제32권 제2호(한국교육사상연구회, 2018), 10쪽 참조.

〈표 5-4〉 구덕괘

괘명	괘의 덕(1진)	괘의 재질(2진)	우환 대처 방법(3진)
이履	덕지기德之基	화이지和而至	이화행以和行
겸謙	덕지병德之柄	존이광尊而光	이제례以制禮
복復	덕지본德之本	소이변어물小而辨於物	이자지以自知
항恒	덕지고德之固	잡이불염雜而不厭	이일덕以一德
손損	덕지수德之修	선난이후이先難而後易	이원해以遠害
익益	덕지유德之裕	장유이불설長裕而不設	이흥리以興利
곤困	덕지변德之辨	궁이통窮而通	이과원以寡怨
정井	덕지지德之地	거기소이천居其所以遷	이변의以辨義
손巽	덕지제德之制	칭이은稱而隱	이행권以行權

자료: 전기호, 「주역 구덕괘를 통한 우환의 극복에 관한 연구」
(대구한의대학교대학원 박사학위논문, 2020), 108쪽 참조.

구덕괘[252]에 대해서는 「계사하전」 제7장에 그 내용이 나온다. 아홉 괘를 각각 세 번씩 반복하여 인간 수양의 원칙과 방식을 설명하고 있으므로 삼진괘三陣卦 또는 삼진구덕괘三陣九德卦라고도 부른다.[253] 그 자세한 내용을 살펴보면 다음과 같다.(〈표 5-4〉)

이履는 예를 말한다. 이는 조심스럽게 걷는 것을 말하는데, 이는 곧 예에 따라 행동하는 것을 상징한다. 따라서 덕의 기초가 된다. 예는 조화를 강조한다. 지至는 다른 사람에게 미치는 것을 말한다. 즉, 예를 다른 사람에게 미치게 하면 사람들 간의 다툼을 조화로 변화시킬 수 있다. 이처럼 이괘는 사람들 간의 조화와 화합을 추구한다.

---

252) 구덕이라는 이름은 朱熹가 『周易本義』에서 “서경의 구덕과 같다”(此, 如書之九德)고 표현한 데서 기인한다.(권호용, 「주역 구덕괘의 원의 분석」, 『동서철학연구』 제84호, 한국동서철학회, 2017, 8쪽)

253) 李瀷, 『易經疾書』(한국주역대전, DB, 성균관대학교, 2017); 김연재, 「주역 구괘덕목에 나타난 우환의 역도와 수양론의 강령」, 『양명학』 제19집(한국양명학회, 2007), 7쪽 참조.

겸謙은 겸손이다. 겸손은 도덕을 실천하는 출발이고 줄기이기 때문에 덕의 자루라고 말한다. 겸손하게 스스로를 낮추면 다른 사람들이 존경하여 자신을 더 빛나게 할 수 있다. 겸손하다는 것은 곧 예를 따른다는 것이다.

복復은 복귀나 회복의 뜻이다. 사람이 올바른 도를 회복할 수 있다면 덕의 근본이 될 수 있다. 소小는 미세한 징조를 말하는데 양이 비로소 드러나기 시작하는 것을 의미한다. 변辨은 두루 퍼져 있다는 편遍을 말한다. 따라서 복괘의 때에는 양이 비록 작으나 만물에 두루 퍼져 있게 된다. 선한 본성으로 복귀하는 것은 자각에 달려 있다.

항恒은 항심이다. 사람이 항심으로 정도를 지키면 도덕은 늘 공고할 수 있다. 잡雜은 바른 것(正)과 그른 것(邪)이 섞여 있는 것을 의미한다. 항심으로 지조를 지키기 때문에 바른 것과 그른 것이 섞여 있어도 바른 도를 계속해서 지키는 것을 싫어하지 않는다. 항심으로 정도와 지조를 지키니 그 덕을 하나로 지키는 것이다.

손損은 스스로 불선함과 지나침을 덜어내어 욕망을 조절하여 도덕을 닦는 것을 말한다. 나쁜 마음과 사사로운 욕망을 줄이는 일은 처음에는 매우 어렵지만 계속해서 노력하다 보면 나중에는 점점 쉬워진다. 욕망을 조절하고 줄이면 해로움을 멀리할 수 있다.

익益은 바른 생각과 올바른 행동을 증가시켜 그 덕을 날로 넉넉하고 충실하게 하는 것을 말한다. 그리고 오랫동안 길러 넉넉히 해 주되 다른 사람에게 헛되이 베풀지는 않는다. 바른 생각과 올바른 행동을 많이 할수록 이로움이 더 생긴다.

곤困은 곤궁이다. 곤궁할 때 그 사람의 인품과 덕성이 어떠한지를 분명하게 변별할 수 있다. 몸은 비록 곤궁하여도 그 지키는 바를 바꾸지 않으면 도는 더욱 형통하게 된다. 곤궁하다고 남을 해쳐서도 원망해서도 안 된다.

정井은 「단전」에 나오듯이 "길러내는 데 다함이 없다"(井養而不窮也)는 것을 말한다. 이런 우물의 작용은 마치 땅이 한자리에서 움직이지 않고 만물을 길러 주는 데 끝이 없는 것과 같은 의미이다. 우물이 사람과 만물을 길러 주는 것을 본받아 자기가 받은 혜택을 다른 사람에게 베풀어 준다. 이처럼 우물이 물을 길어 사람과 만물에게 공급하듯이 정의를 실천하여야 한다.

손巽은 순종을 말한다. 손은 명령을 제정하여 그것을 아래로 발동하기 때문에 "덕이 만든 것이다"(德之制)[254]라고 말한다. 군자가 시세와 인정을 관찰하고 일의 대소경중을 저울질하여 때에 맞게 일을 처리하지만 겸손하여 그 형적이 거의 보이지 않는다. 물건의 경중에 따라 저울추를 움직여 평형을 이루듯이 일을 처리함에 그 마땅함을 잃지 않아야 한다.[255]

한편 김연재는 인간의 덕성 함양과 관련되는 아홉 괘의 덕목 중 이 · 겸 · 복괘의 덕목을 기본적인 자세로, 항 · 손 · 익괘의 덕목을 운용의 원칙으로, 곤 · 정 · 손괘의 덕목을 확충의 방식으로 구분하고 있다.[256]

ⅳ) 생명의 창달

덕의 효용 및 기능과 관련해서 보면, 천지의 덕은 생명의 창달과 관계한다.[257] 이와 관련하여 「계사전」은 다음과 같이 말한다.

> 천지의 큰 덕을 생이라 하다.[258]

---

254) 『周易』, 「繫辭下傳」, 제7장에 나옴.

255) 정병석 역주, 『주역』 하(을유문화사, 2015), 652~656쪽 참조.

256) 김연재, 「주역 구괘덕목에 나타난 우환의 역도와 수양론의 강령」, 『양명학』 제19집 (한국양명학회, 2007), 1쪽 참조.

257) 곽신환, 「주역의 자연과 인간에 관한 연구」(성균관대학교대학원 박사학위논문, 1987), 110쪽 참조.

258) 『周易』, 「繫辭下傳」, 제1장, "天地之大德曰生."

낳고 낳는 것을 역이라 한다.[259]

날마다 새로워지는 것을 성대한 공덕이라 한다.[260]

천지가 지닌 덕 가운데 가장 큰 것은 낳고 낳는 생명의 창달이다. 또한 천지의 덕은 가장 공정무사하다. 이와 관련하여 『중용』은 다음과 같이 말한다.

비유하면 하늘과 땅이 붙들어 실어 주지 않음이 없고 덮어서 감싸 주지 않음이 없음과 같다.…… 만물은 함께 자라도 서로 해치지 않고, 도는 함께 행해져도 서로 어긋나지 않는다.[261]

하늘은 모든 만물을 덮어 주고, 땅은 모든 만물을 실어 준다. 우주 안의 만물이 모두 나란히 자라나되 서로 해치지 않음은 천지가 지닌 덕 때문이다. 천지의 이 만물을 생육하는 마음은 후일 인仁으로 규정된다. 우주 안에 있는 만물은 날로 새롭게 태어난다. 천지에 의하여 만물이 날로 새로워지며, 그 생성이 그치지 않으니 성덕盛德이라 하지 않을 수 없다. 만물의 변화가 그치지 않고 날로 새로워지듯 인간도 나날이 새로운 경지로 나아가야 한다. 천지를 본받는 자의 모습은 이러하다. 그러므로 『대학』에서 "날로 날로 새롭게 하며 또 날로 새롭게 하라"(日日新又日新)고 말한다.[262]

259) 『周易』, 「繫辭上傳」, 제5장, "生生之謂易."
260) 『周易』, 「繫辭上傳」, 제5장, "日新之謂盛德."
261) 『中庸』 제30장, "辟如天地之無不持載無不覆幬.……萬物並育而不相害, 道並行而不相悖."
262) 곽신환, 「주역의 자연과 인간에 관한 연구」(성균관대학교대학원 박사학위논문, 1987), 110쪽 참조.

(2) 실천적 측면: 구세

① 출처

일반적으로 유가에서는 수양 이후에 출처出處할 것을 말하는데, 『주역』에서는 수양과 출처를 동시에 내포하고 있다는 점이 특징이다. 즉, 괘의 지시가 출하여 양심의 생명력을 발휘할 상황에서는 적극적으로 출出하고, 지나친 욕심으로 양심의 생명력 확충에 어긋날 상황에서는 나서지 말고 처處해야 한다. 만약 진퇴進退 · 존망存亡 · 득상得喪의 이치를 알지 못하면, 이를 곳과 마칠 곳을 판단하지 못하면, 그칠 때와 행할 때를 분별하지 못하면, 후회가 생기고 생명의 위기가 초래된다. 『주역』은 오직 성인만이 이런 이치를 알아 실천할 수 있다고 말한다. 이처럼 『주역』의 괘사와 효사는 성인이라는 이상적인 리더를 통해 인간의 바람직한 행동 방식을 지시해 주고, 나가는 것과 멈추는 것에 대한 올바른 실천 방향을 제시한다.[263]

> 나아가는 것만 알고 물러나는 것을 알지 못하며, 존재하는 것만 알고 사라지는 것은 알지 못하며, 얻는 것만 알고 잃는 것은 알지 못하니, 그런 자는 오직 성인뿐인가? 나아가는 것과 물러나는 것, 존재하는 것과 사라지는 것을 알아 그 바름을 잃지 않는 자는 오직 성인뿐일 것이다.[264]

> 이를 데를 알아 이르므로 더불어 기미를 알 수 있고, 마칠 데를 알아 마치므로 더불어 의로움을 보존할 수 있다. 이 때문에 윗자리에 있어도 교만하지 않고 아랫자리에 있어도 걱정하지 않는다. 그러므로 오직 끙끙거리고 애쓸

---

263) 이상호, 「주역에서의 시중의 문제」, 『동양철학연구』 제39집(동양철학연구회, 2004), 365~366쪽 참조.

264) 『周易』, 乾卦「文言傳」上九, "知進而不知退, 知存而不知亡, 知得而不知喪, 其唯聖人乎. 知進退存亡而不失其正者, 其唯聖人乎."

따름이니, 그 처해 있는 상황으로 인해서 애태우면 비록 위태로우나 허물이 없다.[265)]

때가 그칠 때는 그치고, 때가 행할 때는 행하여, 움직임과 고요함이 그 때를 잃지 않으니 그 도가 밝다.[266)]

유가에서의 처處는 또 다른 의미의 출出이라고 할 수 있다. 산림처사山林處士로 지내고 있더라도 늘 세상의 돌아가는 모습에 주의를 게을리하지 않는다. 그러다 세상이 잘못되고 있다고 판단되면 감연히 일어나 상소나 연좌시위 등을 통해 항의를 한다. 또한 벼슬에 있다가도 국왕의 뜻이나 조정의 여론이 부당하다고 여겨지면 과감하게 관직을 버리고 산림에 은거하는 것은 그 자체가 하나의 강력한 메시지인 동시에 정치 행위라고 할 수 있다. 이처럼 유가에 있어 출과 처는 한 몸의 앞뒤와 같다.

출할 때 출해야 하는 것이 역리이다. 『주역』에서 왕往, 정征, 원元, 형亨, 이利 등의 의미는 모두 출의 행동을 지시하는 것이다.[267)] 건괘乾卦 구이는 그동안의 잠복과 은둔을 벗어나 이제 막 지상에 나타난 용의 모습을 상징한다. 따라서 그동안 축적한 실력을 적극적으로 발휘해야 할 때이다. 그렇지만 잊지 말아야 할 것은 언행을 신중하게 하여 사람들의 신임을 얻어야 한다는 것이다. 그리고 또 하나 유의해야 할 것은 구이는 하층부의 중심에 있어 패기는 넘치지만 경륜과 노련미는 부족할 수밖에 없다는 것이다. 이럴 때 필요한 것이 바로 덕과 지위를 갖춘 대인의 지도와 후원이다. 구이에 있어서는 그러한 존재가

265) 『周易』, 乾卦「文言傳」九三, "知至至之可與幾也, 知終終之可與存義也. 是故居上位而不驕, 在下位而不憂. 故乾乾因其時而惕, 雖危无咎矣."
266) 『周易』, 艮卦「彖傳」, "時止則止, 時行則行, 動靜不失其時其道光明."
267) 이상호, 「주역에서의 시중의 문제」, 『동양철학연구』 제39집(동양철학연구회, 2004), 366쪽.

바로 구오이다. 따라서 구오와의 유기적인 협력과 상응 하에서 구세에 나서야 한다. 건괘 구오는 국가에서는 군왕에 해당하고 기업에서는 대표이사에 해당하는 자리이다.[268] 그동안 축적한 경험과 실력을 바탕으로 조직을 주도적으로 이끌어 나가는 위치에 있다. 그렇지만 혼자서 모든 것을 감당할 수는 없다. 반드시 자신을 보좌해 주는 유능하고 현명한 참모가 있어야 한다. 대인은 바로 그런 참모를 말하며, 구이가 바로 거기에 해당한다. 항괘恒卦가 형통한 것은 태평한 상태에 안주하지 않기 때문이다. 바르게 하고 가는 바를 두는 것이 이롭다는 것은 부단히 변화하는 천지자연의 도리에 부합하여 변화를 모색하기 때문이다. 그래야 항구할 수 있다.

나타난 용이 땅에 있으니 대인을 보는 것이 이롭다.[269]

나는 용이 하늘에 있으니 대인을 보는 것이 이롭다.[270]

형통하여 허물이 없다. 바르게 함이 이롭고, 가는 바를 두면 유리하다.[271]

공자와 같이 출처가 자유자재自由自在하지 못한 보통 사람의 경우 도를 펼칠 수 없는 난세에는 물러나 자기 혼자만이라도 진리를 간직하면서 지조를 지켜야 한다. 왜냐하면 자신을 안전하게 확보해 놓지 않은 상황에서 출사하게 되면 진리를 제대로 펼쳐 보지도 못하고 간사한 이들에게 농락당하거나 이름

---

268) 朱熹는 『周易本義』에서 구오에 대해 "강건중정하여 존위에 있으니 성인의 덕을 가지고 성인의 자리에 있는 것과 같다"(剛健中正, 以居尊位, 如以聖人之德, 居聖人之位)고 말한다.

269) 『周易』, 乾卦 九二 爻辭, "見龍在田, 利見大人."

270) 『周易』, 乾卦 九五 爻辭, "飛龍在天, 利見大人."

271) 『周易』, 恒卦 卦辭, "亨, 无咎. 利貞, 利有攸往."

만 도둑질당할 우려가 있기 때문이다. 그런데 난세이지만 출사를 해야 할 상황이 생긴다. 이러한 상황에서 군자는 어떻게 처신해야 하는지에 대해 복괘復卦 육사와 「계사전」에서는 다음과 같이 말한다.

> 음의 가운데에서 행하는 것이니 홀로 돌아오는 것이다.[272)]

> 음 가운데에서 행하여 홀로 돌아온다는 것은 도를 따르기 때문이다.[273)]

> 군자가 기구를 몸에 지녔다가 때를 기다려 행동하면 무슨 이롭지 않음이 있겠는가? 움직이더라도 방해를 받지 않는다. 이 때문에 밖으로 나가서 수확을 얻을 수 있다. 이것은 기구를 먼저 구비하고 난 뒤에 움직이는 것을 말한 것이다.[274)]

복괘 육사는 다섯 음의 가운데에 위치하여 홀로 초구와 상응하고 있다. 다시 말해 정의가 사라진 세상 속에서 홀로 정의의 씨앗인 초구를 은밀히 도움으로써 도를 따르고 있다. 이처럼 난세에도 홀로 은밀히 세상을 구제하려는 사람이 있을 때 그 세상은 더 바람직한 방향으로 나아갈 수 있다. 해괘解卦 상육과 관련하여 「계사하전」에서는 때를 기다려 행동함(待時而動)의 이로움을 말한다. 세상에 나아갈 모든 준비를 갖춘 뒤에 나아가면 원하는 결과를 얻을 수 있다는 것이다. 반대로 때가 무르익지도 않았고 준비도 제대로 하지 않은 채 세상에 나아가면 뜻도 펼치지 못한 채 축출되기 쉽다.

겸괘謙卦 구삼에서는 "공로가 있는 겸손이니 군자는 마침이 있어서 길하

---

272) 『周易』, 復卦 六四 爻辭, "中行, 獨復."

273) 『周易』, 復卦 六四 「象傳」, "中行獨復, 以從道也."

274) 『周易』, 「繫辭下傳」, 제5장, "君子藏器于身, 待時而動, 何不利之有. 動而不括. 是以出而有獲. 語成器而動者也."

다"[275]고 한다. 구삼은 유일한 양효로서 하괘의 최상층부에 자리하여 오음五陰을 통솔하는 위치에 있다. 또한 강직하면서 바르기 때문에 오음으로부터 신뢰를 받고 있다. 공을 세웠으면서도 겸손하니 유종의 미를 거둘 수 있어서 길하다. 역사를 통하여 보면 큰 공을 세웠으나 겸손의 도리를 실천하지 못하여 불행한 결말을 맞은 경우가 많이 있다. 예를 들어, 한漢나라의 개국공신인 한신韓信의 경우를 보면 전쟁에서 큰 공을 세웠으나 그럴수록 겸손의 미덕을 발휘해야 함을 알지 못해 결국 토사구팽兎死狗烹이라는 말을 남기고 참살되고 만다. 조선시대의 뛰어난 무신인 남이南怡 장군 또한 겸양의 도를 실천하지 못한 까닭에 주위의 질시와 모함으로 억울한 죽임을 당하게 된다. 그에 비해 주공周公은 몸소 천하의 큰 임무를 담당하여 위로는 유약한 군주를 받들고 겸손과 공손함으로 자처하여 오래도록 변치 않고 조심하고 또 조심하여 두려운 듯이 하였으니 강剛으로서 바름에 거하여 끝마칠 수 있었던 것이다.[276]

『주역』을 읽어서 자신의 상황을 안다는 것은 자신의 상황을 바라보는 지혜로운 눈이 있다는 것이다. 그때의 형세를 알면 처하는 바가 마땅함을 잃지 않을 것이다.[277] 간괘艮卦의 다음 구절들을 보면 그것을 알 수 있다.

> 그 그침에 그침은 그 그쳐야 할 곳에 그치는 것이다.[278]

> 그 몸에 그치는 것이니 허물이 없다.[279]

---

275) 『周易』, 謙卦 九三 爻辭, "勞謙, 君子有終, 吉."
276) 이상호, 「주역에서의 시중의 문제」, 『동양철학연구』 제39집(동양철학연구회, 2004), 368쪽 참조.
277) 程頤, 『伊川易傳』, 咸卦 初六 爻辭註, "識其時勢則所處, 不失其宜矣."
278) 『周易』, 艮卦 「彖傳」, "艮其止, 止其所也."
279) 『周易』, 艮卦 六四 爻辭, "艮其身, 无咎."

나가서 움직이고 싶지만 움직여서는 안 되는 상황이 있다. 그런 상황에서는 간괘 「단전」에서 말하듯이 숨거나 그쳐야 한다. 그런데 사람이 숨는 것과 "그 그침에 그침"은 오직 그 바른 자리에서 멈추어 자기의 뜻을 바르게 하는데 있다. 이런 이치를 아는 사람은 이 상황에서는 결코 자신의 분수에 벗어나는 무리한 일을 추구하지 않는다. 자기의 위치에 머물며 내실을 다진다. 간괘 육사의 경우에도 강한 행동력이 있지만, 때가 도래하기를 기다리면서 나아가는 것을 참고 견뎌야 하는 상황이다. 원기왕성하게 활약할 시기에 있는 육사가 멈추어 있기란 그 어느 경우보다 어렵다. 오직 사심 없이 시중할 수 있는 군자라야 강한 행동력이 내재해 있어도 멈추어야 할 때 멈출 수 있는 것이다. 이처럼 간괘의 지혜를 얻은 사람은 장벽에 부딪쳤을 때, 결코 경거망동하게 자신의 분수에 벗어나는 무리한 욕심을 부리지 않는다. 그리고 등(背)이 욕망에 이끌리지 않는 것처럼 막힌 것을 넘을 수 있을 때까지 자기의 위치에 머물러 있으면서 내실을 다진다. 즉, 냉철하게 사태를 분석하여 시비를 가린 다음 혼란한 상황을 해결할 수 있는 능력이 안 되고 나아갈 상황이 아니면 물러나 참고 견디면서 자기를 바르게 지킨다.

돈괘遯卦 초육에서는 "물러나 있는 꼬리라 위태로우니, 함부로 가는 바를 두지 말아야 한다"[280]고 말한다. 초육은 가장 뒷자리에 물러나 있는 처지여서 일의 흐름을 기민하게 포착할 수 없기 때문에 위태롭다. 따라서 함부로 일을 벌이지 말아야 한다. 어지러운 세상이 도래하기 전에 기미를 보고 먼저 피함은 병의 기미를 미리 알아서 적시에 치료하는 것과 같기 때문에 정말 좋은 일이다. 하지만 그런 시기를 놓친 상황에서는 조용히 숨어 살면서 난세가 평정되기를 기다려야 재앙을 면할 수 있다.

---

280) 『周易』, 遯卦 初六 爻辭, "遯尾, 厲, 勿用有攸往."

건괘乾卦 초구에서는 "물에 잠겨 있는 용이니 쓰지 말아야 한다"[281]고 말한다. 초구는 하층부의 가장 아래에 있어서 아직 역량이 부족하니 등용하지 말아야 한다. 조직의 신입사원에 해당하여 실력도 충분하지 않고 나름의 주관도 확립되지 못한 상태에 있다. 따라서 조직에서도 무리하게 역할을 부여하기보다는 교육훈련 프로그램을 통해 능력을 배양할 수 있는 기회를 많이 제공할 필요가 있다.

곤괘坤卦 육사에서는 "주머니를 묶으면 허물도 없고 명예도 없다"[282]고 한다. 육사는 권력의 중심부인 육오에 가장 근접해 있다. 그리고 정위正位에 있지만 부중不中이고 상하가 모두 음이어서 어두운 현실을 상징한다. 따라서 입을 닫고 근신할 필요가 있다. 따라서 주머니를 묶으라고 말한다. 그렇게 하면 명예를 얻을 수는 없지만 허물 또한 없게 된다.

항괘恒卦 구사는 열심히 노력해서 공을 세워도 그것이 자신의 공으로 돌아오지 않는 상황을 말해 준다. 도리어 그 공과 명예는 조직의 대표인 육오와 개혁의 실무 책임자인 구이에게 돌려진다. 그 이유는 구사가 부정부중不正不中의 자리이기 때문이다. 이런 위치에서는 공을 세워도 그 공을 내세우지 않아야 하고 그 공의 대가 또한 바라지 않아야 한다. 그렇지 않으면 비참한 결말을 맞이하게 된다. "공을 이루었으면 몸은 물러나는 것이 자연의 이치"[283]임을 깨달아야 하는 것이다. 앞에서도 언급되었지만, 한나라의 한신은 개국에 막대한 공을 세웠으나 물러남의 이치를 깨닫지 못했기에 결국 멸문지화의 변을 당하게 된다.

281) 『周易』, 乾卦 初九 爻辭, "潛龍勿用."
282) 『周易』, 坤卦 六四 爻辭, "括囊, 无咎, 无譽."
283) 『道德經』 제9장, "功遂身退, 天之道."

사냥을 갔는데 짐승을 잡지 못했다.[284)]

그 자리가 아닌 것에 오래 처하였으니 어찌 짐승을 잡으리오.[285)]

명이괘明夷卦 육오에서는 "기자의 명이이니 바르게 함이 이롭다"[286)]고 한다. 육오는 존위로 중하지만 부정위이고 하괘의 육이와 상응하지 않기 때문에 한마디로 고립무원의 상황에 처해 있다. 따라서 가장 존귀한 자리에 있지만 강력한 권력을 갖고 있지 않다. 이럴 때는 자신의 총명함을 숨겨서 드러나지 않게 해야 한다. 마치 기자箕子가 주紂에게 간하였다가 받아들여지지 않자 미친 것처럼 행동하여 자신의 밝은 지혜를 감춘 것과 같은 이치이다.

고괘蠱卦 상구에서는 "왕과 제후들을 섬기지 않고 그 일을 높이 숭상한다"[287)]고 한다. 상구는 고蠱의 끝과 일(事)의 바깥에 있다. 왕과 제후도 모시지 않고 오직 자기만의 삶을 견지하는 경우를 말한다. 한때 강력한 힘을 소유한 권력자였지만 이제는 물러나야 하는 처지에 있다. 이럴 때 권력을 내놓으려 하지 않고 어떤 식으로든 권력을 유지하고 간섭하려고 하면 좋지 못한 결과를 초래한다. 따라서 지금까지의 업적을 인정받고 존경의 대상이 되기 위해서는 물러나야 할 때 물러날 수 있어야 한다.

② 업

성인, 즉 리더가 갖추어야 기본 자격 또는 수행해야 할 과제에는 덕과 함께 업業이 있다. 덕이 안으로 충신忠信에 힘쓴 결과이고 천지를 본받는 것이

---

284) 『周易』, 恒卦 九四 爻辭, "田无禽."
285) 『周易』, 恒卦 九四 「象傳」, "久非其位, 安得禽也."
286) 『周易』, 明夷卦 六五 爻辭, "箕子之明夷, 利貞."
287) 『周易』, 蠱卦 上九 爻辭, "不事王侯, 高尙其事."

라 한다면, 업은 외재적 사업을 말하며 천지 안에서 인간의 할 일에 힘쓰는 것을 의미한다. 덕과 업은 체용관계體用關係에 있다. 성인이 행할 사업은 그가 터득한 진리를 온 인류에게 시행하는 것이다. 즉 겸선천하兼善天下를 의미한다.[288] 다시 말해, 성인의 사업은 세상 사람들과의 소통을 통해 그들이 원하는 바를 파악하고, 그것에 따라 시행해야 할 사업을 결정하는 것이다. 그렇게 하기 위해서는 먼저 세상 사람들로부터 신뢰를 얻어야 한다.

> 성인의 사업은 세상의 뜻과 소통하고, 세상의 사업을 정하고, 세상의 의심을 끊는 것이다.[289]

이러한 업業을 광대廣大하게 하는 것은 변통變通이고, 지키는 것은 말이다.

먼저 업을 광대하게 할 수 있는 방안은 바로 변통이다. 변화하고 소통하는 원리에 통달하여 이것을 사람들에게 적용하는 것이 사업이며, 그렇게 함으로써 이로움을 얻을 수 있다. 그리고 모든 일의 길흉을 미리 안다면 세상의 리더 노릇을 할 수 있고 대업을 성취할 수 있다. 또한 광대한 사업을 펼치기 위해서는 천지의 덕인 이간易簡을 체득해야 한다.[290]

> 바꾸어 적절하게 마름질하는 것을 변이라 하고, 미루어 행하는 것을 통이라 한다. 이런 도리를 들어서 사람들에게 적용하는 것을 사업이라고 한다.[291]

---

288) 곽신환, 「주역의 자연과 인간에 관한 연구」(성균관대학교대학원 박사학위논문, 1987), 111~112쪽 참조.

289) 『周易』, 「繫辭上傳」, 제11장, "夫易何爲者也, 夫易開物成務, 冒天下之道, 如斯而已者也, 是故聖人以通天下之志, 以定天下之業, 以斷天下之疑."

290) 곽신환, 「주역의 변통과 개혁사상」, 『유교사상연구』 제29집(한국유교학회, 2007), 129쪽 및 143쪽 참조.

291) 『周易』, 「繫辭上傳」, 제12장, "化而裁之謂之變, 推而行之謂之通. 擧而錯之天下之民謂之事業."

변화에 통달하는 것을 사업이라 한다.[292]

길흉을 아는 것이 대업을 낳는다.[293]

변하고 통함으로써 이로움을 다한다.[294]

변하고 움직이는 것은 이로움으로써 말한다.[295]

공과 업적은 변하는 데서 나타난다.[296]

위의 예문을 통해 『주역』에서의 사업이란 변통을 통해 이로움을 추구하는 것임을 알 수 있다. 『주역』은 모든 일이 궁窮－변變－통通－구久[297]로 진행된다고 말한다. 일이 막히고 곤경에 이르게 되면 변화를 모색하게 되고, 변화를 모색하면 곤경을 해소할 수 있는 새로운 통로가 생기기 마련이며, 그렇게 됨으로써 오래 지속할 수 있다. 오래되면 다시 궁색하게 된다. 그러면 또다시 변화를 통해 활로를 모색한다. 세상의 모든 일이 이런 과정을 끊임없이 반복한다.

변과 통은 천도天道와 인사人事로 다시 구분할 수 있다. 천도의 변은 "한 번 닫고 한 번 여는 것"이고, 인사의 변은 "바꾸어 적절하게 마름질하는 것"이다. 천도의 통은 "가고 오는 것이 다함이 없는 것"이고, 인사의 통은 "미루어 행하는 것"이다.[298] 천도의 변통은 사계절의 순환에서 가장 두드러진다. 원형

---

292) 『周易』, 「繫辭上傳」, 제5장, "通變之謂事."
293) 『周易』, 「繫辭上傳」, 제11장, "八卦定吉凶, 吉凶生大業."
294) 『周易』, 「繫辭上傳」, 제12장, "變而通之以盡利."
295) 『周易』, 「繫辭下傳」, 제12장, "變動以利言."
296) 『周易』, 「繫辭下傳」, 제1장, "功業見乎變."
297) 『周易』, 「繫辭下傳」, 제2장, "易, 窮則變, 變則通, 通則久."
298) 『周易』, 「繫辭上傳」, 제11장, "一闔一闢, 謂之變, 往來不窮, 謂之通."; 제12장, "化而裁之, 謂之變, 推而行之, 謂之通."

이정元亨利貞, 춘하추동春夏秋冬으로 계절의 기운이 흐르고 돌아감이 천도의 변통이다. 변통에 의하여 생장수장生長收藏이 가능해지고, 변통 여부에 따라 이루고 머물고 무너지고 사라지는 것(成住壞空)이 나타난다. 인사의 변통은 천도의 변통을 본보기로 한다. 따라서 변통은 시간에 따르고, 사계절에 짝하며, 사계절과 더불어 그 질서에 합한다.299)

자연의 세계는 저절로 변이 생겨 통이 이루어진다. 그러나 인사는 통을 위해 변을 해야 한다. 그래야만 이를 얻을 수 있고, 항구할 수 있고, 지위를 보존할 수 있고, 사업을 이룰 수 있다. 『주역』에서 말하는 통은 상하통, 좌우통, 인물통, 남녀통, 인귀통 등 모든 대립자의 상호 감응과 소통을 의미한다. 우주 안의 모든 만물을 일체로 여긴다는 것 자체가 통을 의미한다. 인仁을 우주론적으로 확대해 나간 송대宋代의 철학자들이 인을 기통氣通으로 설명한 까닭이 여기에 있다.300)

이와 관련하여 건괘乾卦 「문언전」에서는 "육효를 응용하여 펼침으로써 만사만물의 실정과 뜻을 두루 사방으로 통하게 한다"301)고 하였다. 그리고 태괘泰卦 「단전」에서는 "천지가 서로 사귀면 만물이 통한다"302)고 하는 데 반해, 비괘否卦 「단전」에서는 "천지가 서로 사귀지 않으면 만물이 통하지 않는다"303)고 하였다. 동인괘同人卦 「단전」에서는 "오직 군자의 덕을 가진 자만이 천하의 뜻과 통할 수 있다"304)고 하고, 「계사상전」 제10장에서는 "오직 성인이 심오함을

---

299) 『周易』, 「繫辭上傳」, 제11장, "變通莫大乎四時."; 「繫辭下傳」, 제1장, "變通者, 趣時者也."; 「繫辭上傳」, 제6장, "變通配四時,"; 乾卦 「文言傳」 九五, "與四時合其序."

300) 곽신환, 「주역의 자연과 인간에 관한 연구」(성균관대학교대학원 박사학위논문, 1987), 113쪽 참조.

301) 『周易』, 乾卦 「文言傳」, "六爻發揮, 旁通情也."

302) 『周易』, 泰卦 「彖傳」, "天地交而萬物通也."

303) 『周易』, 否卦 「彖傳」, "天地不交而萬物不通也."

304) 『周易』, 同人卦 「彖傳」, "唯君子, 爲能通天下之志."

궁구하기 때문에 천하의 뜻과 통할 수 있다"[305]고 한다. 그리고 「설괘전」 제6장에서는 "산과 못이 기운을 통한 뒤에라야 변화가 이루어지고 만물을 완성할 수 있다"[306]고 한다. 이처럼 역도를 응용함으로써 만사만물의 실정을 사방으로 통하게 할 수 있고, 하늘과 땅이 교류하지 않으면 만물은 소통할 수 없으며, 군자나 성인의 덕으로 궁구함으로써 천하의 뜻과 소통할 수 있고, 산과 못이 서로 기운을 통하는 것처럼 해야 변화가 가능하고 만물을 완성할 수 있다.

삼재론三才論에 따르면, 인간은 천지와 더불어 동격의 위치에 서게 된다. 그렇지만 인간은 천지라는 상황 안에서 늘 우환하고 변통해야 천지와 더불어 삼재가 될 수 있는 존재이다. 이와 관련하여 『주역』에서는 "천지의 도가 만물을 깨우쳐 화육하지만 성인과 더불어 같은 우환의 마음을 갖고 있는 것은 아니다"[307]라고 말한다. 우환은 오로지 성인과 인간의 몫인 것이다. 그러므로 성인은 천지의 변화를 모두 체득하여 그 안에서 우환을 해소할 방법을 모색한다. 『중용』에서도 "천지가 아무리 위대하고 포용력이 있다고 해도 인간은 그 천지에 대해 근심하는 것이 있다"[308]고 말한다. 따라서 인간이 이러한 근심을 해소하고자 발분하여 "중中과 화和를 이루면 천지가 제자리를 잡고 만물이 길러진다"[309]고 하는 것은 삼재로서의 인간이 이룬 사업의 극치를 나타낸 것이라고 할 수 있다.[310] 현실적으로 존재하는 천지자연의 부조리不條理를 인간이 보완함으로써 천지는 비로소 완전해지고, 이때 인간은 천지 안의 한낱 피조물적被造物的 존재에 그치지 않고 능산적能産的 자연으로서의 천지와

305) 『周易』, 「繫辭上傳」, 제10장, "唯深也故, 能通天下之志."
306) 『周易』, 「說卦傳」, 제6장, "山澤通氣然後, 能變化旣成萬物也."
307) 『周易』, 「繫辭上傳」, 5, "鼓萬物而不與聖人同憂."
308) 『中庸』 제12장, "天地之大也, 人猶有所憾."
309) 『中庸』 제1장, "致中和, 天地位焉, 萬物育焉."
310) 朱熹는 『中庸』 首章의 이 구절에 대해 학문의 極功이요, 성인의 能事라고 하였다.(朱熹, 『中庸章句』 首章註 참조)

동격이 되는 것이다.[311]

"사업을 지켜 내기 위해서는 그 말에 진실성이 있어야 한다"[312]고 『주역』은 말한다. 이와 관련하여 정이는 "말을 잘 가려서 해야 하고, 그 뜻을 돈독하게 하는 것이 사업을 지키는 길이다"[313]라고 한다. 그리고 주희는 "말을 닦는다는 건 구체적인 일에 임해서 말을 신중하게 하는 것이고, 진실하지 못한 말이 한마디도 없음을 의미한다"[314]고 한다.

『주역』에는 그 이외에도 언행을 신중하게 할 것을 강조하는 구절들이 많다. 곤괘坤卦 육사에서 "주머니를 묶으라"(括囊)는 것은 입을 닫고 근신할 필요가 있음을 말하는 것이다. 건괘乾卦 「문언전」에서는 "평소의 말과 행동에 믿음과 삼감이 있어야 한다"(庸言之信庸行之謹)고 하고, 이괘頤卦 「대상전」에서는 "언어를 신중히 하라"(愼言語)고 말한다. 가인괘家人卦 「상전」에서는 "내용 있는 말과 일관성 있는 행동을 하라"(言有物而行有恒)고 말한다. 「계사상전」 제8장에서는 집안에서 한 말이더라도 그 말이 선하면 멀리서도 호응이 있고, 반대로 그 말이 선하지 않으면 멀리서도 어긋남이 있으니, 평소의 말을 신중히 할 필요가 있다고 말한다. 언행은 군자에게 있어 문의 지도리 및 기틀과 같아서 거기서 영욕이 좌우되고 군자가 천하를 움직이는 수단이니 신중하지 않을 수 없다. 모든 혼란은 말을 통해 야기하는 것이니, 말을 함부로 하지 말 것을 『주역』은 강조한다.

군자가 집안에서 한 말일지라도 그 말이 선하면 천 리 밖에서도 호응이 있

311) 곽신환, 「주역의 자연과 인간에 관한 연구」(성균관대학교대학원 박사학위논문, 1987), 114쪽 참조.
312) 『周易』, 乾卦 「文言傳」 九三, "脩辭立其誠, 所以居業也."
313) 程頤, 『伊川易傳』, 乾卦 「文言傳」 九三註, "擇言篤志, 所以居業也."
314) 朱熹, 『周易本義』, 乾卦 「文言傳」 九三註, "脩辭, 見於事者, 无一言之不實也."

으니, 하물며 가까운 사람에 있어서랴! 집안에서 한 말일지라도 그 말이 선하지 못하면 천 리 밖에서도 어긋남이 있으니, 하물며 가까운 사람에 있어서랴! 말은 자기 몸에서 나와 백성에게 미치며, 행동은 가까운 데서 시작하여 먼 데서 결과가 나타난다. 언행은 군자에게 있어 문의 지도리 및 기틀과 같으니 거기에 영욕이 달려 있다. 언행은 군자가 천하를 움직이는 수단이니 신중하지 않을 수 있겠는가![315]

어지러움이 생기는 것은 말이 통로가 되기 때문이다…… 그러므로 군자는 신중하고 면밀하여 말을 함부로 내지 않는다.[316]

이와 관련하여 『논어』 「위령공衛靈公」에 나오는 "더불어 말을 해야 할 때 하지 않으면 사람을 잃고, 더불어 말을 하지 말아야 할 때 하면 말을 잃는 것이다. 지혜로운 자는 사람을 잃지 않으며 말 또한 잃지 않는다"[317]는 말은 새겨들을 만하다. 말과 침묵이 상황에 적의適宜해야 변통과 대업이 가능하고, 그 결과 삼재의 인간이 될 수 있다는 것이다.[318]

3) 『주역』의 성인

(1) 『주역』 성인관의 등장 배경

성인 관념이 등장한 이래로 성인은 늘 상황에 합당하게 사람들을 이끌어

315) 『周易』, 「繫辭上傳」, 8, "君子居其室, 出其言善, 則千里之外應之, 況其邇者乎. 居其室, 出其言不善, 則千里之外違之, 況其邇者乎. 言出乎身, 加乎民, 行發乎邇, 見乎遠. 言行, 君子之樞機, 樞機之發, 榮辱之主也. 言行, 君子之所以動天地也, 可不愼乎."

316) 『周易』, 「繫辭上傳」, 8, "亂之所生也, 則言語以爲階.……是以, 君子, 愼密而不出也."

317) 『論語』, 「衛靈公」, 7, "可與言而不與之言, 失人, 不可與言而與之言, 失言. 知者, 不失人, 亦不失言."

318) 곽신환, 「주역의 자연과 인간에 관한 연구」(성균관대학교대학원 박사학위논문, 1987), 115쪽 참조.

가고 교화하는 시중 리더십을 발휘하는 존재였다. 그중에서도 『주역』에 등장하고 있는 성인의 시중 리더십은 그 대표적이고도 완결된 모습을 보여 준다. 한편 성인 관념의 근원을 거슬러 올라가 보면 원시시대의 종교에 그 맥이 닿아 있음을 알 수 있다.

종교宗敎의 기원起源에 관해서는 학자에 따라 다양한 견해가 있다. 예를 들어, 제임스 프레이저(James Frazer)는 종교적 관념이 주술呪術에서 시작하여 진화했다고 본다. 에드워드 타일러(Edward Tylor)는 눈에 보이지 않는 정령精靈에 대한 믿음과 그와 관련된 행위가 최초의 종교였다고 말한다. 그는 이를 애니미즘(animism)이라고 불렀다. 매럿(R. R. Marett)은 프리애니미즘(preanimism) 또는 다이너미즘(dynamism)이 더 오래되고 기본적인 종교라고 주장했다. 그것은 비인격적인 힘이 자연에 가득 스며 있다고 믿고 여러 가지 의례를 통해서 그 힘들과 관계하려고 하는 신념이나 행위를 가리킨다. 그런 힘은 흔히 마나(mana)[319]라고 지칭된다.[320] 그리고 맥레넌(J. F. McLennan)과 프로이트(Sigmund Freud)는 토테미즘(totemism)이 종교의 기원이라고 주장했다. 원시종교는 특정한 동식물이 자기 씨족과 특별한 유대 관계가 있다는 관념을 바탕으로 그것을 숭배하던 모습에서 비롯되었다는 것이다.[321] 그 이외에도 신비한 힘을 가졌다고 믿어지는 주물呪物을 기원으로 보는 페티시즘(fetishism)설, 고대의 접신술接神術의 하나인 샤머니즘(shamanism)[322]을 기원으로 보는 설 등이 있다. 이처럼 인간은 원시

---

319) 마나(mana)는 모든 비범한 것, 예를 들면 이상하게 생긴 바위, 특정의 산, 특이한 사람, 추장, 아름다운 여인, 사나운 곰 등에 들어 있는 일종의 성스러운 힘을 가리키는 멜라네시아 말이다.(Smart, N., 윤원철 옮김, 『세계의 종교』, 예경, 2004, 48쪽 참조)

320) Smart, N., 윤원철 옮김, 『세계의 종교』(예경, 2004), 47~48쪽 참조.

321) Durkheim, E., 민혜숙 · 노치준 옮김, 『종교생활의 원초적 형태』(한길사, 2020), 41쪽; Smart, N., 윤원철 옮김, 『세계의 종교』(예경, 2004), 48쪽; Freud, S., 이윤기 옮김, 『종교의 기원』(열린책들, 2020), 167쪽 참조.

322) 엄밀한 의미에서 고대의 접신술의 하나인 샤머니즘은 신비주의인 동시에 주술이자 넓은 의미에서의 종교이다.(Eliade, M., 이윤기 옮김, 『샤마니즘: 고대적 접신술』, 까

시대부터 어떤 대상을 숭배하려는 경향이 있었다. 이는 하나의 생명체로서의 인간의 유약함을 반영하는 것이라고도 할 수 있다. 어떤 대상을 숭배하는 인간의 집단 심리는 그 뒤 하늘을 인격화한 천신天神에 대한 숭배와 조상의 혼령을 신격화한 조상신祖上神 숭배로 이어진다.

신에 대한 숭배는 그 뒤 인간의 인지가 발달함에 따라 영웅英雄과 같은 보통 사람이 범접하기 어려운 뛰어난 존재에 대한 숭배로 변모한다. 그러한 영웅이 중국에서는 성인의 모습으로 나타난다. 이런 성인숭배聖人崇拜의 관점은 춘추전국春秋戰國시대에 형성되어 진한秦漢시기에 정착되었다.[323]

성인숭배라는 집단 심리는 당시의 역사적 상황과 긴밀하게 연결되어 있다. 춘추시대 이후 주周 왕실이 점차 천하의 주인으로서 그 역할과 권위를 상실해 가면서 수백 년에 걸쳐 제후들 간에 겸병전쟁兼幷戰爭이 벌어지고 약육강식의 논리만이 횡행하는 상황이 지속되자 합리적 이성이나 도덕적 정의는 설 자리를 잃어버리게 된다. 여기에서 사람들은 이런 혼란과 고통을 해결해 줄 위대한 인물의 출현을 학수고대하고 있었다. 당시의 선진先秦 제자백가諸子百家들은 모두 이런 관점들을 말하고 있다. 어떤 의미에서 성인숭배의식이 지향하는 이념은 빼어난 재능과 숭고한 도덕성을 가진 성인의 통치가 최선이라는 것에 있었던 것으로 보인다.[324]

전통적 문헌이 언급하는 성인의 다스림은 삼대三代의 성세盛世뿐만 아니라 삼황오제三皇五帝에까지 거슬러 올라간다. 왜 이렇게 원고遠古의 시기까지 소급되는가? 이에 대해 왕부지王夫之는 "성인의 다스림이 상고시기上古時期에 만들어지게 된 이유는, 실은 상주商周 이전은 상고할 수 없기 때문이다"[325]라고 하였

치, 2021, 19쪽 참조)

323) 정병석, 『주역과 성인, 문화상징으로 읽다』(예문서원, 2018), 97~98쪽.

324) 정병석, 『주역과 성인, 문화상징으로 읽다』(예문서원, 2018), 102쪽 참조.

325) 王夫之, 『讀通鑒論』, 「敍論」, "聖人之治之所以被建構於上古, 實因商周以上, 有不可考者."

다. 확인할 수도, 볼 수도 없는 공백은 최대한 해석의 여지와 공간을 남기고 있는 신화神話와 같다. 성인은 사람의 모습을 통하여 존재하는 신화나 마찬가지이다. 이런 상황에 대해 고힐강顧頡剛은 춘추말기 이후 제자諸子들이 신화 중의 고신古神과 고인古人을 모두 성인화하였고, 삼황오제의 황금시대 역시 전국 후반기에 만들어졌다고 말한다.326) 이러한 '성인화聖人化' 운동은 하나의 문화적 현상으로서 춘추시대에 발생하여 전국시기에 완성된 역사적 과정이다.327)

고힐강에 따르면, 전국戰國에서 서한西漢에 이르는 시기에는 사람들이 요순 이전 시기의 황제를 더 많이 만들어 배치하였다고 한다. 이런 결과로 춘추 초기에는 우禹의 연대가 가장 오래되었지만, 이 시기가 되면 우는 자연히 근고近古에 속하게 되어 버린다. 고힐강은 또 방사方士들의 노력에 의해 황제黃帝가 요순 앞에 놓이고, 농가農家인 허행許行 일파에 의해 신농神農이 황제 앞에 놓이게 되었으며, 『주역』 「계사전」에서는 복희씨伏羲氏를 신농 앞에 배치하였다고 말한다. 이런 성왕의 출현을 고힐강은 모두 위조된 역사로 간주한다.328)

이처럼 성인숭배현상으로서의 '조성造聖'과 '성인화'는 유가와 중국인의 의식을 오랫동안 지배해 왔으며, 이는 역사적 진실과는 무관한 하나의 정신적精神的·문화적文化的 상징부호象徵符號로 간주하는 것이 더 합리적일 것이다.329) 따라서 성인은 하나의 상징적 부호이고, 성인숭배는 구세救世라는 공동체의 집체정신集體精神을 표현하는 일종의 의식意識 혹은 정신精神이라고 할 수 있

---

326) 顧頡剛 編著, 『古史辨』 第一冊(上海: 上海古籍出版社, 1981), 101쪽.

327) 劉澤華 主編, 『中國傳統政治思維』(吉林敎育出版社, 1991), 522쪽; 정병석, 『주역과 성인, 문화상징으로 읽다』(예문서원, 2018), 105~106쪽 참조.

328) 顧頡剛 編著, 『古史辨』 第一冊(上海: 上海古籍出版社, 1981), 65쪽; 정병석, 『주역과 성인, 문화상징으로 읽다』(예문서원, 2018), 106쪽 참조.

329) 정병석, 「역전의 천·지·인 제등관과 성인」, 『대동철학』 77집(대동철학회, 2016), 273쪽 참조.

다.[330]

의식 혹은 정신은 추상적이고 '보이지 않는 실재'(invisible reality)이다. 여기에서 부호가 생긴다. 집체 윤리 또는 공동체 정신은 모두 물질적物質的 형식形式을 초월한 '보이지 않는 실재'이다. '보이지 않는 실재'는 반드시 실재하는 어떤 물질 형식을 통하여 표상表象된다. 부호는 바로 이런 신성神聖한 것을 대표하고 전달하고 은유隱喩하고 상징象徵하는 '볼 수 있는 실재'(visible reality)에 해당한다.[331]

> 사람들이 직접 만져 보지도 못하고, 추상적이고, 보이지 않는 실재의 도덕적 존재를 표현하려고 시도할 때 부호가 생긴다. '보이는 물질'로써 '보이지 않는 정신'을 표현하는 것이 부호의 본질이다. 구체적인 물질을 사용하여 추상적인 정신을 표현하는 것은 익숙한 형상으로써 말하기 어려운 감정을 전달하고, '보이는 물질'의 도움을 받아 '보이지 않는 정신'을 상징하며, '복잡한 윤리'로 하여금 '간단한 구속'으로 변하게 하는 이런 것들이 바로 부호의 전체적인 의미와 사회적 기능이다. 그러므로 부호는 앞서 말한 두 가지 특성 사이에 끼여 있는 전환 매체이다. 전자는 '익명적인 것', '모호한 것'이며, 후자는 '친밀한 것', '가장 익숙한 것'이다. 이와 같이 친밀한 것으로 모호한 것을 대신 지칭함으로써 두 가지 사이에 상징의 관계가 형성된다.[332]

추상적이고 '보이지 않는 실재'인 숭성의식은 구체적이고 '볼 수 있는 실재'인 성인들에 의해 표상된다. 즉 실재한 존재들로 여겨졌던 복희·신농·황제·요·순 등을 성인으로 추숭함으로써 사람들의 성인숭배의식은 구체화된다.

---

330) 정병석, 『주역과 성인, 문화상징으로 읽다』(예문서원, 2018), 107쪽 참조.
331) 정병석, 『주역과 성인, 문화상징으로 읽다』(예문서원, 2018), 281쪽 참조.
332) Durkheim, E., *Elementary Forms of Religious Life*, Trans by K. E. Fields(New York: Free Press, 1995), p.434.

(2) 선진시대 성인관의 영향

성인 관념은 원시시대 종교에까지 그 맥이 닿아 있으며, 그 원초적인 모습은 갑골문에서 찾아볼 수 있다. 갑골문에서 '성'자는 귀 밝은 사람을 의미했으며, 그것이 나중에 눈 밝은 사람이라는 의미로 확장된다. 이처럼 총명, 즉 귀 밝고 눈 밝은 사람을 의미하던 '성'은 이후 정통함과 지혜를 갖춘 존재로 그 의미가 더욱 확장된다.

선진시기에 이르러서는 제자백가의 '숭성의식崇聖意識'과 '조성운동造聖運動'의 결과로 다양한 성인관이 등장하게 된다. 공자에게 있어 성인은 내성과 외왕을 겸비한 성왕을 의미한다. 맹자는 공자를 성인의 모델로 삼아 내성을 부각시키면서 누구나 성인이 될 수 있다고 말한다. 또한 외왕의 지위보다는 그 근본 의미를 중시한다. 순자 역시 내성을 강조하여 모든 사람이 노력하면 성인이 될 수 있다고 주장한다. 또한 성인은 무소불능한 존재이며, 도덕적 귀감일 뿐만 아니라 사회제도의 제정자라고 말한다. 노자에게 있어 성인은 도를 통달한 사람이며, 무위로써 다스리는 존재이다. 장자에게 있어 성인은 천지와 만물의 원리에 통달하여 무위의 삶을 사는 사람이며 시중하는 존재이다. 그리고 합리적이고 솔선수범하는 정치를 행하는 사람이다. 열자에게 있어 성인은 음양을 근거로 천지를 다스리며, 무소부지하고 무소불통하여 완벽한 존재이다. 관자에게 있어 성인은 도에 통달한 사람이고, 때를 어기지 않는 사람이며, 국가경영 능력을 갖춘 사람이다. 한비자에게 있어 성인은 천지의 이치를 체득한 사람이며, 상도常道 즉 영원불변한 도로 나라를 다스리는 존재이다. 그리고 시중하는 사람이며 새로운 문명을 창조하여 사람들을 고통에서 해방시켜 주는 문화개창자이다. 묵자에게 있어서 성인은 곧 성왕을 의미한다. 성인은 완벽한 인격체이고, 겸애를 통해 천하를 다스리는 사람이며, 각종 문명의 이기를 창조하여 백성들의 생활을 윤택하게 하는 문화개창자이다.

선진시대 제자백가가 제기한 다양한 성인관의 영향을 받아 등장한 것이 바로 『주역』의 성인관이다. 구체적으로 『주역』에서 성인은 역리구현자易理具現者, 도기합일적道器合一的 존재, 국가통치자國家統治者, 문화개창자文化開創者, 『주역』 해석자解釋者 등의 5가지 모습으로 나타난다. 선진시기 제자백가의 성인관이 『주역』의 성인관에 미친 영향을 정리해 보면 〈표 5-5〉와 같다.

〈표 5-5〉 선진시기 성인관이 『주역』 성인관에 미친 영향

<table>
<tr><th>가</th><th>자</th><th>선진시기 성인관</th><th>『주역』 성인관</th></tr>
<tr><td rowspan="3">유가</td><td>① 공자
(B.C.551~479)</td><td>• 성왕(내성외왕)</td><td rowspan="9">• 역리구현자
(④, ⑥, ⑦, ⑧)

• 도기합일적 존재
(①, ②, ③, ⑨)

• 국가통치자
(①~⑨)

• 문화개창자
(⑧, ⑨)

• 『주역』 해석자</td></tr>
<tr><td>② 맹자
(B.C.372~289?)</td><td>• 내성 부각 + 외왕의 근본 의미 중시</td></tr>
<tr><td>③ 순자
(B.C.323?~238?)</td><td>• 내성 강조
• 도덕적 귀감 + 사회제도의 제정자</td></tr>
<tr><td rowspan="3">도가</td><td>④ 노자
(춘추시대)</td><td>• 도통자
• 무위에 의한 통치</td></tr>
<tr><td>⑤ 장자
(B.C.370~280)</td><td>• 천지와 만물의 원리에 통달
• 무위의 삶, 시중하는 존재
• 합리적이고 솔선수범하는 정치</td></tr>
<tr><td>⑥ 열자
(B.C.400년 전후)</td><td>• 음양을 근거로 천지 다스림
• 무소부지, 무소불통</td></tr>
<tr><td rowspan="2">법가</td><td>⑦ 관자
(B.C.725?~645)</td><td>• 도통자, 시중자, 국가경영능력자</td></tr>
<tr><td>⑧ 한비자
(B.C.280?~233?)</td><td>• 천지의 이치 체득
• 상도로 나라를 다스림
• 시중자, 문화개창자</td></tr>
<tr><td>묵가</td><td>⑨ 묵자
(B.C.468~378)</td><td>• 성왕
• 겸애로 천하를 다스림
• 문명개창자</td></tr>
</table>

먼저 『주역』의 성인관 중 역리구현자로서의 성인은 노자, 열자, 관자, 한비자 등의 성인관에서 찾아볼 수 있다. 구체적으로 노자는 성인을 일러 도를 통달한 사람이라고 하고, 열자는 음양을 근거로 천지를 다스린다고 하고, 관자는 노자와 마찬가지로 도에 통달한 사람이라고 하고, 한비자는 천지의 이치를 체득한 사람이라고 한다. 이들은 모두 천지만물의 운행원리, 즉 역리를 깨달은 존재를 성인으로 보고 있다.

도기합일적 성인은 공자, 맹자, 순자, 묵자 등의 성인관에서 확인할 수 있다. 공자는 내성과 외왕을 갖춘 성왕을 성인으로 상정하고 있다. 맹자는 내성을 부각시키고 외왕의 지위보다도 그 근본 의미를 중시한다. 순자에게 있어서 성인은 무소불능한 존재이고, 도덕적 귀감일 뿐만 아니라 사회제도의 제정자이기도 하다. 묵자에게 있어서 성인은 성왕과 같은 의미이다. 성인은 완벽한 인격체이고, 겸애를 통해 천하를 다스리는 사람이며, 문명의 이기를 창조하여 백성들의 생활을 윤택하게 하는 문화개창자이다. 이들은 덕업, 즉 도와 기를 겸비하고 내성과 외왕을 두루 갖춘 존재를 성인으로 보고 있다.

국가통치자로서의 성인은 유가, 도가, 법가, 묵가 모두에서 나타나고 있다. 따라서 선진시대에 이르면 성인은 기본적으로 국가를 통치하는 존재로 상정되고 있다. 다시 말해 제자백가들은 성인에 의한 통치, 즉 성왕의 통치를 간절히 희구하고 있다.

문화개창자로서의 성인은 한비자와 묵자의 견해에서 확인할 수 있다. 한비자에 있어서 성인은 새로운 문명을 창조하여 사람들을 고통에서 해방시켜주는 문화개창자로서 그려지고 있으며, 묵자에 있어서도 성인은 각종 문명의 이기를 창조하여 백성들의 생활을 윤택하게 하는 존재, 즉 문화개창자의 역할을 담당하고 있다.

『주역』 해석자로서의 성인에 대해서는 제자백가의 견해에서 뚜렷한 흔적을 찾아볼 수 없었다. 이는 『역경』이 성립된 지 오래되지 않았고 『역전』은 채 등장하기 전이므로 『주역』에 대한 체계적인 해석이 아직 이루어지고 있지 않음을 반증하는 것이라 하겠다.

(3) 『주역』의 성인: 시중 리더십의 완결형

선진시대 성인관의 영향을 받아 등장한 『주역』의 성인관을 자세히 살펴보면 다음과 같다.

① 역리구현자

성인은 역리를 구현하는 존재이다. 그렇다면 역리易理, 즉 역도易道란 무엇인가?

> 한 번 음陰하고 한 번 양陽하는 것을 일러 도道라고 한다. 이를 이어받는 것이 선善이고, 이를 이룬 것이 성性이다.[333]

> 『주역』의 흥함은 은나라 말기와 주나라의 덕이 성한 시기에 해당하지 않는가? 문왕과 주의 일에 해당하는 것이 아닌가? 이런 까닭에 그 말이 위태로우니, 위태로운 것을 평안하게 만들고, 안이하게 대처하는 자는 기울어지게 하였다. 그 도가 아주 커서 온갖 만물의 일을 버리지 않고, 두려워하는 마음으로 끝과 시작을 하니, 그 요점은 허물이 없도록 하는 데 있다. 이것을 역의 도라고 한다.[334]

333) 『周易』, 「繫辭上傳」, 제5장, "一陰一陽之謂道. 繼之者善也, 成之者性也."
334) 『周易』, 「繫辭下傳」, 제11장, "易之興也, 其當殷之末世, 周之盛德耶. 當文王與紂之事耶. 是故其辭危, 危者使平, 易者使傾. 其道甚大, 百物不廢, 懼以終始, 其要无咎. 此之謂易之道也."

『역전』에 따르면, 역도는 "한 번 음하고 한 번 양하는 것"이고, 그 요점은 "허물이 없도록 하는 데" 있다. 음양의 교류 즉 대대對待가 '역'의 도이고, 그런 과정을 통해 우주만물이 허물이 없도록 하는 것이 바로 '역'이 추구하는 바이다.

그렇다면 성인은 그러한 역리를 어떻게 찾아낼 수 있었는가? 『역전』은 성인이 '유類'[335]와 '고故'[336]라는 두 범주範疇를 통해 역리를 찾아냈다고 말한다. 즉 복희씨가 만물의 실상을 '유類'에 따라 구분하여 "보이지 않는 것과 보이는 것의 까닭(故)을 앎"으로써 역리를 찾아냈다는 것이다.[337]

『주역』의 괘효卦爻는 역리, 즉 천지만물이 가지고 있는 보편적 이치를 성인이 파악하여 그것을 상징적인 부호로 체계화한 것이다. 그러므로 괘효의 '상象'은 천지와 인간의 상호 연계 속에서 자연지도自然之道 혹은 천도天道를 인간의 정신문화인 인문지도人文之道 혹은 인도人道로 현실화시키는 중개적 역할을 함축하고 있다. 그러므로 괘효에는 천도, 지도, 인도라는 삼재三才의 도가 포함되어 있다고 말한다.[338] 그리고 『역전』은 인류의 역사와 만물의 생성변화를 하나의 전체로 보아, 천인 관계를 천 · 지 · 인 삼재의 사상 속에 넣어 '천도에 근거하여 인간사를 말하는' 관점을 취하고 있다. 이런 '삼재지도' 속에 『역전』은 세계관, 역사관 및 인생관을 하나의 체계 속에 집어넣고 있다.[339]

---

335) '類'라는 범주를 통해 복희씨는 만물을 8괘, 즉 8개의 상징으로 분류하였다. 이 8괘 및 그 확장인 64괘는 그 뒤 우주의 만사만물을 분류하고 해석하는 체계가 된다. 『周易』, 「繫辭下傳」, 제2장, "古者包犧氏之王天下也, 仰則觀象於天, 府則觀法於地, 觀鳥獸之文, 與地之宜, 近取諸身, 遠取諸物, 於是始作八卦, 以通神明之德, 以類萬物之情."

336) '故'는 만물의 원인과 조건을 말한다. 복희씨는 이를 통해 만물의 이치를 파악한다. 『周易』, 「繫辭上傳」, 제4장, "仰以觀於天文, 府以察於地理, 是故知幽明之故, 原始反終, 故知死生之說."

337) 정병석, 『주역과 성인, 문화상징으로 읽다』(예문서원, 2018), 202~206쪽 참조.

338) 정병석, 『주역과 성인, 문화상징으로 읽다』(예문서원, 2018), 205쪽 참조.

339) 정병석, 『주역과 성인, 문화상징으로 읽다』(예문서원, 2018), 337쪽 참조. 이와 관련되는 「계사전」과 「설괘전」의 내용은 다음과 같다. 『周易』, 「繫辭下傳」, 제10장, "易之爲書也, 廣大悉備, 有天道焉, 有地道焉, 有人道焉, 兼三材而兩之, 故六, 六者非它也, 三材之

천 · 지 · 인의 '삼재'가 가지고 있는 '변화' 혹은 '생성'이 말하는 것을 정리하면 '천생인성天生人成'[340]이라는 개념으로 압축할 수 있다. 여기에서 말하는 '천생'이라는 말이 "한 번 음하고 한 번 양하는" 천지의 '생생'하는 상태를 의미한다면, '인성'은 '생생'하는 천지를 본받아서 '인문화'해 나가는 과정을 말한다. 그러면 모든 사람이 '생생'하는 천지를 본받아 '인문화'하는 능력을 가지고 있는가? 여기에서 『역전』은 우주의 변화와 현실의 복잡한 문제들을 전체적으로 통찰할 수 있는 능력을 겸비하고 있는 사람을 요청한다. 그가 바로 성인이다.[341]

성인은 총명함과 예지를 가지고 있다. 성인은 이런 총명함과 지적 능력을 모든 사람을 위해서 사용하는 인애仁愛의 마음을 지니고 있다. 성인은 우주 변화를 이해하고 동시에 백성들의 현실적인 문제를 통찰함으로써 파악한 천도를 현재 어려움에 처한 백성들에게 응용할 수 있는 지적 능력과 유덕함을 겸비하고 있다. 현대적인 의미로 말하면 성인은 자연계 및 사회와 인류의 발전법칙을 완전히 파악할 수 있는 지적 능력을 현실에 효과적으로 응용할 수 있는 사람이다. 이런 의미에서 성인은 천 · 지 · 인 삼재의 도리, 즉 역리를

道也."; 『周易』, 「繫辭上傳」, 제2장, "聖人設卦觀象繫辭焉而明吉凶, 剛柔相推而生變化, 是故吉凶者, 失得之象也, 悔吝者, 憂虞之象也, 變化者, 進退之象也, 剛柔者, 晝夜之象也, 六爻之動, 三極之道也."; 『周易』, 「說卦傳」, 제2장, "昔者聖人之作易也, 將以順性命之理, 是以立天之道曰陰與陽, 立地之道曰柔與剛, 立人之道曰仁與義, 兼三才而兩之, 故易六劃而成卦, 分陰分陽, 迭用柔剛, 故易六位而成章."

340) 『荀子』의 「富國」과 「大略」에 나오는 "天地生之. 聖人成之"에서 온 말이다. '천생인성'에 대한 『순자』와 『역전』의 가장 큰 차이점은 '자연세계' 즉 '천지'를 바라보는 관점에 있다. 『순자』는 기본적으로 '천지'를 인간에 의해 합리적으로 조정되고 관리되어야 하는 被治的 대상으로 보는 반면, 『역전』은 '천지'를 인간이 본받아야 할 대상으로 보고 있다. 한편, 공통점은 『순자』와 『역전』 모두 '천지'를 인간이 이용할 수 있어야 한다고 보는 것이다.(정병석, 「주역의 삼재지도와 천생인성」, 『유교사상연구』 제24집, 한국유교학회, 2006, 219~220쪽 참조)

341) 정병석, 『주역과 성인, 문화상징으로 읽다』(예문서원, 2018), 338~339쪽 참조.

온전히 파악하여 『주역』을 비롯한 문명의 이기들을 창제하였다고 말한다.[342]

『역전』은 성인이 행해야 할 가장 큰 임무가 바로 천도의 응용을 통한 백성의 교화에 있다고 말한다.[343] 다시 말해 성인은 천지가 가지고 있는 부단한 생성변화를 보고 그것을 본받아서 천하를 교화해 나가는 존재라는 것이다. "하늘과 땅을 본받아"[344] 성인이 주체적으로 활동하는 것은 '천생인성' 중의 '인성'에 해당한다.[345] 이러한 활동을 세 단계로 나누면 지천지知天地 → 법천지法天地 → 용천지用天地가 된다. 즉 천지의 부단한 생성변화의 도를 이해하고, 그런 천지의 부단한 변화를 본받고, 그것을 우리의 생활 속에 적용하고 응용하여 구현해 내는 것이라고 할 수 있다.[346] 이는 또한 「계사전」에서 말하는 "개물성무開物成務"[347]의 관점이라고 할 수 있다. '개물'이 생생하는 천지자연계의 작용을 말한다면, '성무'는 성인의 '숭덕광업崇德廣業'을 의미한다. 즉 '성무'가 바로 '인성'의 활동에 속하는 것이라고 할 수 있다.[348] 이런 성인의 작용이 바로 '인문화성人文化成'[349]이다. 인문화성을 통해 성인의 역리구현은

---

342) 정병석, 『주역과 성인, 문화상징으로 읽다』(예문서원, 2018), 340쪽.

343) 정병석, 『주역과 성인, 문화상징으로 읽다』(예문서원, 2018), 207쪽 참조.

344) 『周易』, 「繫辭上傳」, 제7장, "崇效天, 卑法地."

345) 정병석, 『주역과 성인, 문화상징으로 읽다』(예문서원, 2018), 357~358쪽 참조.

346) 정병석, 「주역의 삼재지도와 천생인성」, 『유교사상연구』 제24집(한국유교학회, 2006), 231쪽 참조.

347) 『周易』, 「繫辭上傳」, 제11장, "子曰, 夫易何爲者也, 夫易開物成務, 冒天下之道, 如斯而已者也." '개물성무'는 만물을 개발하고 일을 완성한다는 말이다.

348) 정병석, 「역전의 성인사관과 문명발전」, 『동양철학연구』 제52집(동양철학연구회, 2007), 270~271쪽 참조.

349) 『周易』, 賁卦 「彖傳」, "觀乎天文, 以察時變, 觀乎人文, 以化成天下." '人文化成'이란 말은 바로 이 문장에서 나온 말이다. 여기에서 '인문'은 인간의 문장이나 예의 등을 가리키고(정병석 역주, 『주역』 상, 을유문화사, 2014, 369쪽; 黃壽祺 · 張善文, 『周易譯註』, 上海古籍出版社, 189쪽 참조), '이룬다'(成)는 것은 다스린다는 뜻이며(奚彦輝, 「中國"人文化成"的思想政治教育意蘊」, 『貴州師範大學學報』, 118~119쪽 참조), '천하'는 인간을 포함한 우주만물의 질서를 의미한다(윤내현, 「천하사상의 시원」, 전해종 외, 『중국의 천하사상』, 민음사, 1988, 11~12쪽 참조). 인문화성과 관련되는 역전의 내용은 다음

완성된다.

② 도기합일적 존재

중국 철학사에서 가장 큰 영향력을 끼친 발언이라면 바로 『역전』에서 '도道'와 '기器'를 처음으로 한 쌍의 범주로 제기한 것이라고 할 수 있다. 도기라는 이 범주를 통하여 우리는 인간과 세계를 '형이상形而上'과 '형이하形而下'라는 두 측면으로 나누어 볼 수 있게 되었다.[350]

> 이런 까닭에 형체로 나타나는 그 이전의 상태를 도道라 하고, 형체로 나타나는 그 이후의 상태를 기器라 한다.[351]

형이상과 형이하가 규정하는 기본적 생각은 우선 세계를 두 가지 큰 측면으로 구분하는 것에 있다. 원래 선진先秦유가는 이러한 구분을 한 적이 없었다. 기껏해야 단지 도덕적 영역에서 모호하게 구분하였을 따름이다. 그러나 도가의 경우는 노자와 장자가 이미 모두 이런 구별을 시도하고 있었다. 이런 점에서 보자면 『역전』 「계사전」의 형이상과 형이하의 구분은 분명히 도가道家 특히 노자의 영향을 받은 측면이 있는 것으로 보인다. 「계사전」은 노자의 이론적 성과를 비판적으로 수용하고, 그것을 다시 새롭게 해석하여 하나의 분명한 이론체계로 구성해 내었다.[352]

과 같다. 『周易』, 頤卦 「象傳」, "天地養萬物, 聖人養賢以及萬民, 頤之時大矣哉."; 『周易』, 咸卦 「象傳」, "天地感而萬物化生, 萬物感人心而天下和平, 觀其所感而天地萬物之情可見矣."; 『周易』, 恒卦 「象傳」, "日月得天而能久照, 四時變化而能久成, 聖人久於其道而天下化成, 觀其所恒, 而天地萬物之情可見矣."; 『周易』, 「繫辭上傳」, 제11장, "是以明於天之道, 而察於民之故, 是興神物以前民用, 聖人以此齋戒, 以神明其德夫."

350) 정병석, 『주역과 성인, 문화상징으로 읽다』(예문서원, 2018), 366쪽 참조.

351) 『周易』, 「繫辭上傳」, 제12장, "是故形而上者謂之道, 形而下者謂之器."

『역전』에서 말하는 도는 "한 번 음하고 한 번 양하는 것"[353]이다. 여기에서 언급하는 음양은 전적으로 음양 두 기만을 가리키는 것이 아니라, 일반적으로 천지만물이 보편적으로 가지고 있는 두 개의 상반되는 측면을 말하는 것으로 보인다. 선진철학 중에서 보편적인 도론道論은 본래 도가 특유의 이론이고 특색이다. 비록 『역전』은 도가의 영향 아래에서 도론을 확립했지만, 오직 『역전』만이 "일음일양지위도一陰一陽之謂道"라는 철학적 명제를 도출하였다.[354]

『역전』에서 말하는 '도'와 '기'는 다른 말로 '덕德'과 '업業'이라 할 수 있는데, 건괘 「문언전」과 「계사전」의 여러 곳에서 '덕'과 '업'을 서로 짝이 되는 범주로 놓고 말하는 용어들이 보인다. 예를 들면, '진덕수업進德脩業'[355]·'숭덕광업崇德廣業'[356]·'덕구업대德久業大'[357]·'성덕대업盛德大業'[358] 등이 바로 그들이다.[359] 덕과 업을 짝으로 하는 용어들의 성격과 관련하여 김연재는 "진덕수업이라는 내면적 수양의 단계를 거쳐서 숭덕광업이라는 내면과 외면이 합일 혹은 일체가 되는 경지에 이르러야 비로소 성덕대업의 궁극적 천명을 완성하게 되는 것이다"[360]라고 말하고 있다. 그리고 선우미정은 "진덕수업하여 하늘의 성덕

---

352) 정병석, 『주역과 성인, 문화상징으로 읽다』(예문서원, 2018), 370쪽.

353) 『周易』, 「繫辭上傳」, 제5장, "一陰一陽之謂道."

354) 정병석, 『주역과 성인, 문화상징으로 읽다』(예문서원, 2018), 374쪽 참조.

355) 『周易』, 乾卦 「文言傳」 九三, "君子終日乾乾夕惕若厲无咎何謂也. 子曰. 君子進德修業忠信所以進德也, 修辭立其誠所以居業也, 知至至之可與幾也, 知終終之可與存義也, 是故居上位而不驕在下位而不憂, 故乾乾因其時而惕維危无咎矣."

356) 『周易』, 「繫辭上傳」, 제7장, "易, 其至矣乎, 夫易聖人所以崇德而廣業也, 知崇禮卑, 崇效天, 卑法地, 天地設位, 而易行乎其中矣, 成性存存, 道義之門."

357) 『周易』, 「繫辭上傳」, 제1장, "有親則可久, 有功則可大, 可久則賢人之德, 可大則賢人之業." 이라는 글에서 나왔음.

358) 『周易』, 「繫辭上傳」, 제5장, "顯諸仁, 藏諸用, 鼓萬物而不與聖人同憂, 盛德大業至矣哉, 富有之謂大業, 日新之謂盛德."

359) 정병석, 『주역과 성인, 문화상징으로 읽다』(예문서원, 2018), 208쪽 참조.

360) 김연재, 「천도의 패러다임에서 본 주역의 성인정신과 그 인문주의적 세계」, 『중국학보』 71(한국중국학회, 2015), 461쪽.

대업을 본받아 숭덕광업 하는 것이다"[361]라고 말한다.

『역전』에 보이는 성인의 형상과 성격은 바로 이런 덕업을 겸비한 존재이다. 이것은 기본적으로 성인이 될 수 있는 기본적인 자격 사항에 해당한다.[362] 공자가 『주역』을 훌륭한 책이라고 감탄하는 이유도, 이 책이 덕이라는 개인의 도덕적 수양을 높이는 동시에 현실적 사공事功 방면의 사업을 적극적으로 성취하도록 요구하기 때문이다. 이 때문에 공자는 성인이라면 반드시 "덕을 높이고 사업을 넓히는" 두 가지 일을 동시에 겸비해야 한다고 말한다.[363] 또한 공자는 『논어』에서도 "널리 백성에게 은혜를 베풀어 많은 사람들을 구제하는"[364] 것이 성인의 역할임을 말한다. 이를 위해서는 단순히 형이상학적인 도의 추구만을 통해서는 불가능하고, 형이하학적인 기에 대한 탐색도 함께 필요하다. 그러므로 숭덕광업 하는 『역전』의 성인관이야말로 유가가 본래 가지고 있는 성인관의 전형이라고 할 수 있다.[365]

이처럼 『역전』에 나타나는 성인의 형상은 인격 완성을 실현한 도덕적 존재일 뿐만 아니라 현실에 대해 우환하고, 만물의 이치를 깨달아 세상의 일을 이루는 개물성무開物成務를 통해서 천하를 이롭게 하려는 현실적·실용적인 감각을 가지고 있는 존재이다. 이런 『역전』의 성인관은 유가적 이념인 수신修身과 경세經世, 내성內聖과 외왕外王의 균형이라는 모델을 제시해 준다. 따라서 『역전』의 성인관이 유학철학사에서 가지고 있는 가장 중요한 의의는 '도덕적 성인'과 '작자作者로서의 성인'이라는 두 측면을 매우 균형 있게 강조하

---

361) 선우미정, 「주역의 우환의식에 관한 고찰」, 『동양철학연구』 제37집(동양철학연구회, 2004), 295쪽.
362) 정병석, 『주역과 성인, 문화상징으로 읽다』(예문서원, 2018), 208쪽 참조.
363) 정병석, 『주역과 성인, 문화상징으로 읽다』(예문서원, 2018), 211~213쪽 참조.
364) 『論語』, 「雍也」, 제28장, "博施於民而能濟衆."
365) 정병석, 『주역과 성인, 문화상징으로 읽다』(예문서원, 2018), 365~366쪽 참조.

고 있는 '도기결합적 성인관'을 제시하였다는 점에 있다 하겠다.[366]

③ 국가통치자

공자의 관점에 따르면, 공자 이전의 시대는 내성과 외왕이 일치하던 시대였다. 그러나 공자의 시대에 이르러 내성과 외왕이 일치하지 않게 되었다. 이에 따라 공자나 맹자는 현실세계 속에서 성왕聖王이 다시 출현하기를 희구하고 성왕이 등장할 수 있도록 천하를 주유周遊하며 노력해 마지않았다. 『역전』은 성왕이 통치하는 이상적인 세상에 대한 제자백가의 이러한 염원이 담겨 있는 책이라고 할 수 있다.

국가통치자로서의 성인 또는 성왕의 모습은 『역전』 중에서도 「대상전」을 통해 주로 살펴볼 수 있다. 그런데 「대상전」을 보면 '성인'이란 표현은 보이지 않고 '군자'라는 표현이 주로 사용되고 있다. 그리고 '선왕先王', '후后', '상上', '대인大人' 등이 간혹 사용되고 있을 뿐이다.(〈표 5-3〉 참조) 이와 관련하여 정병석은 선왕先王은 대부분 법제를 세우거나 건국하는 군주를 말하고, 후后는 천자나 왕을 말하며, 상上은 높은 데 있는 군주를 말하는 것으로 보이고, 대인大人은 왕공王公을 통칭하는 것으로 보인다고 말한다.[367] 또한 대인은 도덕적인 차원에서 말하면 성인이나 현자이고, 정치적 지위라는 측면에서 말하면 천자나 제후를 의미한다고 말한다.[368] 따라서 선왕, 후, 상은 물론이고 대인 또한 군주의 의미로 쓰이고 있음을 알 수 있다. 그리고 군자의 경우 그 문맥들을 보면 수기의 주체라는 의미로 쓰이기도 하지만, 또 많은 부분에서는 천하를 경륜하거나 국가를 통치하는 존재라는 의미로도 쓰이고 있다. 또한 선진시대

366) 정병석, 『주역과 성인, 문화상징으로 읽다』(예문서원, 2018), 396쪽.
367) 정병석 역주, 『주역』 상(을유문화사, 2014), 228쪽 참조.
368) 정병석 역주, 『주역』 상(을유문화사, 2014), 489쪽 참조.

의 성인관에서 알 수 있듯이 「대상전」에 등장하고 있는 '선왕', '후', '상', '대인', '군자'는 모두 일반적인 의미의 군주가 아니라 이상화된 군주, 즉 성왕을 상징하고 있다고 할 수 있다.

④ 문화개창자

지구상의 어느 곳이든 문명의 혜택을 누리기 전에는 각종 자연재해, 즉 천재에 무방비 상태로 노출될 수밖에 없었다. 중국 초기의 문헌에도 상고시기의 자연재해에 대한 기록이 많이 남아 있다.

이처럼 재해가 넘쳐나는 원시시대에서 질서 있는 문명의 시대로 전환하는 데에는 성인의 풍부한 발명과 제작에 기대는 경우가 많다. 이들 재해신화 중에서 우리는 다수의 문화영웅文化英雄 혹은 문화개창자로서의 성인의 활약상을 쉽게 찾아볼 수 있다. 이런 종류의 원시적 재해를 평정하거나 원시적 결함을 보충하는 성인의 행위를 우리는 제2의 창세創世 행위 혹은 구세救世 행위라고 부를 수 있다. 이처럼 인문세계(역사)의 기점은 성인이 인문사회와 문화를 개창하는 풍성한 공적에서부터 시작된다.[369] 세상을 구제하는 이런 영웅에 대한 신화는 원시시대부터 전 세계에 널리 퍼져 있었다. 이를테면 구세주로서의 그리스도에 대한 관념은 기독교가 출현하기 이전부터 존재하고 있었다.[370] 일반적으로 영웅 상징에 대한 요구는 자아自我의 강화를 필요로 할 때 생겨난다. 즉 무의식의 도움 없이 의식의 힘만으로는 어떤 과제를 해결할 수 없을 때 생겨난다는 것이다.[371] 따라서 문화영웅 혹은 문화개창자로서의 성인을 요청하고 있다는 것은 그 당시 사람들의 삶이 그만큼 곤고困苦했음을 말해

---

369) 정병석, 『주역과 성인, 문화상징으로 읽다』(예문서원, 2018), 276~277쪽 참조.
370) Jung, C. G., 이윤기 옮김, 『인간과 상징』(열린책들, 1996), 106쪽 참조.
371) Jung, C. G., 이윤기 옮김, 『인간과 상징』(열린책들, 1996), 183쪽.

주는 것이다. 『주역』의 「계사전」은 이와 관련된 문화영웅의 활약상을 매우 구체적으로 기술하고 있다.

> 옛날에 포희씨가 천하의 왕 노릇 할 때, 우러러 하늘의 상을 관찰하고, 구부려 땅의 형태를 관찰하며, 날짐승과 들짐승의 무늬와 땅의 마땅한 이치를 관찰하였다. 가깝게는 자기 몸에서 취하고, 멀리는 다른 사물에서 취하였다. 여기에서 비로소 팔괘를 만들어, 신명의 덕에 통하게 하고, 만물의 실상을 분류하였다. 노끈을 매어서 그물을 만들어 사냥하고 고기를 잡으니, 대개 그 이치를 이괘離卦에서 취하였다. 포희씨가 죽고 신농씨가 일어나서, 나무를 깎아 보습(쟁기 날)을 만들고 나무를 휘어 쟁기(쟁기 자루)를 만들어서 쟁기로 갈고 김매는 이로움을 천하 사람에게 가르쳤으니, 대개 그 이치를 익괘에서 취하였다. 한낮에 시장을 열어 천하의 백성들을 오게 해서 천하의 재화를 모아서 교역하고 물러가서 각각 그 필요한 바를 얻게 하니, 대개 그 이치를 서합괘에서 취하였다. 신농씨가 죽고 황제 · 요 · 순이 일어나서, 사물의 변화에 통하여 백성들로 하여금 더 이상 싫증 나서 게으르지 않도록 하고 (그들이 행한) 변화가 매우 신묘해서 백성들로 하여금 마땅한 바를 얻어 만족하도록 만들었다. 역은 궁하면 변하고, 변하면 통하는 길이 생기며, 통하면 오래 지속할 수 있다. 이 때문에 하늘로부터 돕는지라 길하여 이롭지 않음이 없다고 한다. 이에 황제 · 요 · 순이 저고리와 치마를 늘어뜨리고 가만히 앉아 있어도 천하가 다스려졌다고 하니, 이는 대개 그 이치를 건괘와 곤괘에서 취한 것이다. 나무를 쪼개서 배를 만들고 나무를 깎아서 노를 만들어, 배와 노의 이로움으로써 통하지 못하는 것을 건너게 하여 멀리 가게 함으로써 천하를 이롭게 하니, 대개 환괘에서 취하였다.[372]

---

372) 『周易』, 「繫辭下傳」, 제2장, "古者包犧氏之王天下也, 仰則觀象於天, 府則觀法於地, 觀鳥獸之文, 與地之宜. 近取諸身, 遠取諸物. 於是始作八卦, 以通神明之德, 以類萬物之情. 作結繩而爲罔罟, 以佃以漁, 蓋取諸離. 包犧氏沒, 神農氏作, 斲木爲耜, 揉木爲耒, 耒耨之利, 以教天下, 蓋取諸益. 日中爲市, 致天下之民, 聚天下之貨, 交易而退, 各得其所, 蓋取諸噬嗑. 神農氏沒, 黃帝堯舜氏作, 通其變, 使民不倦, 神而化之, 使民宜之. 易窮則變, 變則通, 通則久. 是以自天

위의 인용문은 성인들에 의한 중국 상고사의 문명 발전사를 기술하고 있다는 느낌을 주고 있다. 복희씨와 신농씨에서 황제를 거쳐 요순으로 이어지는 문명 발전사의 흐름을 그대로 보여 주고 있다.[373] 이들 성인들은 팔괘를 만든 것 외에, 그물·쟁기·시장·배·절구·활·집·서계書契 등을 만들었다. 이들은 천문과 지리를 관찰하여 인간의 관점에서 해석하고 의미를 부여함으로써 인류문명을 창조해 낸 탁월한 기호의 제작자요 해석자였다.[374]

그러나 이 시기 문화를 개창하는 성인은 실재의 인물이라기보다는 인간의 문명을 만들고 삶의 질을 높인 문화적文化的 상징부호象徵符號라고 할 수 있다.[375] 즉 문화개창자로서의 성인은 문화 개창이라는 상징적 리더십을 발휘한 존재이다. 특히 복희씨의 경우, 그 함의는 문화의 발전을 따라 끊임없이 확대되었고, 이런 상황에서 고대인들은 문명 초기 사람들이 행한 문화 창조의 대부분을 거의 모두 복희씨의 이름으로 가탁假託해 놓고 있다. 이런 점에서 복희씨는 중국문화의 발생학적 기초와 상징이 되어 버린다.[376] 어떤 의미에서는 "복희가 처음 팔괘를 만든 사건은 무의식적인 객관세계의 존재를 인간의 자각 의식으로 전환한 것"[377]으로 볼 수도 있다. 다시 말하면 복희씨의 팔괘 창작이 가지고 있는 의미는 실제의 역사라는 측면이 아니라, 문화의 시작과 인문정신의 시작과 서두를 상징하는 하나의 사건이라고 할 수 있다. 인문세계의 시작과 근원을 성인 제작에 돌려 "필요한 물건을 갖추어 사용할 수 있도록

祐之, 吉无不利. 黃帝堯舜垂衣裳而天下治, 蓋取諸乾坤. 刳木爲舟, 剡木爲楫, 舟楫之利, 以濟不通, 致遠以利天下, 蓋取諸渙.……"; 정병석, 『주역과 성인, 문화상징으로 읽다』(예문서원, 2018), 277쪽 참조.

373) 정병석, 『주역과 성인, 문화상징으로 읽다』(예문서원, 2018), 278쪽 참조.

374) 이승환, 「성의 기호학」, 『유교문화와 기호학』(도서출판 월인, 2003), 107쪽 참조.

375) 정병석, 『주역과 성인, 문화상징으로 읽다』(예문서원, 2018), 278~279쪽 참조.

376) 朱炳祥, 『伏羲與中國文化』(武漢: 湖北教育出版社, 1997), 104~107쪽 참조.

377) 余敦康, 『周易現代解讀』(北京: 華夏出版社, 2006), 353쪽.

하고 문명의 이기를 세워 천하를 이롭게 한 것으로는 성인보다 더 큰 것이 없다"[378]라고 말하는 것이다. 또한 성인이 상象을 관찰하여 기물을 제작하는 뜻은 문화적 가치의 중요성과 합리성을 드러내는 데 있는 것으로 보인다.[379]

⑤『주역』 해석자

「계사전」은 "성인이 항상 사용하는 도", 즉 성인지도聖人之道에는 네 가지가 있다고 말한다. 그것은 바로 사辭 · 변變 · 상象 · 점占이다. 『주역』에 의거해 말을 할 때는 말(辭)을 참고하고, 『주역』에 의거해 행동할 때는 변화(變)를 참고하며, 『주역』에 의거해 기물을 만들 때는 상象을 참고하고, 『주역』으로 복서卜筮를 행할 때는 점치는 기능(占)을 참고한다는 것이다.

> 『주역』에는 성인이 항상 사용하는 도가 네 가지 있으니, 『주역』으로 말(言)을 하는 사람은 그 말(辭)을 숭상하고, 『주역』으로 행동하는 사람은 그 변화(變)를 숭상하고, 『주역』으로 기물을 만드는 사람은 상象을 중시하고, 『주역』으로 복서를 행하는 사람은 점치는 기능(占)을 숭상한다.[380]

좀 더 구체적으로 살펴보면, '사辭'는 괘사와 효사를 말하고, 천하의 이치가 완비되어 있는 것이다. '변變'은 괘와 효의 변화를 말하고, 천지만물 · 음양 · 강유의 변화를 상징적으로 반영한다. 또한 한 번 닫고 한 번 여는 것을 변화라 이른다. '상象'은 괘효의 상을 말하고, 하늘에 걸려 있는 것과 같은 것이다.

---

378) 『周易』, 「繫辭上傳」, 제11장, "備物致用, 立成器, 以爲天下利, 莫大乎聖人."
379) 鄭開, 「聖人爲何?—以『易傳』的討論爲中心」, 『周易文化硏究』 第4輯(社會科學文獻出版社, 2012), 27쪽.
380) 『周易』, 「繫辭上傳」, 제10장, "易有聖人之道四焉, 以言者尙其辭, 以動者尙其變, 以制器者尙其象, 以卜筮者尙其占."

끝으로 '점占'은 『주역』의 점단占斷을 말하고, 앞으로 올 것을 미리 살피는 것이다.

> 역은 지나간 것을 밝혀서 오는 것을 살피며, 은미한 것을 드러나게 하고 그윽함을 밝히며 (만물의 이치를) 열어서 마땅하게 이름을 붙이며, 사물을 분별하며 말을 바르게 하며 괘효사로 판단하니 (천하의 이치가) 완비됨이라.[381]

> 이런 까닭에 문을 닫는 것을 곤이라 하고, 문을 여는 것을 건이라 하고, 한 번 닫고 한 번 여는 것을 변화라 이르고, 가고 오면서 (변화가) 무궁한 것을 통이라 이르며, (변화의 형상이) 나타난 것을 상이라 이르고, (변화하여) 형체로 구체화된 것을 기물이라 이르고, 만들어 쓰도록 하는 것을 법이라 이르고, 이롭게 써서 드나들며 백성들이 모두 운용하는 것을 신이라 이른다.[382]

> 이렇기 때문에 법상으로는 하늘과 땅보다 더 큰 것이 없고, 변통하는 것은 사계절보다 더 큰 것이 없고, 형상을 매달아 밝음을 나타냄이 해와 달보다 더 큰 것이 없다.[383]

> 하늘에 걸려 있는 것은 상이 되고 땅에 있는 것은 형체가 되니, 여기에서 변과 화가 나타난다.[384]

> 이런 까닭으로 변화하고 말하고 행동하는 것 중에서 길한 일에는 상서로움

381) 『周易』, 「繫辭下傳」, 제6장, "夫易, 彰往而察來, 而微顯闡幽, 開而當名, 辯物正言斷辭則備矣."
382) 『周易』, 「繫辭上傳」, 제11장, "是故闔戶謂之坤, 闢戶謂之乾, 一闔一闢爲之變, 往來不窮謂之通, 見乃謂之象, 形乃謂之器, 制而用之謂之法, 利用出入, 民咸用之謂之神."
383) 『周易』, 「繫辭上傳」, 제11장, "是故法象莫大乎天地, 變通莫大乎四時, 縣象著明莫大乎日月."
384) 『周易』, 「繫辭上傳」, 제1장, "在天成象, 在地成形, 變化見矣."

> 이 있다. 일을 형상하면 기물을 만들 줄 알고, 일을 점침으로써 앞으로 올 것을 아니, 천지가 각각의 자리를 베풂에 성인이 능함을 갖추니 이에 사람에게 모의하고 귀신에게 모의함으로써 백성들이 함께 능하게 되는 것이다. 팔괘는 괘형의 상징으로 알려주고, 효사와 단사는 구체적인 실상으로써 말해 주니 군센 것과 부드러운 것이 섞여서 효의 자리에 있음에 길흉을 볼 수 있다.[385]

그렇다면 성인이 항상 사용하는 이런 도의 경지에는 어떻게 도달할 수 있는가? 바로 "지극히 정미로움"(至精), "지극한 변화"(至變), "지극히 신묘함"(至神)의 '삼지三至'의 단계에 도달하는 것이다. 이 '삼지'가 바로 『주역』을 공부하고, 『주역』의 도리인 역도를 추구하는 목적이라고 할 수 있다. 이런 역도를 실질적으로 구현하는 존재가 바로 성인이라고 『역전』은 말한다.[386]

> 그러므로 군자가 장차 무슨 일을 하고 무슨 행동을 하려 할 때에는 물어서 말하려 하니, 그 명을 받는 것이 메아리가 울리는 것과 같아서 먼 것이나 가까운 것과 그윽한 것이나 심원한 것을 가리지 않고 마침내 미래의 일을 알게 된다. 천하의 지극히 정미로운 자가 아니면 누가 이 일에 참여할 수 있겠는가?[387]

> 삼과 오로써 변화하니, 그 수를 섞고 뒤집어 봄으로써 변화에 통달하여 마침내 천하의 모든 문채를 이루며, 그 수를 끝까지 궁구하여 천하의 모든 상을 정한다. 천하의 지극한 변화를 아는 자가 아니면 누가 이 일에 참여할

---

385) 『周易』, 「繫辭下傳」, 제12장, "是故變化云爲, 吉事有祥. 象事知器, 占事知來, 天地設位, 聖人成能, 人謀鬼謀, 百姓與能. 八卦以象告, 爻象以情言, 剛柔雜居, 而吉凶可見矣."

386) 정병석, 『주역과 성인, 문화상징으로 읽다』(예문서원, 2018), 198쪽 참조.

387) 『周易』, 「繫辭上傳」, 제10장, "是以君子將有爲也, 將有行也, 問焉而以言, 其受命也如嚮, 无有遠近幽深, 遂知來物. 非天下之至精, 其孰能與於此."

수 있겠는가?[388]

> 역은 생각하는 일이 없고 작위하는 일이 없어서 고요히 움직이지 않다가 감하여 마침내 천하의 일에 통달하니, 천하의 지극히 신묘한 자가 아니라면 누가 이 일에 참여할 수 있겠는가?[389]

> 역은 성인이 심오함을 궁구하고 조짐을 연구하는 것이니, 심오하기 때문에 천하 사람들의 심지에 통할 수 있으며, 일의 조짐을 볼 수 있기 때문에 천하의 일을 성취할 수 있으며, 이처럼 신묘하기 때문에 빨리 달려가지 않아도 신속하며 가려고 의도하지 않아도 이를 수 있다. 공자가 말한 "주역에 성인의 도가 네 가지 있다"는 것은 바로 이를 말한 것이다.[390]

이 문제에 대해 『일강역경해의日講易經解義』에서는 "『주역』은 진실로 지극히 정미하고 지극히 변화하고 지극히 신묘하지만, 그러나 『주역』 스스로가 정미하고 변화하고 신묘할 수 있는 것이 아니라 성인이 그렇게 하는 것이다"[391]라고 하고 있다. 여기에서 중요한 것은 『주역』을 어떻게 해석하느냐에 따라 그것의 성격과 지향점이 달라진다는 것이다. 다시 말해 『주역』이라는 책은 다양한 의미들을 중층적으로 표현하고 있기 때문에 읽는 사람들의 관점에 따라 이 책이 가진 방향이나 핵심이 달라질 수 있다는 것이다.[392]

---

388) 『周易』, 「繫辭上傳」, 제10장, "參伍以變, 錯綜其數, 通其變, 遂成天下之文, 極其數, 遂定天下之象. 非天下之至變, 其孰能與於此."

389) 『周易』, 「繫辭上傳」, 제10장, "易无思也, 无爲也, 寂然不動, 感而遂通天下之故, 非天下之至神, 其孰能與於此."

390) 『周易』, 「繫辭上傳」, 제10장, "夫易, 聖人之所以極深而研幾也, 唯深也, 故能通天下之志, 唯幾也, 故能成天下之務, 唯神也, 故不疾而速, 不行而至. 子曰, 易有聖人之道四焉者, 此之謂也."

391) 牛鈕等 撰, 『日講易經解義』, 536쪽, "夫易固至精, 至變, 至神矣, 然非易自能精, 變, 神也, 聖人爲之也."

392) 정병석, 『주역과 성인, 문화상징으로 읽다』(예문서원, 2018), 198쪽 참조.

『주역』의 상징체계가 가지고 있는 함축적 의미에 대한 해석이나 표현은 무한대로 확장될 수 있다. 이런 해석의 권리를 『역전』의 작자는 우선적으로 성인에게 부여하고 있다. 이에 대해 『일강역경해의』에서는 "역의 도는 천지에서 시작해서 성인에서 완성되어 천하에 쓰이는데, 큰 것으로는 가국천하家國天下의 일에서부터 작게는 일용사물의 이치까지 포함된다"[393]라고 하여 『주역』이 가지는 도리나 의미는 결국 성인에게 구체적으로 실현되어 천하에 적용된다고 말한다.[394]

393) 牛鈕等 撰, 『日講易經解義』, 533쪽, "於此可見, 易之道, 開於天地, 成於聖人, 用於天下, 大而家國天下之事, 小而日用事物之理."

394) 정병석, 『주역과 성인, 문화상징으로 읽다』(예문서원, 2018), 198~199쪽.

제6장
상응 관계에서 본 시중 리더십

본 장에서는 '시중 리더십의 삼원적 교호 모델' 중에서 리더와 대상자 간의 상응相應 관계에 초점을 맞추어 시중 리더십을 살펴보고자 한다. 리더와 대상자 간의 상응 관계는 효위爻位에 따른 상응 관계를 통해 그 기본적인 모습을 살펴볼 수 있다. 초효初爻와 사효四爻, 이효二爻와 오효五爻, 삼효三爻와 상효上爻는 상응하는 관계로서 조화를 지향한다. 이 중에서 이효와 오효의 관계는 리더십 측면에서 특히 중시되는 관계이다. 이효와 오효 간의 상응 관계는 다시 구오와 육이, 육오와 구이 간의 관계로 구분된다. 상응 관계는 기본적으로 음양, 즉 강유의 협력과 조화를 말해 주고 있으며, 이러한 음양의 조화는 시중 리더십의 기본 원칙을 이루는 것이다.

1. 구오와 육이의 상응에서 본 시중 리더십

구오九五와 육이六二의 상응은 기본적으로 강중剛中한 구오와 유중柔中한 육이의 상응이다. 구오와 육이의 상응 관계는 비比 · 익益 · 췌萃 · 동인同人 · 돈遯 · 건蹇 · 점漸 · 혁革괘 등에서 두드러진다. 그리고 그 상응 관계는 중정中正한 도로써 상응, 천하의 대동大同을 위한 상응, 어려움 속에서의 상응, 개혁改革을 위한 상응 등으로 구분된다.

1) 중정한 도로써 상응

(1) 비괘 구오와 육이의 상응

비괘比卦 구오는 강건중정剛健中正한 덕을 갖춘 군주를 상징한다. 그리고 유일한 양효이다. 따라서 다섯 음이 모두 구오를 따르는 상황이다. 이럴 때일수록 구오는 어느 한 음을 편애해서는 안 되고 친밀함을 공평무사하게 드러내야 한다. 옛날에 천자가 사냥할 때는 '삼구三驅'의 법을 사용하여 세 방면으로 몰아가되 앞쪽은 열어 두어 안으로 들어오는 짐승만 잡고 도망가는 짐승은 굳이 잡지 않았다. 이는 천자가 제후를 비롯한 백성들 중 와서 따르는 자와는 친밀하게 협력하지만 그렇지 않은 자를 구구하게 쫓아가지 않음을 비유적으로 말하는 것이다. '읍邑'은 천자나 제후가 거주하는 도성이나 중심지를 말한다. 읍에 사는 백성들이 천자의 이러한 공평무사함을 이해하고 경계하지 않는 것은 길한 일이다.

비괘 육이는 유순중정柔順中正한 덕을 갖춘 하층부의 중심인물이다. 내괘에 있으면서 외괘에 있는 구오와 상응하여 친밀하게 서로 돕고 있다. 그러한 상응과 협력은 정도를 지켜서 이루어져야 길하다.

> 친밀하게 돕는 것을 공평무사하게 드러낸다. 왕이 세 방면으로 몰아가서 앞쪽에 있는 짐승을 놓아준다. 읍의 사람이 경계하지 않으면 길하다.[1)]

> 안으로부터 친밀하게 도우니 바르게 하면 길하다.[2)]

---

1) 『周易』, 比卦 九五 爻辭, "顯比. 王用三驅, 失前禽. 邑人不誡, 吉."
2) 『周易』, 比卦 六二 爻辭, "比之自內, 貞吉."

비괘의 구오와 육이는 중정한 도로써 서로 돕는 관계이다. 왕조국가에서 구오는 덕과 능력을 갖춘 군주에 해당하고, 육이는 당하관의 신진 관료나 초야에서 신망을 받고 있는 젊은 선비에 해당한다. 군주는 모든 백성을 골고루 살펴야 하지만, 그들 중 능력 있는 신진 관료를 발탁하고 신망 받는 선비를 천거 받아 국가경영에 참여하게 하는 것이 반드시 필요하다. 발탁된 신진 관료나 천거된 선비 또한 늘 바르고 합당한 자세로 군주를 보좌하여야 한다. 기업에 있어서 구오는 최고경영자에 해당하고 육이는 중간관리층에 해당한다. 경영자가 아무리 훌륭하다 하더라도 홀로 기업이라는 조직을 이끌어 갈 수 없고, 하위자가 아무리 뛰어나다 하더라도 경영자의 신뢰와 인정이 없으면 그 능력을 펼칠 수가 없다. 성군聖君과 현신賢臣이 만날 때 비로소 지치至治가 가능해진다. 조선시대의 세종世宗과 황희黃喜의 만남이 이를 말해 준다. 또한 탁월한 경영자와 뛰어난 하위자가 만나 협력할 때 기업은 발전할 수 있다.

(2) 익괘 구오와 육이의 상응

군주의 위치에 있는 익괘益卦 구오는 진실로 백성을 도와주려는 마음이 있다. 따라서 물어볼 필요도 없이 크게 길하다. 백성들 또한 군주의 그런 마음을 알기 때문에 은혜롭게 생각한다. 이와 관련하여 주희는 다음과 같이 말한다. "윗사람이 진실함을 두어 아랫사람에게 은혜를 베풀면 아랫사람 또한 믿음을 두어 윗사람을 은혜롭게 여길 것이니 묻지 않아도 크게 길함을 알 수 있다."[3]

익괘 육이는 중정하고 유순한 덕을 가지고 있어서 마음을 비우는 상이

3) 朱熹, 『周易本義』, 益卦 九五 爻辭註, "上有信以惠於下, 則下亦有信以惠於上矣, 不問而元吉可知."

있다. 따라서 천하의 사람들이 도와주려고 하니, 이는 귀하고 신령스러운 거북점의 결과와도 어긋나지 않는다. 하지만 육이는 그 재질이 음유陰柔하므로 오래도록 바름을 유지할 수 있어야 길하다. 이런 경우에는 왕이 하늘에 제사를 지내도 같은 응답을 받을 수 있다. 이와 관련하여 맹자는 "진실로 착함을 좋아하면 천하 사람들이 천 리를 멀다 하지 않고 와서 좋은 계책을 말해 줄 것이다"[4]라고 한다.

> 진실함을 가지고 은혜를 베풀려는 마음이 있다. 점을 쳐서 물어보지 않아도 크게 길하다. 백성들이 진실함을 가지고 나의 덕을 은혜롭게 여긴다.[5]

> 외부로부터 어떤 사람이 도와주면 십 붕의 가치가 나가는 귀하고 신령스러운 거북점과도 어긋나지 않으니, 오래 바르게 해야 길하다. 왕이 천제에게 제사를 지내더라도 길하다.[6]

구오는 강건중정한 군주로서 진실한 마음으로 백성을 도와줄 마음이 있고, 육이는 유순중정하여 마음을 비우고 애써 도움을 받으려고 하지 않으니 천하 사람들이 서로 도와주려고 하고 있다. 도움이 필요한 국민들을 돕는 건 통치자의 당연한 책무이고, 도움이 필요하지만 굳이 내색하지 않고 꿋꿋하게 살아가는 것은 국민의 바람직한 자세이다. 이렇듯 통치자와 국민이 서로의 마음을 헤아리고 그러한 마음이 함께 어우러질 때 이상적인 사회가 될 수 있다. 세종이 훈민정음訓民正音을 창제하여 백성들이 쉽게 의사소통을 할 수 있도록 하고, 백성들 또한 백성들의 고충을 헤아리는 세종의 마음에 감읍感泣하는 것 또한

4) 『孟子』, 「告子下」 제13장, "夫苟好善則四海之內皆將輕千里而來, 告之以善."
5) 『周易』, 益卦 九五 爻辭, "有孚惠心. 勿問元吉. 有孚惠我德."
6) 『周易』, 益卦 六二 爻辭, "或益之, 十朋之龜, 弗克違, 永貞吉. 王用享于帝, 吉."

여기에 해당할 것이다. 기업의 경우에도 최고경영자는 직원들의 임금인상과 복리증진에 노력하고, 직원들은 임금인상과 복리증진을 요구하기 전에 각자의 직무에 충실함으로써 기업의 이익을 증대시키는 데 노력한다면 모두에게 이익이 된다.

(3) 췌괘 구오와 육이의 상응

췌괘萃卦 구오는 천하의 사람들을 규합해야 하는 때에 군주의 자리에 있으면서 별다른 허물도 없다. 그렇지만 사람들이 아직 의구심을 떨치지 못하면 군주로서의 덕성과 통솔력을 보여 주고, 그것이 오래도록 한결같을 것이라는 믿음을 주며, 늘 바르고 확고한 모습을 보여 주면 사람들이 믿음을 갖게 되어 후회가 없게 된다. 이와 관련하여 주희는 "구오가 양강중정으로 췌의 때를 당하여 존위에 거하였으니 진실로 허물이 없을 것이다. 만약 믿지 않는 사람이 있으면 또한 원영정元永貞의 덕을 닦아야 뉘우침이 없어질 것이다. 점치는 사람은 마땅히 이와 같이 해야 한다고 경계한 것이다"[7]라고 한다.

췌괘의 구오와 육이는 모두 중정한 덕을 가지고 있다. 따라서 그러한 덕으로 서로 응하여 끌어당기면 길하여 허물이 없다. 성심성의만 있으면 간단한 제사를 지내도 하늘이 복을 내릴 것이다.

> 모으는 때에 높은 자리에 있고 허물이 없다. 믿지 못하면 군주로서의 큰 덕을 발휘하고, 오래 변함이 없으며, 바르고 확고하면 후회가 없을 것이다.[8]

7) 朱熹, 『周易本義』, 萃卦 九五 爻辭註, "九五, 陽剛中正, 當萃之時而居尊, 固无咎矣. 若有未信則亦修其元永貞之德而悔亡矣, 戒占者當如是也."
8) 『周易』, 萃卦 九五 爻辭, "萃有位, 无咎. 匪孚, 元永貞, 悔亡."

끌어당기면 길하여 허물이 없을 것이다. 진실한 마음이 있으면 간단한 약禴 제사를 지내는 것도 이로울 것이다.[9)]

구오는 대업을 달성하기 위해 사람들을 모아야 하는 군주로서 별다른 허물을 갖고 있지는 않다. 그럼에도 사람들이 믿지 못하는 경우에는 크게 두 가지 방책이 필요하다. 첫째는 원영정元永貞 하는 모습을 보여 주는 것이다. 군주로서의 통솔력을 보여 주고, 그것이 오래도록 한결같을 것이라는 믿음을 주며, 늘 바르고 확고한 모습을 보여 주는 것이다. 둘째는 덕성과 능력을 겸비한 신하를 발탁하여 그 신하와 같은 뜻으로 대업을 위해 노력하는 모습을 보여 주는 것이다. 이러한 노력들을 통해 사람들의 신뢰를 얻게 되면 부강한 국가 실현이라는 대업도 가능해지는 것이다. 기업의 경우에도 최고경영자는 먼저, 직원들에게 통솔력과 믿음과 바르고 확고한 모습을 보여 주어야 한다. 그리고 덕과 능력을 갖춘 직원을 발탁하여 중요한 일을 맡겨야 한다. 그렇게 하여 상하가 서로 신뢰하고 합심하게 되면 기업의 발전을 도모할 수 있다.

2) 천하의 대동을 위한 상응

천하의 대동大同을 위한 상응은 동인괘同人卦 구오와 육이의 상응을 통해 살펴볼 수 있다.

동인괘 구오는 강건중정한 덕으로 군주의 자리에 있다. 아래에 있는 유순중정한 육이와 함께하려고 하지만 구삼과 구사에 막혀서 처음에는 울부짖을 만큼 어렵지만 나중에는 그것이 가능하게 되어 웃는다. 큰 군사를 동원하여 구삼과 구사를 척결해야 구오와 육이가 상응할 수 있다. 이와 관련하여 정이는

---

9) 『周易』, 萃卦 六二 爻辭, "引吉, 无咎. 孚乃利用禴."

"구오는 인군人君의 자리인데 효사에 인군이 동인하는 뜻을 취하지 않음은 구오가 오로지 사사로운 친분으로 육이와 응해서 중정한 덕을 잃었기 때문이다"[10]라고 한다. 또한 "「계사전」에서 '군자의 도가 혹 나아가기도 하고 혹 거처하기도 하며 혹 침묵하기도 하고 혹 말하기도 하나, 두 사람이 마음을 같이하니 그 날카로움이 쇠를 끊는다'[11]고 한다. 마음속에서 정성으로 함께하면, 나아가고 거처하고 말하고 침묵함에 함께하지 않음이 없을 것이니, 천하가 이간질하지 못할 것이다"[12]라고 한다.

동인괘 육이는 구오와 상응하지만 그것이 집안사람끼리만 함께하는 것으로 비춰져서는 곤란하다. 이와 관련하여 정이는 "이는 치우치게 더불어 함이니, 동인의 도에서 보면 사사롭고 좁은 것이다. 그러므로 곤란함이 있다"[13]고 말한다.

> 다른 사람과 함께하되 먼저는 울부짖다가 뒤에는 웃는다. 큰 군사로 이겨야 서로 만난다.[14]

> 같은 집안사람끼리만 함께하니 곤란을 당하게 된다.[15]

동인괘의 구오와 육이는 천하의 대동을 실현하기 위해 상응하지만 그것이 뜻을 같이하는 사람들끼리만 하는 것이어서 대동의 취지를 무색하게 만들

---

10) 程頤,『伊川易傳』, 同人卦 九五 爻辭註, "君位而爻不取人君同人之義者, 蓋五專以私暱應於二而失其中正之德."

11)『周易』,「繫辭上傳」, 제8장에 나옴.

12) 程頤,『伊川易傳』, 同人卦 九五 爻辭註, "繫辭云, 或出或處或默或語, 二人同心, 其利斷金. 中誠所同, 出處語默无不同, 天下莫能間也."

13) 程頤,『伊川易傳』, 同人卦 六二 爻辭註, "是, 有所偏與, 在同人之道, 爲私狹矣, 故可吝."

14)『周易』, 同人卦 九五 爻辭, "同人, 先號咷而後笑. 大師克, 相遇."

15)『周易』, 同人卦 六二 爻辭, "同人于宗, 吝."

수 있다. 진정한 대동이란 구삼과 구사 같은 뜻을 달리하는 사람들도 포용하여야 실현될 수 있는 것이다. 모두가 군주의 백성인 것이다. 기업의 경우에도 최고경영자가 일부 직원들만 편애하여 그들에게만 곁을 준다면 그 조직의 화합은 깨어지고 집단응집력도 약화될 수밖에 없다.

3) 어려움 속에서의 상응

(1) 돈괘 구오와 육이의 상응

돈괘遯卦 구오는 중정의 덕을 지니고 있어서 마땅히 물러나 있어야 할 때를 알아 물러나 있으므로 그 물러남이 아름답다. 그리고 그러한 물러남은 바른 처신이므로 길하다. 이와 관련하여 정이는 다음과 같이 말한다. "구오는 중정하니 아름답게 물러나 피하는 사람이다. 처신함이 중정한 도를 얻어서 때로는 멈추고 때로는 행하므로 바로 아름답다고 하는 것이다. 그러므로 곧고 발라서 길하다. 구오도 매여 응함이 없지는 않으나 육이와 더불어 둘 다 중정으로 스스로 잘 처신하니, 이는 그 마음과 뜻이 행동거지에 미쳐서 중정하지 않음이 없어서 사사로이 매이는 실수가 없는 것이니 아름답다고 하는 것이다."[16]

돈괘 육이는 중정한 덕으로 하층부의 중심에 있지만 구삼과 구사 등의 양에 막혀 그 능력을 제대로 발휘할 수 없는 처지에 있다. 따라서 그 역량을 제대로 펼칠 수 없음은 구오와 마찬가지이다. 그렇지만 구오와 육이가 같은 중정의 덕을 지니고 있으면서 서로 상응하고 뜻을 같이하는 것은 황소 가죽으

16) 程頤, 『伊川易傳』, 遯卦 九五 爻辭註, "九五中正, 遯之嘉美者也. 處得中正之道, 時止時行, 乃所謂嘉美也. 故爲貞正而吉. 九五非无係應, 然與二皆以中正自處, 是其心志及乎動止, 莫非中正而无私係之失, 所以爲嘉也."

로 묶어 놓은 것처럼 견고해서 벗길 수가 없다.

아름답게 물러나 있는 것이니 바르게 해서 길하다.[17)]

황소의 가죽을 사용하여 잡아 묶으니 그것을 벗길 수가 없다.[18)]

구오는 비록 군주의 자리에 있으나 상황이 여의치 않아 국가경영에 대한 그 뜻을 제대로 펼칠 수 없을 때가 있다. 그럴 때는 역량을 키우면서 내·외적 여건이 좋아지기를 기다릴 필요가 있다. 구오와 뜻을 같이하는 능력 있는 신하인 육이 또한 군주를 도와 국가경영에 적극적으로 참여할 수 있는 상황이 아님을 인식하고 역량을 기르면서 때를 기다려야 한다. 이럴 때일수록 구오와 육이는 그 관계를 견고하게 유지해야 한다. 기업의 경우에도 대표이사의 직위에 있지만 여러 가지 여건 때문에 경영을 주도적으로 하지 못할 때가 있다. 그럴 때는 뜻을 같이하는 하위자와 더불어 역량을 기르면서 때가 오기를 기다릴 필요가 있다.

(2) 건괘 구오와 육이의 상응

건괘蹇卦 구오가 중정한 덕으로 군주의 자리에 있지만 매우 어려운 처지에 놓여 있을 때, 역시 중정한 덕을 가지고 있는 육이가 도우러 온다. 이와 관련하여 정이는 다음과 같이 말한다. "구오가 군주의 자리에 있으면서 어려움 속에 있으니, 이는 천하의 큰 어려움이고, 어려움을 당해서 험함 속에 있으니 또한 큰 어려움이다. 크게 어려울 때에 육이가 아래에 있으면서 중정함으로 서로

17) 『周易』, 遯卦 九五 爻辭, "嘉遯, 貞吉."
18) 『周易』, 遯卦 六二 爻辭, "執之用黃牛之革, 莫之勝說."

응하니 이것은 그 벗의 도움이 오는 것이다. 바야흐로 천하가 어려울 때에 중정한 신하를 얻어 서로 도우니 그 도움이 어찌 적다고 할 수 있겠는가?"[19]

건괘 육이는 유순중정한 덕을 가지고 있고 군주가 신임하는 신하이다. 구오는 험함 속에 있어 어려운 상황에 있고, 육이 또한 구삼에 가로막혀 군주의 어려움을 구제할 수 없는 처지에 있다. 그러므로 어렵고도 어렵다고 말한다. 그러나 그 어려움은 육이 자신의 일 때문이 아니라 군주를 구하는 것이 어렵기 때문이다.

> 매우 어려운 시기에 친구가 온다.[20]

> 왕의 신하가 어렵고도 어려운 것은 자신을 위한 것 때문이 아니다.[21]

구오가 험함 속에 있고 육이 또한 구삼에 가로막혀 모두가 어려운 상황 속에 놓여 있다. 그렇지만 어려움이 극에 달하면 반드시 그것을 해소할 수 있는 상황이 오게 마련이다. 따라서 그때를 대비하여 구오는 중정의 덕을 간직하면서 어려운 국가 상황을 타개할 수 있는 방책을 마련해 나가야 하고, 육이 또한 중정의 덕을 유지하면서 훗날 군주를 보좌하여 어려움을 해소할 수 있도록 내적 역량을 길러 나가야 한다. 기업의 경우에도 대내외적인 여건이 어려워 최고경영자가 자신의 포부와 능력을 마음껏 펼칠 수 없을 때가 있다. 이럴 때는 역량 있는 하위자와 더불어 어려운 여건을 해소할 수 있는 방안을

---

19) 程頤, 『伊川易傳』, 蹇卦 九五 爻辭註, "五居君位而在蹇難之中, 是天下之大蹇也, 當蹇而又在險中, 亦爲大蹇. 大蹇之時而二在下, 以中正相應, 是其朋助之來也. 方天下之蹇而得中正之臣相輔, 其助豈小也."
20) 『周易』, 蹇卦 九五 爻辭, "大蹇, 朋來."
21) 『周易』, 蹇卦 六二 爻辭, "王臣蹇蹇, 匪躬之故."

강구해 나가야 한다.

(3) 점괘 구오와 육이의 상응

점괘漸卦 구오는 높은 곳에 있는 군주를 상징한다. 육이와 같은 중정의 덕으로 서로 응하는 위치에 있으나 구삼과 육사에게 가로막혀 오랫동안 상응하지 못하고 있다. 그러나 끝내 그들을 물리치고 교류하게 되니 길하다.

점괘 육이는 유순중정한 덕을 지니고 있으면서 편안하고 안전한 장소로 나아가 있다. 즐겁게 마시고 먹으면서 구오와의 상응을 기다리고 있으니 길하다.

> 기러기가 높은 언덕으로 날아간다. 부인이 삼 년 동안 임신하지 못하나 가로막는 자들이 끝내 이기지는 못하니 길하다.[22]

> 기러기가 반석에 나아간다. 마시고 먹는 것이 즐거우니 길하다.[23]

군주인 구오와 신하인 육이는 당연히 상응하여야 하는 위치에 있지만 방해세력들 때문에 오랫동안 뜻을 이루지 못하고 있다. 그렇지만 장기간의 투쟁을 통해 마침내 상응하게 된다. 통치자가 국가를 경영함에 있어서는 육이처럼 적극적으로 협력하는 사람이 있는가 하면 구삼과 육사처럼 방해를 하는 사람도 있다. 그렇지만 그 국가경영이 중정의 도를 잃지 않는다면 언젠가는 그러한 방해가 사라지고 능력 있는 관료들의 보좌 하에서 성공적인 국정 운영을 할 수 있다. 어떤 조직에서든 반대 세력은 있게 마련이다. 기업의 경우에도 최고경영자와 뜻을 같이하는 직원들이 합당하고 바르게 처신하면, 기업의

---

22) 『周易』, 漸卦 九五 爻辭, "鴻漸于陵. 婦三歲不孕, 終莫之勝, 吉."
23) 『周易』, 漸卦 六二 爻辭, "鴻漸于磐. 飮食衎衎, 吉."

경영방침에 반대하는 일부 직원들의 반대를 극복하고, 기업을 발전적인 방향으로 이끌어 갈 수 있다.

4) 개혁을 위한 상응

개혁改革을 위한 상응은 혁괘革卦 구오와 육이의 상응을 통해 파악할 수 있다.

혁괘 구오는 변혁의 주체인 대인大人을 상징한다. 양강한 재질과 중정한 덕성으로 변혁을 주도함에 있어서는 가을이 되어 호랑이가 털 색깔을 선명하게 변화시키듯이 철저하게 그 면모를 일신시킬 수 있어야 한다. 그렇게 하기 위해서는 먼저 자신을 개혁해야 하고, 다음으로 주위의 사람을 개혁해야 하며, 끝으로 천하를 개혁해야 한다.[24] 이런 과정을 거쳐 개혁이 완전한 성공을 거두기 위해서는 개혁의 주체인 구오가 사람들로부터 점쳐 볼 필요도 없이 신뢰를 받는 정도가 되어야 한다.

유순중정하고 하괘의 주효인 육이 또한 구오와의 교감 하에 개혁을 주도하는 존재이다. 이처럼 개혁을 하는 경우에 중요한 것은 그 시기가 성숙해야 한다는 것이다. 개혁하지 않으면 안 될 때 개혁을 하면 길하고 허물이 없다.

> 대인은 호랑이가 변한 듯이 한다. 점을 치지 않아도 미더움이 있다.[25]

> 날이 이미 되어야 고치니 나아가면 길하여 허물이 없다.[26]

---

24) 정병석 역주, 『주역』 하(을유문화사, 2015), 280쪽 참조.
25) 『周易』, 革卦 九五 爻辭, "大人虎變. 未占有孚."
26) 『周易』, 革卦 六二 爻辭, "已日乃革之, 征吉, 无咎."

세상의 여러 문제를 개혁하고 혁파하는 것은 어느 시대에나 요청되는 것이다. 개혁이 성공하기 위해서는 몇 가지 조건이 필요하다. 첫째, 덕성과 능력을 갖춘 개혁의 주체가 필요하다. 통치자만이 개혁에 앞장서서는 안 되며 그 뜻에 동참하는 관료와 국민의 협력 또한 반드시 필요하다. 둘째, 개혁은 일조일석에 달성할 수 없는 것이다. 따라서 자신의 개혁에서 주위 사람들의 개혁으로, 다시 천하의 개혁으로 나아가는 확고하면서도 점진적인 개혁을 이룰 필요가 있다. 셋째, 개혁에도 때가 있음을 명심해야 한다. 개혁의 취지가 아무리 좋고 그 개혁의 의지가 아무리 굳건하다 하더라도 여건이 채 성숙되기도 전에 서두르면 실패하기 마련이다. 따라서 개혁하지 않으면 안 될 상황이 되었을 때 개혁을 단행할 필요가 있다. 끝으로 개혁이 성공하기 위해서는 개혁 주체에 대한 국민들의 확고한 신뢰가 뒷받침되어야 한다. 점쳐 볼 필요도 없이, 물어볼 필요도 없이 믿음을 줄 수 있어야 국민들의 전폭적인 지지를 받을 수 있고, 개혁이 성공할 수 있다. 이러한 조건은 기업이나 다른 조직의 개혁에도 그대로 적용될 수 있다. 위의 4가지 조건들 중에서도 가장 중요하고 우선되는 것은 개혁에 대한 확고한 신념과 의지를 가진 개혁 주체의 존재일 것이다. 예를 들어, 우리나라 역사상 문화적 측면에서 가장 획기적인 개혁은 훈민정음訓民正音 창제라고 할 수 있다. 그것이 가능했던 것은 백성들을 위해 우리의 독자적이고도 쉬운 글을 만들어야겠다는 확고한 개혁 의지를 가진 세종世宗이라는 군주와 거기에 뜻을 같이하는 집현전集賢殿 학사學士가 있었기 때문이다. 세종의 또 다른 개혁 사례로 세제개혁稅制改革을 들 수 있다. 공법貢法을 도입·시행하기 위해 세종은 무려 17년간(1427~1444) 3단계[27]의 긴 토론

27) 3단계란 ① 1430년, 고위 관료로부터 일반 농민에 이르기까지 17만여 명을 대상으로 공법에 대한 찬반 여론조사를 실시하는 과정, ② 관민들의 여론조사를 놓고 전국의 사대부들로 하여금 그 찬반 이유를 보고하게 하는 과정, ③ 전·현직 고위 관료들이 참석한 어전회의에서 격렬한 토론을 거쳐 최종 합의에 이르는 과정을 말한다.

과정을 거치면서 반대론자들까지도 이해시켰다.[28] 이처럼 개혁은 쉽게 이루어지는 것이 아니다. 리더와 하위자가 뜻을 같이하고, 때로는 기나긴 시간 동안 반대론자들을 설득하는 과정을 거친 뒤에 성사될 수 있는 것이다.

2. 육오와 구이의 상응에서 본 시중 리더십

육오六五와 구이九二의 상응은 기본적으로 유중한 육오와 강중한 구이의 상응이다. 육오와 구이의 상응은 몽蒙·사師·태泰·대유大有·임臨·승升·해解괘를 통해 잘 살펴볼 수 있다. 그리고 그 상응 관계는 사제師弟로서의 상응, 전쟁戰爭 속에서의 상응, 태평泰平한 시대의 상응, 신뢰信賴 속에서의 상응, 어려움 속에서의 상응 등으로 구분된다.

1) 사제로서의 상응

사제師弟로서의 상응은 몽괘蒙卦 육오와 구이의 상응을 통해 살펴볼 수 있다.

몽괘 육오는 비록 존위에 있으나 아직 어리고 몽매蒙昧하다. 하지만 교육을 통해 계발할 여지가 무궁무진하기 때문에 길하다. 따라서 학식과 덕망을 갖춘 구이에게 나아가 배움을 청해야 한다. 왕조시대에 어린 왕이 훌륭한 신하를 사부師傅로 삼아 교육을 받는 경우라고 할 수 있다.

몽괘 구이는 하괘의 중심에 있으면서 여러 음들을 포용해야 하는 입장에

---

28) 박현모, 『세종의 守成 리더십』(삼성경제연구소, 2006), 137쪽 참조.

있다. 특히 존위에 있는 육오를 계몽해야 하는 중요한 임무를 띠고 있다. 또한 아내를 받아들이고 자식이 집안을 온전히 하는 것과 관련하여, 주희는 다음과 같이 말한다. "양으로써 음을 받아들이니 아내를 받아들이는 상이요, 아랫자리에 있으면서 윗사람의 일을 맡을 수 있으니 자식이 집안을 다스리는 상이 된다."[29)]

> 어린아이의 몽매함이니, 길하다.[30)]

> 몽매한 자들을 포용하면 길하고, 아내를 받아들이면 길하니, 자식이 집안을 온전히 한다.[31)]

몽괘 육오는 왕조시대의 어린 왕에 해당한다. 이럴 경우에는 학식과 덕망을 갖춘 신하인 구이를 사부로 삼아 성군이 되기 위한 학문, 즉 성학聖學을 전수받아야 한다. 기업의 경우, 몽괘 육오는 젊은 나이에 기업을 물려받은 오너 경영자에 해당한다. 이럴 경우에도 경륜 있는 기업의 임원으로부터 자문을 받아 기업 경영에 대한 안목을 길러야 한다. 창업자가 피땀으로 일궈 놓은 기업이 2세나 3세에 가서 유지·발전되지 못하고 문을 닫는 경우를 흔히 볼 수 있다. 그러기에 우리는 '창업創業보다 어려운 것이 수성守成'이라는 말을 한다. 이를 염려하여 역사 속의 군주들은 자신의 왕위를 이어받을 후계자를 육성하는 데 특별한 노력을 기울였다. 리더의 중요한 역할 중의 하나가 바로 후계자 육성인 것이다. 기업의 최고경영자도 자신을 이어서 기업을 운영할

---

29) 朱熹, 『周易本義』, 蒙卦 九二 爻辭註, "又以陽受陰, 爲納婦之象, 又居下位而能任上事, 爲子克家之象."

30) 『周易』, 蒙卦 六五 爻辭, "童蒙, 吉."

31) 『周易』, 蒙卦 九二 爻辭, "包蒙吉, 納婦吉, 子克家."

후계자를 말단 직위에 배치하여 경험을 쌓도록 하는 등 각별한 노력을 하고 있다.

2) 전쟁 속에서의 상응

전쟁戰爭 속에서의 상응은 사괘師卦 육오와 구이의 상응을 통해 파악할 수 있다.

사괘 육오는 전쟁을 치르고 있는 군주를 상징한다. 전쟁에 임한 군주가 결단해야 할 문제는 두 가지이다. 하나는 전쟁이 정의로운 것인가 하는 문제이고, 다른 하나는 어떤 사람을 장수로 임명할 것인가 하는 문제이다.[32] 밭에 짐승이 있다는 것은 적이 침입해 왔다는 것이니, 적의 침입에 대응해서 치르는 전쟁은 명분이 있는 정의로운 전쟁이라고 할 수 있다. 큰아들(長子)은 구이를 가리키며 장인丈人과 같은 뜻이니 지략과 덕망을 갖춘 장수를 말한다. 전쟁을 치를 때는 노련한 전략가를 장수로 삼을 필요가 있다.

사괘 구이는 지략과 덕망을 갖춘 뛰어난 장수를 상징한다. 육오와 상응하고 유일한 양으로서 하괘의 중심에 있다. 이러한 위치에서 경계해야 할 것이 바로 교만驕慢이다. 교만하지 않고 중용의 덕을 잃지 않으면 길하고 허물이 없어 왕으로부터 그 공을 칭찬받을 수 있다.

> 밭에 짐승이 있으면 말을 받드는 것이 이롭고 허물이 없을 것이다. 큰아들이 군사를 이끌어야지 작은 아들에게 맡기면 패배하여 수레에 시체 싣는 일만 하게 되어 흉할 것이다.[33]

---

32) 정병석 역주, 『주역』 상(을유문화사, 2014), 177쪽 참조.
33) 『周易』, 師卦 六五 爻辭, "田有禽, 利執言, 无咎. 長子帥師, 弟子輿尸, 貞凶."

> 군을 통솔하는 자리에 있으면서 중의 덕을 가지고 있으면 길하여 허물이 없다. 왕이 세 번이나 상을 내리는 명령을 내렸다.[34)]

인간의 역사 속에서 전쟁이 없었던 시기가 과연 존재했는지 모를 일이다. 소위 문명화된 21세기에도 전쟁은 여전히 뉴스의 헤드라인을 장식하고 있다. 그 전쟁들의 명분은 다양하기만 하다. 때로는 국가나 민족의 이름으로, 때로는 종교의 이름으로, 또 때로는 통치자의 개인적 원한 때문에, 그 이외에도 수많은 이유들이 그럴듯하게 포장되어 사람들을 반문명적인 전쟁의 막다른 길로 몰아넣는다. 그 많은 전쟁 중에서도 침략자에 맞서서 국가나 민족의 정체성을 지키고, 신앙의 가치를 수호하려는 전쟁은 정의로운 전쟁이라고 할 수 있다. 그러한 전쟁은 반드시 이겨야 하는 전쟁이다. 이기기 위해서는 어떻게 해야 하는가? 지략과 덕망을 갖춘 사람을 최고사령관으로 임명하는 것이다. 우리는 세계 전쟁사에서 뛰어난 지휘관의 전략 덕분에 승패가 갈린 경우를 흔히 본다. 최고통치자가 최고의 장군과 교감하고 협력하여 정의로운 전쟁을 할 때 그 전쟁은 승리로 귀결될 수 있을 것이다. 기업 경영을 흔히 총알 없는 전쟁에 비유한다. 이겨야 할 상대가 있고, 더 많이 차지하기 위해 치열하게 경쟁해야 하는 시장이라는 영토가 있으며, 고객을 만족시킬 수 있는 제품과 서비스라는 무기를 개발하기 위해 밤낮으로 노력하니 전쟁이나 다를 바가 없다. 이렇듯 시장이란 전쟁터에서 살아남기 위해 경쟁자들과 치열한 싸움을 거듭해야 하는 최고경영자는 스스로에게 다음 두 가지 질문을 던질 필요가 있다. 첫째, 신제품 개발이나 신사업 투자를 위한 전략이 미래의 시장이나 고객의 트렌드를 제대로 반영하여 결정된 것인가? 둘째, 누구를 신제품 개발이나 신사업 투자의 담당자로 임명할 것인가? 경영전략이 제대로 방향을 잡아야 그리고

---

34) 『周易』, 師卦 九二 爻辭, "在師中, 吉, 无咎. 王三錫命."

그 전략을 실현할 능력 있는 인재가 있어야 전쟁에서 이길 수 있다.

3) 태평한 시대의 상응

태평泰平한 시대의 상응은 태괘泰卦 육오와 구이의 상응 속에서 살펴볼 수 있다.

태괘 육오는 존귀한 자리에 있으면서 여동생을 신하인 구이에게 시집보내는 상황에 대해 말한다. 그렇게 상하가 상응하고 교류하면 복을 받고 길할 수 있다. 이와 관련하여 정이는 "육오가 음유함으로써 군주의 자리에 있으면서 아래로 구이의 강명한 어짊과 응했으니, 육오가 능히 그 어진 신하를 의지해 순종하기를 제을帝乙이 누이를 시집보내는 것같이 해서, 높은 것을 낮추어 양에게 순종하면 복을 받고 또한 크게 길하다"[35]고 말한다.

태괘 구이는 중위에 있으면서 주효主爻이니, 중도의 덕을 갖출 수 있는 위치에 있고 또한 그러한 덕을 갖추어야 하는 자리에 있다. 구체적으로 중도의 덕을 갖추기 위해서는 거친 것을 포용하고, 맨몸으로 강물을 건너가는 것을 이용하며, 멀리 있는 것을 버리지 않고, 붕당朋黨이 없어야 한다. 이와 관련하여 이마이 우사부로(今井宇三郞)는 "더럽고 거친 것을 포용하는 도량을 근본으로 하고, 때로는 맨몸으로 강물을 건너가는 과단성 있는 행동을 하고, 가까운 것은 말할 필요도 없이 멀리 있는 것도 잊어버리는 일이 없어야 하고, 붕당의 사심을 끊어야 한다. 이렇게 하면 중도에 합치할 수 있다"[36]고 말한다. 또한 정이는 이 네 가지가 태평한 시대의 지도자의 덕목이라고 말한다.[37]

---

35) 程頤, 『伊川易傳』, 泰卦 六五 爻辭註, "六五, 以陰柔居君位, 下應於九二剛明之賢, 五能倚任其賢臣而順從之, 如帝乙之歸妹然, 降其尊而順從於陽則以之受祉, 且元吉也."

36) 이마이 우사부로(今井宇三郞), 『易經』 上(明治書院, 1964), 320쪽.

37) 程頤, 『伊川易傳』, 泰卦 九二 爻辭註, "包荒用馮河不遐遺朋亡四者, 處泰之道也."

제을이 여동생을 시집보내어 복을 받으며 크게 길하다.38)

구이는 거친 것을 포용하고, 맨몸으로 강물을 건너가는 것을 이용한다. 멀리 있는 것을 버리지 않고, 붕당이 없으면, 중도를 행하는 사람과 짝을 이룰 수 있다.39)

태평한 시대는 상하가 상응하는 시대이다. 지도자와 국민의 마음이 하나가 되고, 최고통치자와 관료들의 호흡이 일치할 때, 태평성대를 구가할 수 있다. 태괘에서는 육오와 구이라는 두 리더의 상응을 통해 그것이 가능하다고 말한다. 최고통치자가 겸손하게 청년 리더와 교감하고, 청년 리더는 중도의 덕을 갖춰 최고통치자를 보좌한다면, 이상적인 사회의 건설은 어려운 일이 아닐 것이다. 이 경우 청년 리더는 포용력, 과단성, 배려심, 그리고 불편부당함을 갖출 필요가 있다. 기업의 경우에도 최고경영자와 하위자들이 서로 소통하고 마음이 하나가 될 때 발전을 기약할 수 있다. 특히 최고경영자가 유순한 성격일 경우, 주요 임직원이 포용력, 과단성, 배려심, 그리고 불편부당함을 갖춰 제대로 보좌해 나가야 한다.

4) 신뢰 속에서의 상응

(1) 대유괘 육오와 구이의 상응

대유괘大有卦 육오는 주효로서 다섯 양효가 모두 육오와 교감하려고 한다. 따라서 다섯 양효와 믿음으로써 서로 사귀고 군주로서의 위엄을 잃지 않으면

38) 『周易』, 泰卦 六五 爻辭, “帝乙歸妹, 以祉, 元吉.”
39) 『周易』, 泰卦 九二 爻辭, “包荒, 用馮河. 不遐遺, 朋亡, 得尙于中行.”

길하다. 이와 관련하여 정이는 "유함으로써 높은 자리에 있으면서 대유의 때를 맞으면 인심이 안이해지니, 만약 오로지 유순함만을 숭상하면 능멸함과 태만함이 생길 것이기 때문에, 반드시 위엄 있게 하면 길할 것이다"[40]라고 한다.

대유괘 구이는 큰 수레에 무거운 짐을 실은 것처럼 육오로부터 중책을 맡게 된 상황에 대해 말한다. 중책을 맡은 사람은 스스로 일을 추진해 나가는 적극성을 발휘할 필요가 있다. 그래야 허물이 없게 된다.

그 믿음으로 사귀니, 위엄이 있으면, 길하다.[41]

큰 수레로써 실었으니, 갈 곳이 있어야, 허물이 없다.[42]

대유괘 육오는 유일한 음효로서 유중柔中하며 다섯 양효의 관심을 한 몸에 받고 있다. 이럴 경우 최고통치자인 육오는 리더로서의 위엄을 잃지 않는 범위에서 믿음으로써 교류할 필요가 있다. 육오는 다섯 양효 중에서도 특히 구이를 신임하여 중책을 맡기고 있다. 이런 경우 구이는 육오가 추진하고자 하는 일에 적극적으로 앞장서 그 신임에 부응해야 한다. 기업의 경우에도 최고경영자가 유순한 성격일지라도 리더로서의 체통을 잃지 않는 것이 중요하다. 그런 가운데 능력 있는 하위자를 발탁하여 중요한 일을 맡길 필요가 있다. 일을 맡은 하위자는 적극적으로 일을 추진함으로써 최고경영자의 뜻에 부응해야 한다.

---

40) 程頤, 『伊川易傳』, 大有卦 六五 爻辭註, "以柔居尊位, 當大有之時, 人心安易, 若專尙柔順則陵慢生矣, 故必威如則吉."

41) 『周易』, 大有卦 六五 爻辭, "厥孚交如, 威如, 吉."

42) 『周易』, 大有卦 九二 爻辭, "大車以載, 有攸往, 无咎."

(2) 임괘 육오와 구이의 상응

임괘臨卦 육오는 음유로서 존위에 자리하여 양강한 구이의 도움을 받아 국정을 펼쳐 나가고 있는 상황이다. 군왕이라고 하여 만기萬幾를 친람親覽할 수는 없다. 따라서 능력 있는 신하를 적재적소適材適所에 등용하여 보좌를 받는 것이야말로 지혜로 백성에게 임하는 것이며, 군왕이 마땅히 해야 할 일이다. 이와 관련하여 주희는 "유로서 중의 자리에 위치하고 아래로 구이와 상응하여 혼자서 하지 않고 다른 사람에게 맡기니, 바로 지혜로운 일로서 대군의 마땅함이니 길한 도이다"[43]라고 한다.

임괘 구이는 군주인 육오와의 상응 하에서 육오를 보좌하는 위치에 있다. 군주의 신임을 받으면서 주도적으로 일을 추진할 수 있으니 길하고 이롭다.

> 지혜로 백성에게 임하니, 군주의 마땅한 도리이므로 길하다.[44]

> 감응하여 임하니, 길하여 이롭지 않음이 없다.[45]

최고통치자나 최고경영자가 유순한 성격인 경우, 그의 곁에는 추진력 있는 참모가 반드시 필요하다. 리더와 참모가 서로 보완재가 될 때 비로소 완전체가 만들어지고 이상적인 국정 운영이 가능하게 된다.

(3) 승괘 육오와 구이의 상응

승괘升卦 육오는 유중으로 존위에 있는 주효이며, 강중인 구이와 상응한다.

---

43) 朱熹, 『周易本義』, 臨卦 六五 爻辭註, "以柔居中, 下應九二, 不自用而任人, 乃知之事, 而大君之宜, 吉."

44) 『周易』, 臨卦 六五 爻辭, "知臨, 大君之宜, 吉."

45) 『周易』, 臨卦 九二 爻辭, "咸臨, 吉, 无不利."

유중의 덕이 있는 군주로서는 바른 도를 고수하면 모든 일이 길하다. 그것은 강중의 덕이 있는 현신賢臣인 구이의 도움을 받아 오르기 쉬운 계단을 오르는 것과 같기 때문이다.[46]

승괘 구이는 강중의 신하이다. 진실한 마음으로 간소한 제사를 올리듯이 나약한 음유의 군주를 섬긴다. 따라서 서로 감응하여 허물이 없다.

> 바름을 지키면 길하니, 계단을 오르는 것과 같다.[47]

> 진실한 마음으로 간단한 제사를 올리는 것이 이로우니, 허물이 없을 것이다.[48]

『주역』에서는 음양의 대대對待를 우주의 운행원리로 본다. 음과 양이 대립하는 동시에 서로를 보완하고 의지하면서 우주는 작동하고 있다. 승괘에서는 유중의 통치자와 강중의 신하가 서로 상응하면서 이상적인 정치를 펼치고 있다. 기업도 마찬가지이다. 최고경영자가 유약한 경우에는 적극적이고 능력 있는 하위자의 보좌가 반드시 필요하다.

5) 어려움 속에서의 상응

어려움 속에서의 상응은 해괘解卦 육오와 구이의 상응에서 파악할 수 있다.

해괘 육오는 유중으로 존위에 있으면서 구이와 상응하기 때문에 어려운 문제를 해결할 수 있어서 길하다. 또한 중용의 덕과 부드러움으로 문제를

---

46) 정병석 역주, 『주역』 하(을유문화사, 2015), 238쪽 참조.
47) 『周易』, 升卦 六五 爻辭, "貞吉, 升階."
48) 『周易』, 升卦 九二 爻辭, "孚乃利用禴, 无咎."

해결해 나가기 때문에 소인으로부터도 신뢰를 받는다.

해괘 구이에서 "세 마리의 여우"는 육오를 제외한 세 개의 음효를 가리킨다. 그리고 "누런 화살"은 중이면서 곧은 것, 즉 곧으면서도 지나치게 곧지 않는 중직中直을 의미한다. 해괘 구이는 "세 마리의 여우"로 상징되는 소인을 제거하는 데 있어서 곧되 지나치게 곧지 않는 방법을 사용해야 함을 말한다.[49]

> 군자가 해결하는 것이 있으면 길하다. 소인에게도 마음속에 믿음이 있게 한다.[50]

> 사냥에서 세 마리의 여우를 잡아, 누런 화살을 얻으니, 바르면 길하다.[51]

어느 조직에서나 그 조직의 질서를 어지럽히는 사람들이 있게 마련이다. 국가에는 헌법파괴세력이나 부정부패세력이 있는가 하면, 기업에는 부정이나 횡령 등의 불법적인 행동이나 도덕적 해이를 일삼는 직원들이 있다. 그렇지만 그들을 외과수술 하듯 일거에 제거하는 일은 생각만큼 쉬운 일이 아니다. 해괘에서는 최고통치자인 육오가 이 난제를 평소에 신뢰하고 교감하는 구이에게 맡기고 있다. 구이는 육오와의 상응 하에서 중용의 덕을 발휘할 필요가 있다. 조직을 해치는 세력을 제거한다는 확고한 원칙은 견지하되, 그들을 감화시켜서 조직의 일원으로 다시 받아들이려는 노력을 게을리하지 말아야 한다.

---

49) 정병석 역주, 『주역』 하(을유문화사, 2015), 145쪽 참조.
50) 『周易』, 解卦 六五 爻辭, "君子維有解, 吉. 有孚于小人."
51) 『周易』, 解卦 九二 爻辭, "田獲三狐, 得黃矢, 貞吉."

제7장
합상황合狀況 관계에서 본 시중 리더십

『주역』은 기본적으로 '상황에 따라 변통'(隨時變通)하는 문제를 다룬다. 상황에 따라 변통하는 것의 본보기로는 사계절의 순환보다 더 크고 분명한 것이 없다. 그리고 사계절의 변화가 그러하듯 궁색하면 변화를 모색하고, 변화하면 소통이 되며, 소통이 되면 오래 지속될 수 있다. 그렇게 변통이 이루어지면 이로움을 얻을 수 있다. 변통을 촉발하는 대표적인 상황으로는 궁색을 들 수 있지만, 그 이외에도 다양한 상황이 변통을 필요로 한다.

본 장에서는 '시중 리더십의 삼원적 교호 모델'을 형성하는 세 요인 중에서 상황에 초점을 맞추어 그 변통 관계를 살펴본다. 다시 말해, 리더와 대상자가 상황에 적합하게 변통하는지 여부, 즉 시중 리더십을 발휘하는지의 여부를 고찰한다.

1. 자연 운행에 따라 원칙적인 변화를 하는 상황

1) 건괘의 자연 운행에 따르는 상황

건괘乾卦의 괘사와 효사는 리더가 따라야 할 기본 원칙을 제시하고 있다. 먼저 건괘 괘사는 자연의 운행으로서 하늘의 4가지 작용을 말한다. 구체적으로, 원元은 봄에 만물이 소생하는 작용을 말하며 크다, 착하다, 어질다는 뜻을 갖고 있다. 형亨은 여름에 만물이 성장하는 작용을 말하며 형통하다, 아름답다, 예에 합당하다는 뜻을 갖고 있다. 이利는 가을에 만물이 결실하는 작용을 말하며 이롭다, 마땅하다, 의리에 맞다는 뜻을 갖고 있다. 그리고 정貞은 겨울에 만물을 갈무리하는 작용을 말하며 바르다, 곧다, 지혜롭다는 뜻을 갖고 있다.[1]

> 하늘의 운행처럼 원칙적原則的인 변화變化를 해야 하는 상황이다. 봄에는 만물이 소생하고, 여름에는 성장하고, 가을에는 결실하고, 겨울에는 갈무리한다.[2]

건괘 괘사를 통해 우리는 리더가 자연의 운행을 주관하는 하늘의 4가지 작용처럼 4계절, 즉 상황의 변화에 따라 그에 합당한 덕을 발휘할 필요가 있다는 것을 알 수 있다. 이와 관련하여 「계사상전」에서는 "본받을 만한 상으로는 하늘과 땅보다 더 큰 것이 없고, 변화하고 소통하는 것으로는 사계절보다 더 큰 것이 없다"[3], "천지가 변화하니 성인이 이것을 본받는다"[4]라는 말을 하고 있다. 성인이 시중 리더십을 발휘함에 있어 가장 본받을 만한 것은 천지, 즉 사계절의 변화라는 것이다. 따라서 국가의 최고통치자나 기업의 최고경영자 등 조직의 리더들은 조직을 이끌어 감에 있어 자연의 이러한 변화원리를 깨달아 조직에 적용할 필요가 있다. 구체적으로, 사계절의 변화에 비추어 보았을 때 우리 조직이 어떤 단계에 와 있는지를 판단해 거기에 맞는 리더십을

1) 程頤, 『伊川易傳』, 乾卦 「文言傳」 註; 朱熹, 『周易本義』, 乾卦 文言傳註; 이기동 역해, 『주역강설』 상(성균관대학교출판부, 1997), 51~61쪽 참조.
2) 『周易』, 乾卦 卦辭, "乾, 元亨利貞."
3) 『周易』, 「繫辭上傳」, 제11장, "法象莫大乎天地, 變通莫大乎四時."
4) 『周易』, 「繫辭上傳」, 제11장, "天地變化, 聖人效之."

발휘하여야 한다. 다시 말해, 그 국가나 기업이 초창기인지, 성장기인지, 성숙기인지, 또는 쇠퇴의 기미를 보이는 시기인지에 따라 그에 알맞은 전략과 정책을 수립해 시행해야 한다.

건괘 효사는 용이나 군자를 리더의 상징물로 삼아 그 리더가 성장해 나가는 과정에서 취해야 할 바람직한 행동이나 자세에 대해 말한다. 초구는 물속에 잠겨 있는 용으로 아직 능력이 부족하므로 리더인 구오가 등용하지 말아야 한다. 구이는 땅 위에 나타난 용으로 하괘의 중심부에 위치해 있다. 리더로서의 기본적인 덕과 능력을 갖추고 있으나 업무를 주도할 수 있는 위치에 있지는 않다. 이럴 경우에는 덕과 지위를 갖춘 리더인 구오로부터 가르침을 받는 것이 좋다. 구삼은 하층부의 맨 위에 있으면서 상층부로 진입하기 위해 가일층 노력해야 하는 상황에 놓여 있다. 따라서 종일을 굳세게 노력하고 저녁에까지 삼가면 허물이 없다. 구사는 새로이 상층부에 진입해 자신의 능력을 시험하고 발휘해야 할 상황이다. 이럴 경우에는 때로 자신의 능력을 보여 주는 것도 필요하지만 어디까지나 자신의 위치가 상층부의 맨 아래에 있으면서 구오를 보좌하는 것임을 잊지 말아야 한다. 구오는 군주로서 천하를 경륜하는 위치에 있다. 이럴 경우에는 하층부의 중심에 있는 유능한 구이의 도움을 받을 필요가 있다. 상구는 군주에서 물러나 상왕으로 추대된 경우이다. 실권이 없음에도 무리하게 국정에 간섭하게 되면 후회할 일이 생기게 된다.

물속에 잠겨 있는 용이니 쓰지 말아야 한다.[5)]

나타난 용이 땅에 있으니 대인을 보는 것이 이로울 것이다.[6)]

---

5) 『周易』, 乾卦 初九 爻辭, "潛龍勿用."
6) 『周易』, 乾卦 九二 爻辭, "見龍在田, 利見大人."

군자가 종일토록 굳세고 굳세어서 저녁까지도 여전히 두려운 듯이 하면 비록 위태로우나 허물은 없을 것이다.[7]

혹 뛰어오르거나 연못에 있으면 허물이 없을 것이다.[8]

나는 용이 하늘에 있으니 대인을 보는 것이 이로울 것이다.[9]

너무 높이 올라가 버린 용이니 후회함이 있을 것이다.[10]

기업의 경우에도 구성원들은 그 직위에 따라 그에 맞는 자세와 행동을 취할 필요가 있다. 초구는 신입사원이나 대리에 해당한다. 신입사원은 일정한 수습이나 멘토링(mentoring) 기간을 거쳐야 비로소 실무에 임할 수가 있고, 대리 또한 아직 실무를 더 익혀야 할 위치에 있다. 구이는 과장이나 차장에 해당한다. 업무를 활발하게 수행하는 위치에 있으나 그 업무를 주도적으로 추진하는 위치에 있지는 않다. 업무에 대한 시야를 넓히기 위해 최고경영자인 구오의 조언을 경청할 필요가 있다. 구삼은 부장이나 팀장에 해당한다. 실무를 총괄해서 추진하는 입장에 있으며, 끊임없이 자신의 역량을 향상시키기 위해 노력해야 한다. 그런 가운데 업무능력을 인정받으면 임원으로 승진할 수 있다. 구사는 이사에 해당한다. 임원으로서 자신의 능력을 최대한 발휘해야 하지만, 그것은 어디까지나 대표이사를 보좌하기 위한 것임을 명심해야 한다. 구오는 대표이사에 해당한다. 기업 경영을 총괄하며 가시적인 성과를 창출할 수 있어야 한다. 그렇게 하기 위해서는 구이를 비롯한 능력 있는 하위자의 도움을 받아야

---

7) 『周易』, 乾卦 九三 爻辭, "君子, 終日乾乾, 夕惕若, 厲无咎."
8) 『周易』, 乾卦 九四 爻辭, "或躍在淵, 无咎."
9) 『周易』, 乾卦 九五 爻辭, "飛龍在天, 利見大人."
10) 『周易』, 乾卦 上九 爻辭, "亢龍有悔."

한다. 상구는 고문에 해당한다. 실질적인 권한이 없음에도 기업 경영에 간섭하려 드는 것은 바람직하지 않다.

자연의 운행처럼 변화하는 상황에 따라 그에 합당한 리더십을 발휘해야 하는 것과 관련하여 맹자와 순자의 말은 참고할 만하다. 먼저 맹자는 군왕의 왕도정치란 사계절의 순환에 맞추어 농사를 짓고 고기와 가축을 길러 백성들의 먹고 입는 문제를 해결하는 데서 출발해야 한다고 말한다.

> 농사철을 어기지 않으면 곡식을 이루 다 먹을 수 없으며, 촘촘한 그물을 웅덩이와 연못에 넣지 않으면 고기와 자라를 이루 다 먹을 수 없으며, 도끼를 알맞은 때에 산림에 들여놓으면 재목을 이루 다 쓸 수 없을 것입니다. 곡식과 물고기와 자라를 이루 다 먹을 수 없으며, 재목을 이루 다 쓸 수 없으면 이는 백성으로 하여금 산 사람을 봉양하고 죽은 사람을 장사지내는 데에 유감이 없게 하는 것이니, 산 사람을 봉양하고 죽은 사람을 장사지내는 데 유감이 없도록 하는 것이 왕도의 시작입니다.[11]

> 오묘의 집에 뽕나무를 심으면 50세 된 자가 비단옷을 입을 수 있으며, 닭과 돼지와 개와 큰 돼지를 기르는데 그 때를 잃음이 없으면 70세 된 자가 고기를 먹을 수 있으며, 백묘의 밭에 그 농사지을 때를 빼앗지 않으면 몇 식구의 집안에 굶주림이 없을 수 있으며, 상서庠序[12]의 가르침을 신중히 하고 효제의 의리로써 거듭한다면 머리가 반백이 된 자가 도로에서 짐을 지거나 이지 않을 것입니다. 70세 된 자가 비단옷을 입고 고기를 먹으며, 젊은 백성이 굶주리지 않고 춥지 않게 되고서도 왕도정치를 하지 못하는 자는 있지 않습니다.[13]

---

11) 『孟子』, 「梁惠王上」, 제3장, "不違農時, 穀不可勝食也, 數罟不入洿池, 魚鼈不可勝食也, 斧斤以時入山林, 材木不可勝用也. 穀與漁鼈不可勝食, 材木不可勝用, 是使民養生喪死無憾也, 養生喪死無憾, 王道之始也."

12) 서민의 교육을 담당하는 학교. 殷代에는 序라고 하였고, 周代에는 庠이라 하였다.

순자 또한 상황의 변화에 적절하게 대응하고, 계절의 변화에 따라 백성들이 때를 놓치지 않고 농사를 짓게 하는 것이 성왕의 직분임을 말한다.

> 여러 성왕들의 법도를 흰 것과 검은 것을 분별하듯 분명하게 닦고, 당시의 변화에 하나둘을 세듯 확실하게 대응하며, 예의 절도를 실천케 하여 세상을 자기 손발을 움직이듯 자연스럽게 안정시키고, 공로를 이룩하는 교묘함이 사철의 순환을 알려주듯 시의적절하며, 올바르게 다스려 억만의 백성을 한 사람처럼 움직여 화합하게 한다면, 그는 성인이라 할 수 있다.[14]

> 왕자는 예의에 맞게 행동하고, 여러 가지 전례에 비추어 소청을 처리하며, 사소한 일이라도 밝게 드러내고, 그때그때 상황에 맞게 적절히 일을 처리하여 막히는 법이 없다. 이런 것을 두고 근본이 있다고 하며, 이것이 바로 왕자이다.[15]

> 애공이 말하였다. "훌륭한 말씀이십니다. 어떠한 사람을 위대한 성인이라 할 수 있는지 감히 여쭙고자 합니다." 공자가 대답하였다. "이른바 위대한 성인이란 지혜가 위대한 도에 통해, 여러 가지 변화에 호응하며 궁해지는 법이 없고, 만물의 실상과 본성을 잘 분별합니다...... "[16]

그러므로 때에 알맞게 기르면 여러 가지 가축이 자라나고, 제때에 죽이고

---

13) 『孟子』, 「梁惠王上」, 제3장, "五畝之宅, 樹之以桑, 五十者可以衣帛矣, 鷄豚狗彘之畜無失其時, 七十者可以食肉矣, 百畝之田, 勿奪其時, 數口之家可以無飢矣, 謹庠序之敎, 申之以孝悌之義, 頒白者不負戴於道路矣. 七十者衣帛食肉, 黎民不飢不寒, 然而不王者未之有也."

14) 『荀子』, 「儒效」, 제9장, "脩百王之法, 若辨白黑, 應當時之變, 若數一二, 行禮要節而安之, 若生四枝, 要時立功之巧, 若詔四時, 平正和民之善, 億萬之衆而博若一人, 如是, 則可謂聖人矣."

15) 『荀子』, 「王制」, 제10장, "王者之人, 飾動以禮義, 聽斷以類, 明振毫末, 擧措應變而不窮, 夫是之謂有原, 是王者之人也."

16) 『荀子』, 「哀公」, 제2장, "哀公曰, 善! 敢問何如斯可謂大聖矣? 孔子對曰, 所謂大聖者, 知通乎大道, 應變而不窮, 辨乎萬物之情性者也."; 『荀子』, 「王制」, 제10장에도 "應變而不窮"이라는 표현이 보임.

> 살리면 풀과 나무가 무성해지고, 적절히 정령을 내리면 백성들이 통일되고 어진 이와 훌륭한 이들이 복종하게 된다.[17)]

> 성왕의 제도는 풀과 나무가 꽃 피고 자라날 때에는 도끼를 산과 숲에 들여보내지 않아, 그 생명을 일찍 빼앗지 않고 그 성장을 중단시키지 않는다. 큰 자라·악어·물고기·자라·미꾸라지·전어 등이 알을 깔 때에는 그물과 독약을 못 속에 넣지 않아, 그 생명을 일찍 빼앗지 않고 그 성장을 중단시키지 않는다. 봄에는 밭 갈고 여름에는 김매며 가을에는 수확하고 겨울에는 저장하는 네 가지 일들을 철을 놓치지 않고 하여, 곡식이 모자라지 않고 백성들을 먹고도 남음이 있게 한다. 웅덩이와 못과 늪과 강물과 호수에 철에 따라 고기잡이를 금하여, 고기와 자라가 더욱 많아져 백성들은 쓰고도 남음이 있게 된다. 나무를 베고 기르는 것을 때를 놓치지 않고 적절히 하여, 산과 숲은 벌거숭이가 되지 않고 백성들은 쓰고도 남을 재목을 갖게 된다.[18)]

이처럼 군왕의 왕도정치나 성왕의 직분은 자연의 운행처럼 변화하는 상황에 따라 그에 합당한 리더십을 발휘하는 것이다. 그리고 이러한 사상은 상주시대에 발현되어 맹자와 순자가 살았던 전국시대에도 계승되고 있다.

2) 곤괘의 바르게 해야 하는 상황

곤괘坤卦의 괘사와 효사는 리더가 갖추어야 할 유순한 덕에 대해 말한다.

---

17) 『荀子』, 「王制」, 제18장, "故養長時, 則六畜育, 殺生時, 則草木殖. 政令時, 則百姓一, 賢良服."

18) 『荀子』, 「王制」, 제18장, "聖王之制也, 草木榮華滋碩之時, 則斧斤不入山林, 不夭其生, 不絶其長也. 黿鼉魚鱉鰌鱣孕別之時, 罔罟毒藥不入澤, 不夭其生, 不絶其長也. 春耕夏耘, 秋收冬藏, 四者不失時. 故五穀不絶, 而百姓有餘食也, 汙池淵沼川澤, 謹其時禁, 故魚鱉優多, 而百姓有餘用也. 斬伐養長, 不失其時, 故山林不童, 而百姓有餘材也."; 『孟子』, 「梁惠王上」, 제3장에도 비슷한 문장이 나옴.

먼저 곤괘 괘사는 자연의 운행에 따른 땅의 4가지 작용을 언급한다. 건괘 괘사와 마찬가지로 사덕四德을 언급하면서도 다른 점은 "암말처럼 바르다"라고 말하는 것이다. 암말은 곤의 덕을 상징하고 있으며, 유순하면서도 바르고 분별력이 있는 존재이다. 가는 바가 있을 때는 먼저 가지 말고 뒤에 가라는 것 역시 곤의 유순한 덕에 비추어서 하는 말이다. 이와 관련하여 정이는 다음과 같이 말한다. "음은 양을 따르는 것으로 먼저 부르기를 기다렸다가 화답하는 것이니, 음으로서 양에 앞서면 혼미하여 잘못되고, 뒤에 서면 그 떳떳함을 얻는다."[19] 음의 방향인 서남으로 가면 같은 음을 얻게 되고 양의 방향인 동북으로 가면 음을 잃게 된다. 그렇지만 양을 따르는 것이 음의 바른 도리이므로 양을 따르면 결국 길하게 된다.

> 땅의 작용처럼 원칙적인 변화를 하는 상황이다. 소생하고, 성장하고, 결실하고, 암말처럼 바르다. 군자가 가는 바가 있다. 먼저 가면 혼미하고 뒤에 가면 얻으니 이로움을 주로 한다. 서남으로 가면 친구를 얻고 동북으로 가면 친구를 잃어버리니 바른 도를 지키면 길하다.[20]

곤괘 괘사도 건괘 괘사와 마찬가지로 자연의 운행에 다른 사덕을 말하고 있지만, 끝부분에 가서는 바르게 하라는 말을 하고 있다. 이는 곤의 역할이 유순하면서도 바르고 분별력을 발휘하는 데 있음을 말해 주는 것이다. 그리고 양을 앞서지 않고 뒤따르며, 자신의 이익보다는 양의 이익을 우선시해야 한다고 말한다. 모든 조직에는 양의 역할을 하는 사람과 음의 역할을 하는 사람이 있게 마련이다. 정부에서는 대통령이 양이라면 국무총리는 음이라고 할 수

---

19) 程頤, 『伊川易傳』, 坤卦 卦辭註, "陰從陽者也, 待唱而和, 陰而先陽則爲迷錯, 居後乃得其常也."
20) 『周易』, 坤卦 卦辭, "坤. 元亨利牝馬之貞. 君子有攸往. 先迷後得主利. 西南得朋, 東北喪朋, 安貞吉."

있다. 기업에서는 대표이사가 양이라면 이사는 음의 위치에 있다. 그 반대도 가능하다. 아무튼 조직이 발전하기 위해서는 이러한 음과 양의 역할이 서로 보완적으로 잘 작동할 필요가 있다.

곤괘 효사는 유순한 덕을 가진 리더가 갖추어야 할 자질에 대해 말한다. 초육은 서리가 내리면 머지않아 얼음이 어는 것을 알 수 있는 것처럼, 조짐을 보고 미래를 예측하고 대비하는 능력을 기를 필요가 있다고 말한다. 육이는 땅이 곧고 반듯하고 크며, 하늘이 하는 것에 자연스럽게 따라가기만 하면 이롭다고 말한다. 육삼은 아직 하층부에 있으므로 유순한 내면의 덕을 바르고 굳게 지켜야 하며, 혹 하늘을 따르더라도 공을 자랑하지 않고 소임을 다해야 한다고 말한다. 육사는 이제 막 상층부에 올라왔으므로 늘 입을 닫고 삼가는 자세를 가질 필요가 있다. 육오는 신하로서 군주의 자리에 있는 경우로서 곤의 유순함이 있으면 크게 길하다고 말한다. 주周나라의 무왕武王이 죽은 뒤 나이 어린 성왕成王이 제위에 오르자 그를 도와 섭정攝政을 한 주공周公의 경우가 바로 여기에 해당한다. 이럴 때는 유순하게 자기를 드러내지 않고 군주를 도와야 길하다. 상육은 음이 극성한 단계에 이르러 용처럼 되어 건의 용과 싸우는 것에 대해 말한다.

> 초육은 서리를 밟으면 단단한 얼음이 곧 올 것이다.[21]
>
> 육이는 곧고 반듯하고 크니 익히지 않아도 이롭지 않은 것이 없다.[22]
>
> 육삼은 아름다움을 머금어서 늘 곧게 할 수 있으니, 혹 나라의 일에 종사하더라도 이루는 것은 없지만 마치는 것은 있을 것이다.[23]

---

21) 『周易』, 坤卦 初六 爻辭, "履霜, 堅氷至."
22) 『周易』, 坤卦 六二 爻辭, "直方大, 不習, 无不利."

육사는 주머니를 묶으면 허물도 없고 명예도 없다.[24]

육오는 누런 치마면 크게 길하다.[25]

상육은 용이 들판에서 싸우니 그 피가 검고 누렇다.[26]

기업의 경우 초육은 유순한 덕을 가진 신입사원이나 대리에 해당한다. 유순한 사람은 기본적으로 여성적인 예민한 감각으로 미래를 조망하고 예측하는 능력이 뛰어나다. 따라서 그러한 감각을 살려 시장 동향이나 신제품 개발 트렌드 등을 파악하는 분야에서 능력을 키울 필요가 있다. 육이는 기본적으로 곧고 반듯하고 넉넉한 성격을 가진 과장이나 차장에 해당한다. 따라서 상층부의 경영방침에 따라 바르게 업무를 수행하면 이롭다. 육삼은 유순한 덕을 가진 부장이나 팀장에 해당한다. 이런 경우에는 상층부의 방침에 따라 업무를 수행하여 실적이 향상되더라도 그 실적을 자랑하지 않고 상층부의 공으로 돌리는 자세가 필요하다. 육사는 이제 막 이사가 된 사람이므로 늘 언행을 삼가는 자세를 갖추어야 한다. 육오는 최고경영자의 위치에 있지는 않지만 실질적으로 그런 역할을 하는 사람을 가리킨다. 이럴 경우에는 자신을 드러내지 않아야 한다. 상육은 유순하게 직장생활을 해 온 사람이 대표이사를 거쳐 고문이 된 경우이다. 고문이 된 이후에는 더 이상 거리낄 것이 없으므로 그동안 마음속에 넣어 두었던 불만을 터트리고 있다. 기업에서는 평소에 유순한 임직원들이 불만을 속으로 쌓아 두고 있다가 어떤 계기에 폭발시키는 일이

---

23) 『周易』, 坤卦 六三 爻辭, "含章可貞, 或從王事, 无成有終."
24) 『周易』, 坤卦 六四 爻辭, "括囊, 无咎无譽."
25) 『周易』, 坤卦 六五 爻辭, "黃裳, 元吉."
26) 『周易』, 坤卦 上六 爻辭, "龍戰于野, 其血玄黃."

없도록 고충처리절차 등을 통해 그때그때 불만을 해소할 수 있도록 해야 한다.

2. 위기 상황

1) 어려운 상황

둔屯·감坎·건蹇·곤困·수需·송訟·비否·서합噬嗑·박剝·대축大畜·대과大過·돈遯·명이明夷·해解·귀매歸妹·환渙괘 등은 모두 어려운 상황에서의 시중 리더십을 말한다.

먼저 사흉괘四凶卦인 둔괘, 감괘, 건괘, 곤괘가 처한 상황에 대해 살펴본다. 먼저 둔괘屯卦 괘사에서는 "어려운 상황이다. 크게 형통하고 바름이 이롭다. 가는 바를 두지 말아야 한다. 제후를 세움이 이롭다"[27]고 한다. 봄이 되어 새싹이 대지를 뚫고 나오는 것이니 쉽지 않은 상황이다. 그렇지만 생명이 움터 바야흐로 성장을 앞두고 있으니 크게 형통한 일이 아닐 수 없다. 이런 상황일수록 자연의 운행에 순응하며 바르게 해야 한다. 함부로 일을 벌이지 말아야 하며, 경륜과 덕망을 갖춘 사람을 발탁해서 도움을 받는 것이 이롭다.[28] 구오 효사에서는 "혜택을 베풀기가 어려운 상황이다. 작은 일에는 바름을 지키면 길하지만, 큰일에는 바름을 지키더라도 흉하다"[29]고 한다. 최고통

---

27) 『周易』, 屯卦 卦辭, "屯. 元亨利貞. 勿用有攸往. 利建侯."

28) 程頤, 『伊川易傳』, 屯卦 卦辭註, 「彖傳」註, 「象傳」註 참조; 朱熹, 『周易本義』, 屯卦 卦辭註, 「彖傳」註 참조; 김석진, 『대산주역강의』 1(한길사, 1999), 257~260쪽; 이기동 역해, 『주역강설』 상(성균관대학교출판부, 1997), 100~102쪽; 정병석 역주, 『주역』 상(을유문화사, 2014), 113~118쪽 참조.

29) 『周易』, 屯卦 九五 爻辭, "屯其膏, 小貞吉, 大貞凶."

치자인 구오 자체가 위험 속에 놓여 있고 주위에 자신을 도와줄 수 있는 역량 있는 사람들이 없는 상황이다. 이럴 때는 국민들에게 작은 혜택은 베풀 수 있지만 큰 혜택은 베풀 수가 없다. 그러므로 무리하게 정책을 추진하다가는 실패하기가 쉽다. 기업 경영에 있어서도 경기가 불황에 빠진 때라든지 기업의 자금 사정이 좋지 않을 때는 무리하게 신규 사업에 투자하는 것을 삼갈 필요가 있다. 그리고 어려운 상황을 타개할 수 있는 능력 있는 사람을 발탁할 필요가 있다.

감괘坎卦 괘사에서는 "중첩된 위험에 빠진 상황이다. 마음속에 진실함을 가지고 있고, 오직 그 마음이 형통하니, 가면 가상함이 있을 것이다"[30]라고 한다. 거듭된 위험에 빠진 상황에서는 진실한 믿음을 가지고 있어야 마음이 형통하여 험난함을 넘어서고 위험을 돌파할 수 있다.[31] 구오 효사에서는 "구덩이가 차지 않으니 이미 평평함에 이르면 허물이 없을 것이다"[32]라고 한다. 구덩이가 차지 않아 험난함이 아직 제거되지 않은 상황에 처했을 때는 군주인 구오가 구덩이를 채워 험난함을 해소할 수 있어야 허물이 없어진다. 조직이 위험에 빠졌을 때, 최고통치자나 최고경영자는 위험을 반드시 극복할 수 있다는 진실한 믿음을 가지고 방책을 강구해야 한다. 그래야 그 위험을 이겨 낼 수 있다. 국민이나 구성원이 처한 위험을 해소하는 것은 리더의 기본 책무이다.

건괘蹇卦 괘사에서는 "어려운 상황이다. 서남쪽은 이롭고 동북쪽은 이롭지 않으며, 대인을 만나는 것이 이롭고, 바르면 길하다"[33]고 한다. 이와 관련하여 정이는 "무릇 어려움에 처한 사람은 반드시 곧음과 바름을 지켜야 한다. 설사 어려움이 풀리지 않더라도 바른 덕을 잃지 않는 까닭에 길한 것이다. 만약

---

30) 『周易』, 坎卦 卦辭, "習坎. 有孚, 維心亨, 行有尙."
31) 정병석 역주, 『주역』 상(을유문화사, 2014), 472쪽 참조.
32) 『周易』, 坎卦 九五 爻辭, "坎不盈, 祇旣平, 无咎."
33) 『周易』, 蹇卦 卦辭, "蹇. 利西南, 不利東北, 利見大人, 貞吉."

어려움을 만나 굳게 지키지 못해서 사특하고 참람한 데 들어가면, 비록 구차스럽게 면한다 하더라도 또한 악한 덕이다. 의리와 천명을 아는 사람은 그렇게 하지 않는다"[34]라고 한다. 험난함이 앞에 있을 때는 함부로 나아가지 말고 중도를 지킬 줄 알아야 하며, 덕성과 능력을 갖춘 사람을 발탁해 도움을 받는 것이 바람직하다고 할 것이다. 초효를 제외한 다섯 효의 자리가 마땅하니 바름을 지켜 어려움을 헤쳐 나갈 수 있다.[35] 국가든 기업이든 상황이 어려울 때는 무리하게 정책이나 사업을 추진하는 것은 바람직하지 않다. 그리고 난국을 타개할 수 있는 현인의 도움을 받는 것이 필요하다.

곤괘困卦 괘사에서는 "곤궁한 상황이다. 형통하고, 바르며, 대인이라야 길하고, 허물이 없다. 말을 하면 믿지 않을 것이다"[36]라고 한다. 곤궁한 상황에 처할지라도 리더가 자신의 원칙을 지키고 올바름을 굳건히 추구하면, 그러한 곤궁한 상황을 헤쳐 나갈 수 있다. 이는 대인이라야 해낼 수 있는 일이다. 곤궁을 당한 때에는 변명을 해도 통하지 않으니 리더는 가능한 침묵을 지키는 것이 좋다. 구오 효사에서는 "코를 베고 발을 베고, 붉은 제복을 입고 곤궁을 당한다. 서서히 기쁨이 있을 것이다. 제사를 올리는 것이 이롭다"[37]라고 한다. 구오가 비록 존위에 있지만 상육과 육삼에 의해 포위되어 곤궁을 당하고 있다. 그렇지만 구오는 강건중정剛健中正하므로 자신의 원칙을 지키고 있으면 결국에는 기쁜 결과를 얻게 된다. 정성스럽게 제사를 지내 화합을 모색하는 것이 좋다.[38] 최고통치자든 최고경영자든 리더는 조직이 곤궁에 처해 있을수록

---

34) 程頤, 『伊川易傳』, 蹇卦 卦辭註, "凡處難者, 必在乎守貞正. 設使難不解, 不失正德, 是以吉也. 若遇難而不能固其守, 入於邪濫, 雖使苟免亦惡德也. 知義命者不爲也."
35) 정병석 역주, 『주역』 상(을유문화사, 2014), 126~129쪽 참조.
36) 『周易』, 困卦 卦辭, "困. 亨, 貞, 大人吉, 无咎. 有言不信."
37) 『周易』, 困卦 九五 爻辭, "劓刖, 困于赤紱. 乃徐有說. 利用祭祀."
38) 정병석 역주, 『주역』 상(을유문화사, 2014), 243~255쪽 참조.

원칙과 올바름을 잃지 말아야 한다. 그런 가운데 곤궁을 헤쳐 나갈 방책을 강구하고, 구성원 간의 화합을 모색해야 한다.

사흉괘 이외에도 어려운 상황에 처했을 때 어떻게 처신해야 하는지를 일러 주는 많은 괘들이 있다. 먼저 수괘需卦 괘사에서는 "기다리는 상황이다. 믿음이 있으면 빛나고 형통하며 바르고 길하여, 큰 내를 건넘이 이롭다"[39]고 한다. 이와 관련하여 정이는 "믿음이 있으면 광명하여 형통할 수 있고 곧고 바름을 얻어 길하니, 이것으로써 기다리면 어떤 것을 다스리지 못하겠는가? 비록 험하다 하더라도 어려움이 없을 것이기 때문에, '큰 내를 건넘이 이로운 것'이다"[40]라고 한다. 기다려야 하는 상황에서는 믿음을 가지고 바른 마음으로 기다려야 한다. 그러면 어려움을 극복하는 데 도움이 된다. 조직의 리더는 어떤 어려움에 처했을 때 너무 성급하게 그것을 해소하려고 해서는 안 된다. 어려움의 해소에도 때가 있음을 인식하여, 해결 방안을 암중모색하는 가운데 그 때가 무르익기를 기다려야 한다. 그리고 기다릴 때는 어떠한 큰 어려움도 반드시 이겨 낼 수 있다는 믿음을 가져야 한다.

송괘訟卦 괘사에서는 "송사가 일어나는 상황이다. 마음속에 진실함을 갖고 있으나, 막혀서 두려워한다. 지나치지 않고 중용을 지켜야 길하고, 끝까지 밀고 나가면 흉하다. 대인을 봄이 이롭고, 큰 내를 건너는 식의 어려운 일을 추진하기에는 불리하다"[41]고 한다. 이런 상황에서는 진실한 마음을 갖고 있어도 상대방에게 잘 전달되지 않는다. 따라서 중용의 미덕을 발휘하여 중간에서 화해를 모색하는 것이 좋고, 송사를 끝까지 밀어붙이는 것은 바람직하지 않다. 훌륭한 사람의 중재를 구하는 것이 좋고, 큰일을 무리하게 추진하는 것은

---

39) 『周易』, 需卦 卦辭, "需. 有孚, 光亨, 貞吉, 利涉大川."

40) 程頤, 『伊川易傳』, 需卦 卦辭註, "有孚則光明而能亨通得貞正而吉也, 以此而需何所不濟. 雖險无難矣, 故利涉大川也."

41) 『周易』, 訟卦 卦辭, "訟. 有孚, 窒惕. 中吉, 終凶. 利見大人, 不利涉大川."

좋지 않다. 구오 효사에서는 "쟁송하는 데 크게 길하다"[42]고 하는데, 이에 대해 구오 「상전」에서는 "쟁송하는 데 크게 길하다는 것은 중정한 것으로 하기 때문이다"[43]라고 한다. 송사를 다투고 있음에도 길한 것은 중용을 유지하면서 바르게 하기 때문이다. 조직의 리더는 소송이 벌어졌을 때는 가능한 유능한 중재자를 통해 합의를 모색하는 것이 좋다. 쟁송 같은 곤란한 상황일수록 일을 극단으로 끌고 가지 말고 중용의 미덕을 발휘할 필요가 있다.

비괘否卦 구오에서는 "막힌 것을 그치게 함은 대인의 길함이다. 망할까! 망할까! 두려워하여, 더부룩하게 난 뽕나무 뿌리에 매어놓듯이 하여야 견고하고 안전할 것이다"[44]라고 한다. 이와 관련하여 「계사전」에서는 "위태로울까 염려하는 것은 그 자리를 편안히 하는 것이고, 망할까 염려하는 것은 그 생존을 보존하는 것이며, 어지러울까 염려하는 것은 그 다스림을 가능하게 하는 것이다. 이 때문에 군자는 편안한 상태에 있으면서도 위태롭게 될 것을 잊지 않고, 보존하고 있으면서도 망함을 잊지 않으며, 다스려져도 어지러움을 잊지 않는다. 이렇게 함으로써 몸이 편해지고 나라가 보존될 수 있다"[45]고 한다. 막힌 것이 그치게 된 것은 대인이 출현했기 때문이다. 그렇지만 긴장의 끈을 놓지 않고 늘 조심하고 경계해야 안전할 수 있다. 난세가 영웅을 만든다는 말이 있듯이 궁색한 순간에 지략과 덕을 갖춘 사람이 등장하여 그 궁색함을 해소하는 경우를 우리는 역사 속에서 볼 수 있다. 그렇지만 궁색할 때마다 영웅적인 존재에 의존할 수만은 없다. 늘 위기의식을 갖고 대비하여야 그러한 위기로부터 안전할 수 있다. 기업의 경우에도 뛰어난 경영자의 개인적인 역량

---

42) 『周易』, 訟卦 九五 卦辭, "訟, 元吉."
43) 『周易』, 訟卦 九五 「象傳」, "訟, 元吉, 以中正也."
44) 『周易』, 否卦 九五 爻辭, "休否, 大人吉. 其亡其亡, 繫于苞桑."
45) 『周易』, 「繫辭下傳」, 제5장, "危者, 安其位者也, 亡者, 保其存者也, 亂者, 有其治者也. 是故, 君子, 安而不忘危, 存而不忘亡, 治而不忘亂. 是以身安而國家保也."

에 의해 위기를 극복하는 것도 필요하겠지만, 그것보다 더 중요한 것은 평소에 위험을 감지하고 그것에 대처할 수 있는 시스템을 구축하는 것이다. 끊임없이 닥치는 위험에 대한 조기경보시스템을 갖춤으로써 상시적으로 조직의 위험을 감지하고 대처하는 체계가 필요하다.

서합괘噬嗑卦 육오 효사에서는 "햇빛에 말린 고기를 씹다가 황금을 얻으니, 바르고 위태롭게 여기면 허물은 없을 것이다"[46]라고 한다. "햇빛에 말린 고기"는 형을 받는 자를 비유한 말이고, "황금"은 중용의 덕을 말한다. 군주인 육오가 비록 부정위不正位에 있지만 형벌을 내리는 상황에서 중용의 덕을 잃지 않고 늘 삼가고 두려워하면 허물은 없을 것이다.[47] 조직의 리더는 형벌을 다스리는 경우에도 송사와 마찬가지로 중용의 덕을 잃지 말아야 한다. 형벌을 내릴 때는 늘 삼가는 마음으로 지나침이 없도록 노력해야 한다.

박괘剝卦 괘사에서는 "깎이는 상황이다. 나아가는 것이 있으면 불리하다"[48]고 한다. 이처럼 쇠퇴하는 상황에서는 어떤 일을 새롭게 추진하는 것이 좋지 않다. 경영자가 쇠퇴기에 접어든 사업에 새롭게 자금을 투자하는 것만큼 어리석은 일은 없을 것이다. 정부의 사업도 마찬가지이다. 더 이상 효과가 나지 않는 사업에 막대한 재정을 투입하는 것은 국가재정만 악화시킬 뿐이다.

대축괘大畜卦 괘사에서는 "크게 저지당하는 상황이다. 이롭고 바르다. 집에서 먹지 않으면 길하다. 큰 내를 건너는 것이 이롭다"[49]고 한다. 이런 상황에서는 미래를 대비해 역량을 기르는 것이 필요하다. 밖에 나가서 실력을 기르는 것이 좋고, 그렇게 함으로써 큰일을 도모할 수 있게 된다.[50] 경영자는 경영환

---

46) 『周易』, 噬嗑卦 六五 爻辭, "噬乾肉, 得黃金, 貞厲, 无咎."
47) 정병석 역주, 『주역』 상(을유문화사, 2014), 360~361쪽 참조.
48) 『周易』, 剝卦 卦辭, "剝, 不利有攸往."
49) 『周易』, 大畜卦 卦辭, "大畜. 利貞. 不家食, 吉. 利涉大川."
50) 이기동 역해, 『주역강설』 상(성균관대학교출판부, 1997), 316~319쪽 참조.

경의 악화로 새로운 사업에 투자하는 것이 어려운 경우, 미래를 대비해 내적 역량을 강화할 필요가 있다. 자금을 축적하는 한편, 우수한 인재를 발굴해서 교육 훈련을 시킬 필요가 있다. 통치자도 마찬가지이다. 조선조에 세종世宗이 집현전集賢殿을, 정조正祖가 규장각奎章閣을 통해 능력 있는 학자들을 발굴하고 양성한 것 또한 먼 훗날을 기약하기 위한 것이었다.

대과괘大過卦 괘사에서는 "매우 지나친 조치가 필요한 상황이다. 마룻대가 휘어 있으니, 나아가는 바가 있으면 유리하여, 형통하다"[51]고 한다. 마룻대가 휘는 어려운 상황에서는 과감하게 행동하는 것이 필요하다. 「단전」에서는 "대과는 큰 것이 지나친 것이다. 마룻대가 휘는 것은 근본과 말단이 약하기 때문이다. 강이 과하게 많아도 중에 있고, 공손하고 기쁨으로 행한다. 가는 바가 있으면 이로워 형통할 것이다. 대과의 때에 맞춤이 크다"[52]라고 한다. "마룻대가 휘는 것"은 근본과 말단, 즉 괘의 맨 아래와 맨 위의 효가 음이기 때문이다. "강이 과하게 많아도 중에 있고"는 이효와 오효가 양강으로 중의 자리에 있음을 말한다. "공손하고 기쁨으로 행한다"에서 공손은 하괘를, 기쁨은 상괘를 상징한다. 이처럼 어떤 난국에 처했을 때는 조금 과도하더라도 과감하게 행동하는 것이 필요하다.[53] 이것이 바로 대과라는 상황이 우리에게 던져 주는 의미이다. 일반적으로 지나침은 모자람과 같다고 하여 바람직하지 않은 것으로 치부한다. 그렇지만 때로는 지나친 것이 시중일 때가 있다. 어떤 상황에서는 극단적인 것이 중용인 경우가 있는 것이다. 특히 국가나 기업이 어떤 난국에 처했을 때는 일반적이거나 상식적인 것을 넘어서는 비상한 조치나 방책을 강구하는 것이 필요할 때가 있다.

---

51) 『周易』, 大過卦 卦辭, "大過. 棟橈, 利有攸往, 亨."

52) 『周易』, 大過卦 「彖傳」, "大過, 大者過也. 棟橈, 本末弱也. 剛過而中, 巽而說行. 利有攸往乃亨. 大過之時大矣哉."

53) 정병석 역주, 『주역』 상(을유문화사, 2014), 457~459쪽 참조.

돈괘遯卦 괘사에서는 "은둔해야 하는 상황이다. 형통하다. 조금 이롭고 바르다"[54]고 한다. 세상에 나아가 뜻을 펴기가 어려운 상황에서는 물러나 바름을 지키는 것이 바로 때에 따른 올바른 처신이며 형통한 길이다. 은둔에도 때가 있고 출사에도 때가 있는 법이다. 그것이 바로 시중이고 출처의 도리인 것이다. 그렇지만 현실세계에서 보면 각 분야의 리더들이 출처의 도리를 제대로 지키지 못해 구설에 오르는 경우를 흔히 볼 수 있다. 경계할 일이 아닐 수 없다.

명이괘明夷卦 괘사에서는 "밝음이 상처를 입은 상황이다. 어렵더라도 바름을 지키면 유리하다"[55]고 한다. 밝음이 상처를 입어 어둡고 도가 무너진 상황일수록, 바름을 지키고 경솔하게 행동하지 않으면 결국은 좋은 일이 생긴다. 정치 도의가 무너지고, 경제가 불황에 빠지고, 사회 기강이 흐트러진 암울한 시기일수록 시대에 대한 올바른 식견과 통찰력을 가진 리더와 국민들이 필요하다. 그런 리더와 국민들이 많을수록 오랜 기간이 지나지 않아 무너진 정치 도의가 바로 세워지고, 불황에 빠진 경제가 회복되고, 흐트러진 사회 기강이 바로잡히게 된다.

해괘解卦 괘사에서는 "위험을 해결해야 하는 상황이다. 서남으로 가면 이롭다. 갈 곳이 없으면 돌아오는 것이 길하다. 갈 데가 있으면 일찍 가면 길하다"[56]고 한다. 위험을 해결하기 위해서는 도와줄 사람들이 있는 서남으로 가는 것이 길하다. 위험을 해결할 방법이 마땅치 않을 때는 무리하게 시도하지 말고 본분을 지키는 것이 바람직하다. 위험한 일이 생겼을 때는 신속하게 처리하는 것이 좋다. 「단전」에서는 "해는 위험하여 움직이니, 움직여서 위험

54) 『周易』, 遯卦 卦辭, "遯. 亨. 小利貞."
55) 『周易』, 明夷卦 卦辭, "明夷. 利艱貞."
56) 『周易』, 解卦 卦辭, "解. 利西南. 无所往, 其來復, 吉. 有攸往, 夙吉."

을 벗어나는 것이 해이다. 해는 서남으로 가면 이롭다는 것은 가서 무리를 얻었다는 것이고, 돌아옴이 길하다는 것은 이에 중을 얻는 것이다. 갈 바가 있으면 일찍 가면 길하다는 것은 가서 공이 있다는 것이다. 천지가 풀려서 우레가 치고 비가 오고, 우레가 치고 비가 오니 수많은 과목과 초목의 껍질이 모두 열려서 터진다. 해의 때 맞음이 크다"[57]고 한다. 위험한 상황에서는 그 위험을 해결하기 위한 방안을 모색해야 한다. 위험을 해결하기 위해서는 너그러움과 편안함으로 사람을 대함으로써 많은 사람들의 지지를 받는 것이 필요하다. 그리고 물러나 수신하며 기다리는 것도 하나의 방법이다. 또한 위험을 해결할 때는 신속하게 움직일 필요가 있다. 괘상을 보면 우레가 치고 비가 내려 만물이 소생하듯이 세상의 어려움이 해소됨을 알 수 있다.[58] 해괘에서는 위험을 해결하는 방법으로 다음 몇 가지를 들고 있다. 첫째, 위험이 발생했을 때는 신속하게 처리해야 한다. 둘째, 해결할 방법이 마땅치 않을 때는 무리하지 말고 본분을 지키는 것이 바람직하다. 셋째, 많은 사람들의 지지를 이끌어 낼 필요가 있다. 넷째, 물러나 수신하며 기다리는 것도 하나의 방법이다. 모든 조직의 리더가 참고해야 할 방책이라고 할 것이다.

「계사전」에서는 해괘 상육에 대해 공자의 말을 빌려 해석하는 구절이 나온다. 공자는 새매, 즉 소인을 제거해야 하는 상황에서는 때를 기다려 행동하는 것(待時而動)이 필요하다고 말한다.

> 『역』(해괘 상육)에 공公이 높은 담장 위에서 새매를 쏘아서 잡으니 이롭지 않음이 없다고 하였다. 공자가, 매는 새이고 활과 화살은 기구이고 쏘는 사람

57) 『周易』, 解卦 「彖傳」, "解, 險以動, 動而免乎險, 解. 解利西南, 往得中也. 其來復吉, 乃得中也. 有攸往夙吉, 往有功也. 天地解而雷雨作, 雷雨作而百果草木皆甲拆. 解之時大矣哉."
58) 정병석 역주, 『주역』 하(을유문화사, 2015), 141~143쪽 참조.

은 사람이니 군자가 기구를 몸에 지녔다가 때를 기다려 행동하면 무슨 이롭지 않음이 있겠는가? 움직이더라도 방해를 받지 않는다. 이 때문에 밖으로 나가서 수확이 있는 것이니 이것은 기물을 먼저 이루고 난 뒤에 움직이는 것을 말한 것이라고 하였다.[59]

귀매괘歸妹卦 구사 효사에서는 "누이동생을 시집보내는데 시기를 넘기니, 더디게 시집감이 적절한 때가 있다"[60]고 한다. 구사는 높은 자리에 있으나 초구와 상응하지 않아 좋은 배우자가 없는 상황이다. 따라서 혼기를 놓쳤으나 좋은 배우자가 나타날 때까지 기다릴 필요가 있다.[61] 모든 일에는 때가 있다고 한다. 집안에서는 혼사가 대사이듯이 기업이나 국가에도 모든 역량을 투입해 성사시켜야 할 큰일들이 있게 마련이다. 그렇지만 그 타이밍을 놓친 경우에는 또 다른 적절한 시기가 올 때까지 인내심을 갖고 기다리는 자세가 필요하다. 투자 적기를 놓친 사업에 미련을 갖고 때가 좋지 않음에도 무리하게 투자하다가는 낭패를 보기가 쉽다.

환괘渙卦 괘사에서는 "흩어지는 상황이다. 형통하다. 왕이 종묘에 이르고, 큰 내를 건넘이 이롭고, 바르게 함이 이롭다"[62]고 한다. 흩어진 민심을 다시 모으기 위해서는 국왕이 종묘나 국가유공자 묘역에 나아가 정성스럽게 제사를 지내는 모습을 보이는 것이 필요하다. 그리고 국민의 힘을 결집해야 이룰 수 있는 큰일을 도모하는 것이 좋고, 그런 일을 도모할 때는 어떤 사심도 없이 오로지 국가와 국민의 발전만을 생각해야 한다. 구오 효사에서는 "흩어

---

59) 『周易』, 「繫辭下傳」, 제5장, "易曰, 公用射隼于高墉之上, 獲之, 无不利. 子曰, 隼者, 禽也, 弓矢者, 器也, 射之者, 人也, 君子藏器于身, 待時而動, 何不利之有. 動而不括. 是以出而有獲, 語成器而動者也."

60) 『周易』, 歸妹卦 九四 爻辭, "歸妹愆期, 遲歸有時."

61) 정병석 역주, 『주역』 하(을유문화사, 2015), 353쪽 참조.

62) 『周易』, 渙卦 卦辭, "渙. 亨. 王假有廟, 利涉大川, 利貞."

지는 시기에 큰 명령을 땀이 나듯 하고, 왕이 축적한 것을 분산하면, 허물이 없을 것이다"[63]라고 한다. 민심이 흩어져 있는 시기에는 온 힘을 다해 명령을 내리고, 왕이 축적해 놓은 것을 백성들에게 분배해 주면, 허물이 없을 것이다. 정리하면, 민심이 흩어져 있고 구성원의 응집력이 약해져 있을 때 쓸 수 있는 방책으로는 다음 몇 가지를 들 수 있다. 첫째, 국가통치자가 국립묘지에 나아가 분향하고 추념하는 모습을 보일 필요가 있다. 기업의 경우에는 대표이사가 창업주의 묘역에 분향하는 것이 거기에 해당할 것이다. 둘째, 국민이나 종업원의 힘을 결집해야 이룰 수 있는 큰 사업을 시작할 필요가 있다. 셋째, 그러한 사업은 오로지 국가와 국민 또는 기업이나 종업원의 발전을 위한 것이어야 한다. 넷째, 국가재정을 민생을 안정시킬 수 있는 곳에 공정하게 투입할 필요가 있다.

2) 절제가 필요한 상황

절괘節卦 괘사에서는 "절제節制가 필요한 상황이다. 형통하다. 지키기가 괴로운 절도는 바르지 못하다"[64]고 한다. 절제하는 것은 형통한 일이다. 그러나 지나친 절제는 지속하기 힘들다. 따라서 지속할 수 있는 적절한 수준의 절제가 바람직하다.[65] 이와 관련하여 구오 효사에서는 "즐겁게 절제함이라 길하니, 나아가면 좋은 결과가 있을 것이다"[66]라고 한다. "즐겁게 절제함이라 길하니"라는 것은 구오가 중정으로 존위에 있어 그 절제가 과하지도 부족하지도 않기 때문이다. 이런 상황에서는 어떤 일을 추진해도 좋은 결과를 얻을

---

63) 『周易』, 渙卦 九五 爻辭, "渙, 汗其大號, 渙王居, 无咎."
64) 『周易』, 節卦 卦辭, "節. 亨. 苦節, 不可貞."
65) 정병석 역주, 『주역』 하(을유문화사, 2015), 430쪽 참조.
66) 『周易』, 節卦 九五 爻辭, "甘節, 吉, 往有尙."

수 있다. 절제가 바람직하고 지속 가능하기 위해서는 모든 조직의 리더나 구성원들이 수용할 수 있는 적절한 절제의 수준을 설정하여 지켜 나가는 것이 필요하다. 모든 사람들에게 도덕군자이기를 요구하는 것은 지나친 일이 아닐 수 없다.

3) 믿음이 필요한 상황

중부中孚 · 관觀 · 무망无妄괘는 믿음이 필요한 상황에서의 시중 리더십에 대해 말한다.

먼저 중부괘中孚卦 괘사에서는 "마음속으로 믿는 상황이다. 믿음이 돼지와 물고기에까지 미치면 길하니, 큰 내를 건넘이 이롭고, 바르게 함이 이롭다"[67]고 한다. 마음속으로 믿는다는 것은 믿음이 돼지와 물고기와 같은 동물에게까지 미치는 것이니 길할 수밖에 없다. 그러한 믿음이 있으면 큰 어려움도 극복할 수 있다. 그렇지만 늘 바른 자세를 유지하는 것이 필요하다. 구오 효사에서는 "마음속으로 믿는 것이 매이듯이 하면 허물이 없을 것이다"[68]라고 한다. 구오가 존위에 있으면서 강건중정함을 바탕으로 그 신뢰가 천하의 민심과 매이듯이 연결되면 허물이 없다. 조직의 리더가 구성원으로부터 깊은 신뢰를 받는 상황보다 더 바람직한 것은 없을 것이다. 평소에 늘 진정성을 갖고 다가가면 그러한 신뢰 관계가 형성될 수 있다. 그런 신뢰가 형성되면 어떤 어려움도 극복할 수 있게 된다.

관괘觀卦 괘사에서는 "관찰하는 상황이다. 손을 씻고 아직 제수를 올리지 않았을 때처럼 하면, 마음속에 믿음을 가지고 우러러볼 것이다"[69]라고 한다.

---

67) 『周易』, 中孚卦 卦辭, "中孚. 豚魚吉, 利涉大川, 利貞."
68) 『周易』, 中孚卦 九五 爻辭, "有孚攣如, 无咎."

군왕이 종묘에 제사 지낼 때처럼 정성스러운 마음으로 정사를 펼치고 백성들을 대하면 백성들이 믿음을 가지고 우러러볼 것이다. 구오 효사에서는 "나의 행동거지를 보되 군자면 허물이 없을 것이다"70)라고 한다. 군왕이 백성들을 통해 자신이 정사를 펼친 모습을 살펴보았을 때 중정한 군자의 모습이면 허물이 없을 것이다. 국가의 최고통치자가 얼마만큼 진정성을 가지고 국정에 임하는지를 국민들은 늘 지켜보고 있다. 최고통치자는 자신이 얼마나 국정을 제대로 운영하고 있고 국민들을 만족시키는지를 알려면 국민들의 여론을 듣고 그 살아가는 모습을 살펴보면 된다. 최고경영자 역시 구성원들이 자신의 경영방식에 어느 정도 만족하고 있는지를 직무만족도조사 등을 통해 정기적으로 체크함으로써 경영자로서의 자신을 되돌아봐야 한다.

무망괘无妄卦 괘사에서는 "진실해야 하는 상황이다. 시작하니 형통하고 바름을 지키는 것이 마땅하다. 바르지 않으면 재앙이 있을 것이므로 행하는 바가 있으면 불리하다"71)고 한다. 진실을 지키면 형통하고 바름을 지키는 것은 마땅히 해야 할 일이다. 이는 곧 천도에 따르는 일이다. 이와 관련하여 정이는 다음과 같이 말한다. "상괘의 건괘乾卦는 본래 천도이고, 하괘의 진괘震卦는 그 특성이 움직임에 있기 때문에, 반드시 천도에 근거해서 움직여야 하고, 사사로운 욕심에 근거해서는 곤란하다."72) 천도에 따르지 않으면 재앙이 생길 것이고, 그러면 어떤 일을 추진하는 데 불리하다. 영국 속담에 '진실이 최선의 방책이다'라는 말이 있다. 어떤 경우에도 진실을 바탕으로 말하고 행동한다면 큰 어려움은 없을 것이다. 무망괘에서는 이러한 진실한 자세야말로 천도에 따르는 것이라고 말한다. 최고통치자나 최고경영자가 국가나 기업의 현재

---

69) 『周易』, 觀卦 卦辭, "觀. 盥而不薦, 有孚顒若."
70) 『周易』, 觀卦 九五 爻辭, "觀我生, 君子, 无咎."
71) 『周易』, 无妄卦 卦辭, "无妄. 元亨利貞. 其匪正, 有眚, 不利有攸往."
72) 程頤, 『伊川易傳』, 无妄卦 卦辭註, "爲卦乾上震下, 震動也, 動以天爲无妄, 動以人欲則妄矣."

상황을 있는 그대로 밝히고 협력이나 고통 분담을 호소하는 자세야말로 반드시 필요한 것이다.

『논어』에 나오는 다음의 말 또한 경계로 삼을 만하다.

> 자하子夏가 말하였다. "군자는 신뢰 관계가 형성된 뒤에 그 백성을 노고롭게 하는 것이니, 신뢰 관계가 형성되지 않으면 자신들을 학대한다고 여긴다. 신뢰 관계가 형성된 뒤에 간하는 것이니, 신뢰 관계가 형성되지 않으면 자기를 비방한다고 생각한다."[73]

믿음이 필요한 상황과 관련하여 자하는 통치자인 군자는 백성과의 신뢰 관계가 형성된 뒤에 백성들로 하여금 희생과 손해를 감수하도록 요청하는 것이 바람직하다고 말한다. 그리고 신하와 군주 간의 관계에서도 서로 신뢰 관계가 형성되어 있어야 신하가 간하는 것이 제대로 가납될 수 있다고 한다. 이러한 이치는 국가뿐 아니라 기업 등 다른 조직의 상하 관계에서도 마찬가지이다.

4) 제사를 지내는 상황

기제괘既濟卦 구오 효사에서는 "동쪽 이웃(나라)에서 소를 잡아 성대한 제사를 지내는 것은 서쪽 이웃이 검소하고 간략한 약제禴祭를 지내 실제로 그 복을 받는 것보다 못하다"[74]고 한다. 그리고 「상전」에서는 "동쪽 이웃 나라에서 소를 잡아 성대한 제사를 지내는 것은 서쪽 이웃의 때에 맞는 제사祭祀보다

73) 『論語』, 「子張」, 제10장, "子夏曰. 君子, 信而後勞其民, 未信則以爲厲己也. 信而後諫, 未信則以爲謗己也."

74) 『周易』, 旣濟卦 九五 爻辭, "東隣殺牛, 不如西隣之禴祭, 實受其福."

못하다. 실제로 그 복을 받는다는 것은 길함이 크게 온다는 것이다"[75]라고 한다. 제사는 신이나 조상을 공경하는 의미로 지내는 것이지만, 결국 그러한 의식을 통해 얻고자 하는 것은 백성이나 구성원들의 단결이다. 그러한 의미에서 성대하고 격식을 갖춘 제사보다는 상황에 맞추어 진실한 마음으로 지내는 제사가 더 나을 수 있다. 흔히 '제사는 정성'이라는 말을 한다. 국가나 기업의 큰 행사나 의식도 마찬가지이다. 그 상황에 맞추어 정성스럽게 준비한 행사나 의식이 겉모습만 화려한 행사나 의식보다 훨씬 더 국민이나 구성원을 단결시키는 데 효과적일 수 있다. 최고통치자나 최고경영자부터 이런 마인드를 갖는 것이 중요하다.

5) 그침과 행함을 판단해야 하는 상황

건괘乾卦와 간괘艮卦는 그침과 행함을 판단해야 하는 상황에서의 시중 리더십에 대해 말한다.

먼저 건괘乾卦 「문언전」 구삼에서는 "이를 데를 알아 이르므로 더불어 기미를 알 수 있고, 마칠 데를 알아서 마치니 더불어 의로움을 보존할 수 있다. 이런 까닭에 윗자리에 있으면서도 교만하지 않고 아랫자리에 있어도 근심하지 않는다. 또한 이 때문에 힘쓰고 힘써 때에 따라서 두려워하면 비록 위태로우나 허물이 없다"[76]고 한다. 이와 관련하여 주희는 "이를 데를 알아 이름은 덕을 행하는 것이고, 마칠 데를 알아 마침은 일을 보존하는 것이니, 종일토록 열심히 노력하면서도 저녁에 오히려 두려워하는 것은 이런 까닭이

75) 『周易』, 旣濟卦 九五 「象傳」, "東隣殺牛, 不如西隣之時也. 實受其福, 吉大來也."

76) 『周易』, 乾卦 「文言傳」 九三, "知至至之, 可與幾也, 知終終之, 可與存義也. 是故居上位而不驕, 在下位而不憂. 故乾乾因其時而惕, 雖危无咎矣."

다"[77]라고 한다. 도달해야 할 목표를 알아 거기에 도달하기 위해 노력하면 상황을 파악할 수 있고, 어떤 일을 마쳐야 할 시기를 알아 마치면 의로움을 보존할 수 있다. 이렇듯 애쓰고 두려워하는 마음으로 매사에 임하면 비록 위태로운 상황에 처하더라도 허물은 없다. 구삼은 하층부의 맨 위에 있으면서 상층부로 진입하기 위해 종일 굳세게 노력하고 저녁에까지 삼가야 하는 시기이다. 따라서 자신이 도달해야 할 목표를 분명하게 설정해서 노력해야 하고, 업무의 마감 시한을 놓치지 않고 지킬 필요가 있다. 이런 자기 수련의 과정을 거쳐야 리더로서 성장해 나갈 수 있다.

간괘艮卦 괘사에서는 "그 등에 그치면 그 몸을 얻지 못하며, 그 뜰에 가도 그 사람을 보지 못한다. 허물이 없다"[78]고 한다. "그 등에 그치면"이라는 것은 인간의 사욕을 억제하는 것을 말하고, "그 몸을 얻지 못하며"라는 것은 욕망이나 외부 세계에 이끌리지 않게 되는 것을 말한다.[79] 이와 관련하여 정이는 "'불획기신不獲其身'이라는 말은 몸을 보지 못함이니, 나를 잊어버리는 것을 말한다"[80]라고 한다. "그 뜰에 가도 그 사람을 보지 못한다"라는 것은 바깥 사물의 유혹에 등지고 있는 상황을 말한다. 이처럼 사욕을 억제하고 외부의 욕망이나 유혹에 이끌리지 않으면 허물이 없다. 「단전」에서는 "간艮은 그침이니 때가 그칠 때는 그치고, 때가 행할 때는 행하여, 움직임과 고요함이 그 때를 잃지 않으니 그 도가 밝다"[81]고 한다. 그쳐야 할 상황에서는 그치고, 행동해야 하는 상황에서는 행동함으로써 변통의 도를 실천할 수 있어야 한다.

---

77) 朱熹, 『周易本義』, 乾卦 「文言傳」 九三註, "知至至之, 進德之事, 知終終之, 居業之事, 所以終日乾乾而夕猶惕若者, 以此故也."
78) 『周易』, 艮卦 卦辭, "艮其背, 不獲其身, 行其庭, 不見其人. 无咎."
79) 정병석 역주, 『주역』 하(을유문화사, 2015), 318쪽 참조.
80) 程頤, 『伊川易傳』, 艮卦 卦辭註, "不獲其身, 不見其身也, 謂忘我也."
81) 『周易』, 艮卦 「彖傳」, "艮, 止也, 時止則止, 時行則行, 動靜不失其時其道光明."

사사로운 욕망이나 외부 세계의 유혹 앞에서 그치기란 쉬운 일이 아니다. 그렇지만 리더라면 넘지 말아야 할 선이 있음을 명심할 필요가 있다. 리더는 법의 잣대로뿐만 아니라 도덕적 기준으로도 허물이 없도록 자신과 가족을 관리할 수 있어야 한다.

그침과 행함에 대한 판단과 관련하여 공자의 처신은 시사해 주는 바가 크다.

> 공자께서 제나라를 떠나실 때에는 밥하려고 일어서 담아 놓은 쌀을 받아가지고 가셨고, 노나라를 떠나실 때에는 더디고 더디다, 나의 걸음이여! 라고 하셨으니, 부모의 나라를 떠나는 도리이다. 속히 떠나야 되는 상황이면 속히 떠나고, 오래 머물러야 하는 상황이면 오래 머물며, 은둔해야 하는 상황이면 은둔하고, 벼슬해야 하는 상황이면 벼슬하신 분은, 공자이시다.[82]

이렇듯 지행止行함에 있어 자유자재했기에 맹자는 공자를 '성지시자聖之時者'로 추앙했으며, "원하는 것은 공자를 배우는 것이다"[83]라고 말했다.

6) 결단하고 나아가야 하는 상황

사師 · 이履 · 고蠱 · 해解 · 쾌夬 · 혁革괘는 결단決斷하고 나아가야 하는 상황에서의 시중 리더십에 대해 말한다.

먼저 사괘師卦 괘사에서는 "군대를 일으키는 상황이다. 바르게 해야 한다. 장인丈人이라야 길하고 허물이 없다"[84]고 한다. 군대를 일으킬 때는 먼저 마땅

---

82) 『孟子』, 「萬章下」, 제1장, "孔子之去齊, 按淅而行, 去魯, 曰遲遲吾行也, 去父母國之道也. 可以速而速, 可以久而久, 可以處而處, 可以仕而仕, 孔子也."
83) 『孟子』, 「公孫丑上」, 제2장, "所願則學孔子也."

한 명분이 있어야 한다. 그리고 구이와 같은 덕과 능력을 겸비한 장수가 있어야 하며, 그러면 허물이 없을 것이다.[85] 육오 효사에서는 "밭에 짐승이 있으면 말을 받드는 것이 이롭고 허물이 없을 것이다. 큰아들이 군사를 이끌어야지 작은아들에게 맡기면 패배하여 수레에 시체 싣는 일만 하게 되어 흉할 것이다"[86]라고 한다. 적이 침입한 경우 군주는 대의大義를 일으켜 대응해야 하고, 지혜와 덕을 겸비한 구이에게 군대를 지휘하도록 해야 한다. 그렇지 않고 재덕이 부족한 육삼과 육사에게 맡기면 패배하여 흉할 것이다. 상육 효사에서는 "대군이 명령을 내려 나라를 개국하고 가家를 받게 하지만, 소인은 등용하지 말아야 한다"[87]고 한다. 전쟁이 끝나면 그 공에 따라 제후諸侯를 봉하고 경대부卿大夫를 임명하지만 소인을 등용해서는 안 된다. 국가를 경영하다 보면 불가피하게 전쟁 상황에 놓이는 경우가 있다. 기업도 시장에서 경쟁업체와 매일매일 전쟁을 치르다시피 한다. 이럴 경우 명심해야 할 것에 대해 사괘는 세 가지를 말한다. 첫째, 전쟁이나 경쟁에는 마땅한 명분이나 대의, 즉 정당한 목적이 있어야 한다. 막대한 인명과 물자의 손실이 예상되는 전쟁이 자국민조차 납득할 수 없는 이유로 진행되는 것은 불행한 일이 아닐 수 없다. 기업도 마찬가지이다. 엄청난 인력과 자금을 투자해 시장을 장악하려고 경쟁할 때는 그 경쟁이 과연 그럴 만한 가치가 있는 것인지를 냉정하게 분석해 볼 필요가 있다. 둘째, 전쟁에는 지략과 덕을 겸비한 장수가, 경쟁에는 전략과 통찰력을 갖춘 전문가가 반드시 필요하다. 최고통치자나 최고경영자는 그러한 장수나 전문가를 발탁하고 기용하는 안목을 갖추어야 한다. 셋째, 전쟁이나 경쟁의 승패가 갈린 후에는 그 결과에 따라 공정하게 논공행상論功行賞이 이루어져야

---

84) 『周易』, 師卦 卦辭, "師. 貞. 丈人, 吉, 无咎."
85) 정병석 역주, 『주역』 상(을유문화사, 2014), 214쪽 참조.
86) 『周易』, 師卦 六五 爻辭, "田有禽, 利執言, 无咎. 長子帥師, 弟子輿尸, 貞凶."
87) 『周易』, 師卦 上六 爻辭, "大君有命, 開國承家, 小人勿用."

한다. 역사를 보면 이러한 과정에 불만을 품고 반란을 일으키는 경우를 종종 볼 수 있다. 또 하나 유의해야 할 것은 공을 세웠다고 해서 자질에 문제가 있는 사람을 무조건 기용해서는 안 된다는 것이다. 전쟁에 필요한 사람과 평시에 요청되는 사람은 분명히 다를 수밖에 없다.

이괘履卦 괘사에서는 "범의 꼬리를 밟더라도 사람을 물지 않는다. 형통하다"[88]고 한다. 무언가를 이행해야 하는 상황은 다양한데, 여기에서는 호랑이 꼬리를 밟아버린 위태로운 상황을 상정하고 있다. 그리고 그런 위태로운 상황에서도 조심하고 삼가면 그 어려움을 빠져나갈 수 있다고 말한다. 구오 효사에서는 "과감하게 결단하여 행함이니, 바르더라도 위태로움이 있을 것이다"[89]라고 한다. 최고통치자는 과감하게 결단하여 행할 경우일수록 포용과 겸손의 미덕을 잊지 말아야 한다. 그리고 위태로운 상황을 빠져나가기 위해서는 무엇보다도 조심하고 삼가는 자세가 필요하다. 최고경영자도 기업 경영이 난관에 봉착했을 때는 그 난관을 극복하기 위해 과감한 조치를 취하는 한편 포용하고 겸손하며 삼가는 자세를 잃지 말아야 한다.

고괘蠱卦 괘사에서는 "좀먹어 무너진 상황이다. 크게 형통하고, 큰 내를 건넘이 이롭다. 일을 시작하기 전에 사흘을 생각하며, 일을 하고 나서 사흘을 살핀다"[90]라고 한다. 이와 관련하여 정이는 "좀먹었으면 다시 다스리는 이치가 있다. 예로부터 다스림은 반드시 어지러워짐으로 인했으니, 어지러우면 다스림을 열게 됨은 이치의 자연스러움이다. 만약 괘의 재질로 좀먹은 것을 다스리면 크게 착하고 형통함을 이룰 수 있다. 고괘의 큰 의미는 때의 간난艱難하고 험조險阻함을 다스리는 것이므로 '큰 내를 건넘이 이롭다'고 했다"[91]라고

88) 『周易』, 履卦 卦辭, "履虎尾, 不咥人. 亨."
89) 『周易』, 履卦 九五 爻辭, "夬履, 貞厲."
90) 『周易』, 蠱卦 卦辭, "蠱. 元亨, 利涉大川. 先甲三日, 後甲三日."
91) 程頤, 『伊川易傳』, 蠱卦 卦辭註, "旣蠱則有復治之理. 自古治必因亂, 亂則開治理自然也. 如

한다. 영원히 융성하는 국가도, 끝없이 번창하는 기업도 없다. 번성의 끝에는 언제나 어지러움이 기다리고 있다. 그리고 그 어지러움이 극에 달하면 다시 다스림으로 나아가는 것이 역사의 순리이다. 물극필반物極必反의 이치가 만사 만물을 관통하고 있는 것이다. 무너진 체제를 정비하고 흩어진 민심을 모으니 형통할 수밖에 없다. 이렇듯 조직을 재건할 때는 준비를 치밀하게 해야 하고, 재건에 착수한 후에도 일이 제대로 진행되는지를 꼼꼼하게 살펴야 한다. 이러한 이치는 국가든 기업이든 마찬가지이다. 이런 상황이야말로 바로 최고통치자나 최고경영자의 시중 리더십 발휘를 절실히 요청한다.

해괘解卦 구이 효사에서는 "사냥에서 세 마리의 여우를 잡아 누런 화살을 얻으니 바르면 길하다"[92]고 하고, 「상전」에서는 "바르면 길하다는 것은 중도를 얻었기 때문이다"[93]라고 한다. 소인을 제거할 때는 곧으면서도 지나치지 않는 중도의 방법을 쓰는 것이 좋다.[94] 너무 유화적인 방법을 쓰면 소인의 제거가 원활하지 않을 수 있고, 반대로 너무 강하게 몰아붙이면 반발을 살 수가 있다. 따라서 부드러움과 강함 그 사이의 적절한 방법을 선택할 필요가 있다. 국가든 기업이든 모든 조직에는 그 조직을 해치는 구성원들이 있게 마련이다. 그런 구성원을 징계하는 경우에도 정해진 절차에 따라 합리적으로 할 필요가 있다. 최고통치자나 최고경영자는 이런 점을 살펴볼 필요가 있다.

쾌괘夬卦 괘사에서는 "척결해야 하는 상황이다. 왕의 뜰에서 드러냄이니, 진심으로 호소하여 위태로움이 있음을 알려야 한다. 읍부터 알려야 하고, 군대를 보내는 것은 이롭지 않으며, 갈 곳이 있으면 이롭다"[95]고 한다. 이와 관련하

卦之才以治蠱則能致元亨也. 蠱之大者濟時之艱難險阻也, 故曰利涉大川."

92) 『周易』, 解卦 九二 爻辭, "田獲三狐, 得黃矢, 貞吉."

93) 『周易』, 解卦 九二 「象傳」, "貞吉, 得中道也."

94) 정병석 역주, 『주역』 하(을유문화사, 2015), 145쪽 참조.

95) 『周易』, 夬卦 卦辭, "夬. 揚于王庭, 孚號有厲. 告自邑, 不利卽戎, 利有攸往."

여 정이는 "비록 이쪽의 아주 성함으로써 저쪽의 아주 쇠약함을 척결하더라도, 만일 쉽게 여겨 방비가 없으면 예측하지 못할 후회가 있을 것이다. 이것은 아직도 위태한 이치가 남아 있는 것이고, 반드시 경계하고 두려워하는 마음이 있으면 근심이 없을 것이니, 성인이 훈계를 베푸시는 뜻이 깊다"[96]고 말한다. 구오 효사에서는 "(부드럽고 연약한) 쇠비름을 (잘라내는 것처럼 소인을) 결연하게 척결한다. 중도로 행하면 허물이 없다"[97]고 한다. 쇠비름으로 상징되는 소인을 척결하기 위해서는 과격한 방법이 아닌 중도의 방법을 써야 허물이 없다. 국가통치자가 국가적인 위험이나 문제를 해결하고자 할 때는 국민에게 진정성을 다해 투명하게 그러한 위험이나 문제가 있음을 밝혀야 한다. 그리고 문제 해결을 위한 결단력은 보여 주되 그렇다고 강제적이거나 강압적인 수단에 의존하는 것은 바람직하지 않다. 흔히 권력을 가진 사람은 자신이 가진 권력을 십분 활용해 문제를 신속하게 해결하려는 유혹에 빠지기 쉽다. 그렇지만 자신이 위임받은 권력이라 할지라도 그 행사에는 신중함이 뒤따라야 하고, 권력의 전부가 아닌 팔할 정도만 행사한다는 삼가는 자세가 필요하다고 하겠다. 기업의 최고경영자 역시 어떤 문제를 해결하고자 할 때에는 먼저 구성원에게 기업이 봉착한 문제를 투명하게 밝혀야 한다. 그런 뒤 합리적이고도 순리적인 해결 방안을 찾아 나가야 한다.

혁괘革卦 괘사에서는 "바꾸는 상황이다. 날이 차야 믿는다. 크고 형통하고 이롭고 발라서, 후회가 없다"[98]고 한다. 이와 관련하여 주희는 "하나라도 바르지 못함이 있으면, 개혁한 것이 불신을 받고 소통되지 못해서, 도리어 후회가 있을 것이다"[99]라고 말한다. 국가든 기업이든 어떤 제도나 체제가 오래되면

---

96) 程頤, 『伊川易傳』, 夬卦 卦辭註, "雖以此之甚盛, 決彼之甚衰, 若易而无備則有不虞之悔. 是尙有危理, 必有戒懼之心則无患也, 聖人設戒之意深矣."

97) 『周易』, 夬卦 九五 爻辭, "莧陸夬夬. 中行, 无咎."

98) 『周易』, 革卦 卦辭, "革. 已日乃孚. 元亨利貞, 悔亡."

자연스럽게 여러 가지 문제를 드러내게 된다. 그것은 환경의 변화에 기인하기도 하고, 제도나 체제 자체의 운용 과정에서 나오는 것이기도 하다. 그러한 문제들에 대한 개혁은 그 문제들이 쌓여 더 이상 미룰 수 없는 상황이 되고, 그리하여 개혁에 대한 공감대가 형성되었을 때 단행하는 것이 바람직하다. 그리고 모든 개혁은 하나라도 바르지 않음이 없이 완벽하게 이루어져야 국민의 신뢰를 받을 수 있다. 그러면 후회가 없게 된다.

3. 화합해야 하는 상황

1) 포용해야 하는 상황

곤괘「상전」에서는 "땅의 형세가 곤이니 군자가 이를 본받아서 두터운 덕으로 사물을 실어 준다"[100]고 한다. 땅은 만물을 포용包容하고 길러 주는 덕성을 지니고 있다. 군자는 땅의 이러한 덕을 본받아 다른 사람들을 포용하고 길러 주어야 한다. 나라를 다스리는 통치자나 기업을 이끌어 가는 경영자는 때로는 일반 사람들보다 훨씬 더 큰 포용력을 발휘하여야 한다. 사람들의 단점을 포용하면서 장점을 발굴하고 키워 주는 넉넉한 자세가 리더에게는 요구된다고 하겠다.

구괘姤卦 구오에서는 "기杞나무가 호박을 감싸니, 아름다움을 머금으면, 하늘로부터 떨어지는 것이 있을 것이다"[101]라고 한다. 최고통치자의 지위에

99) 朱熹,『周易本義』, 革卦 卦辭註, "一有不正, 則所革不信不通而反有悔矣."
100)『周易』, 坤卦「象傳」, "地勢坤, 君子以, 厚德載物."
101)『周易』, 姤卦 九五 爻辭, "以杞包瓜, 含章, 有隕自天."

있으면서 기나무가 호박을 감싸듯이 소인을 포용하고, 중정의 덕을 간직하고 기다리면, 천명天命이 내려올 것이다. 권력의 정점에 서서 반드시 갖추어야 할 덕목이지만 실제로는 그렇지 못한 것 중의 하나가 바로 포용력을 발휘하는 것이다. 반대 세력을 포용하고 그들과 타협하는 자세를 보일 때 진정한 국민통합이 가능해질 것이다.

통치자의 포용과 관련하여 『춘추좌전春秋左傳』에도 의미 있는 문장이 보인다. 정장공鄭莊公의 경우, 이웃 나라를 정벌하고도 널리 용서하는 등 시세에 합당하게 포용하는 모습을 보여 준다.

> 군자가 이같이 평했다. "정장공의 이번 일은 예에 합당한 것이다. 예는 나라를 다스리는 경국가經國家와 사직을 안정시키는 정사직定社稷, 백성을 다스리는 서민인序民人, 후대를 이롭게 하는 이후사利後嗣를 뜻한다. 허許나라가 비록 법도를 어겨 정벌했지만 이미 죄를 자복하자 이를 널리 용서했다. 또한 허나라의 덕행을 헤아려 처리하고 자신의 힘을 헤아려 알맞게 시행했다. 나아가 시세에 맞게 행동함으로 후대인에게 누가 없게 했으니 가히 예를 알았다고 할 수 있다."[102]

또한 세종이 조선 개창시 비참여파들의 명분인 의리義理를 인정하고, 정몽주鄭夢周와 길재吉再 등을 충신의 표본으로 추앙하였으며, 조선조 개창에 반대했던 인물들의 후예들을 조정에 등용한 것은 바로 통합의 정치를 보여 주는 것이라고 할 수 있다.[103] 우리나라로 귀화歸化해 오는 외국인들이 점점 더 늘어나는 추세이다. 우리나라 경제가 발전하고 한류韓流 등으로 세계인의 주목

102) 左丘明, 『春秋左傳』, 제1부 제3절, "君子謂. 鄭莊公於是乎有禮. 禮, 經國家, 定社稷, 序民人, 利後嗣者也. 許無刑而伐之, 服而舍之, 度德而處之, 量力而行之, 相時而動, 無累後人, 可謂知禮矣."; 左丘明, 신동준 역주, 『춘추좌전』 상(인간사랑, 2017a), 93~94쪽.

103) 정영현, 『신뢰의 리더 세종의 정치와 리더십』(북랩, 2012), 144쪽 참조.

을 끄는 것 등이 그 원인일 것이다. 이처럼 외국인의 귀화가 늘어남에 따라 대두되는 문제는 바로 그 귀화 외국인들이 우리나라 사람들과 동화同化될 수 있도록 하는 것이다. 여러 가지 제도적·문화적 정책과 아울러 내국인의 인식 전환도 필요하다. 조선의 세종 때에도 지금의 한류와 비슷한 현상이 있었다. 세종의 선정이 주변국들에도 알려짐에 따라 여진족女眞族이나 대마도의 왜인倭人들이 집단적으로 귀화해 오는 일이 발생했다. 세종은 이런 귀화인들이 조선에 정착할 수 있도록 여러 가지 배려를 하였다. 집을 지어 주고 벼슬을 내리는가 하면 우리나라 여자와 혼인을 시키기도 했다. 그리고 토지세와 요역徭役을 일정 기간 면제하기도 하였다.[104] 최고경영자의 경우에도 경영방침에 반대하거나 비협조적인 노조 등의 세력이 있을 때는 그들을 포용하고 설득하는 자세를 가질 필요가 있다. 그런 과정을 통해 구성원들을 한 방향으로 결집시켜야 기업의 발전을 이룰 수 있다.

2) 다른 사람들과 함께하는 상황

동인同人·함咸·췌萃괘에서는 다른 사람들과 함께하는 상황에서의 시중 리더십에 대해 말한다.

먼저 동인괘同人卦 괘사에서는 "다른 사람들과 함께하는 것을 들에서 하면 형통하다. 큰 내를 건넘이 이로우며, 군자의 바름이 이롭다"[105]고 한다. 이와 관련하여 정이는 "천하와 더불어 대동할 수 있으면, 이것은 천하가 다 함께하는 것이니, 천하가 다 함께하면 어떤 험하고 막힌 것인들 건너지 못하며, 어떤 어렵고 위태한 것인들 형통하게 하지 못하겠는가?"[106]라고 한다. 또한 "그러

---

104) 『世宗實錄』, 6년 7월 17일조, "傳旨, 今後, 向化新來人, 田租限三年, 徭役限十年, 蠲除."
105) 『周易』, 同人卦 卦辭, "同人于野, 亨. 利涉大川, 利君子貞."

므로 비록 천 리 밖에 있고 천 년 뒤에 태어나더라도 부절符節을 맞추는 것 같으니, (이런 이치로) 미루어 행하면 광대한 천하와 억조의 백성들이 함께하지 않음이 없을 것이다. 소인은 오직 그 사사로운 뜻을 써서, 가까운 사람은 비록 그릇되어도 또한 함께하고, 미워하는 사람은 비록 옳으나 또한 달리한다. 그러므로 그 함께하는 사람이 아첨하는 무리가 되니, 대개 그 마음이 바르지 못하기 때문이다. 그렇기 때문에 동인하는 도의 이로움은 군자의 곧고 바름에 있는 것이다"[107]라고 한다. 다른 사람들과 함께하는 것을 공개적인 장소에서 공평무사하게 하면 형통하다. 큰 어려움을 헤쳐 나감에 있어서는 광명정대光明正大하고 지공무사至公無私하게 하여 다른 사람들의 지지를 얻는 것이 이롭다.[108] 국가든 기업이든 큰일을 도모할 때는 모든 구성원들의 뜻과 역량을 모아 공개적으로 할 필요가 있다. 그렇게 해야 그 일을 제대로 이룰 수 있고, 이룬 뒤에도 말썽이 없게 된다.

함괘咸卦 괘사에서는 "교감하는 상황이다. 형통하고 바르게 함이 이롭다. 여자와 혼인하면 길하다"[109]고 한다. 만사만물이나 사회의 관계에 있어서 교감은 매우 중요하다. 교감이 제대로 이루어지는지의 여부에 따라 일의 성패나 인간관계가 달라진다. 그러한 교감에 있어서 중요한 것은 바르게 하는 것이다. 혼인도 마찬가지이다. 구오 효사에서는 "구오는 그 등살에 느낀다는 것이니 후회가 없을 것이다"[110]라고 한다. "그 등살에 느낀다"는 것은 등

106) 程頤, 『伊川易傳』, 同人卦 卦辭註, "能與天下大同, 是天下皆同之也, 天下皆同, 何險阻之不可濟, 何艱危之不可亨."

107) 程頤, 『伊川易傳』, 同人卦 卦辭註, "故雖居千里之遠, 生千歲之後, 若合符節, 推而行之, 四海之廣, 兆民之衆, 莫不同. 小人則唯用其私意, 所比者雖非亦同, 所惡者雖是亦異. 故其所同者則爲阿黨, 蓋其心不正也. 故同人之道利在君子之貞正."

108) 정병석 역주, 『주역』 상(을유문화사, 2014), 253~254쪽 참조.

109) 『周易』, 咸卦 卦辭, "咸. 亨, 利貞. 取女, 吉."

110) 『周易』, 咸卦 九五 爻辭, "咸其脢, 无悔."

뒤의 살처럼 사사로움을 버리고 사람들과 폭넓게 교감하는 것을 말한다. "후회가 없을 것이다"라는 것은 외물이나 외계에 유인되지 않기 때문에 후회가 없다는 것이다. 따라서 교감할 때는 사사로움을 버리고 외물의 유혹에 빠지지 않아야 후회가 없게 된다.[111] 리더가 조직 내부 및 외부 사람들과 교감하고 교류함에 있어서 사사로운 인연에 얽매이는 것은 바람직하지 않다. 국가통치자나 최고경영자가 개인적인 친소관계親疏關係에 의지해 사람을 등용한다면 정작 능력 있는 사람들은 빛을 보지 못하게 된다. 리더는 언제나 사사로움을 버리고 폭넓게 인재를 기용할 수 있어야 한다. 세종이 자신을 지지하지도 않았고 여러 가지 구설에 휘말렸던 황희를 중용한 것이나, 문벌과 신분 고하를 초월해서 최윤덕崔潤德을 등용한 것이나, 관노 출신인 장영실蔣英實을 발탁한 것 등은 모두 그 능력에 따라 널리 인재를 기용한 좋은 예라고 할 수 있다.

췌괘萃卦 괘사에서는 "뜻을 모아야 하는 상황이다. (형통하고) 왕이 사당에 간다. 대인을 보는 것이 이롭다. 형통하고, 바르면 유리하다. 큰 희생을 쓰는 것이 길하니, 갈 바를 두면 이롭다"[112]고 한다. 백성들의 뜻을 모아야 하는 상황에서는 왕이 종묘에 나아가 제사를 올림으로써 백성들의 마음을 한데로 모을 필요가 있다. 그리고 덕망 있는 사람의 조언을 구하는 것이 이롭다. 사람들의 뜻을 모으는 것은 형통한 일이고, 뜻을 모을 때는 그 목적이 바른 것이어야 한다. 큰 희생을 써서 정성스럽게 제사를 지냄으로써 많은 사람들이 모이고 넉넉하게 나눌 수 있도록 하는 것이 길하다. 이렇게 하여 천명을 따르는 것이 이롭다. 정리하면, 최고통치자나 최고경영자는 대사를 앞두고 있는 상황에서 다음 몇 가지를 유념할 필요가 있다. 첫째, 대사를 앞두고 구성원들의 뜻을 한데로 모아야 할 경우에는 국가유공자나 기업의 창업 공신을 기리는

---

111) 정병석 역주, 『주역』 하(을유문화사, 2015), 22쪽 참조.
112) 『周易』, 萃卦 卦辭, "萃. 亨, 王假有廟. 利見大人. 亨, 利貞. 用大牲吉, 利有攸往."

의식을 진행하여 일체감을 높일 필요가 있다. 둘째, 뜻을 모을 때는 그 목적이 바른 것이어야 한다. 셋째, 덕과 능력을 갖춘 사람을 발탁하여 대사를 이끌어 가도록 해야 한다. 넷째, 대사에 참여한 사람들에 대해 적절한 보상을 해 주어야 한다. 이와 아울러 사람들의 뜻을 모음에 있어서는 『논어』의 다음 구절들이 참고할 만하다. 먼저 「안연顔淵」에서는 "군자의 덕은 바람이고 소인의 덕은 풀이다. 풀 위에 바람이 불면 반드시 쭉 쓰러질 것이다"[113]라고 한다. 리더가 모범을 보일 때 하위자들도 그 리더를 본받아 한 마음이 될 수 있다는 것이다. 또한 「위정爲政」에서는 "군자는 두루 조화를 이루고 당파를 형성하지 않으며, 소인은 당파를 형성하고 두루 조화를 이루지 못한다"[114]라고 한다. 리더가 특정인이나 특정 집단을 편애하지 않고 모든 구성원들과 두루 조화로운 관계를 유지하면 조직의 단결은 자연스럽게 이루어질 것이다.

3) 분배하는 상황

손損·익益·정井괘에서는 분배分配하는 상황에서의 시중 리더십에 대해 말한다.

먼저 손괘損卦 괘사에서는 "아래를 덜어서 위에 더해 주는 상황이다. 마음속에 진실을 두면 크게 길하고, 허물이 없으며, 바르게 할 수 있어서, 가는 바를 둠이 이롭다. 이러한 도리를 어떻게 쓸 수 있겠는가? 대 밥그릇 두 개면 충분히 제사 지낼 수 있다"[115]고 한다. 이는 국민의 소득을 덜어서 국가의 부족한 재정을 보충하는 경우를 말하는 것이다. 그 더는 것에 진실과 합당함이

---

113) 『論語』, 「顔淵」, 제19장, "君子之德, 風, 小人之德, 草. 草上之風, 必偃."
114) 『論語』, 「爲政」, 제14장, "君子, 周而不比, 小人, 比而不周."
115) 『周易』, 損卦 卦辭, "損. 有孚, 元吉, 无咎, 可貞, 利有攸往, 曷之用. 二簋可用亨."

있으면 크게 길하고 허물이 없으며 바르게 할 수 있어서 국가가 어떤 사업을 추진하는 데 유리하다. 때에 따라서는 허례허식을 덜어 내고 대 밥그릇 두 개로도 제사를 지낼 수 있다. 「단전」에서는 "대 밥그릇 두 개를 쓰는 데도 마땅히 때가 있으며, 강을 덜어 유를 더해 주는 것도 때가 있는 것이다. 덜고 더하고 채우고 비우는 것은 때와 더불어 행하는 것이다"[116]라고 한다. 모두가 상황에 따라 행해진다는 것이다. 우리나라가 IMF 관리체제 하에 들어갔을 때 전 국민이 국난을 극복하고자 하는 간절한 마음으로 금 모으기 운동을 벌이고 절약하면서 고통을 분담한 경험을 우리는 갖고 있다. 일반적으로는 국가가 민생을 위해 재정을 투입한다. 그렇지만 IMF 관리체제 하에 들어갔을 때처럼 국가가 위기에 처했을 때는 반대로 국민이 호주머니를 열어 국가를 도울 수도 있는 것이다. 이때는 국민들이 바로 국난 극복의 리더라고 할 수 있다. 이 모든 것이 상황에 맞추어 이루어지는 것이다. 기업의 경우에도 위기에 처했을 때 구성원들이 임금을 동결하거나 삭감하면서 그 위기 극복을 위해 앞장서는 경우를 흔히 볼 수 있다.

익괘益卦 괘사에서는 "위를 덜어서 아래에 더해 주는 상황이다. 가는 바가 있음이 이로우며, 큰 내를 건넘이 이롭다"[117]고 한다. 이는 국가의 재정으로 국민을 도와주는 경우를 말한다. 이와 같은 상황에서 초효와 사효, 이효와 오효, 삼효와 상효 각각이 상응하고 있으므로 나아가서 큰 어려움을 구제하는 것이 이롭다.[118] 「단전」에서는 "익은 위를 덜어 아래에 더하니 백성들이 기뻐하는 것이 한이 없음이고, 위로부터 아래로 내려오니 그 도가 크게 빛난다. 나아가는 바가 있으면 이롭다는 것은 중정하여 경사가 있는 것이다. 큰 내를

116) 『周易』, 損卦 「彖傳」, "二簋應有時, 損剛益柔有時. 損益盈虛, 與時偕行."
117) 『周易』, 益卦 卦辭, "益. 利有攸往, 利涉大川."
118) 정병석 역주, 『주역』 하(을유문화사, 2015), 170쪽 참조.

건너는데 이롭다는 것은 목도가 이에 행하는 것이다. 익은 움직이고 겸손하여 날로 나아감이 한계가 없다. 하늘은 베풀고 땅은 낳아서 그 유익함이 방소가 없이 무궁하다. 무릇 익의 도는 때와 더불어 행하는 것이다"[119]라고 한다. 국가가 재정을 사용해 국민들의 소득을 보전해 주면 국민들의 기쁨이 크고 그 뜻이 빛난다. 이처럼 국가가 상황에 알맞게 국민을 지원하는 것은 경사스러운 일이다. 큰 어려움을 극복하는 데 이롭다는 것은 어진 도를 실천하기 때문이다. 일이 순조로울 때라도 늘 겸손하게 행동하면 전도가 무한해질 것이다. 천지가 만물을 베풀고 기르는 것처럼 그 유익함이 만방에 미친다. 이렇듯 위에서 아래에 베푸는 익의 도는 때에 따라 행해지는 것이다.[120] 조선조의 세종이 기근 속에서 굶주리는 백성들을 구휼하기 위해 여러 가지 정책을 펼친 것도 그 예라고 할 수 있다.[121] 기업의 경우에도 창출된 이익을 구성원에게 임금이나 복리후생의 형태로 적절하게 배분해 줌으로써 업무에 대한 동기를 유발하고 조직에 대한 충성심을 높임으로써 궁극적으로 조직의 발전을 기할 수 있게 된다.

정괘井卦 구오 「상전」에서는 "찬 샘물을 먹는다는 것은 중정하기 때문이다"[122]라고 한다. "찬 샘물은 먹는다"는 것은 이를테면 경제개발로 인한 혜택을 누리는 것을 말한다. 그럴 때 경제개발의 총지휘자인 구오가 그 혜택을

119) 『周易』, 益卦 「象傳」, "益, 損上益下, 民說无疆, 自上下下, 其道大光. 利有攸往, 中正有慶. 利涉大川, 木道乃行. 益, 動而巽, 日進无疆. 天施地生, 其益无方. 凡益之道, 與時偕行."

120) 이기동 역해, 『주역강설』 하(성균관대학교출판부, 1997), 94쪽; 정병석 역주, 『주역』 하(을유문화사, 2015), 170~172쪽 참조.

121) 세종의 구휼 원칙을 보면 다음과 같다. ① 구휼 장소를 남자와 여자, 환자와 건강한 자를 구분하여 설치하고 그들의 마음을 편하게 해 주라. ② 그들이 어디서 왔는지 묻지 말라. ③ 아전이 아니라 마음 착한 중들에게 음식을 나눠 주는 일을 맡겨라. ④ 구휼과 관련해 포상과 상벌을 시행하라. ⑤ 지방의 관찰사에게 그 일을 위임하라.(『世宗實錄』, 19년 1월 2일조 참조)

122) 『周易』, 井卦 九五 「象傳」, "寒泉之食, 中正也."

독점하려 해서는 안 된다. 적절하고 바르게 분배해야 한다.[123] 국부國富가 증대하면 최고통치자가 신경 써야 할 것 중의 하나가 바로 그 창출된 부가 모든 국민들에게 그리고 각 분야에 골고루 분배되고 있는지를 살펴보는 것이다. 기업도 마찬가지이다. 증대된 이익이 구성원들에게 적절하게 분배되도록 하는 것은 바로 최고경영자의 몫이다.

4) 겸손해야 하는 상황

겸謙 · 귀매歸妹 · 손巽괘에서는 겸손謙遜해야 하는 상황에서의 시중 리더십에 대해 말한다.

먼저 겸괘謙卦 괘사에서는 "겸손해야 하는 상황이다. 형통하다. 군자는 끝까지 겸손할 수 있어야 한다"[124]라고 말한다. 겸손할 수 있으면 형통하다. 군자 또한 종신토록 겸손하기는 쉽지 않은 일이므로 그렇게 할 수 있도록 노력해야 한다. 구삼 효사에서는 "공로功勞가 있는 겸손이다. 군자는 끝이 있으면 길하다"[125]고 한다. 공로가 있으면서도 겸손하기란 일반적인 겸손보다 더 어려운 일인데, 군자가 끝까지 이렇게 할 수 있으면 길하다. 최고통치자나 최고경영자가 임기 동안 변함없이 겸손한 자세를 유지하기란 쉽지 않다. 어떤 공로를 세웠을 때는 더더욱 그렇다. 이렇듯 어려울수록 그 가치가 더욱 높아지는 것이 겸손한 자세이다.

귀매괘歸妹卦 육오 「상전」에서는 "'제을帝乙이 누이동생을 시집보내는데 정실인 누이동생의 소매가 그 측실의 소매가 좋음만 못하여'라고 하는 것은

123) 이기동 역해, 『주역강설』 하(성균관대학교출판부, 1997), 156쪽 참조.
124) 『周易』, 謙卦 卦辭, "謙. 亨. 君子有終."
125) 『周易』, 謙卦 九三 爻辭, "勞謙. 君子有終, 吉."

그 자리가 중中에 있어 귀한 신분으로서 시집가는 것이다"[126]라고 한다. 군왕인 제을이 누이동생을 결혼시킴에 있어 아랫사람보다 더 자기를 낮춘다는 것은 중용의 덕을 가지고 있다는 것이다. 최고의 자리에 올라 겸손하기란 생각처럼 쉬운 일이 아니니다. 그 일이 어려운 만큼 리더들에게는 또한 절실하게 요청되는 덕목이기도 하다.

손괘巽卦 구오 효사에서는 "바르면 길하니, 뉘우침이 없어지고, 이롭지 않음이 없으니, 처음은 없으나 마침은 있다. 경庚으로 삼일 먼저 하고, 경으로 삼일 뒤로 하면 길할 것이다"[127]라고 한다. 이와 관련하여 주희는 "경庚은 고치는 것이니, 일을 변경하는 것이다. '경으로 삼일 먼저'는 정丁이고, '경으로 삼일 뒤'는 계癸이니, 정丁으로써 변하기 전에 신중하게 하는 것이고, 계癸로써 변한 뒤에 헤아리고 살피는 것이다"라고 한다. 구오는 강건중정으로 존위에 있지만 겸손을 으뜸으로 하는 손괘에서는 강이 지나치고 상응함이 없어서 뉘우침이 있는 효이다. 그렇지만 중정의 덕을 지켜 곧고 바르기 때문에 길하다. 따라서 뉘우침이 없어지고 이롭지 않은 것이 없다. 일의 시작은 순조롭지 못해 뉘우침이 있지만, 그것을 잘 보충해 끝내는 뉘우침이 없어진다. 처음과 끝을 늘 신중하게 해야 길하다.[128] 리더가 갖춰야 할 덕목 중에서 아무리 강조해도 지나치지 않을 덕목이 바로 겸손이다. 권력을 가질수록 교만해지기는 쉽고 겸손해지기는 어렵기 때문이다. 그리고 늘 신중한 자세를 가질 필요가 있다.

---

126) 『周易』, 歸妹卦 六五 「象傳」, "帝乙歸妹不如其娣之袂良也, 其位在中, 以貴行也."
127) 『周易』, 巽卦 九五 爻辭, "貞吉, 悔亡, 无不利, 无初有終. 先庚三日, 後庚三日, 吉."
128) 정병석 역주, 『주역』 하(을유문화사, 2015), 397쪽 참조.

4. 진보하는 상황

1) 일이 순조로운 상황

대유大有 · 예豫 · 해解 · 풍豐 · 기제旣濟괘는 일이 순조順調로운 상황에서의 시중 리더십에 대해 말한다.

먼저 대유괘大有卦 괘사에서는 “천하의 인심을 가지게 되는 상황이다. 크게 형통하다”[129]라고 한다. 천하의 인심을 얻게 되니 형통할 수밖에 없다. 그렇게 되기 위해서는 군왕이 백성들과 소통을 잘해야 하고, 현인을 등용하여 도움을 받아야 한다. 상구 효사에서는 “하늘로부터 돕는다. 길하여 이롭지 않음이 없다”[130]고 한다. 이렇게 되기 위해서는 상구가 풍요로움의 극단에 와 있음을 깨닫고 천도에 어긋나지 않도록 삼갈 필요가 있다.[131] 최고통치자나 최고경영자가 국민이나 주주의 마음을 얻기 위해서는, 평소에 진정성 있는 소통을 하여야 하고, 덕과 능력이 있는 사람을 발탁하여 조직을 바른 방향으로 이끌어 가야 한다. 그리고 지금 모든 것이 순조롭고 넉넉하더라도 그것이 영원히 지속되지 않는 것임을 알고 정도에서 벗어나지 않도록 늘 주의해야 한다.

예괘豫卦는 괘상卦象으로 보면 우레가 치니 땅속의 만물이 소생하기 시작하는 시기이다. 이를 인사人事에 적용하면 지도층이 올바로 행동하면 일반 국민 역시 그에 따르는 것에 해당한다.[132] 이렇듯 리더가 바르게 처신하면 국민의 호응은 자연스럽게 따라온다. 괘사에서는 “화합하고 즐거운 상황이다. 제후를 세우고 군사를 움직이는 것이 이롭다”[133]고 한다. 순조로운 때일수록 만일의

---

129) 『周易』, 大有卦 卦辭, “大有. 元亨.”
130) 『周易』, 大有卦 上九 爻辭, “自天祐之. 吉无不利.”
131) 정병석 역주, 『주역』 상(을유문화사, 2014), 264~272쪽 참조.
132) 정병석 역주, 『주역』 상(을유문화사, 2014), 289쪽 참조.

경우를 대비하여 조직을 정비하고 군사를 훈련 시키는 노력을 게을리하지 말아야 한다는 것이다. 이와 관련하여 순자荀子는 지혜로운 사람은 가득 차고 평탄하고 편안할 때, 모자라고 험악하고 위험한 경우가 닥칠 것을 미리 대비한다고 말한다.

> 그러므로 지혜 있는 사람은 일을 할 때 가득 찼을 때에는 모자란 경우를 생각하고, 평탄할 때에는 험악한 경우를 생각하고, 편안할 때에는 위험한 경우를 생각한다. 모든 일들을 중히 여기며 미리 대비하면서도 재난이 생기지는 않을까 두려워한다. 그렇기 때문에 백 가지 일을 하더라도 실패하는 일이 없는 것이다.[134]

음양이 교대하고 사계절이 순환하듯이 국가에는 일치일란一治一亂이 교대하고 기업에는 호황과 불황이 오고 간다. 지금의 순조로움은 미래의 난조亂調를 말해 주는 것이며, 지금의 평화는 앞날의 불안에 대한 전조前兆일 수 있다. 따라서 오늘의 평화로운 시대에 미리미리 체제를 정비하고 국방력을 강화해 놓지 않으면 내일의 전쟁에 속수무책束手無策으로 당할 수밖에 없다. 기업도 마찬가지이다. 호황일 때 자금을 축적하고 미리 신제품을 개발하고 신규 사업에 투자해야 미래의 지속적인 호황이 보장된다. 국가통치자나 최고경영자가 유의해야 할 부분이 아닐 수 없다.

해괘解卦 괘사에서는 "해결되는 상황이다. 서남쪽이 이롭다. 갈 곳이 없으면 돌아와 회복하는 것이 길하고, 갈 곳이 있으면 빨리 가는 것이 길하다"[135]고

---

133) 『周易』, 豫卦 卦辭, "豫. 利建侯行師."

134) 『荀子』, 「仲尼」, 제4장, "故知者之擧事也, 滿則慮嗛, 平則慮險, 安則慮危, 曲重其豫, 猶恐及其禍, 是以百擧而不陷也. 孔子曰, 巧而好度, 必節, 勇而好同, 必勝, 知而好謙, 必賢. 此之謂也."

135) 『周易』, 解卦 卦辭, "解. 利西南. 无所往, 其來復, 吉, 有攸往, 夙吉."

한다. 어떤 일을 해결할 때는 부드러운 방법을 쓰는 것이 이롭다. 문제가 해결된 뒤에는 성급하게 일을 새로 벌이기보다는 내적 역량을 키우는 것이 좋고, 또 다른 문제가 생겼을 때는 신속하게 해결하는 것이 좋다.[136] 어떤 문제를 해결할 때는 유화책宥和策이 상수上手라면 강경책强硬策은 하수下手라고 할 수 있다. 그렇지만 현실 속에서는 그 반대인 경우를 종종 볼 수 있다. 권력이 가진 속성 때문일 것이다. 큰 권력을 가질수록 그 권력을 함부로 행사하지 않는 신중함은 국가나 기업 등의 모든 리더가 갖추어야 할 덕목이다. 그 권력이란 본디 자신의 것이 아니라 국민 또는 주주로부터 잠시 위임받은 것이라는 사실을 잊지 않는다면, 그리고 그 권력의 행사를 통해 선의의 피해자가 나올 수 있다는 사실을 직시한다면, 자신이 현재 갖고 있는 권력이라고 해서 함부로 행사할 수는 없을 것이다. 하지만 이 또한 상황에 따라 달라지는 것이다. 일반적으로 유화책이 바람직하다고 할 수 있지만, 상황에 따라서는 강경책이 합당한 경우도 있다. 모든 일에는 시중의 지혜가 필요한 것이다. 그리고 문제가 해결된 뒤에는 내적 역량을 충분히 갖춘 후에 다른 사업을 펼치는 것이 바람직하다.

풍괘豐卦 괘사에서는 "풍성한 상황이다. 형통하고, 왕이라야 이를 수 있으니, 걱정하지 말며, 해가 중천中天에서 비추듯이 해야 한다"[137]고 한다. 왕이라야 이렇게 할 수 있고, 해가 중천에서 비추듯이 왕의 교화가 온 천하에 골고루 미치도록 해야 한다. 국가의 최고통치자나 기업의 최고경영자는 자신이 일부 국민이나 구성원이 아닌 모든 국민 또는 구성원의 통치자나 경영자라는 사실을 명심할 필요가 있다. 늘 차별받거나 소외당하는 사람들이 없는지를 살펴야 한다. 햇살은 차별하지 않는 법이다.

---

136) 정병석 역주, 『주역』 하(을유문화사, 2015), 140~141쪽 참조.
137) 『周易』, 豊卦 卦辭, "豊. 亨, 王假之, 勿憂, 宜日中."

기제괘既濟卦 괘사에서는 "이미 이루어진 상황이다. 형통함은 작고, 바르면 이롭다. 처음에는 길하나, 끝에는 어지럽다"[138]고 한다. 일이 이루어졌다는 것은 또 다른 과제의 출발점일 수 있으므로 형통함이 작다고 할 수 있다. 따라서 일이 성사되었더라도 방심하지 말고 그 일이 오랫동안 지속될 수 있도록 계속 바르게 해 나가야 이롭다. 일이 성사된 것은 좋은 것이나, 시간이 흐르면 언젠가는 여러 가지 문제가 발생할 수밖에 없다. 세상의 모든 일이란 끝없는 변전 속에 놓여 있음을 경계하는 말이라 하겠다. 국가를 통치하는 것도, 기업을 경영하는 것도 끝없이 발생하는 문제 속에서 의사결정을 거듭하는 것이라고 할 수 있다. 따라서 늘 방심하지 말고 상황 변화를 예의주시해야 한다.

2) 발전해 나가는 상황

건乾 · 대장大壯 · 승升 · 점漸 · 미제未濟괘는 발전發展해 나가는 상황에서의 시중 리더십에 대해 말한다.

건괘乾卦 「문언전」 구사에서는 "'혹 위로 뛰어오르거나 혹은 연못에 있으면 허물이 없을 것이다'라는 것은 무엇을 의미하는가? 공자가 말하였다. '오르고 내림에 일정함이 없는 것은 사특邪慝함이 되는 것은 아니며, 나아가고 물러남에 항상 됨이 없는 것은 같은 무리에서 벗어나 혼자 행하려고 하는 것이 아니다. 군자가 덕을 증진하고 사업에 힘을 쓰는 것은 때에 미치려는 것이니 그러므로 허물이 없는 것이다'"[139]라고 한다. 구사는 상괘로 진입했으나 아직

---

138) 『周易』, 旣濟卦 卦辭, "亨小, 利貞. 初吉, 終亂."
139) 『周易』, 乾卦 「文言傳」 九四, "或躍在淵无咎, 何謂也. 子曰. 上下无常, 非爲邪也, 進退无恒, 非離群也. 君子進德修業, 欲及時也, 故无咎."

자리를 확고하게 잡지 못한 상황에 놓여 있다. 기업에 비유하면 이제 막 이사가 된 경우이고, 정부에 비유하면 서기관이 된 경우라고 할 수 있다. 따라서 위치가 아직 확고하지 않으므로 상황에 따라 나아가고 물러날 수 있어야 한다. 끊임없이 자신의 덕을 증진하고 맡은 일에 최선을 다하면서 더 상층부로 올라갈 수 있는 상황이 오기를 기다려야 한다.

대장괘大壯卦 괘사에서는 "매우 씩씩하게 추진해야 하는 상황이다. 바르게 함이 이롭다"[140]라고 한다. 대장괘는 양이 네 개로 성장하여 매우 씩씩하게 일을 추진할 수 있는 상황에 놓여 있다. 그렇지만 이런 경우일수록 바름을 지킬 필요가 있다. 국가든 기업이든 어떤 일을 과감하게 추진해야 하는 상황에서 경계해야 할 것은 그 과감함이 지나쳐 규정이나 절차를 무시하는 경우이다. 목적의 정당성 못지않게 중요한 것이 바로 수단과 절차의 타당성이다. 그 목적이 아무리 정당한 것이라 할지라도 그 목적을 실현하는 수단이나 절차가 타당하지 않으면 목적을 달성한 뒤에도 후유증이 남게 된다. 최고통치자나 최고경영자는 이 점을 간과하지 말아야 한다.

승괘升卦 괘사에서는 "상승하는 상황이다. 크게 형통하고, 대인을 보니 근심하지 말며, 남쪽으로 나아가면 길하다"[141]고 한다. 지위가 상승하거나 어떤 일이 진척되는 상황은 크게 형통하다고 할 수 있고, 덕과 능력을 겸비한 사람이 나타나 그러한 상승세를 도와주니 근심할 필요가 없으며, 광명한 방향으로 전진하면 길하다.[142] 조직에서 지위가 상승하고 리더로 성장해 가는 것은 좋은 일이다. 그것이 가능하기 위해서는 자신의 남다른 노력도 필요하지만 자신을 끌어 주는 멘토의 도움 또한 필요하다.

---

140) 『周易』, 大壯卦 卦辭, "大壯. 利貞."
141) 『周易』, 升卦 卦辭, "升. 元亨, 用見大人, 勿恤, 南征吉."
142) 정병석 역주, 『주역』 하(을유문화사, 2015), 230쪽 참조.

점괘漸卦 괘사에서는 "점진적으로 실천해야 하는 상황이다. 여자가 시집가는 것이 길하니, 바르게 하는 것이 이롭다"[143]고 한다. 여자가 시집갈 때 전통적인 의례 절차에서는 납채納采, 문명問名, 납길納吉, 납증納證, 청기請期, 친영親迎 등의 여섯 단계를 거친다.[144] 이처럼 어떤 일을 할 때는 정해진 절차에 따라 점진적으로 해 나가는 것이 바람직하다. 『논어』에서도 "빨리하려고 하면 도달하지 못한다"[145]라고 말한다. 국가를 통치하고 기업을 경영하는 일은 오랜 기간에 걸친 노하우가 축적되고 그것이 체계화됨으로써 가능해진다. 때로는 혁신적인 변화를 통해 기존의 체계가 비약적으로 발전하기도 하지만, 대부분의 경우에는 점진적인 발전의 단계를 거친다. 최고통치자나 최고경영자는 조직의 발전이 하루아침에 이루어진 것이 아님을 직시하고 조직의 축적된 전통과 노하우를 중시하고 그 바탕 위에서 조직의 발전을 도모할 필요가 있다.

미제괘未濟卦 괘사에서는 "또 다른 발전을 모색해야 하는 상황이다. 형통하다. 작은 여우가 거의 건너가서, 그 꼬리를 적심이니, 이로운 바가 없다"[146]고 한다. 미제는 기제의 안정된 상태를 깨뜨리고 더 나은 단계로 나아가기 위한 발전적 대립과 불안정 속에 있기 때문에 형통하다고 할 수 있다.[147] 대립과 불안정을 극복하고 더 나은 단계로 발전하기 위해서는 초육에서 여우가 꼬리를 적시는 것처럼 초기에 일에 임하는 태도가 진지하지 못해 실수를 범하는 일이 없도록 해야 한다. 국가를 통치하고 기업을 경영하는 일이란 하나의 문제를 해결하고 나면 또 다른 문제가 발생하는, 끊임없는 문제해결 과정이라고 할 수 있다. 따라서 문제가 발생한 초기에 모든 역량을 동원해 진지하게

143) 『周易』, 漸卦 卦辭, "漸. 女歸吉, 利貞."
144) 정병석 역주, 『주역』 하(을유문화사, 2015), 332쪽.
145) 『論語』, 「子路」, 제17장, "欲速則不達."
146) 『周易』, 未濟卦 卦辭, "未濟. 亨. 小狐汔濟, 濡其尾, 无攸利."
147) 정병석 역주, 『주역』 하(을유문화사, 2015), 487쪽 참조.

대처하지 않으면 문제의 해결이 더 어려워질 수가 있다. 최고통치자나 최고경영자는 이러한 점을 유념할 필요가 있다.

3) 계몽하고 육성해야 하는 상황

몽蒙·무망无妄·이頤괘는 계몽啓蒙하고 육성育成해야 하는 상황에서의 시중 리더십에 대해 말한다.

몽괘蒙卦 괘사에서는 "몽매함이다. 형통하다. 내가 몽매한 어린아이에게 구하는 것이 아니라, 몽매한 어린아이가 나에게 구하는 것이다. 처음 묻거든 깨우쳐 주고, 두 번 세 번 물으면 모독하는 것이니, 모독하면 깨우쳐 주지 않는다. 바르게 하면 이롭다"[148]고 한다. 지금은 몽매하지만 장차 계몽할 수 있으니 형통하다. 스승이 어린아이에게 가는 것이 아니라 어린아이가 스승에게 찾아가서 배움을 청해야 한다. 처음 물었을 때는 깨우쳐 주지만, 두세 번 물으면 모독하는 것이므로 깨우쳐 주지 않는다. 배우는 사람으로서 바르게 해야 이롭다. 「단전」에서는 "산 아래 위험이 있고 위험하여 그친 것이 몽이다. 몽이 형통함은 형통한 것으로 행하니 때에 알맞기 때문이다. 내가 몽매한 어린아이에게 구하는 것이 아니라 몽매한 어린아이가 나에게서 구한다는 것은 뜻이 응하기 때문이다. 처음 묻거든 깨우쳐 준다는 것은 강중하기 때문이고, 두 번 세 번 하면 모독하는 것이고 모독하면 깨우쳐 주지 않는다는 것은 몽을 모독하는 것이기 때문이다. 깨닫지 못한 상태에서 올바름을 기르는 것은 성인이 되는 방법이다"[149]라고 하여, 상황에 알맞게 하는 것 즉 시중을 언급하

---

148) 『周易』, 蒙卦 卦辭, "蒙. 亨. 匪我求童蒙, 童蒙求我. 初筮告, 再三瀆, 瀆則不告. 利貞."

149) 『周易』, 蒙卦 彖傳, "蒙, 山下有險, 險而止, 蒙. 蒙亨, 以亨行, 時中也. 匪我求童蒙童蒙求我, 志應也. 初筮告, 以剛中也, 再三瀆瀆則不告, 瀆蒙也. 蒙以養正, 聖功也."

고 있다. 몽매한 어린아이를 상황에 맞게 교육하는 것은 형통한 일이다. 국가의 중요한 책무 중의 하나가 교육이다. 학교 교육과 사회 교육을 통해 국민들이 그 수준에 맞추어 제때 교육받을 수 있어야 한다. 기업의 경우에도 우수한 구성원이 곧 기업의 경쟁력임을 인식하고, 구성원의 역량을 향상시키는 교육훈련을 적절하게 실시할 필요가 있다.

무망괘无妄卦 「상전」에서는 "하늘 아래에서 우레가 움직여 모든 존재에게 무망을 부여한다. 선왕은 이것을 본받아 힘써 때에 맞추어 만물을 길러 준다"150)고 한다. 봄에 우레가 진동해 모든 생명이 깨어나듯이 만물은 천도로부터 부여받은 본성을 지니고 있다.151) 군왕은 이러한 이치를 본받아 때에 맞추어 만물이 그 본성을 발양發揚할 수 있도록 해야 한다. 따라서 국가의 최고통치자나 기업의 최고경영자는 국민이나 구성원이 적시에 그 잠재 능력을 발휘할 수 있도록 교육훈련 기회를 제공할 필요가 있다.

이괘頤卦 괘사에서는 "길러야 하는 상황이다. 바르게 해야 길하다. 길러 주는 것을 보고 스스로 입안을 채울 음식을 구하여야 한다"152)고 말한다. 육성할 때는 사심이 없이 공정해야 한다. 육성하는 방법을 보고 스스로를 육성하는 길에 대해 살펴본다. 국가가 국민을 교육함에 있어 유의해야 할 것이 바로 교육 기회의 평등이다. 의무교육의 확대도 그 일환이 될 것이다. 성별, 연령, 지역, 소득, 인종 등에 따른 차별 없이 교육받는 것은 헌법憲法에 보장되어 있는 기본권인 동시에 인류가 추구해야 할 보편적인 가치이다. 또한 교육 중의 최고의 교육은 바로 자율적인 교육이다. 기업에서도 모든 구성원이 차별 없이 교육받을 수 있어야 한다. 한때 학습조직(learning organization)이라는

150) 『周易』, 无妄卦 「象傳」, "天下雷行, 物與无妄. 先王以, 茂對時, 育萬物."
151) 정병석 역주, 『주역』 상(을유문화사, 2014), 414쪽 참조.
152) 『周易』, 頤卦 卦辭, "頤. 貞吉. 觀頤, 自求口實."

말이 유행한 것에서 알 수 있듯이, 교육과 학습이란 개별 구성원 차원에서 수동적으로 이루어지는 것만을 의미하는 것이 아니다. 그것은 개인, 팀, 조직 차원에서 환경 변화에 대응하여 학습이 능동적으로 이루어지는 풍토와 시스템을 구축하는 것을 뜻한다.

교육과 관련해서는 『논어』와 『맹자』에도 눈여겨볼 만한 대목이 나온다. 먼저 『논어』 「술이述而」에서 공자는 "분발하지 않으면 이끌어 주지 않고, 애태우지 않으면 말해 주지 않으며, 한 모퉁이를 들 때 세 모퉁이로써 반응해 오지 않으면 다시 일러 주지 않는다"[153]고 말한다. 이는 배우는 사람이 스스로 분발하고 애쓰며 깨우치는 자율학습의 중요성을 강조하는 말이라고 할 수 있다. 『맹자』 「공손추公孫丑」에서 맹자는 "반드시 (호연지기를 기르는 것을) 일삼음이 있으면서 효과를 미리 기대하지 말고, 마음에 잊지도 말며, 조장하지도 말아서 송宋나라 사람처럼 하지 말아야 한다"[154]고 말한다. 이는 호연지기 함양을 늘 염두에 두고 노력해야 하지만 그렇다고 성급하게 덤비는 것은 바람직하지 않음을 말하는 것이다.

---

153) 『論語』, 「述而」, 제8장, "子曰, 不憤不啓, 不悱不發, 擧一隅, 不以三隅反則不復也."
154) 『孟子』, 「公孫丑上」, 제2장, "必有事焉而勿正, 心勿忘勿助長也, 無若宋人然."

책을 마치며

본 저서에서는 『주역』이 함축하고 있는 심오하고도 핵심적인 지혜인 시중時中을 리더십 측면에서 고찰하였다. 이러한 연구를 진행함에 있어서는 유가철학적儒家哲學的인 방법과 아울러 사회인지이론(social cognitive theory)이나 리더십과 같은 사회과학적社會科學的인 연구와 개념 또한 활용하였다. 『주역』을 해석함에 있어서는 기본적으로 이전해경以傳解經과 의리주역義理周易의 관점에 의거하였으며, 필요에 따라서는 이경해경以經解經과 상수주역象數周易의 관점 또한 적용하였다.

본 저서의 주요 내용을 요약하면 다음과 같다.

첫째, 『주역』의 근원을 탐구하였다. 갑골문 복사와 『주역』 괘효사의 비교를 통해 『주역』 경문의 원초적 모습을 살펴보았으며, 『주역』이 복사 → 서사 → 『역경』 → 『역전』이라는 발전 과정을 거쳐서 단순한 점서에서 심오한 철학서로 변모한 사실을 확인하였다.

둘째, 『주역』의 기본 성격을 변역, 시, 중이라는 세 가지 측면에서 고찰하였다. 그리고 이러한 기본 성격에 입각하여 『주역』이 함축하고 있는 시중의 지혜를 시중적 질서관, 수시변통, 우환의식으로 나누어 살펴보았다.

셋째, 시중 리더십과 관련되는 선행연구, 특히 사회인지이론의 '삼원적 교호(triadic reciprocality) 모델'을 토대로 '시중 리더십의 삼원적 교호 모델'을 구축하였다. 이 모델에 따르면, 시중 리더십은 '리더가 합당한 행동을 하기 위해 상황 및 대상자(자신, 타인)와 부단히 상호작용하는 과정'이라고 정의할 수 있다. 본 저서에서는 이러한 정의를 토대로 시중 리더십을 리더와 대상자 간의 상응 관계 및 리더와 대상자의 상황과의 관계로 나누어 고찰하였다.

넷째, 『주역』에는 다양한 리더 유형이 등장하고 있으며, 그중에서도 성인은 시중 리더십의 전형이라고 할 수 있다. 성인에 대한 개념은 갑골문에서 그 원초적 모습을 살펴볼 수 있다. 처음에는 총명, 즉 귀 밝고 눈 밝은 사람을 의미하던 것이 나중에는 정통함과 지혜를 갖춘 존재로 그 의미가 확장된다. 그리고 선진시기에 이르러서는 제자백가의 '숭성의식崇聖意識'과 '조성운동造聖運動'의 결과로 다양한 성인론이 등장하게 된다. 공자에게 있어 성인은 내성와 외왕을 겸비한 성왕을 의미하고, 맹자와 순자에 이르러서는 내성이 강조된다. 노자와 장자 등의 도가에 있어서 성인은 무위자연적 존재이고, 관자와 한비자 등의 법가에서는 시중하는 존재 및 문화개창자로 나타난다. 묵자에 있어서 성인은 곧 성왕을 의미하는데, 그 성왕은 겸애하는 존재이면서 또한 문화개창자이다. 이처럼 제자백가가 제기한 다양한 성인론의 영향을 받아 등장한 것이 바로 『주역』에서 살펴볼 수 있는 성인의 모습이다. 구체적으로 『주역』에서 성인은 역리구현자易理具現者, 도기합일적道器合一的 존재, 국가통치자國家統治者, 문화개창자文化開創者, 『주역周易』 해석자解釋者 등의 다섯 가지 모습으로 나타난다.

다섯째, '시중 리더십의 삼원적 교호 모델'에 있어서 리더와 대상자 간의 관계는 효위 간의 상응相應 관계를 통해 살펴볼 수 있다. 효위 간의 상응 관계는 초효와 삼효, 이효와 오효, 삼효와 상효 간의 상응 관계를 말한다. 이 중에서 이효와 오효의 관계는 리더십 측면에서 특히 중시되는 관계라고 할 수 있다. 이효와 오효 간의 상응 관계는 다시 구오와 육이, 육오와 구이 간의 관계로 구분된다.

구오와 육이 간의 상응 관계는 기본적으로 강중의 리더와 유중의 하위자 간의 관계이다. 그 상응 관계를 분석해 본 결과 중정한 도로써 상응함, 천하의 대동을 위한 상응, 어려움 속에서의 상응, 개혁을 위한 상응 등으로 구분할 수 있었다. 이러한 상응 관계에서 리더가 갖추어야 할 덕목으로는 공평무사, 포용, 중정한 처신, 통솔력 · 한결같음 · 바르고 확고함(元永貞), 덕성과 능력을 겸비한 인재 발탁, 개혁주도능력 등이 추출되었다. 그리고 하위자의 덕목으로는 정도, 중정한 처신, 내적 역량 기름, 개혁주도능력 등이 추출되었다. 한편, 개혁에 성공하기 위해서는 ① 덕성과 능력 겸비한 개혁 주체, ② 확고하면서도 점진적인 개혁, ③ 상황이 성숙했을 때의 개혁, ④ 국민들의 확고한 신뢰 등이 필요한 것으로 나타났다.

육오와 구이의 상응 관계는 기본적으로 유중의 리더와 강중의 하위자 간의 관계이다. 그 상응 관계를 분석해 본 결과 사제(師弟)로서의 상응, 전쟁 속에서의 상응, 태평한 시대의 상응, 신뢰 속에서의 상응, 어려움 속에서의 상응 등으로 구분되었다. 이러한 상응 관계에서 리더가 갖추어야 할 덕목으로는 결단력, 겸손, 신뢰, 위엄, 인재의 적재적소 등용, 중용, 부드러움 등이 제시되었다. 그리고 하위자가 갖추어야 할 덕목으로는 교만하지 않음, 중도, 적극성, 추진력, 중직(中直) 등이 제시되었다.

여섯째, '시중 리더십의 삼원적 교호 모델'에 있어서 리더와 대상자의 상황과의 관계, 즉 합상황 관계는 크게 네 가지로 구분되었다. 자연 운행에 따라 원칙적인 변화를 하는 상황, 위기 상황, 화합해야 하는 상황, 진보하는 상황이 바로 그것이다. 자연 운행에 따라 원칙적인 변화를 하는 상황은 다시 건괘의 자연 운행에 따르는 상황과 곤괘의 바르게 해야 하는 상황으로 나누어진다. 위기 상황은 어려운 상황, 절제가 필요한 상황, 믿음이 필요한 상황, 제사를 지내는 상황, 그침과 행함을 판단해야 하는 상황, 결단하고 나아가야 하는 상황 등으로 구분된다. 화합해야 하는 상황은 포용해야 하는 상황, 다른 사람들과 함께하는 상황, 분배하는 상황, 겸손해야 하는 상황으로 나누어진다.

진보하는 상황은 일이 순조로운 상황, 발전해 나가는 상황, 계몽하고 육성해야 하는 상황으로 구분된다. 각 상황에서 리더에게 요청되는 덕목으로는 자연의 운행원리를 준칙으로 한 조직 운영, 원칙을 지킴, 무리하지 않음, 경륜과 덕망을 갖춘 인재 발탁, 위험 극복에 대한 믿음, 화합, 때를 기다림, 중용, 인재의 발굴과 교육, 출처의 도리를 지킴, 적절한 절제, 진정성을 통한 신뢰 구축, 투명성, 지행止行의 상황 파악, 자기관리 및 가족관리, 정당성, 전문가 발탁, 공정성, 포용과 타협, 겸손, 삼가는 자세, 폭넓은 인재 기용, 위기 대비 등이 있다.

본 저서에서는 『주역』의 시중 리더십을 상응 관계와 합상황 관계로 나누어 살펴보았다. 『주역』을 시중 리더십 측면에서 탐구하는 작업은 이 두 측면 이외에도 아직 살펴볼 여지가 많이 남아 있다. 그러한 추가적인 연구는 후일을 기약하고자 한다.

참고문헌

1. 원전

『書經』, 『周易』, 『禮記』, 『論語』, 『中庸』, 『孟子』, 『荀子』, 『道德經』, 『莊子』, 『易緯』, 『周禮』, 『春秋左傳』, 『世宗實錄』.

吳澄, 『易纂言』.
王夫之, 『讀通鑑論』.
牛鈕 等 撰, 『日講易經解義』.
李道平, 『周易集解纂疏』.
李瀷, 『易經疾書』(한국주역대전, DB, 성균관대학교, 2017).
程頤, 『伊川易傳』; 『程氏經說』.
鄭玄, 『易贊』.
左丘明, 『春秋左傳』.
朱熹, 『周易本義』.

2. 단행본

김석진, 『대산주역강의』 1, 한길사, 1999.
김승혜, 『유교의 시중과 그리스도교의 식별』, 성바오로딸, 2005.
박동수 · 이희영 · 정성한, 『조직행동』, 경세원, 2010.
박현모, 『세종의 守成 리더십』, 삼성경제연구소, 2006.
신정근, 『중용, 극단의 시대를 넘어 균형의 시대로』, 사계절, 2010.
심의용, 『세상과 소통하는 힘 주역』, 아이세움, 2007.
정병석, 『점에서 철학으로』, 동과서, 2014.
정병석, 『주역과 성인, 문화상징으로 읽다』, 예문서원, 2018.
정영현, 『신뢰의 리더 세종의 정치와 리더십』, 북랩, 2012.
황준연, 『실사구시로 읽는 주역』, 서광사, 2009.

高懷民, 『先秦易學史』, 臺北: 自行出版, 民國 79年.
顧頡剛 編著, 『古史辨』 第一冊, 上海: 上海古籍出版社, 1981.
屈萬里, 『先秦漢魏易例述評』, 臺北: 學生書局, 1985.
閔建蜀, 『易經的領導智慧』, 北京: 生活 · 讀書 · 新知 三聯書店, 2013.

徐復觀,『中國人性論史』先秦篇, 上海三聯學術文庫, 2001.
徐中舒 主編,『甲骨文字典』, 四川辭書出版社, 2006.
嚴靈峯,『無求備齋: 易經集成』第119冊, 惠棟,「易尙時中說」,『易漢學』, 卷7, 臺北: 成文書局, 1976.
余敦康,『周易現代解讀』, 北京: 華夏出版社, 2006.
呂紹綱,『周易闡微』, 吉林: 吉林大學, 1990.
王植 輯,『珍本皇極經世書』, 臺北: 武陵, 1996.
熊十力,『讀經示要』, 臺北: 廣文書局, 1972.
劉澤華 主編,『中國傳統政治思維』, 吉林敎育出版社, 1991.
鄭萬耕,『易學源流』, 瀋陽出版社, 1997.
丁原明,『橫渠易說導讀』, 齊魯書社, 2004.
朱炳祥,『伏羲與中國文化』, 武漢: 湖北敎育出版社, 1997.
馮友蘭,『中國哲學史新編』 II, 北京: 人民出版社, 1986.
馮友蘭,『中國哲學史新編』 I, 北京: 人民出版社, 1998.

이마이 우사부로(今井宇三郎),『易經』上, 明治書院, 1964.

Bandura, A., *Social learning theory*, Englewood Cliffs, NJ: Prentice-Hall, 1977.
Bandura, A., *Social foundations of thought and action: A social cognitive theory*, Englewood Cliffs, NJ: Prentice-Hall, 1986.
Burns, D. D., *Feeling good: The new mood therapy*, New York: William Morrow, 1980.
Deci, E. L., *Intrinsic motivation*, New York: Plenum, 1975.
Deci E. L., & Ryan, R. M., *Intrinsic motivation and self-determination in human behavior*, New York: Plenum, 1985.
Durkheim, E., *Elementary forms of religious life*, Trans by K. E. Fields, New York: Free Press, 1995.
Ellis, A., *Humanistic Psychotherapy*, New York: McGraw-Hill, 1973.
Ellis, A., *A new guide to rational living*, Englewood Cliffs, NJ: Prentice-Hall, 1975.
Luthans F., & Kreitner, R., *Organizational behavior modification and beyond*, Glenview, IL: Scott-Foresman, 1985.
Manz, C. C., *The art of self-leadership: Strategies for personal effectiveness in your life and work*, Englewood Cliffs, NJ: Prentice-Hall, 1983.
Manz, C. C., *Mastering self-leadership: Empowering yourself for personal excellence*, Englewood Cliffs, NJ: Prentice-Hall, 1992.
Sims, H. P., & Lorenzi, P., *The new leadership paradigm: social learning and cognition in organizations*, Newbury Park, CA: Sage, 1992.
Skinner, B. F., *Contingencies of reinforcement: A theoretical analysis*, New York: Appleton-

Century-Crofts, 1969.
Skinner, B. F., *Beyond freedom and dignity*, New York: Knopf, 1971.
Skinner, B. F., *About behaviorism*, New York: Knopf, 1974.

3. 번역 · 역주서

『주역언해』 선조본.

김석진, 『주역전의대전역해』 상 · 하, 대유학당, 2000.
김학주, 『순자』, 을유문화사, 2019.
성백효 역주, 『주역전의』 상, 전통문화연구회, 2001.
이기동 역해, 『주역강설』 상 · 하, 성균관대학교출판부, 1997.
이기동 역해, 『맹자강설』, 성균관대학교출판부, 2007.
정병석 역주, 『주역』 상, 을유문화사, 2014.
정병석 역주, 『주역』 하, 을유문화사, 2015.
최환 옮김, 『묵자』, 을유문화사, 2019.

高懷民, 정병석 역, 『주역철학의 이해』, 문예출판사, 2004.
王宇信, 이재석 역, 『갑골학통론』, 동문선, 2004.
林忠軍, 손흥철 · 임해순 옮김, 『정현의 주역』(『周易鄭氏學闡微』), 예문서원, 2021.
左丘明, 신동준 역주, 『國語』, 인간사랑, 2017.
馮友蘭, 박성규 옮김, 『중국철학사』 상, 까치글방, 2004.

Durkheim, E., 민혜숙 · 노치준 옮김, 『종교생활의 원초적 형태』, 한길사, 2020.
Eliade, M., 이윤기 옮김, 『샤마니즘: 고대적 접신술』, 까치, 2021.
Freud, S., 이윤기 옮김, 『종교의 기원』, 열린책들, 2020.
Jung, C. G., 이윤기 옮김, 『인간과 상징』, 열린책들, 1996.
Smart, N., 윤원철 옮김, 『세계의 종교』, 예경, 2004.

黃壽祺 · 張善文, 『周易譯註』, 上海古籍出版社.

4. 논문

곽신환, 「주역의 자연과 인간에 관한 연구」, 성균관대학교대학원 박사학위논문, 1987.
곽신환, 「주역의 변통과 개혁사상」, 『유교사상연구』 제29집, 한국유교학회, 2007.
권호용, 「주역 구덕괘의 원의 분석」, 『동서철학연구』, 한국동서철학회, 2017.

김석완, 「고대 중국인의 우환의식과 하이데거의 염려 개념의 교육학적 의미 비교」, 『교육사상연구』 제32권 제2호, 한국교육사상연구회, 2018.
김연재, 「주역 구괘덕목에 나타난 우환의 역도와 수양론의 강령」, 『양명학』 제19집, 한국양명학회, 2007.
김연재, 「주역의 생태역학과 그 생명의식」, 『아태연구』 제18권 제3호, 경희대학교아태지역연구원, 2011.
김연재, 「변화의 세계에 대한 주역의 조망과 창조적 소통」, 『유교사상문화연구』 제54집, 한국유교학회, 2013.
김연재, 「천도의 패러다임에서 본 주역의 성인정신과 그 인문주의적 세계」, 『중국학보』 제71집, 한국중국학회, 2015.
김연재, 「주역의 변통적 시중관과 인간경영의 지혜」, 『대동철학』 제77집, 대동철학회, 2016.
김홍규, 「주역에 나타난 인간연구」, 동아대학교대학원 석사학위논문, 1992.
남상호, 「주역과 공자인학」, 『범한철학』 제28집, 범한철학회, 2003.
문재곤, 「한초 황로학에 대한 일고찰」, 『철학연구』 제11집, 고려대학교 철학회, 1986.
선우미정, 「주역의 우환의식에 관한 고찰」, 『동양철학연구』 제37집, 동양철학연구회, 2004.
송인창, 「주역에 있어서 감통의 문제」, 『주역연구』 제3집, 한국주역학회, 2000.
심귀득, 「주역의 생명관에 관한 연구」, 성균관대학교대학원 박사학위논문, 1996.
엄연석, 「주역에서 상과 의미의 우연적 계기와 필연적 계기」, 『종교와 주역사상』(한국주역학회 춘계학술대회 발표집), 한국주역학회, 2003.
윤내현, 「천하사상의 시원」, 전해종 외, 『중국의 천하사상』, 민음사, 1988.
윤상철, 「역경의 천인합일관 연구」, 성균관대학교대학원 박사학위논문, 2014.
이규희, 「주역에서의 시중지덕에 대한 고찰」, 『민족문화』 제50집, 한국고전번역원, 2018.
이근용, 「주역의 시중 사상이 현대 네트워크 사회에 갖는 함의」, 『동양고전연구』 제37집, 동양고전학회, 2010.
이상임, 「'판단의 한 과정'의 측면에서 본 주역의 '기미'」, 『동양철학』 제30집, 한국동양철학회, 2009.
이상호, 「주역에서의 시중의 문제」, 『동양철학연구』 제39집, 동양철학연구회, 2004.
이선경, 「선진유가에 있어서의 시중의 문제」, 『동양철학연구』 제55집, 동양철학연구회, 2008.
이승환, 「성의 기호학」, 『유교문화와 기호학』, 도서출판 월인, 2003.
이시우, 「변역의 도와 우환의식의 관계 고찰」, 『동서철학연구』 제66호, 한국동서철학회, 2012.
이완재, 「역학적 인식과 표현방법에 관하여」, 한국주역학회, 『주역의 현대적 조명』, 범양사, 1992.
이용필, 「자기조직하는 우주」, 『과학사상』 제17호, 범양사, 1996.

이희영, 「셀프리더십과 개인성과의 관련성」, 영남대학교대학원 박사학위논문, 1996.
이희영, 「『주역』 괘사에서 만나는 시중 리더십」, 『숙명리더십연구』 제5집, 숙명리더십개발원, 2007.
임채우, 「주역 음양 관계론의 정합성 문제: 음양대대와 부양억음의 논리적 상충 문제를 중심으로」, 『동서철학연구』 제72호, 한국동서철학회, 2014.
전기호, 「주역 구덕괘를 통한 우환의 극복에 관한 연구」, 대구한의대학교대학원 박사학위논문, 2020.
정병석, 「『역경』 상징체계의 함의」, 한국주역학회 편, 『주역의 현대적 조명』, 범양사, 1992.
정병석, 「유가의 우환의식과 현대의 위기」, 『인간과 사상』 제6집, 영남동서철학연구회, 1994.
정병석, 「주역의 원류와 귀복」, 『동양철학연구』 제31집, 2002.
정병석, 「주역의 관」, 『철학』 75, 한국철학회, 2003.
정병석, 「주역의 삼재지도와 천생인성」, 『유교사상연구』 제24집, 한국유교학회, 2006.
정병석, 「역전의 성인사관과 문명발전」, 『동양철학연구』 제52집, 동양철학연구회, 2007.
정병석, 「역전의 천지인 제등관과 성인」, 『대동철학』 제77집, 대동철학회, 2016.
최영진, 「역학사상의 철학적 연구」, 성균관대학교대학원 박사학위논문, 1989.
최영진, 「『주역』—주역의 도와 음양대대의 원리」, 네이버 지식백과.
최정묵, 「주역적 관점의 자연과 인간」, 『철학논총』 제51집 제1권, 새한철학회, 2008.

高明, 「易經的憂患意識」, 『憂患意識的體認』, 文津出版社, 1988.
余永梁, 「易卦爻辭的時代及其作者」, 『中央研究院 曆史語言研究所 集刊』, 1928.
鄭開, 「聖人爲何?—以『易傳』的討論爲中心」, 『周易文化研究』 第4輯, 社會科學文獻出版社, 2012.
奚彦輝, 「中國“人文化成”的思想政治教育意蘊」, 『貴州師範大學學報』.

Bandura, A., “The self system in reciprocal determinism”, *American Psychologist* 33, 1978.
Day, W. F., Jr., “On the behavioral analysis of self-deception and self-development”, In T. Mischel (Ed.), *The self: Psychological and philosophical issues*, Oxford: Blackwell.
Locke E. A., & Latham, G. P., “Work motivation and satisfaction: Light at the end of tunnel”, *Psychological Science* 1, 1990.
Manz, C. C., “Self-leadership: Toward an expanded theory of self-influence processes in organizations”, *Academy of Management Review* 11, 1986.
Manz, C. C., & Sims, H. P., “Self-management as a substitute for leadership: A social learning perspective”, *Academy of Management Review* 5, 1980.
Neck, C. P., “Thought self-leadership: The impact of mental strategies training on employee cognitions, behavior, and emotions”, Doctoral dissertation, Arizona State University, 1993.

찾아보기

이희영李熙永

영남대학교에서 경영학박사학위와 철학박사학위를 받았으며, 시와 시조로 등단한 시인이기도 하다. 대학에서 경영학을 강의하고 기업에서 상근감사로 근무하면서 이론과 실무를 두루 경험하였다. 퇴직 후에는 고향인 경주에서 '시중 리더십 연구소'를 설립하여 『주역』과 리더십 연구에 몰두하는 한편, 시작에도 정성을 들이고 있다. 주요 논문으로는 「셀프리더십과 개인 성과의 관련성」, 「『주역』의 시중 리더십」 등이 있으며, 저서로는 『조직행동』(공저)이 있다.

예문서원의 책들

원전총서

박세당의 노자(新註道德經) 박세당 지음, 김학목 옮김, 312쪽, 13,000원
율곡 이이의 노자(醇言) 이이 지음, 김학목 옮김, 152쪽, 8,000원
홍석주의 노자(訂老) 홍석주 지음, 김학목 옮김, 320쪽, 14,000원
북계자의 北溪字義 陳淳 지음, 김충열 감수, 김영민 옮김, 295쪽, 12,000원
주자가례 朱子家禮 朱熹 지음, 임민혁 옮김, 496쪽, 20,000원
서경잡기 西京雜記 劉歆 지음, 葛洪 엮음, 김장환 옮김, 416쪽, 18,000원
열선전 列仙傳 劉向 지음, 김장환 옮김, 392쪽, 15,000원
열녀전 列女傳 劉向 지음, 이숙인 옮김, 447쪽, 16,000원
선가귀감 禪家龜鑑 청허휴정 지음, 박재양·배규범 옮김, 584쪽, 23,000원
공자성적도 孔子聖蹟圖 김기주·황지원·이기훈 역주, 254쪽, 10,000원
천지서상지 天地瑞祥志 김용천·최현화 역주, 384쪽, 20,000원
참동고 參同攷 徐命庸 지음, 이봉호 역주, 384쪽, 23,000원
초원담노 椒園談老 이충익 지음, 김윤경 옮김, 248쪽, 20,000원
여암 신경준의 장자(文章準則 莊子選) 申景濬 지음, 김남형 역주, 232쪽, 20,000원
소학질서小學疾書 이익 지음, 김경남 역주, 384쪽, 35,000원

퇴계원전총서

고경중마방古鏡重磨方 —퇴계 선생의 마음공부 이황 편저, 박상주 역해, 204쪽, 12,000원
활인심방活人心方 —퇴계 선생의 마음으로 하는 몸공부 이황 편저, 이윤희 역해, 308쪽, 16,000원
이자수어李子粹語 퇴계 이황 지음, 성호 이익·순암 안정복 엮음, 이광호 옮김, 512쪽, 30,000원

연구총서

논쟁으로 보는 중국철학 중국철학연구회 지음, 352쪽, 8,000원
논쟁으로 보는 한국철학 한국철학사상연구회 지음, 326쪽, 10,000원
중국철학과 인식의 문제(中國古代哲學問題發展史) 方立天 지음, 이기훈 옮김, 208쪽, 6,000원
중국철학과 인성의 문제(中國古代哲學問題發展史) 方立天 지음, 박경환 옮김, 191쪽, 6,800원
역사 속의 중국철학 중국철학회 지음, 448쪽, 15,000원
공자의 철학(孔孟荀哲學) 蔡仁厚 지음, 천병돈 옮김, 240쪽, 8,500원
맹자의 철학(孔孟荀哲學) 蔡仁厚 지음, 천병돈 옮김, 224쪽, 8,000원
순자의 철학(孔孟荀哲學) 蔡仁厚 지음, 천병돈 옮김, 272쪽, 10,000원
유학은 어떻게 현실과 만났는가 —선진 유학과 한대 경학 박원재 지음, 218쪽, 7,500원
역사 속에 살아있는 중국 사상(中國歷史に生きる思想) 시게자와 도시로 지음, 이혜경 옮김, 272쪽, 10,000원
덕치, 인치, 법치 —노자, 공자, 한비자의 정치 사상 신동준 지음, 488쪽, 20,000원
리의 철학(中國哲學範疇精髓叢書 — 理) 張立文 주편, 안유경 옮김, 524쪽, 25,000원
기의 철학(中國哲學範疇精髓叢書 — 氣) 張立文 주편, 김교빈 외 옮김, 572쪽, 27,000원
동양 천문사상, 하늘의 역사 김일권 지음, 480쪽, 24,000원
동양 천문사상, 인간의 역사 김일권 지음, 544쪽, 27,000원
공부론 임수무 외 지음, 544쪽, 27,000원
유학사상과 생태학(Confucianism and Ecology) Mary Evelyn Tucker·John Berthrong 엮음, 오정선 옮김, 448쪽, 27,000원
공자曰, 공자는 이렇게 말했다 안재호 지음, 232쪽, 12,000원
중국중세철학사(Geschichte der Mittelalterischen Chinesischen Philosophie) Alfred Forke 지음, 최해숙 옮김, 568쪽, 40,000원
북송 초기의 삼교회통론 김경수 지음, 352쪽, 26,000원
죽간·목간·백서, 중국 고대 간백자료의 세계 1 이승률 지음, 576쪽, 40,000원
중국근대철학사(Geschichte der Neueren Chinesischen Philosophie) Alfred Forke 지음, 최해숙 옮김, 936쪽, 65,000원
리학 심학 논쟁, 연원과 전개 그리고 득실을 논하다 황갑연 지음, 416쪽, 32,000원
진래 교수의 유학과 현대사회 陳來 지음, 강진석 옮김, 440쪽, 35,000원
상서학사 —『상서』에 관한 2천여 년의 해석사 劉起釪 지음, 이은호 옮김, 912쪽, 70,000원
장립문 교수의 화합철학론 장립문 지음 / 홍원식·임해순 옮김, 704쪽, 60,000원
왕양명과 칼 바르트 —유교와 그리스도교의 대화 김흡영 지음, 368쪽, 33,000원
세계의 철학자들, 철학과 세계를 논하다 —제24회 북경 세계철학대회 대표철학자 25인 사전 인터뷰 李念 主編 / 오현중 옮김, 536쪽, 33,000원
서양의 정의론, 동양의 정의론 이찬훈, 264쪽, 24,000원
도쿄재판 —전범 일본을 재판하다 청자오치(程兆奇) 지음 / 정동매·오림홍 옮김, 352쪽, 20,000원

강의총서

김충열 교수의 노자강의 김충열 지음, 434쪽, 20,000원
김충열 교수의 중용대학강의 김충열 지음, 448쪽, 23,000원
모종삼 교수의 중국철학강의 牟宗三 지음, 김병채 외 옮김, 320쪽, 19,000원
송석구 교수의 율곡철학 강의 송석구 지음, 312쪽, 29,000원
송석구 교수의 불교와 유교 강의 송석구 지음, 440쪽, 39,000원

역학총서

주역철학사(周易研究史) 廖名春·康學偉·梁韋弦 지음, 심경호 옮김, 944쪽, 45,000원
송재국 교수의 주역 풀이 송재국 지음, 380쪽, 10,000원
송재국 교수의 역학담론 —하늘의 빛 正易, 땅의 소리 周易 송재국 지음, 536쪽, 32,000원
소강절의 선천역학 高懷民 지음, 곽신환 옮김, 368쪽, 23,000원
다산 정약용의 『주역사전』, 기호학으로 읽다 방인 지음, 704쪽, 50,000원
주역과 성인, 문화상징으로 읽다 정병석 지음, 440쪽, 40,000원
주역과 과학 신정원 지음, 344쪽, 30,000원
주역, 운명과 부조리 그리고 의지를 말하다 주광호 지음, 352쪽, 30,000원
다산 정약용의 역학서언, 주역의 해석사를 다시 쓰다 —고금의 역학사를 종단하고 동서 철학의 경계를 횡단하다 방인 지음, 736쪽, 65,000원
정현의 주역 林忠軍 지음, 손흥철, 임해순 옮김, 880쪽, 56,000원
주역의 기호학—퍼스 기호학으로 보는 괘의 재현과 관계 박연규 지음, 352쪽, 32,000원

한국철학총서

조선 유학의 학파들 한국사상사연구회 편저, 688쪽, 24,000원
조선유학의 개념들 한국사상사연구회 지음, 648쪽, 26,000원
유교개혁사상과 이병헌 금장태 지음, 336쪽, 17,000원
쉽게 읽는 퇴계의 성학십도 최재목 지음, 152쪽, 7,000원
홍대용의 실학과 18세기 북학사상 김문용 지음, 288쪽, 12,000원
남명 조식의 학문과 선비정신 김충열 지음, 512쪽, 26,000원
명재 윤증의 학문연원과 가학 충남대학교 유학연구소 편, 320쪽, 17,000원
조선유학의 주역사상 금장태 지음, 320쪽, 16,000원
심경부주와 조선유학 홍원식 외 지음, 328쪽, 20,000원
퇴계가 우리에게 이윤희 지음, 368쪽, 18,000원
조선의 유학자들, 켄타우로스를 상상하며 理와 氣를 논하다 이향준 지음, 400쪽, 25,000원
퇴계 이황의 철학 윤사순 지음, 320쪽, 24,000원
조선유학과 소강절 철학 곽신환 지음, 416쪽, 32,000원
되짚어 본 한국사상사 최영성 지음, 632쪽, 47,000원
한국 성리학 속의 심학 김세정 지음, 400쪽, 32,000원
동도관의 변화로 본 한국 근대철학 홍원식 지음, 320쪽, 27,000원
선비, 인을 품고 의를 걷다 한국국학진흥원 연구부 엮음, 352쪽, 27,000원
실학은 實學인가 서영이 지음, 264쪽, 25,000원
선사시대 고인돌의 성좌에 새겨진 한국의 고대철학 윤병렬 지음, 600쪽, 53,000원
사단칠정론으로 본 조선 성리학의 전개 홍원식 외 지음, 424쪽, 40,000원
국역 주자문록 —고봉 기대승이 엮은 주자의 문집 기대승 엮음, 김근호·김태년·남지만·전병욱·홍성민 옮김, 768쪽, 67,000원
최한기의 기학과 실학의 철학 김용헌 지음, 560쪽, 42,000원

성리총서

송명성리학(宋明理學) 陳來 지음, 안재호 옮김, 590쪽, 17,000원
주희의 철학(朱熹哲學硏究) 陳來 지음, 이종란 외 옮김, 544쪽, 22,000원
양명 철학(有無之境—王陽明哲學的精神) 陳來 지음, 전병욱 옮김, 752쪽, 30,000원
정명도의 철학(程明道思想硏究) 張德麟 지음, 박상리·이경남·정성희 옮김, 272쪽, 15,000원
송명유학사상사(宋明時代儒學思想の硏究) 구스모토 마사쓰구(楠本正繼) 지음, 김병화·이혜경 옮김, 602쪽, 30,000원
북송도학사(道學の形成) 쓰치다 겐지로(土田健次郎) 지음, 성현창 옮김, 640쪽, 3,2000원
성리학의 개념들(理學範疇系統) 蒙培元 지음, 홍원식·황지원·이기훈·이상호 옮김, 880쪽, 45,000원
역사 속의 성리학(Neo-Confucianism in History) Peter K. Bol 지음, 김영민 옮김, 488쪽, 28,000원
주자어류선집(朱子語類抄) 미우라 구니오(三浦國雄) 지음, 이승연 옮김, 504쪽, 30,000원
역학과 주자학 —역학은 어떻게 주자학을 만들었는가? 주광호 지음, 520쪽, 48,000원

불교(카르마)총서

유식무경, 유식 불교에서의 인식과 존재 한자경 지음, 208쪽, 7,000원
박성배 교수의 불교철학강의: 깨침과 깨달음 박성배 지음, 윤원철 옮김, 313쪽, 9,800원
불교 철학의 전개, 인도에서 한국까지 한자경 지음, 252쪽, 9,000원
인물로 보는 한국의 불교사상 한국불교원전연구회 지음, 388쪽, 20,000원
은정희 교수의 대승기신론 강의 은정희 지음, 184쪽, 10,000원
비구니와 한국 문학 이향순 지음, 320쪽, 16,000원
불교철학과 현대윤리의 만남 한자경 지음, 304쪽, 18,000원
유식삼십송과 유식불교 김명우 지음, 280쪽, 17,000원
유식불교, 『유식이십론』을 읽다 효도 가즈오 지음, 김명우·이상우 옮김, 288쪽, 18,000원
불교인식론 S. R. Bhatt & Anu Mehrotra 지음, 권서용·원철·유리 옮김, 288쪽, 22,000원
불교에서의 죽음 이후, 중음세계와 육도윤회 허암 지음, 232쪽, 17,000원
선사상사 강의 오가와 다카시(小川隆) 지음, 이승연 옮김, 232쪽 20,000원
깨져야 깨친다 —불교학자 박성배 교수와 제자 심리학자 황경열 교수의 편지글 박성배·황경열 지음, 640쪽, 50,000원
감산의 『백법논의』·『팔식규구통설』 연구와 유식불교 허암(김명우)·구자상 지음, 400쪽, 36,000원

동양문화산책

주역산책(易學漫步) 朱伯崑 외 지음, 김학권 옮김, 260쪽, 7,800원
서원, 한국사상의 숨결을 찾아서 안동대학교 안동문화연구소 지음, 344쪽, 10,000원
안동 풍수 기행, 와혈의 땅과 인물 이완규 지음, 256쪽, 7,500원
안동 풍수 기행, 돌혈의 땅과 인물 이완규 지음, 328쪽, 9,500원
영양 주실마을 안동대학교 안동문화연구소 지음, 332쪽, 9,800원
예천 금당실・맛질 마을 —정감록이 꼽은 길지 안동대학교 안동문화연구소 지음, 284쪽, 10,000원
터를 안고 仁을 펴다 —퇴계가 굽어보는 하계마을 안동대학교 안동문화연구소 지음, 360쪽, 13,000원
안동 가일 마을 —풍산들가에 의연히 서다 안동대학교 안동문화연구소 지음, 344쪽, 13,000원
중국 속에 일떠서는 한민족 —한겨레신문 차한필 기자의 중국 동포사회 리포트 차한필 지음, 336쪽, 15,000원
신간도견문록 박진관 글・사진, 504쪽, 20,000원
선양과 세습 사라 알란 지음, 오만종 옮김, 318쪽, 17,000원
문경 산북의 마을들 —서중리, 대상리, 대하리, 김룡리 안동대학교 안동문화연구소 지음, 376쪽, 18,000원
안동 원촌마을 —선비들의 이상향 안동대학교 안동문화연구소 지음, 288쪽, 16,000원
안동 부포마을 —물 위로 되살려 낸 천년의 영화 안동대학교 안동문화연구소 지음, 440쪽, 23,000원
독립운동의 큰 울림, 안동 전통마을 김희곤 지음, 384쪽, 26,000원
학봉 김성일, 충군애민의 삶을 살다 한국국학진흥원 기획, 김미영 지음, 144쪽, 12,000원

중국철학총서

공자의 인, 타자의 윤리로 다시 읽다 伍曉明 지음, 임해순・홍린 옮김, 536쪽, 50,000원
중국사상, 국학의 관점에서 읽다 彭富春 지음, 홍원식・김기주 옮김, 584쪽, 55,000원
유가철학, 감정으로 이성을 말하다 蒙培元 지음, 주광호, 임병식, 홍린 옮김, 800쪽, 70,000원
중국유학의 정신 郭齊勇 지음, 고성애 옮김, 672쪽, 40,000원
중국철학의 기원과 전개 丁爲祥 지음, 손홍철, 최해연 옮김, 904쪽, 55,000원
중국사상의 지혜 郭齊勇 지음, 고성애 옮김, 624쪽, 38,000원
유도선을 논하다 彭富春 지음, 조용숙 옮김, 416쪽, 26,000원

중국학총서

중국문화정신 張岱年・程宜山 지음, 장윤수・한영・반창화 옮김, 544쪽, 50,000원
중국, 문화강국을 꿈꾸다 許嘉璐 지음, 홍린 옮김, 536쪽, 33,000원
춘추공양학사 상 曾亦 郭曉東 지음, 김동민 옮김, 768쪽, 47,000원
춘추공양학사 하 曾亦 郭曉東 지음, 김동민 옮김, 752쪽, 46,000원

노장총서

不二 사상으로 읽는 노자 —서양철학자의 노자 읽기 이찬훈 지음, 304쪽, 12,000원
김항배 교수의 노자철학 이해 김항배 지음, 280쪽, 15,000원
서양, 도교를 만나다 J. J. Clarke 지음, 조현숙 옮김, 472쪽, 36,000원
중국 도교사 —신선을 꿈꾼 사람들의 이야기 牟鐘鑒 지음, 이봉호 옮김, 352쪽, 28,000원
노장철학과 현대사상 정세근 지음, 384쪽, 36,000원
도가철학과 위진현학 정세근 지음, 464쪽, 43,000원
장자와 곽상의 철학 康中乾 지음, 황지원, 정무 옮김, 736쪽, 45,000원

남명학연구총서

남명사상의 재조명 남명학연구원 엮음, 384쪽, 22,000원
남명학파 연구의 신지평 남명학연구원 엮음, 448쪽, 26,000원
덕계 오건과 수우당 최영경 남명학연구원 엮음, 400쪽, 24,000원
내암 정인홍 남명학연구원 엮음, 448쪽, 27,000원
한강 정구 남명학연구원 엮음, 560쪽, 32,000원
동강 김우옹 남명학연구원 엮음, 360쪽, 26,000원
망우당 곽재우 남명학연구원 엮음, 440쪽, 33,000원
부사 성여신 남명학연구원 엮음, 352쪽, 28,000원
약포 정탁 남명학연구원 엮음, 320쪽, 28,000원
죽유 오운 남명학연구원 엮음, 368쪽, 35,000원
합천지역의 남명학파 남명학연구원 엮음, 400쪽, 38,000원
산청지역의 남명학파 Ⅰ 남명학연구원 엮음, 432쪽, 42,000원

예문동양사상연구원총서

한국의 사상가 10人 — 원효 예문동양사상연구원/고영섭 편저, 572쪽, 23,000원
한국의 사상가 10人 — 지눌 예문동양사상연구원/이덕진 편저, 644쪽, 26,000원
한국의 사상가 10人 — 퇴계 이황 예문동양사상연구원/윤사순 편저, 464쪽, 20,000원
한국의 사상가 10人 — 율곡 이이 예문동양사상연구원/황의동 편저, 600쪽, 25,000원
한국의 사상가 10人 — 하곡 정제두 예문동양사상연구원/김교빈 편저, 432쪽, 22,000원
한국의 사상가 10人 — 다산 정약용 예문동양사상연구원/박홍식 편저, 572쪽, 29,000원
한국의 사상가 10人 — 수운 최제우 예문동양사상연구원/오문환 편저, 464쪽, 23,000원

경북의 종가문화

사당을 세운 뜻은, 고령 점필재 김종직 종가 정경주 지음, 203쪽, 15,000원
지금도 「어부가」가 귓전에 들려오는 듯, 안동 농암 이현보 종가 김서령 지음, 225쪽, 17,000원
종가의 멋과 맛이 넘쳐 나는 곳, 봉화 충재 권벌 종가 한필원 지음, 193쪽, 15,000원
한 점 부끄럼 없는 삶을 살다, 경주 회재 이언적 종가 이수환 지음, 178쪽, 14,000원
영남의 큰집, 안동 퇴계 이황 종가 정우락 지음, 227쪽, 17,000원
마르지 않는 효제의 샘물, 상주 소재 노수신 종가 이종호 지음, 303쪽, 22,000원
의리와 충절의 400년, 안동 학봉 김성일 종가 이해영 지음, 199쪽, 15,000원
충효당 높은 마루, 안동 서애 류성룡 종가 이세동 지음, 210쪽, 16,000원
낙중 지역 강안학을 열다, 성주 한강 정구 종가 김학수 지음, 180쪽, 14,000원
모원당 회화나무, 구미 여헌 장현광 종가 이종문 지음, 195쪽, 15,000원
보물은 오직 청백뿐, 안동 보백당 김계행 종가 최은주 지음, 160쪽, 15,000원
은둔과 화순의 선비들, 영주 송설헌 장말손 종가 정순우 지음, 176쪽, 16,000원
처마 끝 소나무에 갈무리한 세월, 경주 송재 손소 종가 황위주 지음, 256쪽, 23,000원
양대 문형과 직신의 가문, 문경 허백정 홍귀달 종가 홍원식 지음, 184쪽, 17,000원
어질고도 청빈한 마음이 이어진 집, 예천 약포 정탁 종가 김낙진 지음, 208쪽, 19,000원
임란의병의 힘, 영천 호수 정세아 종가 우인수 지음, 192쪽, 17,000원
영남을 넘어, 상주 우복 정경세 종가 정우락 지음, 264쪽, 23,000원
선비의 삶, 영덕 갈암 이현일 종가 장윤수 지음, 224쪽, 20,000원
청빈과 지조로 지켜 온 300년 세월, 안동 대산 이상정 종가 김순석 지음, 192쪽, 18,000원
독서종자 높은 뜻, 성주 응와 이원조 종가 이세동 지음, 216쪽, 20,000원
오천칠군자의 향기 서린, 안동 후조당 김부필 종가 김용만 지음, 256쪽, 24,000원
마음이 머무는 자리, 성주 동강 김우옹 종가 정병호 지음, 184쪽, 18,000원
문무의 길, 영덕 청신재 박의장 종가 우인수 지음, 216쪽, 20,000원
형제애의 본보기, 상주 창석 이준 종가 서정화 지음, 176쪽, 17,000원
경주 남쪽의 대종가, 경주 잠와 최진립 종가 손숙경 지음, 208쪽, 20,000원
변화하는 시대정신의 구현, 의성 자암 이민환 종가 이시활 지음, 248쪽, 23,000원
무로 빛고 문으로 다듬은 충효와 예학의 명가, 김천 정양공 이숙기 종가 김학수, 184쪽, 18,000원
청백정신과 팔련오계로 빛나는, 안동 허백당 김양진 종가 배영동, 272쪽, 27,000원
학문과 충절이 어우러진, 영천 지산 조호익 종가 박학래, 216쪽, 21,000원
영남 남인의 정치 중심 돌밭, 칠곡 귀암 이원정 종가 박인호, 208쪽, 21,000원
거문고에 새긴 외금내고, 청도 탁영 김일손 종가 강정화, 240쪽, 24,000원
대를 이은 문장과 절의, 울진 해월 황여일 종가 오용원, 200쪽, 20,000원
처사의 삶, 안동 경당 장흥효 종가 장윤수, 240쪽, 24,000원
대의와 지족의 표상, 영양 옥천 조덕린 종가 백순철, 152쪽, 15,000원
군자불기의 임청각, 안동 고성이씨 종가 이종서, 216쪽, 22,000원
소학세가, 현풍 한훤당 김굉필 종가 김훈식, 216쪽, 22,000원
송백의 지조와 지란의 문향으로 일군 명가, 구미 구암 김취문 종가 김학수, 216쪽, 22,000원
백과사전의 산실, 예천 초간 권문해 종가 권경열, 216쪽, 22,000원
전통을 계승하고 세상을 비추다, 성주 완석정 이언영 종가 이영춘, 208쪽, 22,000원
영남학의 맥을 잇다, 안동 정재 류치명 종가 오용원, 224쪽, 22,000원
사천 가에 핀 충효 쌍절, 청송 불훤재 신현 종가 백운용, 216쪽, 22,000원
옛 부림의 땅에서 천년을 이어오다, 군위 경재 홍로 종가 홍원식, 200쪽, 20,000원
16세기 문향 의성을 일군, 의성 회당 신원록 종가 신해진, 296쪽, 30,000원
도학의 길을 걷다, 안동 유일재 김언기 종가 김미영, 216쪽, 22,000원
실천으로 꽃핀 실사구시의 가풍, 고령 죽유 오운 종가 박원재, 208쪽, 21,000원
민족고전 「춘향전」의 원류, 봉화 계서 성이성 종가 설성경, 176쪽, 18,000원

기타

다산 정약용의 편지글 이용형 지음, 312쪽, 20,000원
유교와 칸트 李明輝 지음, 김기주・이기훈 옮김, 288쪽, 20,000원
유가 전통과 과학 김영식 지음, 320쪽, 24,000원
조선수학사 —주자학적 전개와 그 종언 가와하라 히데키 지음, 안대옥 옮김, 536쪽, 48,000원
중국수학사 李儼・杜石然 지음, 안대옥 옮김, 384쪽, 38,000원
동양 문인의 예술적 삶과 철학 조민환 지음, 480쪽, 43,000원
대동민주주의와 21세기 유가적 비판이론의 모색 나종석 지음, 984쪽, 69,000원
중화미학사상 楊春時 지음 / 양홍정・이삭・정무 옮김, 608쪽, 38,000원